W0172829

Auf den
des

Gustav Lübbe Verlag

Peter H. Schulze

Schwingen Horusfalken

Die Geburt der ägyptischen Hochkultur

Für Sigrid Hunke
als Dank für Vorbild und Ermutigung

© 1980 Gustav Lübbe Verlag GmbH,
Bergisch Gladbach

Schutzumschlag: Manfred Peters
Layout: Friedrich Förder, Bergisch Gladbach
Gesamtherstellung: Friedrich Pustet,
Regensburg
Printed in West-Germany 1980.
Alle Rechte vorbehalten. Kein Teil dieses
Buches darf ohne ausdrückliche Genehmigung
des Verlages in irgendeiner Form reproduziert
oder übermittelt werden, weder in
mechanischer noch in elektronischer Form
incl. Fotokopie.
ISBN 3-7857-0256-6

Inhaltsverzeichnis

Teil III
Gott, König und Mensch in der Frühzeit

Einleitung

Wohlmeinende Fachleute warnten mich davor, ausgerechnet über die Frühzeit Ägyptens ein Buch zu schreiben, das bei einem breiteren interessierten Publikum Aufmerksamkeit finden könnte: Der verfügbare Stoff sei viel zu kärglich, noch dazu viel zu spröde und trocken, um fesseln zu können. Ein weiterer Einwand bestand darin, daß bei einer großen Anzahl von Einzelheiten die Deutung heftig umstritten sei, so daß ich bei eigenen Deutungsversuchen böse auf die Nase fallen könne.

Nun – je intensiver ich in die Zeugnisse der Frühzeit eindrang, desto mehr erkannte ich, daß es sich beileibe nicht nur um einige vertrocknete Leichenreste einer längst toten Kultur handelte. Vielmehr erwies sich das Material als so ungeheuer reich und vielfältig, daß es möglich schien, ein sehr buntes und lebendiges Bild jener Epoche zeichnen zu können. Denn wir haben es mit einem Zeitalter zu tun, das voller Bewegung und Experimente war: Zum ersten Male nämlich in der Geschichte der Menschheit verstand sich hier der Mensch nicht mehr nur als Teil und Sklave seiner Umwelt, sondern begann, sich seiner schöpferischen Kräfte und Fähigkeiten voll bewußt zu werden. So wird mit der ägyptischen Frühzeit eine Revolution im menschlichen Denken und Handeln in Gang gesetzt, die bis heute andauert und weit über all das hinausgeht, was sonst den Namen Revolution trägt.

Lassen Sie uns gemeinsam die Fülle der beginnenden Hochkultur erleben und ihren Problemen nachgehen! Vor allem eine Frage wird alle unsere Betrachtungen durchziehen: Wann, wo, wie und warum ist die ägyptische Hochkultur entstanden? Auf die so faszinierende Frage nach dem Entstehen menschlicher Hochkultur hat jede Zeit ihre Antwort gegeben – die unsrige aber gleich eine ganze Anzahl davon, und jede einzelne wird durch ihre Anhänger mit um so größerer Hartnäkkigkeit und Intoleranz vertreten.

Aber ehe wir uns nun auf den Weg des Betrachtens, des Staunens und Lernens und schließlich der Analyse und der Erkenntnis machen, will ich Sie an einem Beispiel die ganze Pracht und Fülle der Frühzeit erleben lassen – an einem Beispiel, das in sämtlichen ägyptischen Epochen zu den wichtigsten und glanzvollsten Ereignissen gehört hat: Nehmen Sie teil am Begräbnis eines der ersten Pharaonen des vereinigten Reiches von Ober- und Unterägypten! Sie sollen dabei nicht aufgehalten werden durch wissenschaftliche Erläuterungen – diese lassen wir in den späteren Kapiteln folgen. Aber seien Sie sicher: für jede Einzelheit gibt es Belege aus archäologischen Funden und der Analyse von späteren Texten.

Teil I Selbstzeugung und Wiedergeburt – Begräbnisritual eines Horuskönigs –

Kapitel 1 Die Fahrt ins Totenreich

Am Westufer des Nils auf der Höhe von Abydos, dicht bei der durch mächtige Pflöcke gekennzeichneten Landestelle, steht der Oberpriester des Khontamenti-Tempels, mit rasiertem Kopf und in einen kurzen Lendenschurz gekleidet, wie es sein Stand vorschreibt. Am Vortag hatte ein Schnellruderer aus der Residenzstadt Memphis ihm die Nachricht gebracht: »Sachti, der König von Ober- und Unterägypten, der Horus des Palastes, hat sich vereinigt mit dem, aus dem er kam.« Der Herrscher über das Land am Nil war also nach etwa 30 Regierungsjahren[1] gestorben – Sachti, der erste Nachfolger jenes großen Königs Aha, welchen die Nachwelt noch Jahrtausende später unter dem Namen Menes als den sagenhaften ersten Herrscher Gesamtägyptens verehren sollte[2]. Sachtis Tod muß etwa um das Jahr 3000 v. Chr. eingetreten sein.

In aller Eile hatte der Oberpriester die Vorbereitungen zum Begräbnis des Königs treffen lassen. Denn er war Priester jenes Gottes, der als ›Erster der Westlichen‹ über das Totenland am Rande der Wüste herrschte. In ununterbrochener Kette war von einem Oberpriester an den ihm jeweils folgenden das Wissen darum weitergegeben worden, welche Rituale bei der Beisetzung des Königs vorgenommen werden mußten, um die gefährliche Krise zu meistern, die der Tod des Königs über ganz Ägypten brachte.

Von Priesterkollegen und Tempelknechten waren auf Anweisung des Oberpriesters die Gerätschaften für ein Königsbegräbnis aus den Magazinräumen des Tempels an die Hauptschauplätze der heiligen Handlungen gebracht worden: Im ›Talbezirk‹ an der Grenze des Fruchtlandes zur Wüste und am Königsgrab weit draußen in der alten Totenstadt hatte man Mattenzelte errichten lassen; Opfertiere waren aus den Herden des Tempels ausgewählt und an die Opferstellen neben dem Tempel, im Talbezirk und am Grab gebracht worden; die zu den jeweiligen Ritualen gehörenden Ornatteile lagen bereit, auch Göttermasken sowie heilige, machtgeladene Stäbe und Szepter; dicht bei der Landestelle schließlich standen mit Zugrindern bespannte Zugschlitten für den Transport des Königssarges und der Grabbeigaben bereit.

Die entscheidenden Rollen bei dem Drama der göttlichen Wiedergeburt des toten Pharaos hatten freilich andere zu spielen: vor allem der Sohn und Thronfolger Itu[3], der durch seine Thronbesteigung unter dem ›Horusnamen‹ Wadschi wesensgleich mit Horus, dem Weltengott, wurde und so die Götter beschwören konnte, die Wandlungen für den verstorbenen Vater geschehen zu lassen. Der Erzieher des Königs gehörte zu diesem engsten Kreise; auch er war ein naher Verwandter des Königshauses, denn nur diese Verwandtschaft vermochte eine Annäherung an die göttliche Macht des Königs ungefährlich zu machen. Dieser Erzieher war ein ›Kenner der Geheimnisse‹. Er beherrschte die hochangesehene Kunst des Lesens und Schreibens und hatte sich alle Lehren über die Götter eingeprägt – von den durch unendlich viele Münder nur noch raunend überlieferten magischen Mären der vorzeitlichen Mächte bis hin zu den Mythen über die menschengestaltigen Schöpfer und Beweger des Alls. Der Erzieher und seine gelehrten Freunde vom Königshof sponnen diese Lehren fort und suchten herauszufinden, was zu tun sei für das Gedeihen der Lebenden und Toten[4].

Dieser kluge und weise Mann hatte bei den Begräbnisritualen die richtigen Worte zu sprechen oder durch die anderen Teilnehmer sprechen zu lassen, um damit die Handlungen des Totenkults vor Göttern, Geistern und Mächten wirksam zu machen. Später hieß der Träger dieser Rolle beim Königsbegräbnis in Ägypten ›Vorlesepriester‹. Diese Bezeichnung werden auch wir künftig verwenden, obwohl in dieser Frühzeit ägyptischer Geschichte wohl allenfalls ›Stichworte‹ zu den heiligen Handlungen aufgezeichnet waren. Der größte Teil der Beschwörungen, Anrufungen, Verklärungen und Gebete wurde nämlich aus dem Gedächtnis gesprochen, und dies machte um so mehr einen solchen weisen Mann erforderlich, der jeweils das richtige Wort zur richtigen Handlung wußte.

Zur engsten Begleitung des toten Königs gehörte auch seine ›Große Königliche Gemahlin‹ Herneith, ›die, welche den Horus schaut‹, wie ihr offizieller Titel in jener Zeit lautete[5]. Sie und die älteste Tochter aus ihrer Ehe mit König Sachti, die Erbtochter Meritneith[6], waren unter der Bezeichnung ›die beiden Weihen‹, von Vogelgöttinnen also, berufen, wichtigste Rollen in den Totenritualen zu spielen. Meritneith, die Erbtochter, war es schließlich gewesen, die den Thronfolger geheiratet und ihm damit erst das Recht auf eine Thronbesteigung zugebracht hatte[7].

Der Oberpriester des Khontamenti-Tempels, den wir auf seinem Ausblick am Nilufer bei Abydos verlassen hatten, nimmt jetzt die Begräbnisflottille des toten Königs wahr, wie sie hinter einer Flußbiegung erscheint. Vorweg gleitet ein kleines Boot, in dessen Heck ein Ruderer sitzt. Vor diesem kauert ein Priester, der in bestimmten Zeitabständen Teile eines bei der Abfahrt in Memphis geweihten und geschlachteten Ochsen als Opfer dem Fluß übergibt: ›Schenkel und Herz in den Wasserlauf im Sumpfgebiet werfen‹, so wird diese Handlung noch in den Bestattungsdarstellungen aus dem Neuen Reich beschrieben[8]. In der Frühzeit nämlich waren große Teile der Uferlandschaft des Nils Sumpfgebiete, deren übermannshohe Papyrus- und Binsendickichte von Nilpferdherden und Krokodilen bewohnt wurden, die den kiellosen, niederbordigen Booten der damaligen Zeit recht gefährlich werden konnten. So gebot sich bei der langen Flußfahrt von Memphis bis Abydos die Vorausfahrt eines Lotsenbootes ebenso wie die Beschwichtigung der gewaltigen Tiere des Sumpfdickichtes und der sich in ihnen verkörpernden göttlichen Mächte. Und ebenso wie diese uralte Szene sich in späteren ägyptischen Darstellungen erhalten hat, ist dort auch die weitere Folge des frühzeitlichen Bestattungszuges auf dem Nil zu sehen: wie das Schiff mit dem Sarg des Verstorbenen zunächst getreidelt, dann durch Ruderschiffe geschleppt und schließlich wieder getreidelt wird.

Königsboot der Thinitenzeit

Die Macht, die der König als Verkörperung des Horus schon zu Lebzeiten ausgestrahlt hatte und deren Nähe man sich nur unter sorgfältigen Vorsichtsmaßnahmen aussetzen konnte, war im Tode keineswegs geringer geworden, sondern eher noch gewachsen. Denn das Sterben bedeutete den Ägyptern nicht das Aufhören der Existenz oder gar ein Zurückfallen ins Nichts, sondern nur eine Krise des Lebens, eine Zeit der Verwandlungen. Das Göttliche im König ging während dieser Zeit ständig Verbindungen mit jeweils anderen Göttern und Göttinnen ein und verstärkte so die Macht, die von ihm ausging. So wäre es – außer für die nächsten Verwandten, die aus dieser Verwandtschaft heraus in der Lage waren, sich der Mächtigkeit königlicher Nähe ohne Bedrohung auszusetzen – für gewöhnliche Menschen undenkbar gewesen, an Bord eines Schiffes zusammen mit dem Verstorbenen zu weilen. Dies galt für Götter auch in allen späteren Epochen Ägyptens, weshalb die Götterbarken bei Prozessionen über den Nil nur im Schlepp befördert wurden[9].

Das grüngestrichene, mit Goldbändern verzierte Königsschiff, das der Oberpriester des Khontamenti-Tempels kurz vor der Anlegestelle erblickte, hatte zwei Plattformen. Die eine am Heck war für den Priester bestimmt, der das Steuerruder bediente; auf der anderen war der Holzsarg aufgestellt, der den toten König barg (Goldsärge waren selbst für tote Könige erst in viel späteren Epochen üblich, und auch Steinsarkophage wurden in der Frühzeit noch nicht verwendet). Zu Häupten des Sarges stand als ›Große Weihe‹ Herneith, die Gattin Sachtis, zu seinen Füßen Erbtochter Meritneith als ›Kleine Weihe‹. Auf dem Abschluß der Plattform waren vier Standarten errichtet, wie wir sie auf allen Königsdarstellungen der Frühzeit als Geleit sehen: Holzmasten, auf deren kurzen Querhölzern die Symbole der Geleitmächte des Königtums standen.

Hinter dem Königsboot folgen noch ein Schiff mit Königsverwandten, hohen Priestern und Beamten des Hofes sowie weitere Boote, die auch die letzten Grabbei-

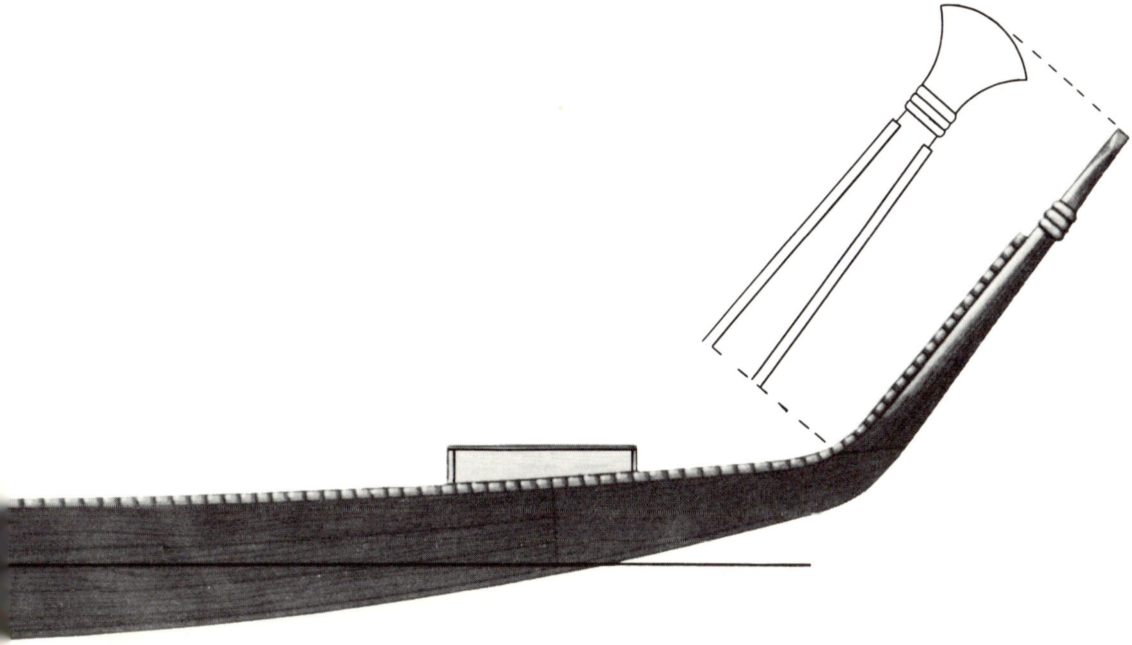

gaben geladen haben; doch fahren alle diese etwas abgesetzt von der Gruppe um das Königsboot, denn ihre Insassen haben bei der Nilfahrt keine rituellen Aufgaben.

Kurz vor dem Anlegen des Königsgeleits hat auf einen Wink des wartenden Priesters hin ein Knecht des Khontamenti-Tempels – auf Bestattungsdarstellungen als ›Schlächter‹ bezeichnet – ein am Ufer bereitstehendes Rind mit geschicktem Lassowurf gefesselt und zu Boden geworfen. In dem Augenblick, da der Lotsennachen das Ufer berührt, schächtet der Schlächter das Tier, denn nur nach völligem Ausbluten, aber in ganz frischem Zustand kann es seine Rolle als den Göttern genehmes Opfer spielen[10]. Während die Vorderschenkel aus dem Tierkörper gelöst werden, sind die ersten drei Boote am Ufer längsseits gegangen. Sie werden an Bug- und Hecktauen von Tempeldienern gehalten, während Thronfolger, Weihen, Priester und Gefolge die Schiffe verlassen.

Das erste und wichtigste Ritual nach der Landung nehmen nun die beiden Weihen, Königin und Erbtochter, vor: Sie bringen den Landepflöcken ein Opfer und befestigen dann Bug- und Hecktau des Königsschiffes daran. In keiner Epoche der vieltausendjährigen Geschichte Ägyptens wurde jemals etwa ein Götterbild als der Gott selbst angesehen. So war auch zur Zeit unseres Königs Sachti der einzelne Landepflock nicht etwa ein Gott, sondern wurde Sitz göttlicher Mächte erst in dem Augenblick und nur für so lange, als er seine Rolle im religiösen Drama des Königsbegräbnisses zu spielen und das Sargschiff zu halten hatte. Diese Mächte galt es anzusprechen und zu stärken, damit die beiden Landepflöcke am Abydos-Ufer den Strömungen des Nils standhalten und die gewaltigen Kräfte des verstorbenen Königs ertragen konnten, ohne nachzugeben oder gar umzustürzen.

Vor der eigentlichen Opferhandlung tritt die Königsgemahlin Herneith als ›Große Weihe‹ zum Kopf des soeben getöteten Opfertieres, neigt sich zu dessen Ohr und spricht: »Deine beiden Lippen haben gegen dich gehandelt. Ist dein Maul

Die Weihen befestigen das Sargschiff an den Landepflöcken

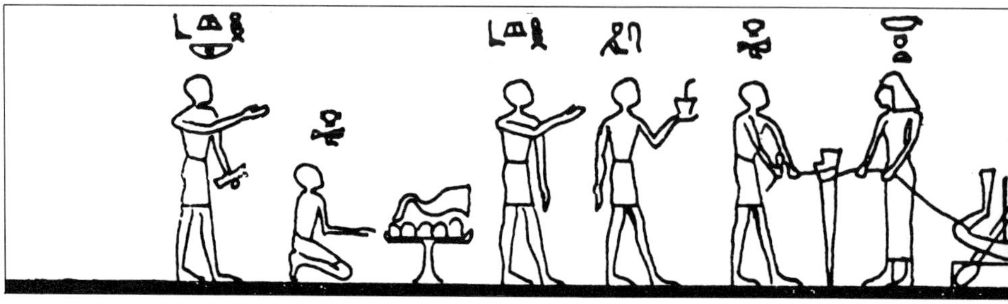

noch immer offen?[11]« Mit dieser Beschwörung aus einem vorzeitlichen Jagdritual gibt sie dem Opfertier die Schuld an seinem Tode, weil es ein Feind des Königs sei. Damit nimmt sie vom Schlächter und von allen Anwesenden den Bann, unter den sie durch den rächenden Geist des Opfers geraten könnten.

Nun erst spricht der Schlächter zu der ›Großen Weihe‹: »Ich löse die Klaue des oberägyptischen Pfeilrindes«[12], worauf sie und die ›Kleine Weihe‹ das Opfer darbringen: »Die Klaue der ausgelösten Keule auf die Erde legen für die Landepflöcke des Bug- und Hecktaues für König Sachti!«[13]

Die beiden Weihen vertäuen dann das Königsboot an den Landepflöcken und spenden diesen zum Abschluß noch ein Trankopfer.[14]

Jetzt wird der Sarg des toten Königs an Land getragen und auf einem schlittenähnlichen Gestell unter einem Baldachin aufgebahrt. Zwei vorgespannte Rinder haben ein besonders schwieriges Wegstück zu bewältigen, nämlich den schmalen, ansteigenden Dammweg bis zum heiligen Bezirk, der beim Khontamenti-Tempel beginnt. Daher sehen wir auf den Darstellungen dieser Szene vor dem Schlitten einen Mann, der Wasser unter die Kufen gießt, um sie leichter über Steine und Sand des Weges gleiten zu lassen. Hier, beim Königsbegräbnis, übernimmt der Thronfolger selbst diese Rolle und spricht dabei:

»Dieses dein kühles Wasser, oh Sachti,
ist etwas, das dir zukommt von deinem Sohn,
ist etwas, das dir zukommt von Horus.
Ich bin gekommen,
ich bringe dir das Auge des Horus,
damit dein Herz sich freut an seinem Besitz.
Ich bringe es dir unter dich, unter deine Sohlen[15]*.«*

Wasserguß vor den Sargschlitten

Die ausdrückliche Erwähnung des Thronfolgers in der Götterrolle des Horus als Hauptvollzieher des Rituals ist immer ein Zeichen sehr altertümlicher Vorstellungen – denn der Text entstammt dem erst einige Jahrhunderte *nach* Sachti aufgezeichneten Begräbnisritual eines Königs Unas, den sogenannten ›Pyramidensprüchen‹. Das vor die Schlittenkufen gegossene Wasser wird zugleich zum Opfer des Thronfolgers für seinen Vater und trägt daher wie jedes Opfer den Namen ›Horusauge‹. Diese Bezeichnung geht auf jenen uralten Mythos zurück, nach dem der Weltengott sein verlorenes Auge wiedererhält.

Der königliche Begräbniszug setzt sich von der Landestelle aus langsam in Bewegung. Als Treiber der Zugrinder wirken die Königssöhne und die höchsten Hofbeamten. Diese Aufgabe war keineswegs rein protokollarisch, sondern bedeutete harte Arbeit. Denn die Treiber mußten Ochsengespann und Schlitten auf dem schmalen Dammweg halten und ein Abgleiten rechts oder links in Kanäle beziehungsweise in die zahllosen beetartigen Felder des Fruchtlandes verhindern. Außerdem hatten sie bei schwierigen Stellen kräftig an den Schleppseilen zuzupakken.

Unmittelbar vor dem Gespann und dem wasserspendenden Thronfolger schreitet die Königinwitwe als ›Große Weihe‹[16], während die Erbtochter dem Schlittenzug folgt. Der Erzieher als Zeremonienmeister – in langer Perücke, langem Mantel und mit Knebelbart – führt den Zug an.

Noch vor ihn reiht sich eine Gruppe ein, die wir in einem Begräbniszug nicht erwarten würden: In einem eigenartig strengen, würdevollen Stil tanzt eine Anzahl Frauen dem Zug voraus.

Sie gehören zu einer Einrichtung, die nur aus der Frühzeit bekannt ist: der ›Imât‹[17]. Ursprünglich heißt so ein Gebäude des Königspalastes, in dem sich Frauen des Hofstaates unter Leitung der Königin darauf vorbereiten, für die Toten des Hofes – und an erster Stelle natürlich für den König selbst – zu singen, zu

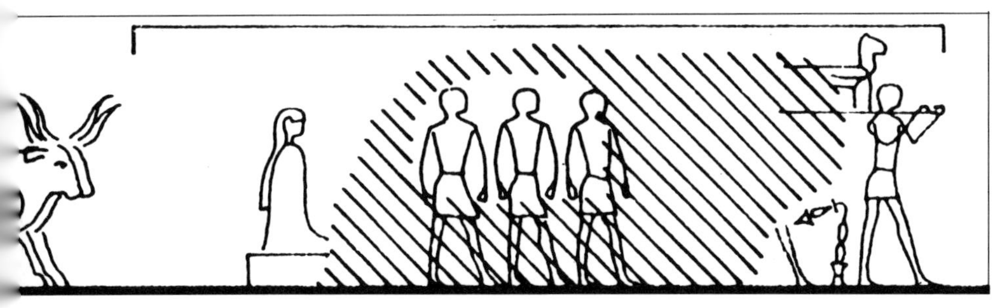

tanzen und zu opfern. Sogar über einen eigenen Schlachthof verfügt die Imât, deren Name bald von dem Gebäude auf die Frauengruppe übergeht, und darum finden wir recht früh unter den Titeln der jeweiligen Königin auch den einer ›Leiterin der Schlächter der Imât‹[18]: Eine erneute Bestätigung für die Rolle der königlichen Frauen bei den Riten und Opfern des Königsbegräbnisses!

»Zittere, Erde, es nahet der Gott!«, singen die Imât-Frauen zu ihrem Tanz und nehmen mit diesem uralten Vers aus dem Königskult ein Thema auf, das in den Begräbnisriten immer wiederkehrt.

Die ständige Wiederholung dieser Worte soll auf eindringliche Weise das völlige Zum-Gott-Werden des toten Königs beschwören, zugleich aber auch eine Warnung an Mensch und Tier, ja an die gesamte Natur sein, sich der im Tod noch gefährlich gesteigerten Macht des Königs auszusetzen.

Der Zug nähert sich nun dem Tempel des Khontamenti, des schakalgestaltigen Herrn der Totenstadt von Abydos. Ein schlichtes, aus Nilschlammziegeln errichtetes Bauwerk von kaum 8 m Breite und etwa 20 m Tiefe erhebt sich zur Linken des Prozessionsweges, bescheiden in seinen Ausmaßen wie alle Göttertempel Ägyptens bis zum Ende des Alten Reiches. Vor seiner schmalen Eingangstür zeigt ein Bild des liegenden Schakals auf dem Querholz einer in den Boden gerammten Stange, wer der Herr dieses heiligen Ortes ist. Nach Durchschreiten des durch eine Längsmauer geteilten Vorraumes gelangt man im Hintergrund des Tempels zu einer Kultnische mit zwei engen Nebennischen, die alle durch Holzläden verschlossen sind. An der Westmauer des Tempels umschließt eine Lehmziegelmauer den Hof, der sich weit zum Prozessionsweg hin öffnet. Es ist der zu jedem Tempel gehörende Schlachthof, auf dem hier in Abydos nicht nur die Opfertiere für den Gott, sondern auch die für Kult und Versorgung der toten Könige und ihres Gefolges zum Opfer vorbereitet werden[19].

Den vielfältigen Bedeutungen, welche der Tempel als Szene und Mitwirkender im Königsbegräbnis hat, gilt das Opfer, das nun der Thronfolger an dieser Stelle spendet. Damit tritt auch er selbst in die Rolle des ›Upuaut‹ ein, des wolfs- oder hundegestaltigen ›Wegeöffners‹ des Königs. Wahrscheinlich trug Wadschi hierbei eine Tiermaske, denn die aus der Vorzeit überkommenen magischen Rituale der Tiergötter verlangten die völlige Identifikation bis hin zur äußerlichen Angleichung an die vorgestellte Göttergestalt.

Der Erzieher des toten Königs als Leiter der Rituale nimmt aus der Hand des Oberpriesters ein Brot und drei rote Gefäße mit Bier, Wein und Wasser und reicht sie dem Thronfolger; während die Frauen der Imât die Opferstelle umtanzen, spricht Wadschi in der Gestalt des Upuaut den Gott Khontamenti als Herrn des Totenreiches an und spendet ihm jeweils Teile einer der Gaben:

»O Herr der Westlichen!
Wende dich um zu diesem deinem Brot!
Empfange es dir aus meiner Hand!
Möge das Horusauge sich immer bei dir erneuern![20]«

Die Ausgrabungen im Khontamenti-Bereich von Abydos. A = ältester Tempel mit drei Kultnischen; B = Schlachthof

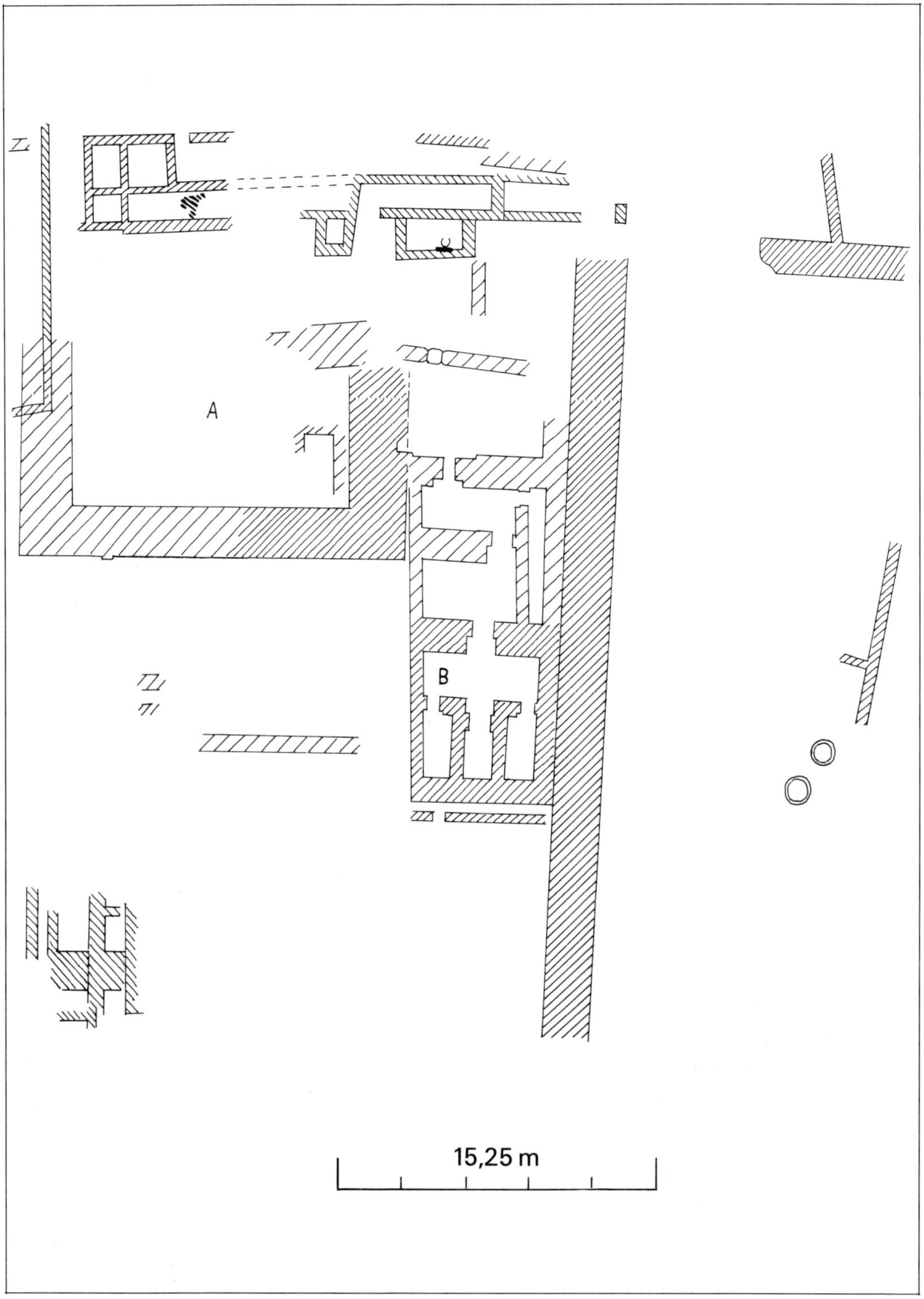
A
B
C
15,25 m

Dieses Opfer sollte den Herrn über die Toten und ihr Gefilde stärken und milde stimmen. Denn vor den Begleitern des toten Königs stand nun eine Aufgabe, die sie nur mit göttlicher Hilfe unbeschadet erfüllen und überstehen konnten: Sie mußten das Reich der Toten betreten, das hier am Tempel begann und in dem die Geister der Toten ihr Wesen trieben. Ja, noch mehr: sie selbst mußten ja die Riten vollführen, die aus dem toten König einen vollkommenen Gott machen sollten. Liefen sie nicht Gefahr, daß ihnen die unheimliche Macht dieses Gottes vorzeitig, gespensterhaft während des Vollzugs der Riten begegnete?

Und so behielt der Thronfolger Wadschi das soeben dem Totengott und dem mit ihm einswerdenden Sachti geweihte Brot in der Hand, und ebenso wurden die drei roten Gefäße mit den Trankopfern auf den weiteren Weg mitgenommen. Dahinter stand die Erwartung, daß der Gott – und der Tote – ja nur dann zu ihrem Eigentum an Opfergaben kommen konnten, wenn die Spender heil aus ihrem Reich zurückkehrten[21].

Die Reinigung des hockenden Leichnams

Kapitel 2

Mit der magischen Abwehr an Opferbrot und -getränk versehen setzt sich der Begräbniszug wieder in Bewegung und durchschreitet das Tor, das unmittelbar hinter dem Tempel über dem Prozessionsweg errichtet ist und die Grenze zum Totenreich bezeichnet. Als erster betritt der Erzieher das Land der Toten und ruft laut: »Kommt, Muwu![1]«

Diese Muwu, die jetzt dem Zug entgegeneilen, spielen bis in die spätesten Zeiten eine Rolle in den Darstellungen der Begräbnisse und tragen darauf immer dieselbe Tracht: einen kurzen, kaum bis an die Knie reichenden Schurz und auf dem Kopf eine eigenartige, offenbar aus Schilf geflochtene, kegelförmige Krone, deren

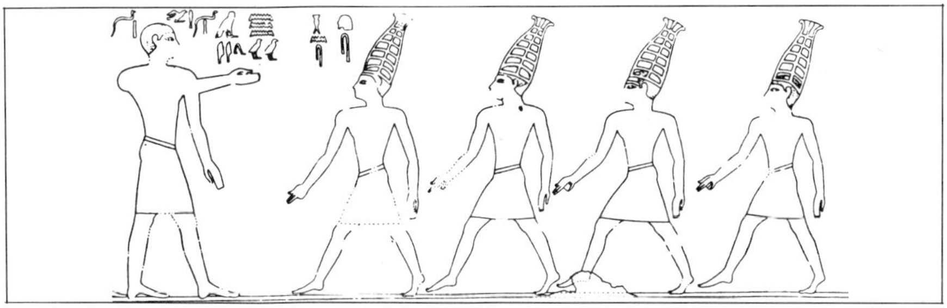

Muwu erlauben dem Sargzug den Eintritt ins Totenland

Einzelstengel oben zusammengebunden sind und über diesem Band entweder in ein kurzes Büschel oder einen Knauf auslaufen.

Welche Rolle die Muwu beim Königsbegräbnis spielen, ist klar: Sie stellen die Geister der Totenstadt dar. Ihr Aufenthaltsort während der Begräbniszeremonien ist der Eingang jenes offenen Mauervierecks, das wir oben als ›Talbezirk‹ bezeichnet haben und das von jedem Herrscher der 1. Dynastie schon während seiner Regierungszeit ebenso errichtet wurde wie sein Grab. Von dorther kommen also auch jetzt die Muwu auf den Ruf des Erziehers angerannt und antworten ihm mit dem Spruch: »Sie hat ihren Kopf geneigt![2]« Damit geben sie die Erlaubnis der ›Westgöttin‹ bekannt, ihr Gebiet zu betreten. Diese Erlaubnis und die ständige Begleitung des Trauergefolges durch die Muwu-Geister sind eine weitere Sicherheits- und Rückkehrgarantie für die Teilnehmer am Sargzug des Königs.

›Niedersetzen des Sarges an der Halle der Muwu, am Eingang des Heiligen Bezirkes‹, so lautet die ›Regieanweisung‹ für die nächste Szene. Gerade solche rein praktischen Anweisungen, ohne religiös-mythische Umformung, lassen auf ein sehr hohes Alter derartiger Szenenbeischriften schließen. Denn diese sind ja den viel späteren Bestattungsdarstellungen entnommen, in denen die Talbezirke z. B. den ganz anderen Ortsverhältnissen der späteren Zeit entsprechen und ›Heiliger

Bezirk‹ genannt werden. Und in der Tat: der recht enge Eingang der abydenischen Talbezirke verbot einem Rindergespann den Durchzug – ganz abgesehen von der kultischen Reinheitsforderung, die lebende Tiere in einem heiligen Bezirk nur als Opfer zuließ. Die ›Halle der Muwu‹ dürfte ein Mattenzelt neben dem Eingang gewesen sein, bis zu dem die Totengeister den Begräbniszug tanzend geleitet hatten. Von hier aus wurde der Königssarg in die Umwallung getragen, und zwar in ein zuvor aufgeschlagenes Zelt aus Binsenmatten.

Hierzu sagen die Texte: ›Überführen in Frieden zum Reinigungszelt, zur Reinigung im Geleit der Ehrwürdigen.‹[3] Zu diesem Geleit gehören auch weiterhin

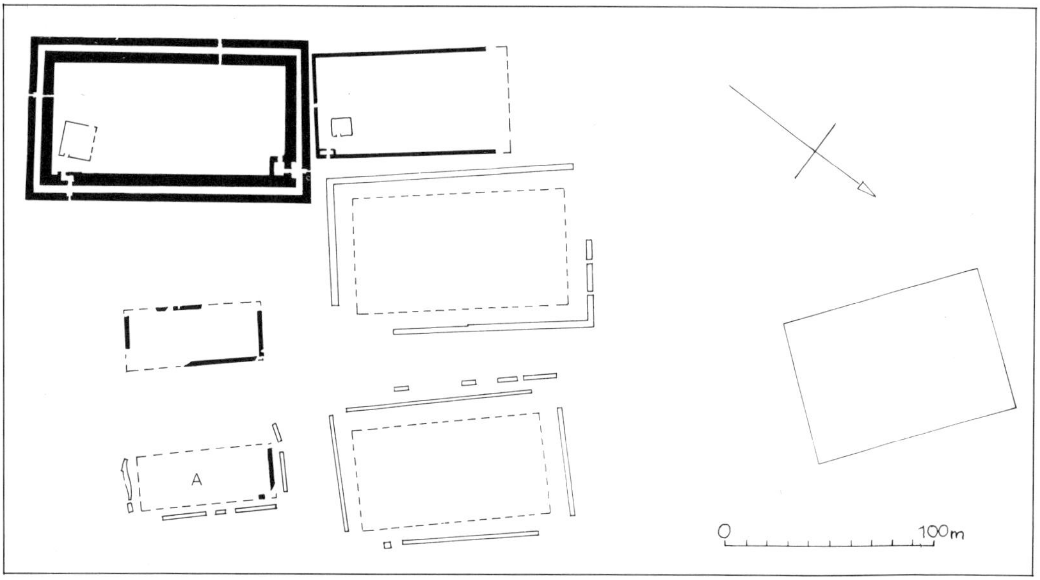

Die bisher gefundenen ›Talbezirke‹ in Abydos; A = wahrscheinlich derjenige Meritneiths (mit Nebengräbern)

die beiden Weihen, der Thronfolger in der Rolle des Upuaut und der als Vorlesepriester amtierende Erzieher. Neben diesen Hauptakteuren nehmen weitere Priester und Beamte vom Hof und aus dem Khontamenti-Tempel teil, Königsverwandte als Träger des Sarges und der Beigaben und schließlich die Frauen der Imât. Sämtliche Teilnehmer am Königsgeleit haben bei den nun folgenden Zeremonien wichtige Rollen zu spielen. Währenddessen bleiben die Muwu in ihrem Torzelt zurück, um die Rituale vor dem Zutritt Unberufener abzuschirmen.

Die Praxis einer Mumifizierung der Toten war zu jener frühen Zeit noch völlig unbekannt. So ist auch der Leichnam Sachtis nicht mumifiziert, sondern befindet sich in Hockerstellung in seinem Sarg. Obwohl kein kompletter Königsleichnam der Frühzeit auf uns gekommen ist, wird diese Art der Beisetzung durch einen sehr merkwürdigen Gegenstand belegt, der bei keiner der späteren Bestattungsdarstellungen fehlt: den ›Tekenu‹. Das ist eine bis auf den Kopf in Felle gehüllte Gestalt, die – wie der Mumiensarg – auf Schlitten im Bestattungszug mitgeführt und auch später mit genau den gleichen Ritualen behandelt wird wie der Verstorbene selbst. Nie ist ein solcher ›Tekenu‹ im Original gefunden worden. So muß man annehmen, daß er zur Zeit des Mittleren und Neuen Reiches, aus der er uns durch Darstellungen bekannt ist, entweder von einem Priester gespielt oder beim real stattfindenden Begräbnis gar nicht mehr verwendet wurde[4]. Letzteres ist ja auch bei einigen anderen sehr altertümlichen Teilen der Bestattungsdarstellungen der Fall.

Im Reinigungszelt wird nun der tote König Sachti aus seinem Sarg gehoben. Wir wissen nicht genau, ob er bereits mit Binden umwickelt war, möchten dies aber annehmen, da die Leichenstarre und die angesichts des langen Wasserweges beginnende Zersetzung eine Durchführung dieser Handlung erst in Abydos kaum möglich erscheinen läßt. Im Zelt steht ein großer tönerner Bottich, auf dessen Rand die ja ohnehin in Hockerstellung gebundene Leiche nun gesetzt wird[5].

Die beiden Weihen legen auf den Boden vor dem Bottich zwei aus Holz geschnittene Lebenszeichen, die auch ›Henkelkreuz‹ genannte Hieroglyphe ›Ankh‹, und sprechen dabei die Worte:

»Die beiden Lebenszeichen auf die Erde
unter deine Füße![6]«

Die Reinigung ist also bereits zu dieser Zeit nicht mehr eine in erster Linie praktischen Erfordernissen dienende Handlung, sondern – wie alle Rituale des Königs-

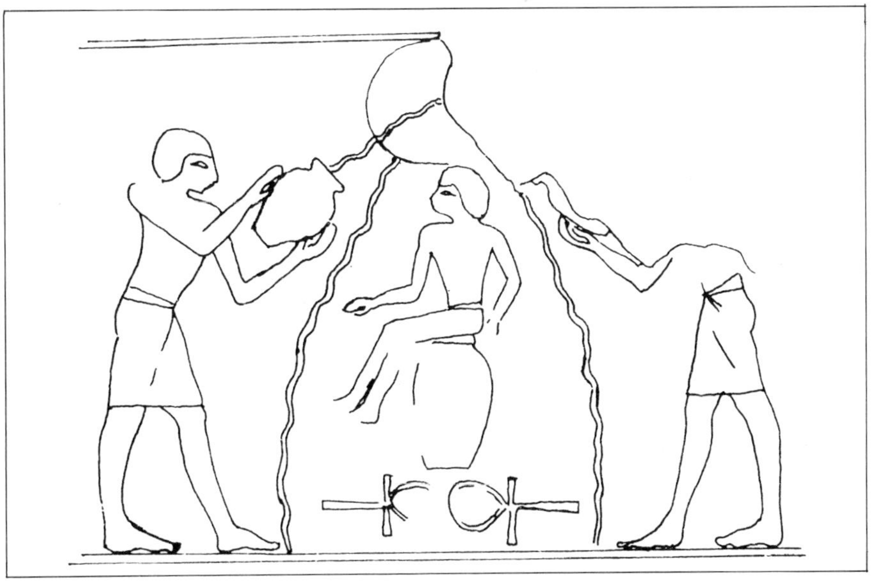

Reinigungszeremonie

begräbnisses – eng verknüpft mit dem Ziel, das Weiterleben des Toten zu bewirken[7]. Wieder spielen Königsgemahlin und -tochter eine wichtige Rolle dabei. Thronfolger Wadschi und ein Priester übergießen nun den Toten mit Wasser, das über Natron geleitet wurde oder bereits aufgelöstes Natron enthält. Dazu rezitiert der Vorlesepriester folgenden Spruch:

»Natron ist auf deinem Munde,
du reinigst deine Knochen allesamt,
du vertilgst, was an dir ist![8]«

Und darum heißt bis in späte Zeit das Reinigungszelt auch ›Natronhaus[9]‹.

Nach Abschluß der Reinigungszeremonie wird der tote König eingesargt. Wieder ist es der Vorlesepriester, der beim Verschließen des Sarges ausruft:

»Neith, falle über deinen Sohn Sachti.
Vereinige dich mit ihm, du Gefährtin des Großen,
mit ihm, diesem Großen unter deinen Kindern[10].«

Mit diesem in gehöriger Form gesprochenen Wort wird der Sargdeckel für den Glauben der Ägypter zu der Göttin Neith. Sie ist eine alte, aus Unterägypten stammende Göttin, die sich aber bereits zur Zeit der 1. Dynastie in *ganz* Ägypten besonderer Verehrung erfreute, wie ihre häufige Verwendung als Namensbestandteil ausweist. Auch Königin und Erbtochter tragen sie ja in ihren Namen, und so können wir als sicher annehmen, daß Neith in dieser Zeit die Rolle spielt, die spätere Epochen der Himmelsgöttin Nut zugesprochen haben, nämlich sich als Mutter-Gattin des Verstorbenen in dessen Sargdeckel zu verkörpern[11].

Der Verklärungsspruch des Priesters sagt ganz deutlich aus, was sich nach dem Verständnis der ägyptischen Frühzeit nun vollzog: Der König, als ›der Große‹ bereits mit einer den Göttern vorbehaltenen Bezeichnung angesprochen[12], vollzieht eine geschlechtliche Vereinigung mit der Muttergattin, um sich selbst neu zu zeugen[13]. Er soll ja aus dem Sarg, aus dieser Vereinigung mit der Mutter, als ein Neubelebter hervorgehen. Die für uns vielleicht zunächst schockierende Vorstellung einer Vereinigung mit der Mutter-Geliebten enthält für den Ägypter ein sehr vielschichtiges Bild. Zunächst das der Mutter, die den Toten in ihrer Gestalt als Sarg umhüllt, beschützt und vor den Gefahren des Todes bewahrt. Sie verwandelt sich in die Geliebte, die den Geliebten ›die Krise des Lebens‹ überstehen läßt, und zeugt mit ihm und zugleich in seiner Gestalt den Sohn – ein unendlicher Zyklus der Generationen eröffnet sich, eine ›irdische Unsterblichkeit‹ durch die Kette der Nachkommen und zugleich die volle Vergöttlichung des toten Königs als Sohn der Göttin.

Aber in der Göttin Neith ist noch eine andere, sozusagen ›modernere‹ Auffassung vom Weiterleben angerufen. Der Vorlesepriester fährt nämlich in der Verklärung des wieder eingesargten Königs fort mit dem Spruch:

»Es kommt zu dir dieser Sachti, oh Neith!
Es wachsen seine Schwingen als Horusfalke
in der Art der Doppelfedern des Himmelsfalken.«

Königin Herneith tritt nun in die Rolle der Göttin ein. Sie hat die Zeichen der Neith, die gekreuzten Pfeile, in ihr Haar gesteckt und *ist* damit ebenso Neith, wie der Thronfolger durch die Schakalsmaske zu Upuaut wird. Dem Ruf des Priesters antwortet sie, indem sie den Toten direkt anspricht:

»Du sollst deinen Sitz im Himmel eröffnen
in Gemeinschaft der Sterne des Himmels!«

Und der Priester schließt das Zwiegespräch mit der Beschwörung:

»Der Himmel wird hell,
die Sothis lebt,
denn Sachti ist ja der Lebende, der Sohn der Sothis[14]«.

Neith wird in diesen Beschwörungen, nach ihrer Rolle als Mutter-Geliebte, in einem anderen Aspekt vorgestellt, dem der Welt- und Himmelsgöttin. Sie versetzt den toten König an den Himmel und verwandelt ihn in einen Stern, einen der immer sichtbaren, nie untergehenden Sterne im Umkreis des Polarsterns, »damit ich nie sterbe«, wie es der Tote in späteren Sargtexten als Wunsch ausspricht[15]. Schon von der späten Vorgeschichte an bis in die Zeit der Pyramiden sind alle Grabstätten nach Norden hin ausgerichtet, damit die Seele sich mit den Zirkumpolarsternen vereinen kann[16].

Die Versetzung des Toten unter die Sterne wird noch unterstützt durch eine Anrufung der Sothis. So nannten die Ägypter unseren Sirius, den hellsten Stern am nördlichen Himmel, dessen erster Frühaufgang nach einer Zeit der Unsichtbarkeit (denn er gehört nicht zu den Zirkumpolarsternen) das Nahen der Nilschwelle ankündigt und damit die neue Fruchtbarkeit des Landes. Die Bezeichnung des Königs als ›Sohn der Sothis‹ ist also insbesondere eine Beschwörung seiner Fruchtbarkeitsmacht, die für ihn selbst, seine Auferstehung, wie auch für das ganze Land segensreich wirken soll. Die Sothis wurde schon während der Frühzeit verehrt[17] und galt damals als Erscheinungsform der Neith. Auch insofern paßt sie also noch gut in unsere überlieferten Sprüche. Denn später sollte sich diese Gleichsetzung auf Isis verlagern, die aber in der Frühzeit noch keine nachweisbare kultische Rolle spielt.

Und wiederum ist es die Königin, die in Gestalt der Neith das weitere Verschließen des Sarges mit den Worten begleitet:

»Gegrüßet seist du, mein Sohn Sachti,
König, Herr der beiden Länder! . . .

Ich bin deine Mutter, die deine Schönheit säugt,
ich werde schwanger mit dir am Morgen
und ich gebäre dich als Stern an jedem Abend.
Ich trage dich, und du bist auf meinem Rücken,
ich hebe deinen Körper empor, und meine Arme sind unter dir,
ich vereinige mich mit deiner Schönheit in jedem Augenblick.

Du trittst in mich ein,
und ich umfange dein Bild,
dein Sargkasten bin ich,
daß er deine geheime Gestalt verberge . . .

Ich vereinige deine Glieder,
ich halte die Ausflüsse zusammen,
ich umfange dein Fleisch,
ich vertreibe die Verwesungsflüssigkeit,
Horus, König Sachti!

Ich umwickle dich mit der Kunst der Webgöttin,
ich vollende dich als Horus! . . .

Ich bringe dir die beiden Weihen
mit ihren Sistren und Halsketten.
Sie binden dir das Kopftuch um deine Stirn,
sie schlagen für dich auf die Kupferbleche . . .

Ich lasse dich die Klage der Weihe hören,
die Vogelschreie der ›Großen Königsmacherin‹.
Sie weint um dich, die Arme um ihre Knie geschlungen,
vor deinem Leichnam auf der Bahre.
Ich veranlasse, daß die Weihe um dich klagt,
sie jammert, so laut ihre Stimme ist.

Ich vertreibe deine Mattigkeit,
ich entferne deine Müdigkeit,
ich verscheuche den Schlaf aus deinen beiden Weihen!
Ich nehme den Schlummer fort aus deinen beiden Gestirnen.

Ich veranlasse, daß deine Mutter sich über dich breitet,
ich veranlasse, daß sie sich mit dir vereinigt als die ›Große,
welche umfängt‹!

Ich spreche zu dir, ich spreche zu dir,
ich bin Neith, die dich liebt.

Ich veranlasse, daß du umläufst
an der Spitze (dem Pol) des Himmels
in deiner schönen Gestalt als Orion,
und ich gebe Sothis als Schutz hinter dich! . . .

Zu mir, zu mir, mein Sohn mit verborgenem Namen,
Horus, König der Götter![18]«

Welch ergreifendes Klagelied einer Mutter um ihren Sohn, einer Gattin um den geliebten Mann ist hier verbunden mit dem festen Glauben an sein Weiterleben, sein Wiederauferstehen als Gott, als Herr des Himmels, als neugeborener Horus und als ewiger Stern! Schon die äußere Form des ägyptischen Textes, welche die deutsche Übersetzung nur sehr unvollkommen wiedergeben kann, zeigt einen dramatisch-metrischen Rhythmus, wie er frühen religiösen und epischen Dichtungen der Menschheit eignet.

Ganz deutlich gibt uns der Text auch zu verstehen, daß der Tote, von dem hier die Rede ist, noch nicht als mumifiziert vorgestellt wird. Dies ist ein weiterer Hinweis auf die Herkunft der von uns zitierten Sprüche mindestens aus der Frühzeit. Dasselbe gilt für die Anspielung auf die Webgöttin, mit der die Königin sich selbst als Weberin jener Leinenbinden zu erkennen gibt, die den Leichnam zu seiner Vergöttlichung umgeben.

Den Abschluß der Handlungen im Reinigungszelt bildet ein Speiseopfer, das aus Brot, Bier, Kuchen und einem Rinderschenkel besteht und auf einem Opfertisch bereitliegt. Ein Opfermahl der Hinterbliebenen im oder am Grab gehört bis in spätägyptische Zeit zu jenen Vorkehrungen, welche die Kraft des Verstorbenen stärken und die Verbundenheit der Hinterbliebenen mit ihm sichern sollen. So jedenfalls ist es uns aus umfangreichen Darstellungen – besonders auch des Neuen Reiches – überliefert[19]. Gemäß einem uralten, aber auch noch zu späteren Zeiten praktizierten Brauch[20] werden die Reste dieses ersten Opfermahles für Sachti zusammen mit dem dabei benutzten Geschirr und den Reinigungsgefäßen sorgfältig vergraben, auf daß nicht Unberufene damit schädliche magische Handlungen vornehmen können.

Kapitel 3

Einfangen der Seele des toten Vaters

Während die Nacht herniedersinkt, wird der Sarg in ein anderes Zelt getragen, das sogenannte ›Goldhaus‹. Auch ein Raum in den Königsgräbern des Neuen Reiches in Theben trug diese uralte Bezeichnung. ›Gold‹ bedeutete dabei nicht einen Hinweis auf wirkliche Schätze, sondern erinnerte an die Bedeutung dieses Metalls als ›Leib der Götter‹ – daran also, daß in diesem Raum die Vergöttlichung des Königs weitergeführt wurde[1]. Der Sarg mit dem Leichnam Sachtis wird in der Mitte des Zeltes aufgestellt, an dessen Ecken Fackeln die Szene beleuchten. Auch diese hatten, wie alle Gegenstände im Zusammenhang mit dem Königsbegräbnis, neben der praktischen eine kultische Funktion. Sie werden in Sargsprüchen ›die vier Edeldamen‹ genannt, ›aus deren Mund die Flamme dringt und ihren Atem begleitet‹. Dabei handelt es sich offenbar um sehr alte göttliche Schutzmächte, interessanterweise wieder als weiblich vorgestellt[2]. Und abermals ist es die Königin Herneith, welche die Fackeln entzündet und damit das Schutzritual vollzieht. Ihre Handlung begleitet sie mit den Worten:

»Ich veranlasse, daß die vier Edeldamen für dich brennen,
daß sie dir leuchten auf allen deinen Wegen,
daß sie dir die Feinde abwehren Tag für Tag,
daß sie den Rebellen vertreiben, den Bösartigen![3]«

Die Erbtochter Meritneith hält zusammen mit den Priestern und hohen Hofbeamten eine erste Totenwache im Zelt, während Herneith und Wadschi sich in ein drittes Mattenzelt begeben (seit Sachtis Nachfolger wird hierfür ein kleines Ziegelgebäude im Talbezirk errichtet), das eine Art Sakristei darstellt. Hier werden die Götterembleme und Ornate aufbewahrt, die für die verschiedenen Rollen im Bestattungsdrama Verwendung finden. Hier hat auch die Königin nach der Reinigungsszene die Zeichen der Göttin Neith angelegt, die sie nun wieder mit dem geknüpften Stirnband der ›Großen Weihe‹ vertauscht. Der Thronfolger legt währenddessen Maske und Kleidung des Upuaut ab. Anstelle dieser Requisiten hüllt er sich in einen engen Mantel[4]. Es ist der gleiche Mantel, den wir aus späteren Darstellungen der Krönung und des Thronjubiläums als Ornat des Königs kennen und der schon sehr früh als kultisches Königsgewand bezeugt ist.

Königin und Thronfolger verlassen nach dem Umkleiden das Sakristeizelt. Wadschi betritt das ›Goldhaus‹ und wird vom Vorlesepriester begrüßt: »Er tritt ein, der ihn sehen darf![5]«. Mit diesen Worten nimmt der Priester vorweg, was in der Nacht geschehen soll: eine Begegnung des Thronfolgers mit seinem ver-

Frühzeitkönig im Sedfest-Gewand

storbenen Vater. Die Stimmung im Zelt ist aufs äußerste gespannt, denn niemand weiß, wann und auf welche Weise dieses Ereignis eintreten wird. Fast fluchtartig verlassen darum alle Anwesenden außer Wadschi das ›Goldhaus‹, um sich davor auf die Nachtwache einzurichten. Zu deren Beginn rezitiert der Vorlesepriester:

»Jubelt zusammen mit den Westlichen!
Übt euren Schutz aus über Horus Sachti![6]«

Der Ausdruck des Jubels bei einer Totenwache mag uns befremden. Für den Ägypter aber fand ja bei den Verwandlungen des Toten der Übergang zu dessen Existenz als Gott statt – als Gott, der von den ›Westlichen‹, nämlich seinen zu Göttern gewordenen Ahnen, begrüßt wird. Daneben steht, wie in allen Ritualsprüchen der Frühzeit, die ganz sachlich-praktische Regieanweisung in Form einer Aufforderung zur Nachtwache.

Zu jeder Nachtstunde werden nun die gleichen Handlungen wiederholt. Die beiden Weihen umschreiten das ›Goldhaus‹ und räuchern dabei mit Weihrauch. In der übrigen Zeit sitzen sie vor dem Eingang und schlagen auf kupferne Becken, wie es die Königin als Neith bereits angekündigt hat – eine Handlung, die zugleich Dämonen abwehren und ein Einschlafen verhindern soll.

Inzwischen hat Thronfolger Wadschi im Goldhaus auf einem niedrigen Bett Platz genommen, das dem von Fackeln erleuchteten Sarg gegenübersteht. Neben dem Sarg sind die Statuen des Verstorbenen aufgestellt, die Sachti wie jeder König schon bald nach seiner Thronbesteigung hatte anfertigen lassen. Über ihr Aussehen wollen wir später sprechen.

Die nun folgenden Handlungen kennen wir aus recht späten Texten des sogenannten ›Mundöffnungsrituals‹, die aber in einzelnen Szenen als besonders archaisch und sogar noch vor die Frühzeit zurückreichend nachgewiesen werden konnten[7]. Die kurzen Regieanweisungen herrschen demgemäß vor und beginnen mit den Vermerken: ›Abschirmen im Goldhaus‹ und ›Schlafen des Sem. Schlafen‹. Der Thronfolger, in dieser späten Darstellung als Totenpriester mit dem Titel ›Sem‹ bezeichnet, ist also im Zelt allein mit dem Sarg und schläft. Es ist aber ein unruhiger Schlaf, denn er unterbricht ihn mit dem Aufschrei: »Er hat mich zerbrochen!«, gleich wieder gefolgt von der Anweisung: ›Schlafen!‹ Alptraumhaft folgen weitere Schlafunterbrechungen mit den Rufen: »Er hat mich gestoßen!« und »Mein Vater, mein Vater!« – letzterer ausdrücklich im Szenenvermerk viermal als Wiederholung gefordert[8]. Eine Erklärung für diese Alpträume gibt die nächste Szene, die am folgenden Morgen spielt. Wir können annehmen, daß beim ersten Morgendämmern der Vorlesepriester mit den anderen Teilnehmern an der Nachtwache das Goldhauszelt betritt. Im Text heißt es nämlich ganz sachlich-trocken: ›Aufwecken des Schlafenden, des Sem. Finden durch den Priester.‹ Und nun spricht Wadschi die entscheidenden Worte:

»Ich habe meinen Vater in jeder Gestalt gesehen!«

Darauf der Priester:

»Dein Vater soll sich nicht von dir wegbewegen, ihr Boten!«

Und Wadschis Antwort:

»Die Spinne hat ihn gefangen!«

Die Priester gemeinsam:

»Verhütet, daß er leidet, Mücken,
daß nichts an ihm zerstört wird, seinem Gottesschatten!«

Und Wadschi schließt die dramatische Szene:

»Ich habe meinen Vater in jeder Gestalt gesehen – mit Hilfe der Gottesanbeterin![9]«

Nur mit Mühe können wir diesen aus späterer Zeit stammenden und offenbar damals schon nicht mehr voll verstandenen Vermerken entnehmen, was sich nach dem Glauben der Frühzeit während der Nacht im Goldhaus wirklich abgespielt hat. Der Thronfolger, so ist die übereinstimmende Deutung der modernen Ägyptologie, hat in dieser Nacht die Seele seines Vaters eingefangen. Als ›Boten‹ haben ihm dabei Insekten geholfen – eine bis in die allerälteste Vorzeit zurückreichende und in historischer Zeit gar nicht mehr lebendige Vorstellung der Erscheinungsform göttlicher Mächte. Die Spinne hat ein Netz gespannt, Mücken haben den ›Gottesschatten‹, die Seele des Toten also, geschützt, und die Gottesanbeterin hat ihn festgehalten.

Die Beschwörungen der Priester sollen nun verhüten, daß die Seele wieder entgleite oder in ungehöriger Gestalt, als Gespenst oder Dämon, den zitternden Menschen begegne. Wir können uns diese Szene gar nicht erschreckend genug für die Menschen der ägyptischen Frühzeit vorstellen, denn die grauenhaften Folgen einer solchen Begegnung glaubte man nur unter Aufbietung aller kultischen und magischen Mittel abwehren zu können.

Bevor nun die schwierigste Handlung erfolgt, nämlich die Übertragung der eingefangenen Seele auf die Königsstatue, zeigt eine ganz kurze Szene, daß sich der ›Status‹ des Thronfolgers in dieser Nacht geändert hat. ›Aufstehen durch den Sem. Ergreifen seines Stockes. Der Keni-Umhang ist auf ihm‹, so heißt der Regievermerk. Der Keni-Umhang ist ein vorgeschichtlicher Teil des Königsornates, aus Schilf gefertigt[10]. Ihn anlegend wird der Thronfolger kultisch im Wortsinn mit der Königswürde bekleidet. Schon der Schlaf neben dem Toten schuf eine Gemeinsamkeit, die außerordentlich eng war. Der Tod wird im Ägyptischen oft als ›Schlaf‹ umschrieben, so daß Vater und Sohn sich hier in der gemeinsamen Sphäre des Schlafes trafen. Der Vater jedoch war bereits ganz zum Gott geworden. Einem Gott zu begegnen aber stand in der Frühzeit – und noch lange danach – nur dem König selbst zu. Denn aufgrund seiner eigenen Gottähnlichkeit konnte er allein die Macht eines Gottes ertragen, wie dies auch in späteren ägyptischen Berichten über Gottesbegegnungen von Königen oft bezeugt wird[11]. Und schließlich erfordert das Einfangen der Königsseele und deren sorgsames Bewahren ein Maß an magischer Kraft und Macht, wie es nur einem König zukam.

Es ist daher sehr wahrscheinlich, daß wir die kurzen Regieanweisungen dieser Szene dahingehend ergänzen können, daß es die ›Kleine Weihe‹, die Erbtochter

Meritneith war, die dem Thronfolger Wadschi den Keni-Umhang brachte und umlegte. Sie als Trägerin der Legitimität in der Thronfolge, als ›die Große Königsmacherin‹, wie sie im Spruch der Neith angeredet worden war, bestätigte damit rituell Wadschis Königtum, unbeschadet seiner vorherigen De-facto-Machtergreifung und der späteren feierlichen Krönung in Memphis.

Nach dem Einfangen der Seele und nach der Bekleidung Wadschis mit dem altehrwürdigen Königsumhang begann nun das eigentliche ›Mundöffnungsritual‹. Bei diesem mußte die eingefangene Seele des toten Königs in die Statue gebannt werden. Denn nur damit war das Abbild magisch in die Lage versetzt, stellvertretend für den Verstorbenen zu handeln, Opfer entgegenzunehmen, ansprechbar für die Angehörigen und Priester zu sein, kurz: als Organ der Vermittlung und des Bewirkens das Weiterleben Sachtis zu sichern. Wie viele religiöse Rituale Ägyptens ist auch das Mundöffnungsritual aus einer handwerklichen Tätigkeit hervorgegangen[12]. Erst allmählich wurde diese mit Magie und Mythe befrachtet und entwickelte sich damit zur rituellen Handlung.

Ursprünglich jedoch hatte sie einzig und allein darin bestanden, im Auftrag des Sohnes von Handwerkern ein Abbild des Toten anfertigen zu lassen. Deutlich datiert dieser Brauch aus einer Zeit, in der noch ausschließlich das leicht zu verarbeitende Elfenbein für solche, damals nur wenige Zentimeter großen Figürchen verwendet worden war[13]. Jetzt, im Goldzelt von Abydos, wurde die Statue nicht mehr hergestellt. Jeder König ließ sie sich bereits zu seinen Lebzeiten anfertigen[14], damit sie ihn auf seiner letzten Fahrt begleiten konnte. Die alten Handwerkstätigkeiten bei der Herstellung wurden zwar im Ritual noch verlesen und auch mit bestimmten altertümlichen Werkzeugen noch angedeutet; dies hatte aber bereits ausschließlich religiöse Bedeutung, auch schon zur Zeit Sachtis. Der Begriff ›ausschließlich‹ freilich ist eine Deutung aus heutiger Sicht. Für die alten Ägypter hingegen war die handwerkliche Fertigung einer Statue grundsätzlich nicht der entscheidende Vorgang, so schön und sorgfältig dies auch immer geschehen mochte. Vielmehr war es erst deren ›Beseelung‹ durch die Zeremonie der Mundöffnung, die allein sie brauchbar machte.

Wir kennen nun das Goldhauszelt als Bühne und ebenso die Akteure: den Thronfolger, die Weihen und mehrere Priester in Handwerker-Rollen. Was wir aber noch nicht genau kennen, ist das Aussehen der Statue. Das früheste uns erhaltene Rundbild eines ägyptischen Königs der Frühzeit ist das Elfenbeinfigürchen eines Königs im Sedfestgewand, dem anliegenden Mantel, den auch Wadschi in der ›Nacht des Schlafes‹ trägt. Das Bildwerk stammt aus Abydos, trägt die oberägyptische Krone und wird in die 1. Dynastie datiert[15]. Ob es eine Totenstatue war, ist ungewiß, aber möglich.

Mit großer Wahrscheinlichkeit handelte es sich sogar um zwei Statuen, die hier für die Mundöffnung bereitgestellt waren – jede für eine andere Erscheinungsform der Seelenkräfte bestimmt. Die eine sollte dem ›Ba‹ genannten Seelenteil das Wiedererkennen des Körpers möglich machen. Denn dieser war ja noch nicht mumifiziert und somit einem baldigen Zerfall preisgegeben. Ein Wiedererkennen des eigenen Körpers durch die Seele aber war unbedingte Voraussetzung für eine Wiederbelebung. Die Statue der Ba-Seele glich daher wohl dem Toten in den für

Ägypter wesentlichen Zügen und im Ornat. Die andere Statue galt der wirkenden, schöpferischen, die Welt gestaltenden Gottesmacht im König, welche die Ägypter ›Ka‹ nannten.

Gewiß ist es möglich, daß auch die Ka-Statue, so wie in späteren Zeiten, menschliche Gestalt hatte. Aber es gibt auch eine andere und recht verblüffende Möglichkeit: Die Ka-Figur der frühzeitlichen Pharaonen mag die Gestalt – eines Affen gehabt haben! Schon seit vergangenem Jahrhundert ist die im Ostberliner Ägyptischen Museum stehende, etwa 52 cm hohe Alabasterstatue eines hockenden Pavians bekannt, der seine Arme zwischen den Knien herabhängen läßt. Auf dem Sockel der Statue ist in etwas rohen Hieroglyphen der Name des Königs Narmer eingeschnitten. Da sie im Kunsthandel erworben wurde, blieb ihr genauer Fundort unbekannt. Erst in den sechziger Jahren dieses Jahrhunderts tauchte im Kunsthandel eine weitere derartige Pavianfigur auf, die zwar nur 23 cm hoch, aber dafür aus dem besonders harten Assuangranit gefertigt ist. Auch dieser Affe, der die Hände auf die Knie legt, trägt eine Inschrift, aber an einer viel bedeutsameren Stelle als die Statue mit dem Namen Narmers, nämlich auf der Brust. Diese Inschrift nun zeigt in sorgfältigem, erhöhtem Relief den Namen ›Meritneith‹[16], Tochter Sachtis und Weihe bei seinem Begräbnis. Was der Name an dieser Stelle für Schlüsse auf Person und Stellung Meritneiths ermöglicht, wird uns später, bei einer genaueren Beleuchtung dieser faszinierenden Persönlichkeit, beschäftigen.

Der Pavian genoß in der Frühzeit unter dem Namen ›Der Große Weiße‹ hohe Verehrung als Verkörperung der göttlichen Ahnen des Königs. Gerade im ältesten Khontamenti-Tempel von Abydos sind zahlreiche kleine Pavianfigürchen gefunden worden, die Privatleute für den ›Großen Weißen‹ gestiftet hatten, um des göttlichen Beistands dieses Königsahns teilhaftig zu werden. Demnach muß der Paviangott in diesem Tempel mitverehrt worden sein. Wir wissen, daß der älteste Tempel von Abydos eine größere und zwei kleine Kultnischen besaß. So erscheint es nur logisch, in den beiden Seitennischen – neben dem Kultbild des Tempelherren Khontamenti in der Zentralnische – die Aufstellung der beiden Statuen des verstorbenen Königs zu vermuten: die eine in der Figur des menschengestaltigen Ba, die andere als Verkörperung des Ka in Gestalt eines Pavians. Beide Statuen bedurften vor ihrer Aufstellung im Tempel der Mundöffnung, und so müssen wir uns den Ablauf der rituellen Handlungen im Goldhauszelt immer im Zusammenhang mit dem Figurenpaar vorstellen, auch wenn in den folgenden Szenen nur von einer einzigen Figur die Rede ist. Allerdings ist nicht genau zu entscheiden, ob das Mundöffnungsritual gleichzeitig an beiden Statuen ausgeübt und demgemäß der Text an den entsprechenden Stellen in der Zweizahl (die das Ägyptische neben Einzahl und Mehrzahl kennt) formuliert wurde, oder ob man den Ritus für jede Figur getrennt wiederholte.

Zunächst werden die Priester in ihren Handwerkerrollen einzeln vorgestellt: »Sem spricht gegenüber dem Elfenbeinschnitzer, dem Axtarbeiter, dem Poliersteinarbeiter, er spricht:

> *›Wer sind die, die sich meinem Vater nähern wollen?*
> *Wer ist es, der meinen Vater schlägt?*
> *Wer ist es, der seinen Kopf anfaßt?‹«*

Und die Handwerker antworten:

»Siehe, Schläger deines Vaters!«

So in ihrer jeweiligen Tätigkeit an der bereits beseelt vorgestellten Statue ausgewiesen, gehen die Handwerker auf Anordnung des Thronfolgers an die Bearbeitung des Werkstückes. ›Sem‹ ruft: »Stempelt mir meinen Vater ab!« Mit ›Abstempeln‹ muß eine Handwerkstätigkeit gemeint sein, denn der Regievermerk dazu lautet: ›Abstempeln des Elfenbeins‹[17]. Der Thronfolger fährt fort: »Macht mir meinen Vater!«, und die Priester geben der Figur ›Gottesgestalt‹, worunter wohl die Anbringung der königlichen Insignien zu verstehen ist. »Macht mir meinen Vater ähnlich!«, ruft dann der Thronfolger/Sem, und als Handlung dazu wird Farbe gerieben. »Wer ist's, der ihn mir ähnlich macht?«, geht das Ritual weiter; mit ›Sehr ähnlich!‹ wird die farbige Vorzeichnung auf das Werkstück aufgetragen, und der letzte Regievermerk zeigt die im ›Rohbau‹ fertige Statue. Jetzt erfolgt eine Weisung an den Thronfolger; man hat sich dabei vorzustellen, daß die von ihm eingefangene Seele des Vaters zu ihm spricht. Diesen Spruch verliest ein Priester: »Sem, berühre meinen Mund mit deinem kleinen Finger!« Und Wadschi antwortet:

»Sachti, ich bin gekommen auf der Suche nach dir!
Ich bin Horus.
Ich habe dir deinen Mund eingefugt.
Ich bin dein geliebter Sohn!«

Zu diesen Worten trägt Wadschi auf die Lippen der Statue mit dem kleinen Finger rote Lippenschminke auf. Dann deutet er mit einem altertümlichen Feuersteinmeißel das Einschneiden des Mundes in das Elfenbein an[18]. Dies ist die zentrale Handlung des Rituals, denn mit Färbung und Einschneiden des Mundes überträgt Wadschi zugleich die von ihm eingefangene Seele des Vaters auf die Statue. Ganz ähnliche Wechselreden folgen nun zu den Umrißzeichnungen der Augen, die anschließend, wie auch die Augenbrauen, mit anderem Werkstoff eingelegt werden – eine Praxis, die wir bei ägyptischen Darstellungen von Mensch und Tier seit der Vorzeit kennen. Zugleich ist es mit diesen Handlungen Wadschi selbst, der seinen Vater ›schlägt‹, und so kann er nun die Handwerker beruhigend zur weiteren Ausarbeitung auffordern: »Kommt, schlagt meinen Vater!«, was der Vorlesepriester mit den Worten unterstützt: »Laß geschützt sein die, die deinen Vater schlagen wollen![19]«

Immer wieder werden bei der Mundöffnung besonders altertümliche, in geschichtlicher Zeit sonst nicht mehr verwendete Werkzeuge erwähnt. Dazu gehören ein fischschwanzförmiges Feuersteinmesser namens Peseschkaf, ›das Geteilte‹, oder Stücke von Meteoreisen, später ›oberägyptisches Gotteserz‹ genannt. Das in Ägypten seit vordynastischer Zeit nachgewiesene Meteoreisen mußte schon lange vor der technischen Beherrschung seiner Verarbeitung zur magischen Verwendung herausfordern. So spielt es im Mundöffnungsritual eine entscheidende Rolle gerade in jener Szene, nach der das Ganze seinen Namen erhielt: Wadschi berührt den Mund der inzwischen als fertiggestellt gedachten Statue mit einem Stück dieses geheimnisvollen Metalls und spricht dazu: »Ich öffne dir den Mund!« Auf magische Weise soll so eine Benutzbarkeit des Mundes der Statuen erzwungen werden, damit diese alle Trank – und Speiseopfer für den Verstorbenen an dessen Stelle aufnehmen können[20].

Die ältesten Teile des Mundöffnungsrituals enden mit einem erneuten Freispruch der Handwerker durch Wadschi. Dieser verläßt das Goldhaus, um im Sakristeizelt den Keni-Umhang, den engen Mantel und den Stab abzulegen und sich mit dem für die nächsten Handlungen magisch richtigen Ornat zu bekleiden. Dabei handelt es sich um ein Pantherfell, dessen genaue Bedeutung in der Frühzeit wir nicht kennen, das aber noch im Alten Reich auf keiner Darstellung totenpriesterlicher Zeremonien fehlen darf.

Indessen werden die Handwerker-Priester vom Oberpriester entlassen, der schließlich einen Boten aussendet, um den Thronfolger zur nächsten Zeremonie zu holen. Dieser Bote ist eine Frau, die als ›Schwalbe‹ bezeichnet wird. Wie immer, wenn Tiere als Handelnde erwähnt werden, treffen wir auf sehr alte, in die Vorzeit reichende Schichten der Überlieferung[21].

Bei der späteren Mythologisierung der Rituale wurde auch die ›Schwalbe‹ umgedeutet zu einer Erscheinungsform der Göttin Isis. Da solche Gleichungen mit Isis sich fast immer auf frühere Handlungen einer der Weihen beziehen, ist es höchst wahrscheinlich, daß auch in diesem Fall entweder die Königin oder die Erbprinzessin jene Schwalben-Botin verkörpert.

Die hier geschilderten ältesten und in sich geschlossenen Teile des Mundöffnungsrituals sind bei dem Königsbegräbnis der Frühzeit bereits zu einem Belebungs- und Beseelungsritual geworden, das den Statuen ebenso gilt wie dem während der ganzen Zeremonie in seinem Sarg anwesenden Sachti. Auch dessen Körper war also jetzt auf magische Weise in die Lage versetzt, sich auf ewige Zeiten durch Empfang von Opfern zu stärken und für das ganze Land wirksam zu bleiben.

So schließt sich die Darbringung eines Opfers ganz logisch als nächste der heiligen Handlungen an. Der Vollzug einer solchen Opferzeremonie im ›Goldhaus‹ wird dadurch bestätigt, daß wir noch heute in der Unas-Pyramide das ein Mattenzelt nachahmende Muster an den Wänden des Sargraumes dort sehen, wo beim Opferritual des Begräbnisses der Sarg des toten Königs stand[22]. Während sich Wadschi das Pantherfell anlegt und im Goldhaus ein Opfertisch aufgestellt wird, trifft man im Schlachthof des Talbezirkes die letzten Vorbereitungen für das Tieropfer.

In den Darstellungen des ›Heiligen Bezirkes‹, der ja auf den frühzeitlichen Talbezirk zurückgeht, fehlt der Schlachthof ebensowenig[23], wie er im Talbezirk wegen der strengen Anforderung an die Frische des geschlachteten Opfertieres gefehlt haben kann. Da zum Tieropfer auch größere Mengen Wasser für die Reinigung gehörten, erforderten diese Schlachthöfe auch stets ein Wasserbassin. Ein solches finden wir in den Darstellungen des ›Heiligen Bezirkes‹ unter dem Namen ›Teich‹[24], den wir infolgedessen auch für den Talbezirk voraussetzen dürfen. Die Größe der Talbezirke, wie sie uns heute noch der Umfang der Ziegelmauerreste anzeigt, ergibt sich also schon allein aus den zahlreichen für die Rituale notwendigen Einrichtungen: Torzelt für die Muwu, Reinigungszelt, Goldhaus, Sakristei, Schlachthof und Teiche.

Bei dem nun im Goldhaus beginnenden Opfer sind, wie wir aus den Sprüchen entnehmen können, der Thronfolger Wadschi als Sem-Totenpriester, der Erzieher als Vorlesepriester, die beiden Weihen und einige Priester als Ministranten anwesend. Auf dem Opfertisch stehen schon diejenigen Opfergaben bereit, die nichttierischen Ursprungs sind, darunter Bier und Wein in den uns bereits bekannten ›Roten Krügen‹ und Brot verschiedenster Formen. Wadschi beginnt die Opferhandlung, indem er sich direkt an seinen Vater wendet. Viermal wiederholt er dabei feierlich den Spruch:

»*Komm, stehe auf und setze dich!*[25]«

und fährt dann mit deutlicher Anspielung auf den Sinn der vorangegangenen Mundöffnung fort:

»*Zufrieden sind die Felder,*
überschwemmt die Kanäle
für Sachti an diesem Tage,
an dem ihm seine Seele gegeben worden ist,
an dem ihm seine Macht gegeben worden ist!

Erhebe dich, Sachti!
Empfange dir dein Wasser,
sammle dir deine Knochen!
Stelle dich auf deine Beine,
der du beseelt bist vor den Seelen!

Erhebe dich zu diesem deinem Brot,
das nicht schimmeln kann,
zu diesem deinem Bier,
das nicht sauer werden kann.

Darin liegt deine Seelenkraft,
darin liegt deine Wirkungskraft,
darin liegt deine Macht!

Gib davon dem, der vor dir war,
o Sachti,
du bist beseelt
und deine Nachfolger werden beseelt![26]«

Dieser ganz unmythologische Text wird mit zu den ältesten Opfersprüchen gezählt. Zum einen wird darin die Verbindung zwischen Mundöffnung, Beseelung und Sicherung der Fruchtbarkeit des Landes klar zum Ausdruck gebracht; zum anderen schließlich erfährt das Opfer hier eine über König Sachti als Empfänger hinausgehende Bestimmung als Ahnenopfer, für Vorgänger wie für Nachfolger.

Diese beiden Momente machen es ganz sicher, daß der Spruch zum königlichen Begräbnisritual – und zwar genau an diese Stelle – gehört.

Als nächste Handlung folgt nun das ›Herbeibringen der Opfergaben‹. Diese werden jeweils von einem der als Ministranten wirkenden Priester dem Thronfolger überreicht, der sie vor dem Sarg niederstellt. Dazu legt Wadschi auch das Brot, das er vom Opfer beim Khontamenti-Tempel mitgebracht hat und das nun hier zum zweiten Male dargereicht wird, ebenso wie die Getränke in den ›Roten Gefäßen‹. Wadschi berührt alle Opfergaben vor dem Niederstellen mit seinem Szepter und weiht sie damit, indem er spricht:

»O Sachti,
ich gebe dir Tausend an Brot,
Tausend an Bier,
Tausend an allen guten Dingen,
indem sie rein und süß sind,
für deinen Ka,
o Sachti!«

Während dieser Weihung ist der Vorlesepriester vor das Zelt getreten und hat den wartenden Schlächtern das ›Zeichen zum Binden lebender Stiere‹ gegeben, wie das Ritual sich ausdrückt[27]. Und wieder werden die Tiere, wie wir es schon vom ›Opfer für die Landepflöcke‹ her kennen, gefesselt, niedergeworfen, geschlachtet und die Vorderläufe ausgelöst.

Wadschi bringt währenddessen eine Räucherung mit Weihrauch dar. Die Schwaden des Weihrauchs verleihen den handelnden Personen, allen Gegenständen und dem Goldhaus selbst ihren mythischen Charakter, ihre Rollenidentität in dem Drama der Vergöttlichung des Königs. Denn im Weihrauch wird die Kraft des göttlichen Ka übermittelt, der jetzt, nach Mundöffnung und Beseelung des Toten und seiner Statuen, sich manifestieren kann[28]. Zugleich schafft die Räucherung eine enge Gemeinschaft zwischen dem Verstorbenen, den beim Opfer Anwesenden und dem Opfer selbst, und so spricht Wadschi nun den Weihrauch direkt an:

»Heil dir, Gottesduft!
Heil dir, Weihrauch!
Heil dir, Bleibender, Großer,
der in den Gliedern des Horus ist.

Großer, Vater!
Breite dich aus in deinem Namen Kugel.
Dein Duft gelangt zu Sachti,
deine Reinigungskraft gelangt zu Sachti!

Horusauge!
Du wirst hoch,
du wirst groß,
hin zu Sachti!«

Auslösung des Vorderschenkels als Schlachtopfer

Mit der Anrede ›Großer‹ wird der Weihrauch hier als Erscheinungsform des göttlichen Ka, der sich zugleich im Weltengott Horus wie im toten König verkörpert, angesprochen[29]. Neben dieser mythologischen Verklärung steht wieder die ganz sachliche Beschreibung, wie die Weihrauchkugel, nachdem sie entzündet wurde, ihren Duft verbreitet.

Die ›Edlen‹, die Gehilfen vom Schlachthof, bringen jetzt die Vorderschenkel der geschlachteten Rinder und legen sie auf den Opfertisch. Viermal werden beide Schenkel mit dem königlichen Szepter berührt; dies mag eine Erinnerung an jene Zeit sein, als der König die Opfertiere noch selbst mit der Keule erschlug, und darum wird diese Handlung auch im Ritual als ›Schlagen der Opfertiere‹ bezeichnet. Nach dieser zeremoniellen Berührung werden die Schenkel mit einem entsprechenden Spruch geweiht und vor den Sarg gelegt. Darauf folgt eine Wasserspende über Opfergaben, Sarg und Statuen. Sie soll alles Schädliche auf magische Weise hinwegspülen, wie es der Begleitspruch fordert:

»O Sachti!
Nimm dir das Horusauge, das Opfer!
Aber nimm davon weg alles, was dir verhaßt ist,
und jeden, der schlecht über deinen Namen spricht!«

Neben die zu weihenden Nahrungsmittel sind nun auch die späteren Grabbeigaben gestellt worden: Möbel und Schmuck, Waffen und Stoffe, Öle und Kosmetika. In dem folgenden ›Ausrufen der Opfer‹ nämlich werden sie mitaufgezählt. Ebenso findet man sie in den Opferlisten verzeichnet, die seit der 2. Dynastie auf Steinplatten in Gräbern angelegt wurden[30].

Höhepunkt der Opferzeremonie ist die eigentliche Darbringung des Opfers mit ›Opferspruch und Rezitation der Opferformel‹. Beide werden vom Vorlesepriester vorgetragen, während der Thronfolger in feierlichem Schreittanz Opfer und Sarg umkreist, gefolgt von den beiden Weihen. Deren Teilnahme an dem uralten ›Opfertanz des Königs‹ hat ihren Grund in der nächsten, sich unmittelbar anschließenden Handlung, der ›Verwischung der Fußspuren‹. Dies ist eine ebenfalls sehr alte kultische Zeremonie, welche Dämonen und Gespenster, die durch den Opferduft angelockt sein mögen, von den Darbringenden ablenken soll. In dem Spruch, der das Fegen des Bodens um die Opferstelle begleitet, wird ebenso der Thronfolger wie auch die ›Mutter‹ angesprochen[31], eine in späteren Zeiten gar nicht mehr verständliche Anspielung auf die ›Große Weihe‹ als Verkörperung der Mutter-Geliebten.

Nun gilt es, den Verstorbenen zu Tisch zu rufen, zum gemeinsamen Opfermahl. Schon in der ältesten uns erhaltenen Form des dabei gesprochenen Textes verbindet sich der Wunsch, dem Toten damit zur Wiederauferstehung zu verhelfen, mit der tiefen Angst vor zu plötzlicher Erfüllung dieser Beschwörung in einem gespensterhaften Erscheinen. So ist dieser Spruch Zeugnis sehr alter Glaubensschichten und zugleich ein Dokument dafür, daß alle diese magischen Handlungen und Beschwörungen zumindest in der Frühzeit Ägyptens als ganz real Wirklichkeit setzend zutiefst geglaubt wurden.

Wadschi ist es, der seinen Vater anruft:

»Ha, Sachti!
Stehe auf!«

»Ha!« ist der Ruf, mit dem man in Ägypten Schlafende weckt, und man spürt selbst durch die Übersetzung hindurch die atemlose, zwischen Hoffnung und Entsetzen schwankende Erwartung dessen, was nun folgen mag. Der Thronfolger lädt den Vater zum Mahle, und unter der ganz nüchternen Aufzählung der Gaben ist doch eine Stimmung zu spüren, die der bei der Einladung des Komturs durch Don Juan ähnlich ist:

»Setze dich an Tausend an Brot.
Tausend an Bier!
Der Braten kommt aus dem Schlachthof,
das geröstete Brot aus dem Wirtschaftshof.
Versehen ist der Gott mit dem Gottesopfer,
versehen ist Sachti mit diesem seinem Brot!«

Der letzte Satz bezieht sich offenbar auf das Khontamentibrot, das Wadschi auch nach diesem Opfer wieder mit sich nimmt, aber dem Toten schon beruhigend verspricht[32]. Und weiter tönen die Sprüche Wadschis, die wir uns in einer Art Sprechgesang vorgetragen denken müssen, wieder zugleich Anrufung wie Warnung:

»Ha, Sachti!
Laß dich zu mir aufsteigen,
bringe dich zu mir!

Aber entferne dich nicht vom Grabe,
das deine Grenze gegen mich bildet! . . .

Ha, Sachti!
Stehe auf, nachdem du dieses dein Brot
aus meiner Hand empfangen hast!«

Ganz deutlich soll der letzte Spruch den Toten zwingen, erst dann zum Mahl zu erscheinen, wenn Wadschi jenes Brot, das er jetzt wieder in der Hand hält, endgültig spendet, was erst viel später erfolgen wird.

Schließlich werden Teile der dargebrachten Nahrungsmittel vom Thronfolger und den beiden Weihen verzehrt, die restlichen Getränke ausgeleert und die übriggebliebenen Nahrungsmittel sorgfältig vergraben – bis auf das ›Brot des Khontamenti‹ und die ›Roten Gefäße‹, die als Sicherung auf den weiteren Weg mitgenommen werden.

Der tote König ist nun gestärkt und magisch auf seine Auferstehung vorbereitet. Seine Seele ist in die Statuen gebannt und damit seine weitere Wirkungsmöglichkeit auf das Land gesichert. Ein sehr wichtiger Teil des Begräbniszeremoniells ist somit vollbracht. Jetzt freilich steht noch eine schwierige und für die Teilnehmer wiederum recht gefährliche Wandlung bevor. Es handelt sich dabei einmal um den Weg hin zum Grabe und die Beisetzung des Königs mit all jenen Ritualen, die endgültig seine Wiederauferstehung und seine Himmelfahrt bewirken sollen. Zum anderen schließlich geht es um die Rückführung der Statuen und deren Aufstellung im Tempel. Dort werden sie dann ihre tägliche Versorgung im Kult erhalten und damit auf das jenseitige Schicksal des Toten ebenso einwirken können wie auf das Schicksal des ganzen Landes.

Selbstzeugung und Eingehen ins Urgewässer

Kapitel 4

Nun gilt es, den Weg vom Goldhaus im Talbezirk bis hin zum Grab zurückzulegen. Auch er bedurfte sorgfältigster Vorbereitungen. Die zum Gelingen der weiteren Verwandlungen Sachtis wie zum Überleben der Begräbnisteilnehmer wichtigen Rituale vollziehen zunächst die beiden Weihen. In den Darstellungen dieser Szene sehen wir sie im langen Trägergewand, die Haare durch eine am Hinterkopf geknüpfte Binde zurückgehalten, an einem künstlichen Teich im ›Heiligen Bezirk‹[1].

Diese Wasserbecken waren von jungen Bäumen umstanden, die man samt ihren Wurzelballen antransportiert und eigens für das Begräbnis eingepflanzt hatte. Die ganze Anlage ist ein Hinweis darauf, daß innerhalb der Umwallung des ›Heiligen Bezirks‹ oder des Talbezirks eine Schutzzone des Lebens bestand. Deutlich war diese abgesetzt gegen die lebensfeindliche Wüste, den Ort der Totengeister und Dämonen, den Eingang zur Unterwelt. Die Wasserbassins waren ein Bild der schützenden und nährenden Erde – so wie das Königsgrab selbst das Bild des jenseitigen Totenreiches verkörperte und der Khontamenti-Tempel im Rahmen des Totenkultes das Bild des Himmels als der göttlichen Sphäre.

Erfolg oder Mißerfolg des gesamten Rituals hingen davon ab, ob es gelang, den Toten und seine Seelenkräfte die vielfältigen Verwandlungsformen in der rechten Reihenfolge dieser Sphären durchschreiten zu lassen, ohne daß die Vollzieher des Rituals dabei Gefahr liefen, in der falschen Sphäre festgehalten oder durch furchtbare Begegnungen erschreckt, wenn nicht gar vernichtet zu werden.

Der Text zu dieser Szene mit den beiden Weihen am Heiligen Teich ist in allen Darstellungen leider unvollständig und aufgrund von Unverständnis noch dazu offensichtlich weiter verderbt. Deutlich wird nur, daß Königin und Erbtochter ein Trankopfer aus dem während der ganzen ägyptischen Geschichte gleichbleibenden kugelförmigen Opfergefäß darbringen. Als Empfänger dieser Gabe ist ›die Wüste‹ genannt. Diese direkte Nennung, die erst in den spätesten Darstellungen als ›Westgöttin‹ mythologisiert wird, ist wiederum bezeichnend für das hohe Alter dieser Handlung[2]. Die beiden Weihen wollen mit Gabe und Beschwörung das Land der Toten, das der Begräbniszug in Kürze durchschreiten muß, günstig stimmen. Daß es wiederum die beiden Frauen sind, welche diese schützenden Handlungen vollziehen, ist für altägyptisches Denken und für die hohe Wertung der Frau schon in jener Frühzeit bezeichnend.

Sarg, Statuen und Beigaben werden nun aus dem Goldhauszelt zu den Teichen getragen. Die Anzahl dieser Teiche, die durch kleine Kanäle miteinander verbunden sind, kennen wir für die Frühzeit nicht; in den späteren Darstellungen sind

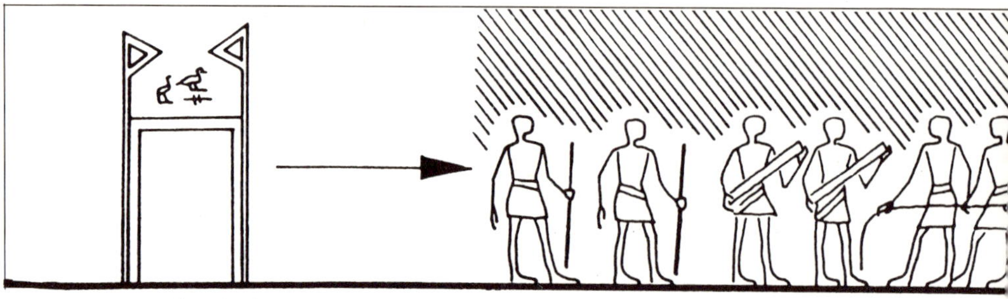

es immer vier. Ihre bisherige Rolle in der Szenerie des Talbezirks war die eines Reinigungsbeckens für die Opferung, sowie die Darstellung der fruchtbaren Erde gegenüber der lebensfeindlichen Wüste. Jetzt übernehmen sie eine neue Rolle.

Das Verleihen ganz verschiedener Rollen an Personen und auch Gegenstände bei den großen Ritualen ist ägyptischem, wie überhaupt magischem Denken gemäß und auch praktisch geboten. Denn der umhegte, geschützte Raum im Talbezirk war doch recht begrenzt, so daß die ›Einrichtungsgegenstände‹ für ganz verschiedene Szenarios dienen mußten; ebenso konnte auch der Teilnehmerkreis nur sehr klein sein.

Die Wasserbecken repräsentieren bei der nun folgenden Handlung jenen ›gewundenen Kanal‹, der durch die Binsenfelder des Himmels zum Sitz des Weltgottes führt. Zugleich aber auch werden sie zum Bild eines irdischen Kanals, der vom Nil zur Stadt Sais geleitet. Sais war schon in der Vorzeit ein bedeutendes kultisches Zentrum in Unterägypten gewesen und steht in den Begräbnisritualen für alle Kultorte des Deltas, besonders auch für die Stadt Buto[3]. An diesen Orten haben sich in vordynastischer Zeit jene Begräbnisrituale herausgebildet, in denen vegetative Vorstellungen und fruchtbarkeitssteigernde Praktiken vorherrschten, wie sie auch später noch besonders in dem aus Unterägypten stammenden Osiriskult eine Rolle spielten. Demgegenüber dürften in Oberägypten ursprünglich die kosmischen Riten, die Verwandlungen in den Weltgott Horus, in Sonne, Mond und Sterne, zu Hause gewesen sein.

Zur Zeit der 1. Dynastie waren beide Begräbnisrituale bereits zu einem einzigen, eben dem für den Pharao, den ›König von Ober- und Unterägypten‹, verschmolzen. Sie hatten sich gegenseitig überdeckt und durchdrungen, so daß es schon in den ältesten Texten und Darstellungen kaum mehr möglich ist, sie eindeutig voneinander zu trennen. Aber bereits zur Frühzeit wurde das Altüberlieferte als das besonders Wirksame betrachtet, und so gehört die ›Fahrt nach Sais‹ zum festen Bestand der Königsbegräbnisse, wenn sie auch nur noch im Ritual ›gespielt‹ wurde[4].

Der Königssarg wird am Rande des Kanals abgesetzt. Nun müssen zum erstenmal die beiden Statuen den toten König voll vertreten: man stellt sie in Schreine und trägt sie so anschließend auf einen leichten Papyrusnachen.

Denn nur ein Papyrusnachen war in der Lage, das seichte künstliche Gewässer zu befahren. Die Last des schweren Sarges mit seinem Inhalt aber hätte er niemals zu tragen vermocht. Als Begleitung besteigen nur die beiden Weihen das schwankende Floß, denn sie sind es wiederum, die auch auf dieser Fahrt zu den geheim-

Saisfahrt, *oben* Weihen im getreidelten Sargboot, *unten* Priester mit Lotos-Kopfschmuck begrüßen den Zug in Sais

nisvollen Orten des Deltas die Verkörperungen des Toten und seine Seelenkräfte schützen müssen. »Komme, Flut!« ruft der Vorlesepriester, und das Floß mit seiner kostbaren Fracht bewegt sich über die kleine Wasserfläche, sorgsam getreidelt von einer Mannschaft ›Edler‹.

Das nicht weit entfernte Ziel besteht in einem Torbau, der durch zwei Stangen mit Dreieckswimpeln das Stadttor von Sais andeuten soll. Hier kommt der Vorlesepriester dem Floß entgegen. Er wird begleitet von einer Priestergruppe, die einen Kopfschmuck aus Lotosblüten, der Wappenpflanze Unterägyptens, trägt. Die folgenden Rituale sind im einzelnen nicht erhalten. Zur Zeit ihrer Aufzeichnung im Alten Reich hatte man wohl bereits nur noch die ganz allgemeine Vorstellung, daß eben die Saisfahrt zum rechten Gelingen eines ›Begräbnisses nach Art der Vorfahren‹ gehöre. Gewiß machten die Statuen als Stellvertreter des toten Königs im Rahmen dieser Zeremonien Besuche bei den Göttern Unterägyptens. Dabei waren die Götter selbst durch Bilder repräsentiert, die man in Schreinen zwischen den Palmen aufgestellt hatte. Für Sachti wie für seine Nachfolger war diese Szene gleichzeitig eine magische Befestigung ihrer Macht über Unterägypten. Dem kam in jener Zeit gewiß auch politische Bedeutung zu, denn die Epoche der Reichseinigung lag ja noch nicht allzuweit zurück. Nach Beendigung der Saisfahrt werden Sarg und Statuenschreine außerhalb des Talbezirks wieder auf Schlitten gestellt, während kräftige Männer die Grabbeigaben tragen. Der Thronfolger, geleitet vom Vorlesepriester, spendet wiederum rückwärtsgehend Wasser vor die Kufen des Sargschlittens. Der Weg in die Wüste bis zum ausgehobenen Grab ist zwar nicht allzu weit, aber zum Teil steil ansteigend. Die unterwegs rezitierten Ritualsprüche gelten einer Verknüpfung der Handlungen im Talbezirk mit jenen am Grab:

»Gekommen ist Sachti heute
hervor aus der Flut des Urgewässers.«

Die Teiche des Talbezirks haben also neben den Bedeutungen, die wir bereits kennenlernten, zugleich noch eine als Verkörperung des Urgewässers. Dieses umschließt nach dem Glauben der Ägypter die Erde von allen Seiten. Aus ihm war vor Urzeiten der Schöpfergott Atum hervorgekommen, um auf dem ersten aus der Flut auftauchenden Festland, dem Urhügel, durch Selbstzeugung alle Götter und alles Seiende hervorzubringen[5]. Gemäß diesem Schöpfungsmythos kam also dem Urgewässer für die Auferstehung besonders große Bedeutung zu. Denn die Auferstehung stellte ja zugleich eine Neuschöpfung dar, und nur das ›Chaos‹, das Noch-Nicht-Geschiedene, Noch-Nicht-Differenzierte des Urgewässers, barg dafür die Möglichkeit. Und so fährt Wadschi in seiner Beschwörung fort:

»Sachti ist Sobek (Fruchtbarkeits- und Krokodilgott)
mit grüner Feder,
wachsamen Gesichts,
mit erhobener Stirn.
Aufgereckt,
hervorgekommen aus Bein und Schwanz
der Großen, die im Lichtglanz ist.«

Hier wird angespielt auf das Sohnesverhältnis Sachtis zur Göttin Neith in ihrer Gestalt als ›Himmelskuh‹.

»Gekommen ist Sachti
zu seinen Kanälen an den Ufern der Urflut Methyer,
zu der Ruhestätte mit grünen Gefilden,
die im Lichtreich ist.«

Neith tritt nach dem Wortlaut dieses Spruchs in die Rolle der ebenfalls kuhgestaltigen Göttin der Urflut, Methyer. Die Beschwörungen appellieren nun an die Verantwortung des Toten für die Fruchtbarkeit des Landes und gegenüber seiner Mutter, der ›Großen‹, die ihm einen Sitz im Lichtreich, im Himmel, verschaffen wird:

»Es läßt grünen Sachti das Kraut
auf beiden Ufern des Lichtreichs.
Es bringt Sachti den grünen Schmuck dem Auge
der Großen, die inmitten des Gefildes ist.
Es empfängt Sachti seinen Sitz im Lichtreich.
Es erscheint Sachti als Sobek, der Sohn der Neith.«

Während sich der Schlittenzug mühsam über den steinigen Pfad quält, sprechen die dabei rezitierten Texte von der Selbstzeugung des Königs in der Muttergattin. Diese tritt hier in Gestalt mehrerer Göttinnen auf, mit denen Sachti sich vereinigen und so seine Auferstehung und Vergöttlichung selbst bewirken soll:

»Es ißt Sachti mit seinem Munde,
es harnt Sachti,
es begattet Sachti mit seinem Phallus.

Sachti ist der Herr des Samens,
der die Frauen von ihren Gatten nimmt
wohin Sachti will,
nach dem Plan seines Herzens!«

Der Spruch wiederholt also die bei der Sargschließung vollzogene Selbstzeugung mit Neith und sagt weitere, im Grab folgende Vereinigungen mit anderen Göttinnen voraus, die der König aus ihren in der Mythologie vorgesehenen Paarungen mit Göttern reißt ›wohin er will‹, das heißt zu den im Ritual festgelegten Orten[6].

Der Begräbniszug nähert sich inzwischen dem Bestattungsplatz der königlichen Vorgänger Sachtis. Nebeneinander von West nach Ost, mit den Schmalseiten genau nach Norden hin ausgerichtet, liegen hier die Grabhügel der Könige Aha, Narmer und die der schon fast sagenhaften ›Könige der Vorzeit‹, Sachen und Skorpion. König Sachti hatte schon zu Lebzeiten sein Grab vorbereiten und mit

Die Königsgräber der Frühzeit in Abydos. Rechts oben die von Aha, Narmer und unbekannter Vorgänger. In der Mitte nach links die Gräber Sachtis, Wadschis, Meritneiths, Dewens und ihrer Nachfolger (mit Nebengräbern)

einigen Neuerungen der Bautechnik gegenüber den Gräbern der Vorfahren ausstatten lassen. Sein Grab zeigt, offenbar aufgrund einer heute nicht mehr nachvollziehbaren Änderung in den Vorstellungen von der Auferstehung, eine fast 90° betragende Drehung der Längsachse von der reinen Nord-Süd-Ausrichtung der früheren Gräber zur Richtung Nordost-Südwest. Auch die Gräber der auf Sachti folgenden Könige sind an dieser Achsendrehung orientiert. Weiter waren Ausmaß und Innenausbau des Grabes den neuesten Fortschritten der Bautechnik gefolgt. In der umfangreichen rechteckigen Grube, die mit Nilschlammziegeln ausgekleidet war, teilten Zungenmauern aus Ziegeln Magazinräume für Grabbeigaben ab, und zwar fünf an jeder Seite und an der nordöstlichen Querwand.

Die inmitten der Zungenmauern liegende Grabkammer war durch Holzbohlen und Bretterwände gegenüber den Magazinräumen abgeschlossen und auch mit Holzbalken abgedeckt. Mit 20 × 21,50 m Größe[7] übertraf Sachtis Grab dasjenige des Königs Aha beträchtlich. Der Holzboden ruhte auf einer Ziegelschicht, die durch eine Lage reinen Sandes gegen Feuchtigkeit, zugleich aber auch magisch gegen feindliche Mächte abgeschirmt war[8].

So stehen also die Teilnehmer am Begräbniszug, die sich vom Talbezirk her nähern, vor einer mit Ziegel- und Holzwänden unterteilten Grube. Es muß demnach recht schwierig gewesen sein, die Grabbeigaben und besonders den Sarg selbst schonend hinunterzulassen und in den Grabräumen aufzustellen. Die Deckkonstruktionen konnten erst nach dem Begräbnis vorgenommen werden, da es noch nicht die Seitenzugänge zur Grabkammer gab, wie in den Gräbern späterer Zeiten.

Vor der eigentlichen Grablegung müssen wir aber noch eine Besonderheit des Sachti-Grabes gegenüber denjenigen seiner Vorgänger betrachten – eine Besonderheit, die sämtliche am Grab anwesenden Personen auch vor Augen hatten. Rund um das Königsgrab waren nämlich in dichten geraden Reihen kleine Gräber angelegt, im ganzen nicht weniger als 318. Sie sind offenbar gleichzeitig mit dem Königsgrab ausgehoben worden, und zwar mit einer geradezu modern anmutenden Technik. Zunächst hatte man nämlich schnurgerade Gräben gezogen, die nur die Südwestecke des Grabes als Zugang freiließen. Anschließend wurden dann diese Gräben durch Erd- oder Ziegelmauern gleichmäßig in einzelne Gräber unterteilt.

Solche Nebengräber findet man ebenso um die Mauern der Talbezirke wie um die Scheingräber der Frühzeitkönige auf dem Königsfriedhof von Saqqara herum angelegt. Es waren Begräbnisstätten für Hofbeamte, Priester, Frauen des Harems und alle anderen Personen, die dem Pharao nahegestanden hatten, bis hin zum Hüter seiner Jagdhunde und den Hofzwergen. Ob diese Menschen beim Tode des Herrschers getötet worden sind, ob es also in der ägyptischen Frühzeit Menschenopfer wie in Sumer gegeben hat, oder welche Bedeutung die Nebengräber sonst gehabt haben – diese Fragen sollen uns erst später beschäftigen (s. S. 227).

Der Begräbniszug König Sachtis fand an jener Stelle, von der aus man die komplizierte Grabanlage erreichen konnte, wieder ein Mattenzelt vor. Es hatte die Aufgabe, den Sarg und die an den letzten Zeremonien Beteiligten vor Sonne und Sandwind zu schützen. Priester und Knechte des Khontamenti-Tempels füllten

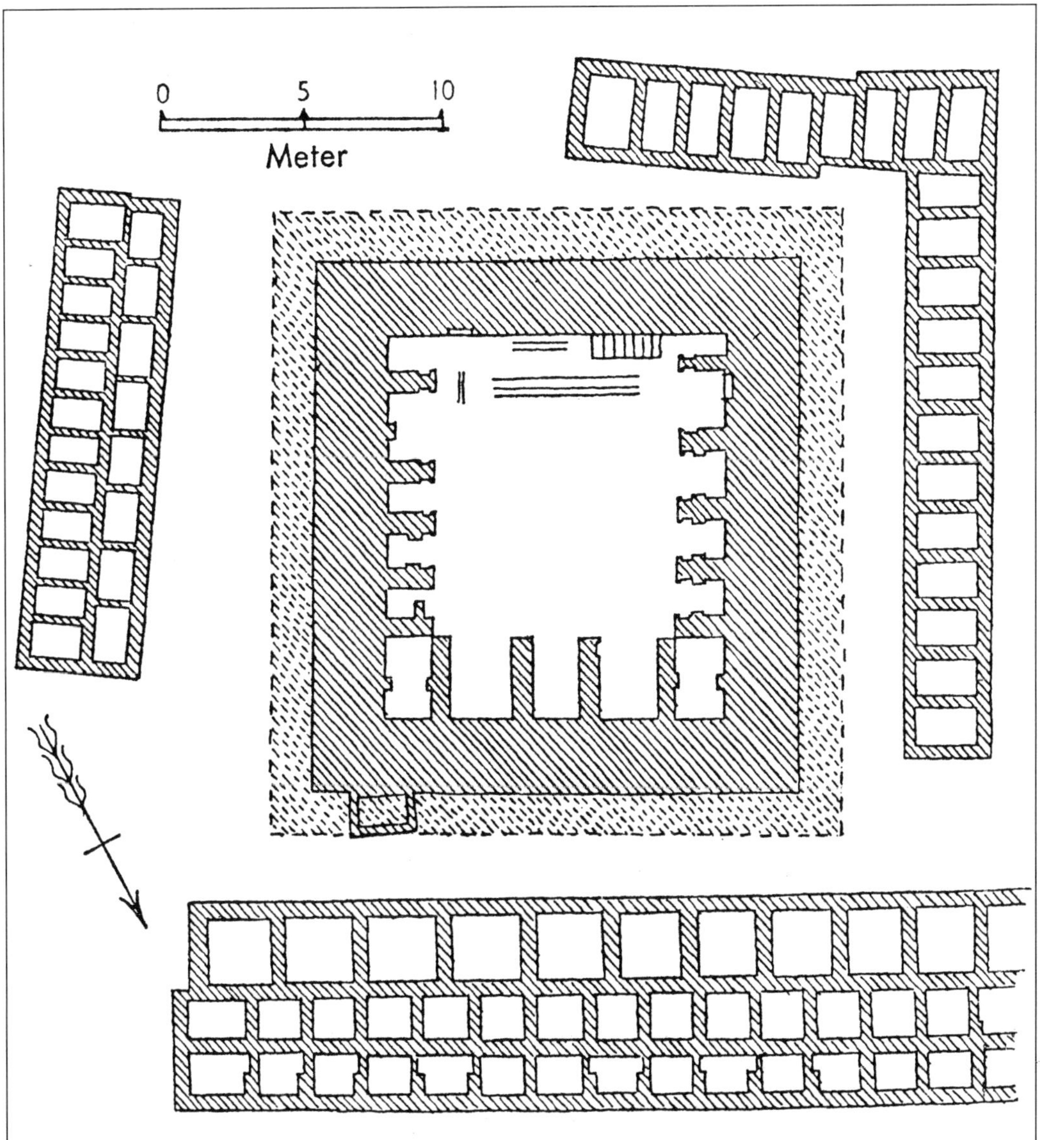

Grundriß des Sachti-Grabes

währenddessen die im Talbezirk geweihten Beigaben in die Magazinräume rings um die Sargkammer. Der Begriff ›Magazinräume‹ ist dabei durchaus angemessen. Denn wenn auch von den Beigaben des Sachtigrabes nur einige Siegelverschlüsse[9], Elfenbeinfragmente und Stein- und Schiefergefäße[10] erhalten sind, so haben wir dennoch genügend Beispiele aus Gräbern von hohen Beamten und vor allem die ausführlichen Beigabenlisten auf Grabplatten zur Verfügung. Das versetzt uns in die Lage, eine ungefähre Kenntnis von den wahrhaft ungeheuren Mengen der Beigaben an Gefäßen, Getränken, Nahrungsmitteln, Möbeln, Stoffen, Kosmetika und Schmuck zu besitzen, die dem Herrscher in sein Grab gegeben wurden.

Im Mattenzelt neben dem Grab haben die ›Edlen‹ inzwischen den Holzsarg des Königs abgestellt. Thronfolger Wadschi, die beiden Weihen Herneith und Meritneith und der Vorlesepriester sind die einzigen, die in dem Raum verbleiben dürfen. Während der Vorlesepriester die beiden Statuen so neben dem Sarg aufstellt, daß die Ka-Statue genau hinter der Ba-Statue steht, nimmt Wadschi erneut eine Weihrauchspende vor und spricht dazu:

»Es geht dahin, wer dahingeht mit seinem Ka.
Es geht Horus dahin mit seinem Ka.
Es geht Seth dahin mit seinem Ka.

Es geht Thot dahin mit seinem Ka.
Es geht der Falkengott dahin mit seinem Ka.
Es geht Mechenti-Irti dahin mit seinem Ka.
Es gehst auch du dahin mit deinem Ka.

O Sachti! Der Arm deines Ka ist vor dir.
O Sachti! Der Arm deines Ka ist hinter dir.
O Sachti! Das Bein deines Ka ist vor dir.
O Sachti! Das Bein deines Ka ist hinter dir.
O Sachti! Ich habe dir das Auge des Horus gegeben:
Versieh dein Gesicht mit ihm!
Möge sich der Duft des Horusauges
zu dir ausbreiten![11]«

Schon der viermalige Aufruf kennzeichnet diesen Spruch als sehr alt und zugleich sehr bedeutsam. In ihm erfolgt vor der Grablegung eine endgültige Bestätigung und der letzte Vollzug dessen, was bisher im Talbezirk geschehen war: die völlige Verschmelzung des Königs mit seinem Ka, der ihn rings umgibt; aber auch sein Eins-Werden mit den Königsgöttern Horus und Seth, mit dem Mondgott Thot und dem die Sonne verkörpernden Falkengott und mit dem uralt-geheimnisvollen Himmelsgott Mechenti-Irti. Der Weihrauch gilt im Ritual als Ka-Träger. Spruch und Räucherung wirken damit auf den König ebenso ein wie auf die beiden Statuen und verbinden sie unlöslich miteinander und mit den aufgerufenen Göttern, so daß einer für den anderen stehen und wirken kann.

Interessanterweise werden auch jetzt, unmittelbar vor der Grablegung, nur Königs- und kosmische Götter angerufen und keine Toten- oder Unterweltsgötter. Damit weist dieser Spruch schon über die Grablegung hinaus auf die schwierige Aufgabe, die der tote König danach vor sich hat: seinen Aufstieg zum Himmel zu vollziehen, damit er dort seinen Platz unter den Göttern einnehme.

Nach der Räucherung wird der Sarg auf seinem Schlitten herausgebracht. Der Thronfolger, nun in die Rolle des Gottes Horus eingetreten, spendet einen letzten Wassersegen vor die Kufen, während der Schlitten zum offenen Grab gezogen wird. Im Begleitspruch findet sich wieder die typisch ägyptische Mischung einer nüchtern-praktischen Schilderung dessen, was vor sich geht, mit magischen bzw. mythischen Angleichungen und Verwandlungen. Besonders stark kommt dies dort zum Ausdruck, wo Wadschi das Wasser, das er ganz sachlich ›unter deine Sohlen‹ gießt, als Horusauge, als Opfer also, bezeichnet und es schließlich als Symbol für die Verpflichtung des toten Königs nimmt, die Nilüberschwemmung künftig aus sich hervorgehen zu lassen:

»Dieses dein kühles Wasser, o Sachti,
ist etwas, das dir zukommt von seiten deines Sohnes,
ist etwas, was dir zukommt von seiten des Horus.

Ich bin gekommen,
ich bringe dir das Auge des Horus,
damit dein Herz sich erfrische an seinem Besitz.

Ich bringe es unter dich, unter deine Sohlen.
Empfange dir den Ausfluß, der aus dir gekommen ist.
Dein Herz ermatte nie in seinem Besitz.«

Und der Spruch schließt mit der altertümlichen, viermal wiederholten Opferformel: »Das ist ein Opfer, das ich dir weihe![12]« Nach dem Getränkeopfer Wadschis ist es nun an Herneith, als ›Große Weihe‹ das letzte Nahrungsopfer am Grabe zu bringen. Die späteren Darstellungen sind nicht sehr ausführlich hinsichtlich der Beschaffenheit dieses Opfers, doch wird die Szene selbst deutlich genug gezeichnet: Nur *eine* Weihe steht als Handelnde auf dem Dach des Grabes, das in der Zeit dieser Darstellungen die Form einer Mastaba hat. Sie erscheint vor Opfergaben, die hier niedergelegt wurden[13]. Wir können diese Szene für die Frühzeit dahingehend ergänzen, daß über die inzwischen gefüllten Magazinräume des Königsgrabes bis hin zum Rand der eigentlichen Grabkammer Holzbohlen gelegt worden sind, um eine Beisetzung des Sarges zu ermöglichen. Während vor dem Grab die Frauen der Imât-Stiftung zu ihrem gravitätischen Trauertanz beschwörend singen: »Sein Leib ist vollständig![14]«, um damit die Unversehrtheit des Leichnams magisch herbeizuzwingen, spendet die Königsgemahlin ihr Opfer mit dem Spruch:

»Ermuntere dich, o Sachti!
Wende dich um, o Sachti!

Du bist gegangen, damit du befiehlst an den Stätten des Horus,
du bist gegangen, damit du befiehlst an den Stätten des Seth,
du bist gegangen, damit du befiehlst an den Stätten des Khontamenti.
Ein Opfer wird dir geweiht in allen deinen Würden, an allen deinen Stätten . . .[15]«

Zur Aufforderung an den Toten, das Opfer anzunehmen, tritt wieder die Gleichsetzung des Verstorbenen mit den Königsgöttern. Damit verbunden ist die Gewähr für dessen ewige Herrschaft über Ober- und Unterägypten, über die Lebenden und die Toten, die Götter und Geister. Und nun folgt die großartige

Beschwörung der Königin an ihren toten Gatten, als wirklicher Gott auch weiterhin seine Kinder, die Menschen, zu schützen, ohne sie zu erschrecken. Nicht als Gott noch als Gespenst soll er ihnen erscheinen, sondern als ›Leib‹, in seinen Statuen nämlich:

»Wie befriedigend ist dein Befinden,
der du Geist wirst, o Sachti,
in der Gemeinschaft deiner Brüder, der Götter!

Wie verändert aber ist es doch,
wie verändert aber ist es doch.

Der du deine Kinder schützt:
Hüte dich vor dieser deiner Grenze,
die in der Erde ist!
Lege deinen Leib an,
auf daß du zu ihnen kommst!«

und diesen Spruch wiederholt Herneith zur Verstärkung seiner Wirkung viermal[16].

Jetzt versammeln sich auf den Bohlen: die Königin, der Thronfolger, die Erbtochter und der Vorlesepriester. Sie werden als einzige den Toten auf seinem letzten Gang bis in die Grabkammer geleiten, wofür wohl von der Bohlenlage aus eine Leiter oder eine provisorische Holztreppe in die Tiefe führte. Den Sarg lassen vier Tragepriester an Seilen hinab, und es gilt dabei, durch Riten und Sprüche den Toten davor zu bewahren, daß er in der ›Unterwelt‹, die das Grab darstellt, für immer verschwindet. Der Sarg wird beim Hinablassen als ›Phallus des Babi‹, eines archaischen Mondgottes, angesprochen, der die im Grabbau verkörperte Himmelsgöttin begattet. So soll der König als Mondgott wiedergeboren und an den Himmel versetzt werden:

»Gezogen wird der Phallus des Babi,
geöffnet sind die Türflügel des Himmels . . .«[17]

Im Halbdunkel des Grabraumes bereiten Thronfolger, Weihen und Vorlesepriester nun die nächste Wandlung des Königs vor: Sarg und Gruft werden zum Urgewässer Nun, aus dessen Chaos die Schöpfung einst ihren Ausgang nahm. Damit übernimmt der Tote selbst die Rolle des Schöpfergottes Atum oder, ägyptischer ausgedrückt, er verschmilzt mit ihm, indem er Glied um Glied verwandelt wird. Diese Verwandlung läßt ihn auch der Schöpferkraft Atums teilhaftig werden, auf daß er – wie dieser aus dem Urgewässer – aus seinem Grab aufzuerstehen vermag. Und nicht nur das – der mit Atum einsgewordene Tote wird ebenso als Schöpfergott an Erhaltung und ständiger Erneuerung der Schöpfung mitwirken können.

Nachdem der Sarg seinen endgültigen Platz im Grabraum eingenommen hat, ruft Wadschi seinen Vater mit dem uns bereits vertrauten Weckruf an:

»Ha, Sachti!
Du bist ja nicht dahingegangen, so daß du tot bist,
du bist dahingegangen, so daß du lebst! . . .

Dein Arm ist Atum,
deine Schultern sind Atum,
dein Leib ist Atum,
dein Rücken ist Atum,
deine Hüften sind Atum,
deine Beine sind Atum.

Dein Gesicht ist Khontamenti.
Dir dienen die Stätten des Horus,
dir dienen die Stätten des Seth![18]«

Zu der Gleichsetzung des Grabes mit dem ›See‹ des Urgewässers tritt jetzt noch eine andere: diejenige Sachtis mit den Falkengöttinnen, die ihm zum Himmelsaufstieg verhelfen werden:

»Ha, Sachti!
Hüte dich vor dem See! . . .

Botschaft deines Ka ist an dich ergangen,
Botschaft deines Vaters ist an dich ergangen:

›Geh dahin nach deinen Tagen,
auf daß du dich reinigst,
so daß deine Knochen die von Falkenweibchen sind,
den Göttinnen, die im Himmel sind,
auf daß du an der Seite des Gottes bist,
auf daß du dein Haus deinem Sohn überläßt,
der dein Sproß ist.‹ «

Und die beiden Weihen ergänzen die Beschwörung klagend:

»Das Volk von Ägypten jammert um dich,
nachdem dich die unvergänglichen Sterne erhoben haben.[19]«

Die nun folgende rituelle Handlung dürfte von Königin Herneith vollzogen worden sein, denn sie hatte ja einst die Legitimität der Erbfolge an Sachti vermittelt. Und so ist sie es auch, die nun eine symbolische Krönung Sachtis mit der Krone Unterägyptens vornimmt. Eine solche Wiederholung der Krönung, die damals den jungen Sachti erst voll zum ›lebenden Horus‹ gemacht hatte, gehörte zum ältesten Begräbnisritual in seiner unterägyptischen Form[20]. Die Kronen waren nach einer alten Mythe in Urzeiten aus dem Haupt des Weltengottes herausgewachsen, und dementsprechend macht Herneith als ›Große Weihe‹ die Krönung auf ewig wirksam mit den Worten:

»Tritt nun ein an den Ort, wo dein Vater ist.
Er gibt dir, was an der Stirn des Horus war,
damit du dadurch Seele wirst,
damit du dadurch mächtig wirst,
damit du dadurch an der Spitze der Westlichen bist![21]«

In gewaltigen Bildern beschwört Herneith die unterägyptische Kronengöttin, die ›Zauberreiche‹, die sich in der feuerspeienden Uräusschlange verkörpert:

»Es öffnen sich die Tore des Lichtreiches,
es gleiten zurück seine Riegel.

Er ist zu dir gekommen, o unterägyptische Krone!
Er ist zu dir gekommen, o Feurige!
Er ist zu dir gekommen, o Große!
Er ist zu dir gekommen, o Zauberreiche!

Indem er rein ist für dich,
indem er in Furcht ist vor dir.

Mögest du zufrieden sein mit ihm!
Mögest du zufrieden sein mit seiner Reinheit!
Mögest du zufrieden sein mit seinem Wort, das er dir sagt!

Wie schön ist dein Gesicht, wenn du zufrieden bist,
indem du neu und verjüngt bist.
Dich hat Gott geschaffen, der Vater der Götter.

Er ist zu dir gekommen, o Zauberreiche!
Horus ist er,
der gestritten hat zum Schutz seines Auges, o Zauber-
reiche![22]«

Deutlich klingt in diesen Versen auch die Erneuerung der Kronen bei jedem Herrschaftswechsel an, wie sie sich aus der Gleichsetzung des Königstodes mit dem Weltende ergibt – übrigens einer der Gründe dafür, daß nie eine ägyptische Krone gefunden wurde. Ergänzend zur rituellen Krönung spricht Meritneith als ›Kleine Weihe‹ eine Beschwörung wider alle Feinde des Toten unter Menschen, Geistern und Göttern:

»Ha, unterägyptische Krone!
Ha, Gabe, Große, Zauberreiche, Feurige!
Mögest du den Schrecken vor Sachti sein lassen
wie den Schrecken vor dir . . .«

Die Krönung hat den König genügend gestärkt, um ihn seine Himmelsreise beginnen zu lassen. Auch das Teilhaftigwerden der Schöpferkraft Atums war hierfür eine wichtige Vorbereitung. Nun tritt der Schöpfergott unter einem weiteren

Aspekt auf: er ist der im Himmel Waltende, der seinen Sohn, den König, als Stern emporhebt. In einem – aus sehr alten Glaubensschichten stammenden – aufwühlenden Zwiegespräch zwischen Urgott und totem König wird die Götterrolle Sachtis immer genauer und damit immer wirkungsvoller, immer ›realer‹, festgelegt. Der Thronfolger übernimmt dabei die Rolle des Gottes, der Vorlesepriester die des Verstorbenen:

»Ha, Sachti!
Es gehen deine Boten,
es eilen deine Herolde
zu deinem Vater, zu Atum:

›Atum, laß ihn zu dir aufsteigen!
Schließe ihn dir in deine Arme!
Es gibt ja keinen Sternengott, der keinen Träger hätte!‹

(Atum): ›Soll ich dein Träger sein?‹

(Sachti): ›Sieh mich an!
Du hast die Gestalten der Väter ihrer Kinder (der Königsahnen) gesehen,
die ihren Spruch kannten (und damit ihren Himmelsaufstieg bewirkten),
die unvergänglichen Sterne!

Sieh in mir die beiden Palastbewohner
– das sind Horus und Seth – . . .‹

(Atum): ›Geboren bist du, Horus Sachti,
in deinem Namen eines,
vor dem die Erde bebt,
vor dem die Erde zittert!‹ (Anspielung auf Wettergott Seth)«

Weitere Gleichsetzungen folgen: Solche mit Königsgöttern, wie dem alten Fruchtbarkeitsgott Min, und solche mit den von Atum zuerst erschaffenen Göttern Schu (Luft) und Tefnut (Feuchtigkeit). Dann schließt der Schöpfergott mit der Beschwörung der göttlichen Macht, die auch in Sachti ist:

»Du kannst nicht vergehen!
Dein Ka kann nicht vergehen!
Denn du bist der Ka!«

Herneith und Meritneith entzünden jetzt auf dem Sargdeckel, der ja in alten Spruchteilen als Muttergattin tituliert wird[23], eine Räucherkerze. Damit wird nun zugleich eine ganze Fülle magischer und mythischer Beziehungen hergestellt: Die Räucherkerze gilt als der Phallus des Toten; ihr Rauch als der Samen, der die Muttergöttin Neith befruchten soll. In den Begleitsprüchen wird dem Toten die tröstliche Gewißheit gegeben, daß er die Unterwelt des Urgewässers, Sarg und Grab also, verlassen könne, um als Gott verjüngt zum Himmel aufzusteigen.

Als letzte Handlung im Grab legen die beiden Weihen Blumensträuße auf den Sarg. Zwar belegt keine zeitgenössische Darstellung diese Sitte, aber sie erscheint mir logisch, vor allem, wenn man sich freimacht von einer rein sentimentalen Deutung der Blumenspende, wie wir sie heute verstehen. Gemäß altägyptischem Verständnis hätte man darin vielmehr ein Symbol des Leben schenkenden Teiles der Natur zu sehen, weshalb ein solcher Strauß auch ›Ankh‹ hieß, wie das ägyptische Wort für ›Leben‹[24]. Auch der auf dem Sarg Tutenchamuns gefundene Strauß war eben nicht nur eine ›letzte rührende Geste der jungen Witwe‹, sondern eine weitere wirkungskräftige Beschwörung der Wiederbelebung des Toten.

Nach dem Blumenopfer zieht sich die kleine Gruppe aus der immer gefährlicher werdenden Nähe des Toten zurück. Denn die Schwaden der Räucherkerze, die zur Mächtigkeit des Toten, zu seinem Ka geworden sind, könnten diesen womöglich gar Gestalt annehmen lassen. Beim Aufsteigen aus dem Grab werden die seit dem Khontamenti-Tempel mitgeführten und bereits bei allen Opfern verwendeten ›Roten Gefäße‹ zerschlagen. Damit erhalten die auf ihnen vermerkten magischen Sprüche ihre Wirksamkeit zum Schutz des Toten wie der Begräbnisteilnehmer. Wadschi verläßt das Grab als letzter und schleudert dabei das Opferbrot hinter sich, das er seit dem Khontamenti-Tempel mit sich trug. Zugleich ruft er aus:

»Es fliegt das Brot,
es fliege das Brot
hin zu dem Bewohner der Häuser
der unterägyptischen Krone!«

Der letzte Satz ist erneut eine Anspielung auf die alte Krone Unterägyptens, die ja neben dem Sarg zurückgeblieben ist und mit Sachti zusammen begraben wird[25].

Die Prozession der Begräbnisteilnehmer zieht jetzt zur Nordostseite des Grabes, an der bereits die beiden Grabstelen des Königs aufgestellt worden sind[26]. Am Opferplatz zwischen den Stelen bringt Wadschi mit den beiden Weihen das erste Versorgungsopfer dar. Dies sollte ebenso zur Stärkung des Königs dienen, wie die beiden Stelen als Ba und Ka weihen. Handlungen und Sprüche dürften sich hierbei nicht sehr vom großen Opfer nach der Mundöffnung im ›Goldhaus‹ unterschieden haben.

Danach versammelt man sich wieder im Mattenzelt vor den beiden dort zurückgebliebenen Statuen des Königs. Diese nämlich werden in den nun folgenden Zeremonien magisch zur Reise in den Himmel befähigt, wobei angesichts der engen Bindung des Verstorbenen an seine Statuen auch dessen Himmelsreise ermöglicht, ja geradezu erzwungen worden soll.

Die Erstürmung des Himmels

Kapitel 5

Schon auf dem Weg von der Opferstelle zwischen den Stelen bis hin zum Zelt waren die kommenden Handlungen mit den soeben abgeschlossenen verbunden worden. Dies ist auch der Sinn eines Zwiegesprächs, welches der Vorlesepriester mit der ›Großen Weihe‹ in ihrer Rolle als Neith führt. Der Priester beschwört Sachti in zwei Erscheinungsformen des Horus, als Himmels- und als Königsgott:

»Es kommt zu dir dieser Sachti, o Neith!
Es wachsen seine beiden Schwingen als Horusfalke
in der Art von Doppelfedern als Himmelsfalke.
Gebracht hat ihn hierher seine Seele,
ausgestattet hat ihn seine Zauberkraft.«

Herneith antwortet darauf, indem sie sich unmittelbar an den König wendet:

»Du sollst deinen Sitz eröffnen am Himmel
in Gemeinschaft der Sterne des Himmels.
Denn du bist ja der einzigartige Stern,
der Träger des göttlichen Wortes! . . .[1]«

Beim Betreten des Zeltes spricht der Thronfolger zunächst die beiden Statuen an, in Verbindung mit denen sich ja der nächste Akt im Drama der königlichen Wiedergeburt vollziehen soll. Die menschengestaltige Figur ist inzwischen mit Hörnern zur Verstärkung ihres königlichen Erscheinungsbildes geschmückt worden, denn in der Frühzeit wird der König noch häufig im Bilde des Wildstieres dargestellt. Wadschi verkündet den in beiden Statuen verkörperten Gottes- und Seelenmächten des Königs ihr Erscheinen vor den Himmelstoren und zwingt dieses durch die nun folgende Verkündigung magisch herbei:

»Seht, wie dieser Sachti dasteht mitsammen! (die zwei Statuen)
Die Hörner an seinem Haupte sind die zwei Wildstiere . . .

Es gehen seine Boten,
es läuft sein Schnelläufer.
Sie verkünden dem, der im Osten den Arm erhebt (der aufgehenden Sonne),

daß dieser eine in dir dahingeht,
von dem der Falkengott gesagt hat:
›Er wird den Vätern der Götter befehlen‹.

Tritt an die Torflügel des Lichtreiches,
so tun sich auf die Tore des Himmels . . .

Es steht, der steht, hinter dir (die Ka-Statue),
es steht dein Bruder hinter dir,
es steht dein Genosse hinter dir.

Du gehst nicht zugrunde,
du gehst nicht zu Ende!
Dein Name lebt weiter bei den Menschen,
dein Name gewinnt Bedeutung bei den Göttern.[2]«

Die beiden Statuen werden jetzt aufgenommen und ziehen in ihren Schreinen mit dem Trauergefolge zurück zum Khontamenti-Tempel, der ja im Begräbnisritual des Königs den Himmel verkörpert, vorbei am Talbezirk, der Szenerie der Erde.

Vor dem Abzug wird dem Toten in seinem Grab ein letzter Spruch gewidmet. Er weist zwei Besonderheiten auf, die ihn eindeutig in die Zeit der 1. Dynastie datieren. Ganz deutlich wird vom Verwesen und Zugrundegehen des Körpers gesprochen, also muß der Spruch vor Einführung der Mumifizierung abgefaßt worden sein. Außerdem werden darin zum einzigen Mal in den Pyramidensprüchen die beiden Weihen und ihre wichtige Rolle im Ritual ausdrücklich erwähnt. Und so lautet der Abschiedsspruch Wadschis an den toten Vater im Grabe:

»*Nicht ist Sachti in die Erde eingetreten,*
so daß er zugrunde ginge, während er in seinem Haus auf Erden (dem Grab)
schläft und seine Knochen zerbrechen.

Seine Schäden sind getilgt.
Sachti hat sich gereinigt mit dem Horusauge (dem Opfer).
Seine Schäden sind getilgt durch die beiden Weihen . . .

Sachti ist auf dem Weg zum Himmel
mit dem Winde,
mit dem Winde![3]«

Auf dem Wege zum Khontamenti-Tempel wird eine Vielzahl von Zeremonien in Verbindung mit den beiden Statuen vorgenommen – Zeremonien, die mit ihren Begleitsprüchen alle ein und denselben Zweck verfolgen: die Himmelfahrt Sachtis, seine Vergöttlichung und seine dauernde Aufnahme unter die Sterne und Götter zu ermöglichen, ja zu erzwingen. Dem Aufstieg zum Himmel dient die Beschwörung des Windes im vorigen Spruch ebenso wie die von weiteren Naturphänomenen, welche Himmel und Erde miteinander verbinden, nämlich von Sonnenstrahlen, Blitzen und Hagelschauern. Daher erscheint Sachti in diesen Sprüchen auch immer wieder als Seth, der Gott der Unwetter[4].

Dem dramatischen Akt des Aufstiegs zum Himmel in Unwettern und in Gestalt des Seth gehört auch eine Beschwörung an, die in Kraft und Unmittelbarkeit des Ausdrucks wie in Aufbau und Gliederung unter die großartigsten Dichtungen der frühen Menschheit zu zählen ist. Inhaltlich aber gibt sie das Bild einer archaisch-primitiven Religiosität wieder. Es ist der sogenannte ›Kannibalenhymnus‹. Zum ersten Mal wurde er in der Unas-Pyramide aufgezeichnet, erscheint dann noch in den Pyramiden einiger Nachfolger des Unas aus der 6. Dynastie und verschwindet danach völlig.

Der Kannibalenhymnus schildert die gewaltsame Erstürmung des Himmels durch den verstorbenen König für den Fall, daß die Götter trotz aller gebrachten Opfer, trotz aller mythischen Verklärungen und magischen Rituale nicht freiwillig bereit sind, ihn in ihrer Mitte aufzunehmen. Unter diesem Himmelssturm zeigt sich aber eine noch ältere Schicht, die später erst als Androhung einer äußersten Konsequenz mit dem Himmelssturm verbunden wurde, nämlich ein grausiger, in allen Einzelheiten geschilderter Kannibalismus. Dieser aber ist streng religiös-magisch gebunden und hat gar nichts zu tun mit der Stillung von Hunger und Durst und erst recht nichts mit sadistischen Vorstellungen des Quälens unterlegener Feinde. Ganz ausdrücklich geht es vielmehr darum, dem König die Kraft zum Himmelssturm, die Macht über die Götter und die Fähigkeit göttlichen Wissens dadurch zu sichern, daß er sich die Götter wortwörtlich einverleibt. Dabei spielen Herzen und Lungen, nach ägyptischer Anschauung Sitz von Verstand und Lebenskraft, ebenso eine bevorzugte Rolle wie das Verzehren der unterägyptischen Krone, die ja auch eine Gottheit verkörpert und die der König nur mit Ekel hinunterwürgen kann, um ihrer Zauberkraft teilhaftig zu werden. Möglicherweise steckt also ein ursprünglich unterägyptisches Ritual hinter diesen Sprüchen.

Wir wissen nicht genau, an welcher Stelle des Rituals von Abydos der Kannibalenhymnus gesprochen wurde. Sicher ist nur, daß er nicht gefehlt haben darf, um dem König neben der Vielzahl schon beschworener Möglichkeiten des Weiterlebens eine weitere, vielleicht als magisch besonders wirksam betrachtete hinzuzufügen. Und so lautet der Kern des Kannibalenhymnus, der seiner Form nach wahrscheinlich von zwei Sprechern, Thronfolger und Vorlesepriester, vorgetragen worden ist:

»Es stürmt der Himmel,
es verdunkeln sich die Sterne,
es wanken die Himmelsbogen,
es zittern die Knochen des Akeru (archaischer Erdgott).

Es erstarrt aber jede Bewegung,
nachdem sie den Sachti gesehen haben,
erschienen als Geist,
als der Gott, der von seinen Vätern lebt,
der sich von seinen Müttern nährt . . .

Sachti ist der Stier des Himmels,
der sein Ziel verfehlte (nicht friedlich den Himmel betreten konnte);
der deshalb in sein Herz gab,
zu leben von dem Wesen jedes Gottes,
der ihre Eingeweide frißt,
nachdem sie dazu gekommen waren,
ihren Leib mit Zauberkraft zu füllen
auf der Flammeninsel (geheimer nächtlicher Aufenthalt der Sonne).

Sachti ist einer, der Menschen frißt,
der von den Göttern lebt;
ein Herr der Boten,
der Aufträge erteilt.

Der Schopfpacker in den Oasen ist es,
der sie mit dem Lasso fängt für Sachti . . .
Chons (alter Mondgott mit Sichel) ist es, der die Herren metzelt,
indem er sie abkehlt für Sachti,
indem er ihnen herausnimmt, was in ihrem Leibe ist.

Der Ölpressengott ist es,
der sie zerstückelt für Sachti,
der ihm ein Mahl aus ihnen kocht
in seinen abendlichen Feuerstätten.

Sachti ist es, der ihre Zauberkraft frißt,
der ihre Geisterkräfte verschlingt.

Es sind ihre Großen für sein Morgenmahl,
es sind ihre Mittleren für sein Mittagsmahl,
es sind ihre Kleinen für sein Nachtmahl,
es sind ihre Greise und Greisinnen für seine Räucherung.

Der Große im Norden des Himmels (Polarstern) ist es,
der ihm die Feuer anlegt an die Kessel, die sie enthalten,
vermittels der Schenkel ihrer Ältesten.
Es dienen die Bewohner des Himmels dem Sachti,
wenn ihm Feuerstellen zusammengesetzt werden
aus den Füßen ihrer Weiber . . .

Es hat Sachti die Rückenwirbel gezählt,
es hat er die Herzen aller Götter genommen,
es hat er die Rote Krone gegessen,
es hat er die Papyrusfarbene verschlungen.

Sachti nährt sich von Lungen, die weise sind,
er befriedigt sich, von Herzen zu leben,
nämlich von ihren Zauberkräften.

Sachti ekelt sich, wenn er die zum Brechen reizenden Stoffe
der Roten Krone auf die Zunge nimmt.
Er blüht aber auf, wenn die Zauberkraft in seinem Leibe ist.
Nicht können die Würden des Sachti von ihm weichen,
nachdem er die Erkenntniskraft
jedes Gottes verschlungen hat![5] . . .«

Es ist möglich, daß diese schaurige Beschwörung des Himmelssturmes mit den dazugehörigen – aber leider unbekannten – Zeremonialhandlungen sowie weitere Rituale an und mit den Statuen noch einmal im ›Talbezirk‹ stattfinden. Nach den folgenden Sprüchen nämlich hätte man sich einen Teil jener Wegstrecke, welche die Statuen nehmen, auf dem ›gewundenen Wasserweg‹ hin zu den Binsenfeldern der Götter vorzustellen. Die Szenerie hierfür haben wir bereits einmal unter dem Namen ›Krummer Kanal‹ für die Saisfahrt im Talbezirk kennengelernt. Wahrscheinlich dürfte auch in den Zelten des Talbezirks eine weitere Übernachtung der Begräbnisteilnehmer stattgefunden haben. Die nun folgenden Zeremonien müssen nämlich, wie aus den Sprüchen deutlich hervorgeht, in der Zeit zwischen der letzten Nachtstunde und dem Heraufdämmern des neuen Morgens vorgenommen werden.

Die nächste Beschwörungsszene jedenfalls sieht die Statuen samt ihrer Begleitung gegen Ende der Nacht bei der Durchquerung des Tores der Totenstadt zum Khontamenti-Tempel:

»*Übergefahren wird dieser Sachti zum östlichen Horizont.*
Seine Gefährtin ist die Sothis.
Seine Geburtsstätte ist das Morgenland![6]«

Der Khontamenti-Tempel gilt also für die folgenden Rituale als die östliche, die Morgenseite des Himmels. Die erneute Anspielung auf Sothis-Sirius als Begleiter des Königs, der dabei selbst als Orion vorgestellt wird, wiederholt die Gestirnskonstellation der ersten Rituale im Talbezirk. Die ausdrückliche und wiederholte Betonung dieser frühen Stunde – denn nur *vor* Sonnenaufgang kann man in Ägypten die Sothis nach ihrem Wiedererscheinen zur Zeit der Nilschwelle sehen – ist ein Hinweis auf die rituelle Bedeutung des Morgens als Aufgangs- und Auferstehungszeit. Nur zu dieser Stunde kann der Geist Sachtis den Himmelsaufstieg wirklich durchführen.

Auf die folgenden Zeremonien im Khontamenti-Tempel finden wir wieder ausführlichere Hinweise in den Pyramidensprüchen, freilich aus einer Zeit, in der die drei Schauplätze Unterwelt – Erde – Himmel längst in *einem* Bau, der Pyramide und ihren Innenräumen, konzentriert sind. So lassen sich die von Joachim Spiegel zu den Sprüchen erschlossenen Handlungen[7] – ebenso wie die Begleit-

sprüche selbst – nur in abgewandelter Form auf die Frühzeit anwenden. Die Hauptzeremonien dagegen sind die gleichen gewesen: Die beiden Statuen nämlich werden in die Nebenkultnischen des Khontamenti-Tempels geschoben, dort aufgerichtet und gekrönt, womit die Vergottung des Königs abgeschlossen und seine Wirksamkeit auf Erden durch die Statuen gesichert ist.
Während der leuchtende Sternhimmel Oberägyptens über der Totenstadt von Abydos allmählich verblaßt, werden im Tempel bei Fackelschein die Holztüren der Nebenkultnischen geöffnet, und Wadschi vollzieht ein letztes Räucheropfer als Brücke zum Himmel:

»Das Herz des Sachti gehört ihm selbst.
Seine Beine gehören ihm selbst.
Seine Arme gehören ihm selbst!«

Der Verstorbene ist also jetzt unabhängig von den Einwirkungen der Götter und Menschen und damit bereit für den Aufstieg zum Himmel:

»Geschlagen wird ihm eine Rampe zum Himmel,
daß er darauf aufsteige zum Himmel.
Und er steigt auf im Rauch der großen Räucherung . . .[8]«

Gleichzeitig mit diesem Spruch erhalten die beiden Statuen eine letzte kultische Reinigung durch die beiden Weihen. Danach werden sie von diesen erneut gekrönt – nunmehr jedoch mit der Krone Oberägyptens. Wadschi, in der Rolle des Gottes Horus, stellt Ka- und Ba-Statue in ihrer jeweiligen Nische auf:

»Es wäscht sich dieser Sachti.
Die Sonne geht auf.
Die Götterneunheit (Gesamtheit der Götter) erstrahlt im Licht.
Hoch ist der von Ombos (Seth) an der Spitze des oberägyptischen Heiligtums.

Es errettet dieser Sachti das Volk von Oberägypten als ein Glied von ihm.
Es ergreift dieser Sachti die oberägyptische Krone aus der Hand der beiden Götterneunheiten.

Es pflegt ihn die Große Weihe.
Es säugt ihn die Kleine Weihe.
Es nimmt ihn Horus in seine Finger . . .[9]«

Mit weiteren Sprüchen von Wadschi, Herneith und Meritneith wird dieser Teil des Begräbnisrituals abgeschlossen. Die Seele Sachtis ist nun vergöttlicht und im Besitz selbständiger Wirkensmacht; der Himmelsaufstieg ist endgültig gesichert, und die Statuen sind voll dazu befähigt, stellvertretend für den König zu empfangen und zu handeln. Wadschi verschließt die Holztüren der beiden Statuennischen mit einer letzten Beschwörung, die zugleich ein Dank ist an die Türflügel dafür, daß sie sich geöffnet haben[10]. Die letzten Zeremonien müssen nun noch die kultisch und magisch vorbereitete Himmelfahrt Sachtis in das wirkliche kosmische Geschehen einfügen. Daher beginnt der nächste Spruch, noch innerhalb des Tempels vorgetragen, mit den Worten:

> »*Der Himmel wird hell,*
> *die Sothis lebt.*
> *Denn Sachti ist ja der Lebende, der Sohn der Sothis . . .*
>
> *Es verbergen sich die Menschen (bleiben in ihren Gräbern),*
> *es fliegen empor die Götter (also auch Sachti).*
> *Sothis (= Neith) hat Sachti emporfliegen lassen*
> *in die Gemeinschaft seiner Brüder, der Götter . . .*[11]«

Beim Auszug aus dem Tempel wird der Halbmond, der am Morgenhimmel hier in Oberägypten oft auf dem Rücken liegt und an einen Kahn erinnert, als Schiff für Sachtis kosmische Reise angerufen. Zugleich wird Sachti selbst zum Mond in der Gestalt des alten Mondgottes Babi, als dessen Phallus er bereits im Grab die Muttergöttin begattete. Die Spitzen des Halbmondes erinnern zugleich an die Stierhörner und damit an die Fruchtbarkeitsmacht des im Stier verkörperten Königs, und so rezitiert Wadschi:

> »*Sachti hat die Nacht geordnet.*
> *Sachti hat die Stunden auf den Weg gesandt.*
> *Es erscheinen die Mächte (= Trauergefolge vor dem Tempel),*
> *sie proklamieren Sachti als Babi . . .*
>
> *Sachti ist Babi, der Herr der Nächte,*
> *der Stier, ohne den das Leben zunichte wird . . .*[12]«

Damit ist ein letztes Mal die Bedeutung gerade des toten Herrschers für die Fruchtbarkeit des Landes und aller seiner Bewohner beschworen worden. Diesen Dienst soll und wird Sachti dem Leben leisten, nachdem er in der Tradition der Vorfahren zu Grabe getragen und mit Hilfe komplizierter magischer Handlungen zum Gott geworden ist. An den Priestern des Khontamenti-Tempels ist es nun, durch täglichen Opferkult vor den beiden Statuen und am Grabe den Verstorbenen und die Gesamtheit der Königsahnen für diesen Dienst am Leben zu kräftigen und zu stärken.

Königinmutter Herneith, Königsgemahlin Meritneith und der ›lebende Horus‹ Wadschi aber kehren zurück in die Residenz von Memphis. Auch sie sind kultisch gestärkt für ihre neuen Aufgaben und Rollen durch die Teilnahme am Drama der königlichen Wiedergeburt.

Teil II Zurück zu den Anfängen

Kapitel 1 Die Welt, aus der der Tote kam

Fachleute und Laien haben mich bisweilen nach der Lektüre von Teil I gefragt, aus welchen Quellen ich bei der Darstellung des Mysterienspiels zum Begräbnis eines frühzeitlichen Königs geschöpft hätte.

So ist es angezeigt, die hierbei benutzten Quellen offenzulegen und meine Gründe für diese oder jene Deutung anzugeben.

Am Anfang unserer Kenntnisse über Königsbegräbnisse der Frühzeit steht der Friedhof von Abydos mit seinen Gräbern, Talbezirken und Tempeln. Heute sind es vor allem die mächtigen Reste der Totentempel von Sethos I. und Ramses II., die bei dem Dorf Araba an der Grenze zwischen grünenden Feldern und ausgedörrter Wüste in den blauen oberägyptischen Himmel ragen. Mit ihren Opferhöfen, Götterkapellen, Priesterwohnungen, Magazinen und Schlachthöfen bildeten diese Tempel eigene, unabhängige Kult- und Wirtschaftszentren inmitten von Bauernland schon zu der Zeit, als sie errichtet wurden. Denn auch damals, im ›Neuen Reich‹ Ägyptens, war die später von den Griechen ›Abydos‹ genannte Siedlung keine Stadt. Warum legten dann aber die mächtigsten Pharaonen der glanzvollen 19. Dynastie ihre Totentempel gerade hier an, nämlich über 200 km nördlich ihrer Grabstollen in den Felswänden des ›Tales der Könige‹ von Theben und viele hundert Kilometer südlich von ihren Residenzstädten im Delta?

Die Erklärung findet sich etwa 3 km nord-westlich des Sethos-Tempels. Am Rande des fruchtbaren Landes zur Wüste haben die heutigen Bauern der umliegenden Dörfer ihre schmucklosen Friedhöfe angelegt, so wie ihre Vorväter dies seit unvordenklichen Zeiten getan hatten. Denn das kostbare, vom Nil bewässerte Fruchtland durfte nicht durch die Wohnungen der Toten verringert werden.

Dicht bei einem dieser koptischen Friedhöfe sind Reste von Erdumwallungen, Ziegelmauern und Gruben zu entdecken, die sehr viel älter sind als die Friedhöfe und die Klosterruine daneben – ja, sie waren schon uralt, als Sethos und Ramses ihre Tempel erbauten. Hier nämlich begann das Gebiet des Königsfriedhofes jener Herrscher, die etwa um die Zeit der Wende vom 4. zum 3. Jahrtausend das Nilland zwischen der Mittelmeerküste und den Stromschnellen von Elefantine zum ersten Male geeint hatten. Gemeint sind also jene Könige, deren Namen selbst in den Annalen der Reichstempel zur Zeit des ›Neuen Reiches‹, also etwa 1500 Jahre danach, nur noch verstümmelt und in mißverständlicher Schreibung wiedergegeben sind und die zu Sagengestalten entrückt waren.

Aber über die Jahrtausende hinweg blieb den Königen wie dem ganzen Volk Ägyptens bewußt, daß sie es gewesen waren, die dem Land jene ewige Ordnung gegeben hatten, welche zu erhalten Pflicht und Würde aller Pharaonen ausmachte.

Das schönste Buch, das es je gab

Tutanchamun
Das Grab und seine Schätze.
256 Seiten mit 100 Farbtafeln und 103 Schwarz-weiß-Fotos.
Leinen, DM 98,–.

Einer Bildreportage, zusammengestellt aus den Original-Glasnegativen des Expeditionsfotografen Harry Burton, stehen meisterhafte Farbaufnahmen der einzelnen Kunstwerke gegenüber. Das unübertreffbare Werk – Text, Fotografie und Reproduktion von gleicher Qualität – wird das Entzücken aller Kunstfreunde, aller Ägypten-Reisenden, aller Besucher früherer und künftiger Ausstellungen ägyptischer Funde sein.

Hiermit bestelle ich über meine Buchhandlung:

_______ Ex. »Tutanchamun« zum Preis von DM 98,–.

Datum Unterschrift

Bitte als Postkarte frankieren

LÜBBE
Gustav Lübbe Verlag
Leserservice
Postfach 200 127

5060 Bergisch Gladbach 2

Verehrter Leser,

uns interessieren Ihre ganz persönliche Meinung sowie Ihre Interessengebiete. Beides ist für die zukünftige Arbeit unseres Verlages sehr wertvoll. Vorteil für Sie: Über entsprechende Neuerscheinungen werden Sie regelmäßig informiert. Lübbe-Bücher erhalten Sie in Ihrer Buchhandlung.

Diese Karte
entnahm ich dem Buch

Aufmerksam wurde ich durch

- ○ Empfehlung meines Buchhändlers
- ○ Empfehlung eines Bekannten
- ○ Schaufensterauslage
- ○ Pressebesprechung
- ○ Anzeige
- ○ Verlagsprospekt
- ○ Name des Autors
- ○ Geschenk

Mein Urteil:

Bitte informieren Sie mich ab sofort über Ihre Neuerscheinungen auf dem Gebiet

- ○ Archäologie
- ○ Geschichte
- ○ Zeitgeschichte
- ○ Romane
- ○ Taschenbücher

Name

Vorname

Straße

PLZ/Ort

Freilich, von den Gräbern der Frühzeitkönige sind nach Jahrtausenden der Plünderung und dem Unglück einer besonders unfähigen Erstausgrabung Ende des vorigen Jahrhunderts nur flache Gruben im Wüstensand übriggeblieben. Sie befinden sich noch einige hundert Meter von den Lehmmauerresten am Rande des Fruchtlandes zur Wüste hin entfernt. Außerdem schließlich gehört zu dem ganzen hochheiligen Bezirk ein uralter Tempel, der nur aus den wenigen noch erhaltenen Resten zu erschließen ist. Besagter Tempel war während der langen Geschichte des alten Ägypten hochberühmt als das Heiligtum des Totenherrschers Osiris. Für dessen Grabstätte hielt man übrigens seit der 6. Dynastie eine jener Grabgruben der Frühzeitkönige. Aber schon viele Generationen vor dem Aufkommen des unterägyptischen Königs- und Totengottes Osiris wurde an dieser Stelle in einem kleinen Tempelchen ein Gott der Friedhöfe und der Toten verehrt, der Khontamenti hieß, ›Erster der Westlichen‹. Dieser nahm die toten Könige auf, schützte sie und sicherte ihre Verwandlungen, wie wir sie im Teil I kennengelernt haben. Tempel, Mauerviereck – auch ›Talbezirk‹ genannt – und Grab waren Stationen und zugleich Bühne dieses Dramas, das sich nach dem Tode eines Pharaos hier vollzog.

Nördlich der ehrwürdigen Begräbnisstätte von den Königen der 1. und 2. Dynastie existierte noch ein weiterer Friedhof, der schon lange vor der 1. Dynastie belegt war. Seine zum Teil bereits entwickelten Grabstrukturen mit mehreren Kammern und die Auskleidung der Innenwände mit Lehmziegeln[1] legen es nahe, daß hier vorzeitliche oberägyptische Häuptlinge oder Kleinkönige bestattet worden waren: Herrscher, die von den Pharaonen der 1. Dynastie als Vorfahren empfunden wurden, auch wenn sie nicht tatsächlich derselben Sippe oder demselben Stamm angehört hatten. In dieser traditionellen Bindung an den uralten Friedhof mit den Ahnengeistern und bevorzugten Göttern des eigenen Geschlechts liegt der Grund, weshalb auch die Könige der ersten beiden Dynastien sich hier begraben ließen – selbst noch zu einer Zeit, als ihre Residenz bereits längst Hunderte von Kilometern entfernt in Memphis lag. Dieses Festhalten an den Königsfriedhöfen der Vorfahren können wir in Ägypten immer wieder beobachten. So kehrten die Mumien der mächtigen Pharaonen aus der 18., 19. und 20. Dynastie in die Felsgräber des ›Tales der Könige‹ bei Theben zurück, obwohl ihre Residenzstädte seit Ende der 18. Dynastie schon nicht mehr in Theben, seit Ramses II. gar im fernen Delta lagen.

Wir können heute nicht mehr genau rekonstruieren, wie die Oberbauten der Königsgräber von Abydos ausgesehen haben, vor allem seitdem sie der unglückliche erste europäische Ausgräber, Amélineau, um- und umgewühlt hat und nur eine Reihe flacher Gruben zurückließ. Immerhin haben die sorgfältigen Nachgrabungen doch noch einige Anhaltspunkte ergeben: beim Grab König Wadschis, den wir in unserer Darstellung vom Begräbnis Sachtis als Thronfolger erlebt haben, ist um die Grube mit der Grabkammer herum ein niedriger Wall aus Lehmziegeln erhalten. Offenbar diente er zur Abgrenzung und Stützung eines Hügels aus Sand und Erde, welcher wahrscheinlich ebenfalls mit Ziegeln bedeckt wurde, um gegen Wind und die seltenen, dann aber um so zerstörerischer auftretenden Regenfälle geschützt zu sein[2].

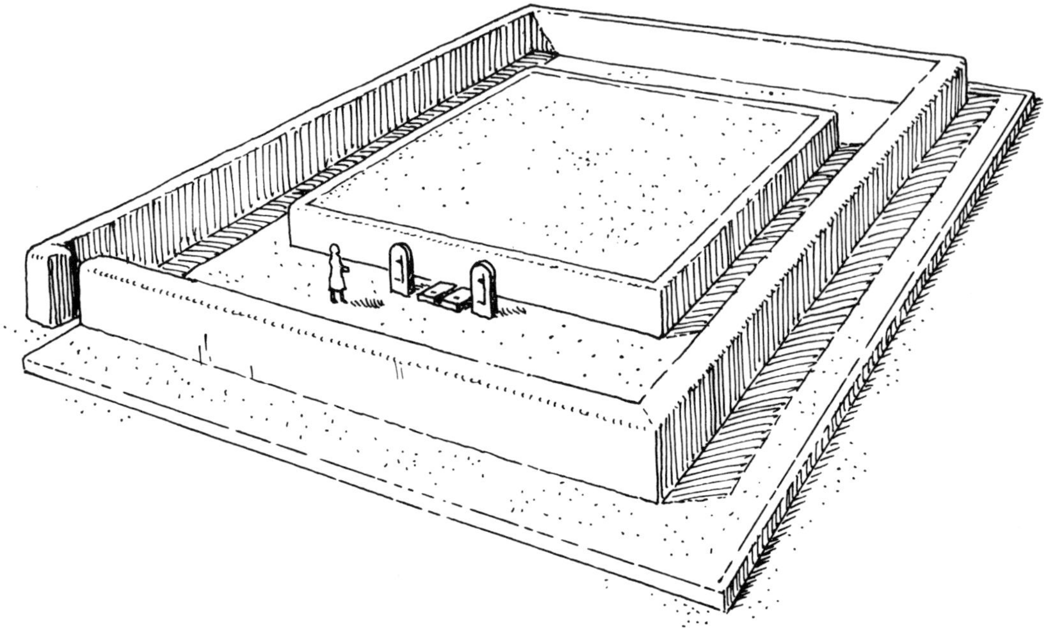

Rekonstruktionsversuch eines Königsgrabes der Frühzeit in Abydos mit den beiden Stelen vor der Opferstelle. Den Oberbau sieht man heute als hohen Hügel (Tumulus)

Selbst diese kümmerlichen Reste zeigen schon, daß die Oberbauten hier in Abydos völlig anders aussahen als die der zeitgleichen Mastabas in Saqqara. Deren Oberbauten nämlich waren relativ groß, mit reicher Nischengliederung der Außenwände versehen und in Ziegelwerk sorgfältig aufgemauert. Das hatte lange Zeit die Vermutung genährt, daß dort die eigentlichen Königsgräber zu finden seien. Erst neueste Forschungen haben klargestellt, daß nur Abydos als tatsächliche Begräbnisstätte für die Könige gelten darf. Nur hier nämlich waren die Gräber ›nach Art der Vorfahren‹ konstruiert – ganz im Gegensatz zu der ›modernen‹ Bauweise in Saqqara[3].

Aber genaue Untersuchungen der frühzeitlichen Mastaba-Gräber in Saqqara, wie sie vor allem der englische Ägyptologe Walter B. Emery als Lebenswerk betrieben hat, ließen dank eines erstaunlichen Fundes noch weitere begründete Vermutungen über den Oberbau der Königsgräber von Abydos zu. Eigenartigerweise spielt dabei wiederum das Grab einer der Hauptbeteiligten an Sachtis Begräbnis, diesmal der Königin Herneith, eine wesentliche Rolle. Unter der starkwandig aufgemauerten Nischenfassade ihrer Mastaba in Saqqara verbarg sich nämlich noch ein zweiter, kunstlos mit Backstein verkleideter, rechteckiger Grabhügel. In anderen der großen Frühzeitmastabas fand Emery noch wiederholt diese eigenartige Konstruktion. Meist war sie sogar treppenförmig nach oben abgestuft, so daß sie wie eine kleine Stufenpyramide innerhalb des von außen ganz geschlossenen Baukörpers der Mastaba wirkte[4]. Diese scheinbar sinnlose, weil weder sichtbare noch architektonisch bedingte bauliche Eigenart läßt sich nur dadurch erklären, daß zu einem ordentlichen, wirksamen Begräbnis eben eine Nachbildung des Oberbaues der Abydosgräber gehörte – denn um magische Wirksamkeit zu garantieren, war Sichtbarkeit ja gar nicht nötig! Wir können nun den Schluß ziehen, daß der mächtige Grabhügel auf den Königsgräbern ebenfalls diese gestufte, treppenartige Rechteckform besessen haben muß[5]. Ob Erinnerungen daran noch die Konstruktion der berühmten ›Stufenpyramide‹ des Königs Djoser aus der 3. Dynastie beeinflußt haben, ist nach deren Baugeschichte nicht nachweisbar, erscheint mir aber dem ägyptischen Denken gemäß. Damit wären die Königsgräber von Abydos zugleich auch die architektonischen Vorfahren der gewaltigen Pyramiden von Gise, die ja ihrerseits aus der Stufenpyramide entwickelt wurden[6].

Den später Osiris geweihten, in der Frühzeit dem Khontamenti heiligen Tempel müssen wir uns auch schon in früher Zeit als einen ganzen Bezirk vorstellen mit Tempel, Schlachthof und einer Wohnsiedlung. Im Wohnbereich wurden Priester, Handwerker und Arbeiter untergebracht, die für die Königsbegräbnisse und den täglichen Kult einschließlich der Versorgungsopfer zuständig waren. Die dicht hinter den ältesten Tempelgebäuden liegenden Wohnhäuser bilden eine der frühesten und zugleich eine der ganz wenigen Siedlungen aus dem Ägypten der historischen Zeit, die überhaupt jemals ausgegraben worden sind. Mit dieser Siedlung am ehesten vergleichbar, wenn auch anderthalb Jahrtausende jünger, ist das bekannte Der el-Medineh, die Totenhandwerkerstadt nahe den Königsgräbern von Theben.

Siedlung und Reste der frühesten Tempelmauern aus der Zeit zu Beginn der 1. Dynastie wurden von Petrie schon 1903 freigelegt[7] und von dem deutschen Architekten von Bissing 1923 genauer untersucht und bestimmt[8].

Wie jeder ägyptische Tempel wies auch dieser Khontamenti-Tempel der Frühzeit eine Fülle sich überlagernder Bedeutungen und Bezüge auf. Als Erscheinungsort des Gottes war er Eingang zum Reich der Toten, das sich dahinter in die Wüste hinein erstreckte. Der Gott schützte die Ruhe und Unversehrtheit der Könige ebenso wie die ihres Gefolges, das der Ehre gewürdigt wurde, im Machtkreis des toten Pharaos an dessen Wandlungen mit teilnehmen zu dürfen.

Auf die Tiermagie vorgeschichtlicher Zeiten geht die Gestalt des Gottes zurück. Der Schakal durchstreifte nächtlich die wüstenhaften Randgebiete des Fruchtlandes und hatte oft genug die Leichen ausgescharrt und verzehrt, die in den flachen Gruben der vorzeitlichen Gräber bestattet worden waren. Der Schakal, das war offensichtlich, war der Herr der Toten, und gerade deshalb war auch nur er in der Lage, sie zu verschonen und zu schützen[9]. Durch komplizierte Riten mußte die nützliche und hilfreiche Seite seiner Macht gestärkt, die furchtbare und zerstörerische Seite jedoch abgewehrt werden. Zur urtümlichen Aufgabe dieses Gottes gehörte auch der Schutz des Totengeleits vor den unheimlichen Dämonen und Geistern des Totenreiches, denen Menschen nicht ungerüstet begegnen durften.

Diese älteste Schicht einer Khontamenti-Verehrung aber war inzwischen von neueren religiösen Vorstellungen überlagert worden, wenn auch die vorgeschichtlich-magischen immer noch durchschimmerten und zur Zeit des Sachti-Begräbnisses durchaus noch bewußt waren. Aus der zunächst rein materiellen Schutzfunktion für die Erhaltung der bestatteten Leichname hatte sich Khontamentis Rolle als Beschützer jener geheimnisvollen Verwandlungen entwickelt, die den toten König zum Leben als Gott unter Göttern befähigen sollten. Wie die Opferzeremonien vor seinem Tempel den Beginn der eigentlichen Begräbnishandlungen anzeigen, so werden diese abgeschlossen durch die Aufstellung der Statuen des verstorbenen Königs in den Kultnischen des Tempels. Dieser Sitte verdanken wir die Erhaltung der einzigen Statue des Erbauers der größten Pyramide, des Pharaos Cheops. Sie wurde von Petrie in ihrer Kultnische gefunden[10] und zeigt uns, daß noch in der 4. Dynastie, als die Königsbegräbnisse längst in den Pyramiden der Totenstädte nahe der Residenz Memphis erfolgten, die Stiftung der Königsstatue in den Khontamenti-Tempel von Abydos eine Königsbeisetzung erst vollständig und rituell wirksam machte.

Wieviel mehr galt das für die Zeit der 1. Dynastie, als die Beisetzung im Königsfriedhof von Abydos stattfand. Opfergaben für den Tempel aus frühester Zeit, die später pietätvoll ›begraben‹ wurden, um Platz für die Aufstellung neuer Gaben zu machen, zeigen das deutlich. Darunter ist als frühestes datierbares Stück eine Fayence-Vase mit dem Namen des Königs Aha[11], des Vorgängers unseres Königs Sachti.

Die Aufstellung der Königsstatuen im Kultraum des Tempels versetzte nicht nur den verstorbenen König in die Rolle des göttlichen Herrschers über die Toten[12], sondern ist Bild seiner vollständigen Vergöttlichung überhaupt. Und damit wird der Tempel für die religiöse Auffassung der Ägypter jener Zeit ganz konkret zum Himmel – genauer: zu einem der Orte im Himmel, an denen die Götter sich aufhalten.

Von der Szenerie des Begräbnisses bleibt uns nur noch der ›Talbezirk‹ näher zu untersuchen, in dem so wichtige Zeremonien wie das Einfangen der Seele des Verstorbenen und die Mundöffnung stattfanden. Um die Bedeutung dieser merkwürdigen Mauerrechtecke, die an drei Seiten glatt, an der vierten, nämlich der dem Fruchtland und dem Tempel zugewandten Seite, durch Nischengliederung betont sind, ist in der Ägyptologie lange gerungen worden. Zur Komplizierung des Problems trug noch bei, daß diese Mauervierecke von Reihen kleiner Gräber umgeben sind, ganz wie die Königsgräber von Abydos selbst. Als ›Zweitgrab‹, als ›Grab des Ka‹ (der Geiststatue des Königs), als ›Graboberbau‹ oder als ›Verteidigungsanlagen‹ wurden sie abwechselnd bezeichnet. Dabei geht die Zuweisung als Befestigungswerk auf die heutigen arabischen Namen zurück, von denen zum Beispiel der für den am besten erhaltenen Mauerring ›Schunet ez-Zebib‹, also ›Fliegenfort‹ lautet.

Die sorgfältigen Untersuchungen von Werner Kaiser, dem verdienstvollen Leiter des Deutschen Archäologischen Instituts in Kairo, haben jedoch ergeben[13], daß die Hauptbestimmung der Talbezirke darin bestand, die Abhaltung großer kultischer Handlungen zu ermöglichen. Sie hatten also eine ganz ähnliche Aufgabe wie die weiträumigen Höfe um die Stufenpyramide von Saqqara, bei denen allerdings die in Abydos noch in Grab und Talbezirk getrennten Ritualbezirke in *einer* Anlage zusammengefaßt sind[14].

Hier sollte der tote König für den Zeitraum von der Landung in Abydos bis zur Beisetzung im Grab Aufnahme finden. Sie gaben die Bühne ab für die vor der Grablegung notwendigen kultischen Handlungen, die in späterer Zeit auf Tal- und Pyramidentempel verteilt waren – jene Bühne also, die seit dem frühen Neuen Reich als ›Heiliger Bezirk‹ bezeichnet wird[15]. Manche ihrer Bestandteile sind sogar schon auf Annalentäfelchen der 1. Dynastie zu erkennen: Eine weitere Stütze für unsere Deutung der Talbezirke als Kultstätten beim Königsbegräbnis der Frühzeit.

Talbezirk
der Frühzeit.
1./2. Dynastie

Grab König
Dewens in
Saqqara

Dies sind also die Orte der Handlung, soweit sie archäologisch erschlossen werden konnten. Sie alle erbrachten seit ihrer Erstentdeckung im Laufe immer neuer Grabungen eine Fülle von aufschlußreichen Gegenständen. So zeichnet sich für uns ein zusehends klarer werdendes Bild von der Kultur der Frühzeit und vielen ihrer Begräbnissitten ab. Vor allem aber: Zahlreiche Gegenstände waren zudem mit Namen und Titeln ihrer Eigentümer versehen, trugen eingeritzte Vermerke oder eingeprägte Siegelmarken. Manche gar waren so kostbar, daß ihnen auf kleinen Täfelchen aus Holz oder Elfenbein nicht nur Kontrollvermerke für den Inhalt, sondern auch kurze Schilderungen der Hauptereignisse des Stiftungsjahres angehängt wurden.

Die Frühzeitinschriften sind freilich kurz und knapp[16]; wir haben bisher noch keinen Text aus jener Zeit gefunden, der über wenige Worte, allenfalls ein oder zwei kurze Zeilen hinausgeht. Für die Texte der Beschwörungen und Gebete wie für die Einzelheiten der Zeremonien bei der Beisetzung war ich also auf ägyptische Quellen späterer Zeiten angewiesen.

Der älteste dieser Texte und zugleich der älteste ägyptische Text über religiöse Dinge überhaupt stammt aus der Zeit der ausgehenden 5. Dynastie (etwa um 2470–2320 v. Chr.[17]), und zwar aus den Innenräumen der Pyramide des Unas. Während bis zu dieser Zeit alle Pyramiden, auch die der großen Könige Cheops, Chefren und Mykerinos, außer einigen Steinmetzvermerken keinerlei Inschriften enthalten, finden sich auf den Wänden der Grabkammern des Königs Unas, der folgenden fünf Könige der 6. Dynastie und einiger Königinnen Hunderte von Sprüchen in besonders sorgfältig gemeißelten Hieroglyphen[18]. Der deutsche Ägyptologe Joachim Spiegel hat mit einem hohen Grad an Wahrscheinlichkeit nachgewiesen, daß diese als ›Pyramidensprüche‹ für die Ägyptologie höchst bedeutsamen Texte nichts anderes sind, als das Begräbnisritual der dort bestatteten Pharaonen[19], das genau in der tatsächlichen Reihenfolge der einzelnen Handlungen auf die Wände der unterirdischen Pyramidenräume geschrieben war. Mit diesen Texten konnte der Vorlesepriester jedes der Begräbnisrituale mit dem ›richtigen‹, die Handlung erst wirksam machenden Spruch begleiten. Vor allem stand die geballte magische Macht der Sprüche dem Pharao auch nach dem Begräbnis zur Verfügung, wenn die tonnenschweren Fallsteine aus Granit die Zugänge zur Pyramide für alle Zeiten, wie man hoffte, verschlossen hatten. So war der Tote gerüstet zu all den Verwandlungen, die auch unserem Sachti bevorstanden (s. Teil I).

Zunächst gilt natürlich die Gesamtheit der Sprüche aus einer Pyramide in Form und Zusammensetzung nur für diese selbst und die Zeit, in der sie erbaut wurde. Wir wissen aber aus eigener Erfahrung, daß nichts so zäh und langlebig ist wie religiöses Spruchgut. Wenn auch einzelnen Handlungen und Sprüchen ein anderer, neuer Geist unterlegt wird – die alten Formen halten sich über Jahrhunderte und Jahrtausende, ja selbst dann noch, wenn sie kaum mehr verständlich sind. Wir erlebten selbst in unseren Tagen, welche Mühe die katholische Weltkirche hatte, als sie im zweiten Vatikanischen Konzil den Text der Messe in den Muttersprachen zu lesen gestattete, und wie ein Teil der Gläubigen zäh an der alten, der lateinischen Form festhielt.

Pyramidensprüche aus der Unas-Pyramide

Wieviel mehr gilt eine solche bewahrende Haltung für die alten Ägypter, denen Wortlaut und Wirkung von Sprache und Schrift noch einen viel unmittelbareren Zusammenhang hatten, als dies für uns Menschen des 20. Jahrhunderts der Fall ist. Besonders sorgfältig hatte man nach ihrem Glauben beim Begräbnis des Königs vorzugehen, der doch vom Jenseits her noch unmittelbar ins diesseitige Leben einwirkte, ja von dort her Leben, Fruchtbarkeit und Gedeihen im Land Ägypten überhaupt erst möglich machte und garantierte[20]. So greifen die Pyramidensprüche ganz bewußt immer wieder auf ältestes Glaubensgut zurück, und es gilt also, diese ältesten, aus der Frühzeit stammenden Teile herauszufinden.

Diese sehr mühsame Arbeit beginnt damit, all das auszuschalten, was gewandelten religiösen Auffassungen entspricht oder aus anderen Gründen anachronistisch wäre. Zum Beispiel wissen wir, daß Osiris und sein Götterkreis im Königsritual der Frühzeit noch gar keine Rolle gespielt haben und also die in den Pyramidensprüchen recht häufigen Hinweise auf diesen Götterkreis für die Frühzeit unverwendbar sind. Andererseits deutet die Erwähnung von Verhältnissen, die zur Zeit der 6. Dynastie längst nicht mehr bestanden, auf ein entsprechend hohes Alter des betreffenden Spruches hin. Denken wir hier – als Beispiel für viele andere – an die Stellen, in denen von der Verwesung des Leichnams und seinem Auseinanderfallen die Rede ist: Die Entstehung solcher Textstellen kann nur in einer Zeit erfolgt sein, als auch für den König noch keine Mumifizierung bestand und der Zerfall der Toten bei den gar nicht seltenen Graböffnungen vor aller Augen lag.

Eine weitere Möglichkeit der Textanalyse bietet die mythologische Umdeutung von Personen, Tätigkeiten und Werkzeugen, die bis zur Unkenntlichkeit gehen kann und in späteren Epochen das gesamte Spruchgut überwuchert. Die frühzeitlichen Texte aber heben sich deutlich durch ihre Einfachheit und Direktheit von allen späteren ab. Sie nennen unmittelbar Handlung, Handelnde und Werkzeuge und erweisen sich dadurch als zu den ältesten Schichten gehörig[21].

Aber auch das Herausfiltern solcher Sprüche, die sich archaischer und zur Zeit ihrer Aufzeichnung gar nicht mehr gebräuchlicher Ausdrücke und Schreibweisen bedienen, hilft uns bei der Analyse. Und schließlich gilt ganz allgemein für den Ägypter: Nur ein ›Begräbnis nach der Art der Vorfahren‹ wurde von ihm als voll wirkungsfähig anerkannt[22]. Deshalb schrieb er, ob König oder – in späteren Epochen – Bürger, die altehrwürdigen Riten auf seine Grabwände oder bildete sie dort ab, auch wenn sie so im einzelnen zu seiner Zeit gar nicht mehr ausgeführt wurden. Das wiederum bietet uns die Möglichkeit, älteste Szenen herausschälen zu können[23].

Dieses Festhalten am Althergebrachten hat uns auch ein Dokument bewahrt, das die Neith-Verehrung der Frühzeit festhält. Auf diese Weise gelang es uns, die schönen Sprüche für Neith als Himmelsgöttin und Mutter-Geliebte an den entsprechenden Stellen des Sachti-Rituals einzusetzen. Der Pharao Merenptah, Sohn Ramses' II., hat – offenbar aufgrund sehr starker persönlicher Bindung an den Neithkult – ganz besonders alte Ritualsprüche für seinen Sarg heraussuchen lassen; auf keinem der übrigen Königssarkophage seiner Zeit ist sonst ein Neith-Text zu finden. Das Allumfassende ihres Wesens läßt Neith in Merenptahs Sargsprüchen die Funktionen anderer Götter teils absorbieren, teils sich unterordnen[24] – ein Vorgang, in dem sich die Altertümlichkeit der Sprüche ebenso verrät wie in der häufig gewählten Form persönlicher Ansprache und in den geschilderten Handlungen.

Daß wir hier unsere Phantasie nicht in unzulässiger Weise benutzt haben, indem wir eine Königin der 1. Dynastie Teile der Sargtexte des Merenptah aus der 19. sprechen lassen, dafür liefert einer der Verse selbst den Beweis. Der Ägyptologe Rudolf Anthes hat in einem Zeiss-Planetarium die Gestirnsstellungen während der ägyptischen Geschichte nachspielen lassen, um aus astronomischen Hinweisen und Andeutungen in ägyptischen Dokumenten Stützen für die genaue Zeitrechnung zu finden. Dabei stellte sich heraus, daß *nur* im 3. Jahrtausend v. Chr., und zwar am deutlichsten in dessen erster Hälfte, der Fußstern des Orion, Rigel, und Sirius-Sothis genau die Konstellation hatten, wie sie Neith in ihrem Text voraussetzt. Denn darin ist der König in seiner Gestalt als Orion vorgestellt, der beschützt wird von der Sothis ›hinter ihm‹. Zur Zeit des Merenptah allerdings hatte sich die Stellung dieser Gestirne zueinander schon so erheblich geändert, daß dieses Bild – so, wie beschrieben – gar nicht mehr am Himmel sichtbar war[25]. Da dieser Vers also einwandfrei aus der Zeit der 1. Dynastie, wahrscheinlich sogar aus der noch etwas früheren Epoche der Reichseinigung stammt, lassen sich nach Form und Inhalt auch andere Teile des Merenptah-Sargtextes als zum thinitischen Begräbnisritual gehörig nachweisen.

Seit Beginn der ägyptischen Kultur können wir aber neben dem Festhalten am Altüberlieferten noch etwas anderes beobachten: Jedes Bestattungsritual, jede religiöse oder magische Vorstellung, die zunächst nur dem verstorbenen König vorbehalten war, setzte sich allmählich über die Hofbeamten und Priester bis zum Volk fort. Dieser ›Demokratisierung‹ verdanken wir etwa jene Sargtexte, die seit dem Ende des Alten Reiches auf Särgen von Privatpersonen auftauchen und Sprüche enthalten, welche ursprünglich nur für königliche Verwendung bestimmt waren[26].

Aber auch die Bestattungsdarstellungen, die wir an Grabwänden von Privatpersonen seit dem Alten Reich finden, sind durchsetzt mit uralten Teilen des ursprünglichen königlichen Bestattungsrituals. Diesen Darstellungen verdanken wir es, daß wir uns von manchem der Rituale ein Bild im Wortsinne machen können. Besonders gilt dies etwa für den ›Heiligen Bezirk‹[27], dessen Aufgaben in der Frühzeit im ›Talbezirk‹ wahrgenommen wurden.

Manche andere, erst in späteren Zeiten aufgezeichnete heilige Handlung ergänzt noch unser Material, wie etwa die Rituale der Mundöffnung, des Opfers und der Jagd, deren Analyse nach denselben Kriterien erfolgte wie die der Pyramidensprüche.

Die örtlichen Gegebenheiten von Abydos mit dem ältesten Tempel, den Talbezirken und Königsgräbern erlaubten es schließlich, die Reihenfolge der Zeremonien aus den drei unterirdischen Kammern der Unas-Pyramide mit ihrer Umdeutung als Unterwelt, Erde und Himmel auf die Örtlichkeiten der Frühzeit zu übertragen. Und so habe ich die Darstellung eines Königsbegräbnisses der Frühzeit gewagt.

Wir konnten damit etwas vom Wesen der Frühzeit einfangen, ihren Reichtum an Gedanken und Formen, an materieller Kultur und religiöser Tiefe, und einen ersten Blick werfen auf Staat, Geschichte und Leben derjenigen Menschen, die Ägypten vor fast fünftausend Jahren bevölkerten. Wenn wir nun in den nächsten Kapiteln diesem Leben auf allen Gebieten nachspüren, so wird uns immer wieder das Staunen überkommen angesichts der Höhe ägyptischer Kultur zu so früher Zeit, zumal sie sich bereits völlig und unverkennbar abhob von anderen frühen Hochkulturen der Menschheit. Und aus diesem Staunen erwächst die Frage, wo, wie und wann denn diese ägyptische Hochkultur überhaupt entstanden sei. Wir werden uns fragen, was denn da an einem ganz bestimmten Punkt der Geschichte geschehen sein muß, damit jenes Phänomen auftreten konnte, das wir ›ägyptische Hochkultur‹ nennen.

Und so heißt es, uns zu den Ursprüngen zurückzutasten und dabei einen kurzen Gang durch die frühesten Zeugnisse der ägyptischen Steinzeit nicht zu scheuen – bedeutet diese doch die Welt, aus der die Hochkultur entspringen sollte.

Auf der Suche nach der verlorenen Steinzeit

Kapitel 2

Im März 1897 ging der damalige Generaldirektor der ägyptischen Altertümerverwaltung, Jacques Jean Marie de Morgan, daran, auf dem Wüstenplateau westlich des kleinen, vornehmlich von koptischen Christen bewohnten Städtchens Negada in Oberägypten nach Beweisen für die Existenz einer ägyptischen Steinzeit zu suchen. Nur zwei Jahre zuvor hatte er noch in einem wissenschaftlichen Aufsatz[1] behauptet, die ägyptische Urbevölkerung habe im Niltal inmitten von Sümpfen und Wäldern gewohnt und sich nicht in die lebensfeindliche Wüste hinausgewagt. Seit zehn-, ja zwölftausend Jahren aber habe der Nil bei seinen Überschwemmungen diese vorgeschichtlichen Siedlungen mit einer zwanzig bis dreißig Meter dikken Schlammschicht zugeschüttet, so daß es unmöglich sei, heute noch Spuren jener frühen Bewohner zu finden. Mit dieser Meinung stand nun der französische Gelehrte damals keineswegs allein.

Einseitige Bevorzugung der Schriftzeugnisse, Schatzgräberei und mangelhafte Methoden der Ausgrabungstechnik bewirkten, daß noch um 1895 unsere Kenntnisse über das alte Ägypten bei den Pyramiden aufhörten, ja daß sogar eine ägyptische Vorgeschichte überhaupt geleugnet wurde. Erst 1896 veröffentlichte der Engländer Sir William Matthew Flinders Petrie seine Funde, die er am Wüstensaum des westlichen Nilufers genau dort gemacht hatte, wo sich eine der geopolitisch bedeutendsten Zonen Ägyptens befindet. Der Nil nähert sich hier, zwischen Abydos und Gebelen, in einem großen Bogen nach Osten dem Roten Meer. Der Fluß wird hier von uralten Handelswegen gekreuzt: die einen führen ostwärts zum Roten Meer und weiter nach Südarabien und Ostafrika, die anderen westwärts zu den Oasen der Libyschen Wüste.

Eine Fülle von Tonwaren und Feuersteingeräten waren die Ausbeute von Petries Arbeiten. Aber selbst dieser hervorragende Gelehrte und Nestor der angelsächsischen Ägyptologie sträubte sich noch dagegen, seine Funde aus der Grabung von 1895 als vorgeschichtlich-ägyptisch zu deuten[2]. Er befand sich dabei in voller Übereinstimmung mit den Gelehrten des Britischen Museums: als Petrie zwei Jahre vor der Ausgrabung von Negada bei dem Dorf Koptos drei mächtige, sehr archaische Statuen des Fruchtbarkeitsgottes Min gefunden hatte und zwei davon dem Britischen Museum anbot, lehnte dessen Leitung das Geschenk mit der Bemerkung ab, die Statuen seien »eher ungeschichtlich als vorgeschichtlich«[3].

Der entscheidende wissenschaftliche Schritt wurde von de Morgan gemacht, der – im Gegensatz zu dem Finder Petrie selbst – die Bedeutung von dessen Funden in Negada sofort erkannte. Er tat nun etwas, was in der gelehrten Welt zwar stets als die Grundlage wissenschaftlichen Denkens und Handelns gefordert und gepriesen, aber doch nicht allzuhäufig ausgeführt wird: Er gestand nämlich ein, daß seine bisherige These über das Nichtvorhandensein von Zeugnissen ägyptischer Vorgeschichte zusammengebrochen war. Die ersten, die ihm zustimmten und ihn dazu beglückwünschten, daß er durch eine neue Deutung der Funde die Kenntnisse von der ägyptischen Geschichte und Kultur um viele Jahrhunderte erweitert habe, waren die deutschen Ägyptologen, die Ende des vorigen Jahrhunderts als die führenden Vertreter dieser noch jungen Wissenschaft galten. De Morgan äußert sich dazu mit Worten, in denen neben Befriedigung und Stolz auch eine gewisse Verwunderung mitschwingt[4], und dies um so mehr, als seine französischen Kollegen eher skeptisch reagierten. De Morgan wollte seine neuen Theorien an Ort und Stelle erproben. Er stieß ganz in der Nähe von Petries Grabungen auf Lehmziegelreste. »Diese Reste eines Lehmziegelmonuments«, so beschreibt er selbst seinen Fund, »schienen mir nach der Konstruktionstechnik zu den frühesten Epochen der ägyptischen Kultur zu gehören.[5]«

Was er dann ausgrub, war eines der bedeutendsten Zeugnisse aus dem Beginn ägyptischer Hochkultur und Geschichte: das Großgrab von Negada. Aber was er sich eigentlich erhofft hatte, nämlich Spuren der ägyptischen Steinzeit im engeren Sinne zu finden, erfüllte sich erst Anfang unseres Jahrhunderts. Sehen wir uns die Ergebnisse in ganz kurzer Raffung an, um die letzten entscheidenden Schritte, die zur Entstehung der Hochkultur geführt haben, besser verstehen zu können.

In der Altsteinzeit, die für Ägypten zuerst der berühmte deutsche Afrikaforscher Schweinfurth zu Beginn dieses Jahrhunderts nachgewiesen hat[6], finden sich in den ältesten Schichten die gleichen groben Faustkeile, wie sie im gesamten übrigen Mittelmeergebiet und in Europa[7] anzutreffen sind. In der Mitte der Altsteinzeit beginnt sich die Technik der Steinbearbeitung in Nordafrika – und damit auch in Ägypten – sowie in Palästina von derjenigen Europas einerseits und der Mesopotamiens andererseits abzuheben[8]. Hier begegnen wir zum ersten Mal einer Erscheinung, die wohl ganz allgemein für die menschliche Kulturentwicklung typisch ist: gemeint ist die Ausbildung von Kulturprovinzen, die sich gegen einen ursprünglich weiträumigen, kulturell einheitlichen Hintergrund absetzen und fortan eigene, unterschiedliche Wege gehen, sich damit also in Technik und Stil als eigenständige Kultur erweisen.

Diese altsteinzeitliche Entwicklung wird in Ägypten zwar abgebrochen, aber es gibt bis heute kaum einen einzigen Fund aus jener sich daran anschließenden Epoche, die wir in Europa ›Mittlere Steinzeit‹ nennen[9]. Damit fehlt jeder Zusammenhang zwischen den Kulturen der Älteren und der Jüngeren Steinzeit. Aus solchen ›Nichtfunden‹ können nur mit größter Vorsicht Folgerungen gezogen werden, denn schon morgen können neue Funde zu neuen Denkgebäuden zwingen.

Klimakunde und Geographiegeschichte stützen allerdings die Meinung, daß dieses fast völlige Fehlen mittelsteinzeitlicher Funde nicht nur zufällig sei, sondern daß sich in jener Zeit infolge von Klimaänderungen der Mensch aus dem Niltal zurückgezogen habe. In der ausgehenden Eiszeit ergoß sich der Ur-Nil als breiter Strom in einen gewaltigen Golf, der das gesamte heutige Delta einnahm. Das Klima war noch rein tropisch mit dichten Regenwäldern und einer Tierwelt, wie wir sie heute aus Zentralafrika kennen.

Ungefähr um die Mittlere Steinzeit trat auf der nördlichen Halbkugel jene Verschiebung der Klimazonen ein, die zur allmählichen Austrocknung der Wüstengebiete Nordafrikas und Vorderasiens führte. Der Nil erhielt weniger Wasser und trat allmählich in sein heutiges Bett zurück. Von seiner ehemaligen Ausdehnung zeugen in Oberägypten nur noch die mächtigen Wüstenterrassen, die ihn heute noch auf beiden Ufern einfassen. Zugleich begann die regelmäßige Schlammablagerung des Flusses, die im Laufe der Zeit das heutige Delta bildete[10]. Das Niltal dürfte in jener Zeit ein Sumpfdickicht gewesen sein – unzugänglich und wirtschaftlich uninteressant für die damals lebenden Menschen. Diese nämlich gehörten noch der Jäger- und Sammlerstufe an und konnten viel größere und leichtere Beute bei angenehmeren Lebensverhältnissen in den heutigen Wüstengebieten finden. Felsmalereien in Südlibyen, Südalgerien und auf beiden Seiten des Nitals zeigen uns, daß sich dort in jener Zeit der allmählichen Austrocknung lichte Savannen und Steppengebiete ausdehnten. Ein reicher Wildbestand an Antilopen, Gazellen und Steinböcken war vorhanden, vor allem aber an Eseln und Rindern in ihren Wildformen. So sind denn wohl auch im Verlaufe dieses Zeitraumes Esel und Rind zum ersten Male gezähmt worden.

Am Ende dieser Periode, also etwa um die Mitte des 6. Jahrtausends v. Chr., tauchen die ersten jungsteinzeitlichen Funde in Ägypten auf. Das Klima mag damals noch etwas feuchter gewesen sein als heute, denn Elefant, Giraffe und Marabu werden von den neuen Siedlern des Niltales noch als heimische Tierarten dargestellt. Aber der Nil dürfte damals schon etwa sein heutiges Bett gefunden und durch regelmäßige Überschwemmungen seinen Uferlandschaften jene Fruchtbarkeit gegeben haben, die eine der wesentlichen Voraussetzungen für das Zustandekommen der ägyptischen Hochkultur war.

Für jede menschliche Kultur gilt, daß sie zu ihrer Entstehung eine bestimmte Bevölkerungsdichte benötigt, eine ›kritische Masse‹ sozusagen. Dann nämlich erst stellt die Organisation des Zusammenlebens – von der Ernährung bis zur Bildung von Recht und Verwaltung – eine alle Fähigkeiten herausfordernde Aufgabe dar, die außerdem eine so große Anzahl von Individuen umfaßt, daß die Auswahl von Fähigkeiten ebenso möglich ist wie der Austausch von Erfahrungen. Die alt- und mittelsteinzeitlichen Jäger und Sammler benötigten weite Jagdgebiete für jede Sippe und konnten daher nur in verhältnismäßig kleinen Gemeinschaften überleben. Erst die ›jungsteinzeitliche Revolution‹, die Erfindung von Ackerbau und Viehzucht, erlaubte jenes engere, nachbarschaftliche Zusammenleben von Menschengruppen an festen Siedlungsplätzen. Regelmäßige und bessere Ernährung führte zu größeren Überlebenschancen und damit zum Wachstum der Dorfgemeinschaften. Eine Erhöhung der durchschnittlichen Lebenserwartung ließ auch zugleich die Anzahl derer wachsen, die Erfahrungen sammeln und damit kulturelle Errungenschaften beurteilen und weitergeben konnten. Höhere Bevölkerungsdichte und Steigerung der Lebenserwartung für den Einzelnen zwang zu sorgfältigem und überlegtem Vorgehen bei Anbau, Ernte und Lagerung der Feldfrüchte wie bei Zähmung und Zucht des Viehs. Wir können hier schon festhalten: Es gibt keine Entwicklung zur Hochkultur ohne Bauerntum, wenn sich auch nicht aus jedem Bauerntum eine Hochkultur entwickelte.

Die günstigsten Bedingungen für die Entwicklung der Landwirtschaft boten in Nordafrika und Vorderasien die Flußtäler. Freilich haben sich nicht in allen Flußtälern Hochkulturen entwickelt, wie wir andererseits Kulturen kennen – etwa auf Kreta oder in Mittelamerika –, die nicht in Flußtälern entstanden. So wichtige Rollen auch die verschiedensten äußerlichen Gegebenheiten bei der Entstehung von Kulturen spielen, sie bedingen diese nie ausschließlich, sondern entscheidend sind jeweils die Menschen, die sie schufen.

In Ägypten jedenfalls ist der Nil ein wichtiger Pate bei der Entstehung der Hochkultur, und wir können in seinem Tal seit Beginn der Jungsteinzeit eine erst allmähliche, dann sich beschleunigende Zunahme der Besiedlungsdichte feststellen. Dabei müssen wir freilich eine Einschränkung machen: Über die Verhältnisse im eigentlichen Deltagebiet wissen wir auch heute noch so gut wie nichts. Alle vorgeschichtlichen Funde stammen bisher ausschließlich aus Ober- und Mittelägypten, aus der fruchtbaren Niederung des Fayum und von den Rändern des Deltas an dessen Südspitze, also aus der weiteren Umgebung des heutigen Kairo[11].

In der frühen Jungsteinzeit erlauben uns auch zum ersten Male Skelettfunde eine Aussage über die Bevölkerung des Niltales, immer jedoch mit den Einschränkungen, die sich aus der völligen Fundleere des Deltas ergeben. Dabei stellt sich erwartungsgemäß und in Übereinstimmung mit der Besiedlungsgeschichte heraus, daß nicht nur eine einzige Rasse die Bevölkerung bildet, sondern daß alle drei Ägypten umgebenden Räume, nämlich der Sudan einschließlich vor allem Nubiens, Libyen und Palästina, ihre Beiträge zur Bildung jenes Menschentypus geleistet haben, der die Hochkultur hervorbrachte.

Über die genaue Bezeichnung dieser Einflüsse und ihre prozentuale Verteilung streiten die Anthropologen bis heute heftig, aber uns interessiert ja auch eher das Ergebnis. Dies zeigt seit der Jüngeren Steinzeit als Hauptkomponenten der Bevölkerung einen nubisch-oberägyptischen und einen berberisch-mittelländischen Anteil mit geringen palästinensisch-vorderasiatischen Anmischungen. Aus der Fachsprache übersetzt heißt das: eine Bevölkerung, deren Zusammensetzung sich in den fünf Jahrtausenden vor unserer Zeitrechnung, ja bis hin zur arabischen Einwanderung des ersten Jahrtausends n. Chr. nicht wesentlich geändert hat.

Es herrschen ein schlanker, lang- und schmalschädeliger Typ und ein stämmiger, rundköpfiger vor, wie sie uns auch aus den altägyptischen Darstellungen vertraut sind. Eine Festlegung des einen bzw. anderen Typs auf Ober- oder Unterägypten, West oder Ost ist dabei nicht möglich. Es fehlen völlig Negerbestandteile in der Bevölkerung – Bantuneger tauchen am Südrand des ägyptisch-nubischen Gebietes erst viel später auf. Das erstaunlichste ist die im Rahmen menschlicher Variationsbreite bemerkenswert einheitliche Prägung der Bevölkerungsbestandteile zum ägyptischen Typ, wie wir ihm seit der Frühzeit der ägyptischen Kultur, also immerhin seit dem 3. Jahrtausend v. Chr., ununterbrochen begegnen.

Auch die ägyptische Sprache gibt uns Hinweise, die in die gleiche Richtung deuten. Freilich muß man dabei unterstreichen, daß Sprache und Rasse zwei verschiedene Dinge darstellen, die zwar einen recht komplizierten Zusammenhang besitzen, aber keineswegs miteinander identisch sind. Altägyptisch stellt sich im wesentlichen als eine Sprache des hamitischen Sprachkreises heraus, ist also verwandt mit manchen Sprachen des heutigen Sudans und Abessiniens sowie den nordafrikanischen Berbersprachen.

Daneben macht sich ein gewisser semitischer Anteil in bestimmten Bereichen des Vokabulars bemerkbar und somit eine Teilverwandtschaft auch mit den frühsemitischen Sprachen Arabiens, Akkads und Palästinas. Dies alles gilt strenggenommen erst für die Zeit seit Einführung der Schrift, denn auf die vorherigen Zeiträume können wir nur sehr vorsichtige Schlüsse ziehen.

Alle jungsteinzeitlichen Kulturen Ägyptens sind in den zwanziger Jahren dieses Jahrhunderts entdeckt worden. Die älteste davon gruben zwei englische Wissenschaftlerinnen aus: Miss Caton-Thompson und Miss Gardner. Sie beide waren eigentlich ausgezogen, um geologische Untersuchungen in der Niederung des Fayums vorzunehmen, der von einem Nebenarm des Nils bewässerten Oase westlich von Kairo in der libyschen Wüste[12]. Ihre Entdeckungen erhielten die Bezeichnungen ›Fayum-Kultur A‹ und ›B‹. Am Westrand des Deltas, etwas unterhalb der Nil-Barrage, entdeckte der deutsche Ägyptologe Junker die Kultur von Merimde-Beni Salame[13]. Ein junger ägyptischer Forscher, Amin el-Omari, grub bei dem Kairener Vorort Heluan eine neusteinzeitliche Kultur aus, die nach dem frühen Tode des Forschers dessen Namen erhielt[14]. Schließlich entdeckte der britische Archäologe G. Brunton in Oberägypten zwischen Assiut und Sohag bei dem Dorf Tasa die unter letzterem Namen geführte Steinzeitkultur[15].

Alle diese aus dem fünften vorchristlichen Jahrtausend stammenden neusteinzeitlichen Kulturen zeigen sehr wesentliche Unterschiede und verschiedene Entwicklungsstadien, die allerdings nicht ohne weiteres auch eine eindeutige zeitliche Reihenfolge ergeben. Sind bei der einen die Feuersteinwerkzeuge besser bearbeitet, so besitzt die andere eine deutliche Siedlungsstruktur mit Dorfstraßen; in einer dritten zeigen eng an einem Zentralplatz zusammengedrängte Speichergruben für Getreide ein hochentwickeltes Gemeinschaftsleben, und eine andere zeichnet sich durch besonders gut gearbeitete Keramik und Schmuck aus. Auch die Frage nach einer gegenseitigen Beeinflussung dieser Kulturen ist beim gegenwärtigen Stand der Forschung noch nicht zu beantworten.

Für unsere Untersuchung der Grundlagen der ägyptischen Hochkultur sind aber ohnehin nur diejenigen Befunde interessant, die diesen verschiedenen neusteinzeitlichen Kulturen gemeinsam sind und sie von denen der afrikanischen und asiatischen Umwelt abheben. Die wichtigste Übereinstimmung scheint mir darin zu liegen, daß alle diese Kulturen nachweisbar schon bäuerlichen Charakter haben. Das gilt für Fayum A mit seinen Reibsteinen zum Getreidemahlen[16] und den zahlreichen Speichergruben für Getreide – wobei letztere ganz besonderes Interesse verdienen: Das enge Beieinanderliegen der Speichergruben wird als Zeichen dafür gewertet, daß die Dorfgemeinschaft ihre Vorratswirtschaft genossenschaftlich organisierte. Jede Grube besaß sorgfältig mit Lehm verkleidete Wände. Als eigentliches Speichergefäß diente ein Korb, der in die Lehmverkleidung eingedrückt war. In einigen dieser Körbe fanden sich noch Reste von Weizen und Gerste[17]: ein Beweis dafür, daß hier nicht primitive Sammler wilde Gräser und Getreidesorten aufbewahrten, sondern daß planmäßig Kulturgetreide angebaut wurde.

Nicht anders in Merimde-Beni Salame: Auch hier finden sich solche Getreidesilos. Diesmal aber sind sie über das gesamte Dorfgebiet verteilt und jeweils einem Haus zugeordnet[18], woraus man ableiten kann, daß hier die Sozialstruktur auf familiärem Privateigentum aufbaute. Dreschtennen und Haustierknochen von Schwein, Ziege und Rind[19] sind weitere wichtige Belege für die bäuerliche Lebensweise der Bewohner. Eine Besonderheit dieser Siedlung sei bereits an dieser Stelle hervorgehoben: Dank der äußerst sorgfältigen Ausgrabungstechnik von Prof. Junker konnten auch Wohngruben festgestellt werden, Reste der ältesten festen Häuser in Ägypten.

Freilich – das einzige, was von diesen ›Häusern‹ übrigblieb, sind ovale Gruben von nur selten mehr als 2,50 Meter Längsdurchmesser, mit niedrigen Umrandungsmauern aus ungeformten Schlammziegeln. Keinerlei Pfostenlöcher weisen auf eine Dachkonstruktion hin, so daß diese wohl nur aus einer geflochtenen Riet- oder Rohrmatte bestand[20]. Auch diese uns so primitiv erscheinende Bauweise zeigt schon technische Fortschritte, die auf eine längere vorangegangene Entwicklung schließen lassen: Der Boden war sorgfältig geglättet und mit einem Estrich aus getrocknetem Lehm versehen. An dessen tiefster Stelle hatte man ein Tongefäß in den Boden versenkt, um durch die Dachmatte dringendes Regenwasser aufzunehmen. In der Mitte lag eine Feuerstelle, und am Rand ermöglichte ein ›Trittstein‹ aus Nilpferdknochen oder lehmverstärkten Ästen einen bequemen Einstieg in die Wohngrube[21]. Das Überraschendste aber ist die Anordnung dieser jungsteinzeitlichen Wohnungen, die beiderseits eines exakt von Südwest nach Nordost verlaufenden Freiraumes lagen, einer regelrechten Dorfstraße also. Diese Ordnung war so genau eingehalten, daß Junker bei seinen Ausgrabungen am Süd- und Nordende der Dorfstraße diejenigen Stellen festlegen konnte, an denen er auf weitere Wohngruben stoßen mußte[22].

Die Dorfgemeinschaft muß also gut organisiert gewesen sein. Wir treffen hier zu Beginn des fünften vorchristlichen Jahrtausends zum erstenmal nachweisbar eine Errungenschaft an, ohne die weder eine dichte Besiedlung des Niltales noch die Ausbildung einer Hochkultur möglich gewesen wären: eine gesellschaftliche Ordnung, welche sämtliche Mitglieder zur Bewältigung gemeinsamer Aufgaben verpflichtete, was notwendigerweise auch eine Form der Verwaltung voraussetzt.

Auch die Kultur von el-Omari in der Nähe des heutigen Kairo war bäuerlich, wofür wiederum Getreidesilos ganz in der Bauart derer von Fayum und Merimde zeugen. Die Wohnungsreste sind viel schlechter erhalten als in Merimde, zeigen aber ganz ähnliche Hausgrubenformen. Dieses Dorf war ebenfalls nach einem bestimmten Schema auf einer sorgfältig geglätteten und vorbereiteten Fläche angelegt worden[23].

Bei der Kultur von Tasa ist die eigentliche Siedlung bisher noch nicht gefunden worden, so daß wir für ihre Beurteilung auf die Befunde von Gräbern und deren Beigaben angewiesen sind. Rinderknochen von Speiseopfern, Handmühlen und Getreidereste sprechen eindeutig für eine Bauernkultur auch hier, im oberägyptischen Niltal[24] – unbeschadet aller sonstiger Verschiedenheit der Tasakultur zu den unterägyptischen Kulturen der jüngeren Steinzeit.

Langhörniges Rind auf einem Felsbild

Gewiß hat es in der Jungsteinzeit innerhalb des späteren ägyptischen Herrschaftsbereichs nicht nur Bauern gegeben. Eine deutliche Ausnahme bildet etwa die als ›Fayum B‹ bezeichnete Kultur, die Gertrude Caton-Thompson nach den Ausgrabungsergebnissen als nomadische Siedlung bestimmen konnte[25]. Es ist aber sicher kein Zufall, daß alle Funde der frühen Jungsteinzeit im Niltal selbst bäuerlicher Herkunft sind, während das nomadische Fayum B in einer Randoase liegt. Auch die zahlreichen Felszeichnungen, deren Darstellungen auf wandernde Hirten- und Jägerstämme hinweisen, stammen eben nicht aus dem Niltal, sondern aus den westlichen und östlichen Gebirgs- bzw. Oasengebieten[26].

Es gibt aber noch andere Übereinstimmungen zwischen den bäuerlichen Kulturen der ägyptischen Jungsteinzeit. Sie betreffen vor allem solche Funde, die auch in der späteren Hochkultur eine Rolle spielen. Am auffälligsten davon ist die Palette für das Anreiben von Augenschminke. Diese Paletten stellen in ihrer jeweils unterschiedlichen Form geradezu eine Art ›Leitfossil‹ für die vor- und frühgeschichtlichen Kulturen Ägyptens dar. Den künstlerischen Höhepunkt ihrer Entwicklung erreichen sie in den großartigen Prunkpaletten als Weihegaben der frühesten ägyptischen Könige. Sie sind jedoch bereits in sämtlichen jungsteinzeitlichen Kulturen zu finden, wenn auch meist nur als einfache, kaum geformte Stein- oder Schieferplättchen mit einem Reibstein. In Fayum A sind sie ebenso vorhanden[27] wie in Merimde[28], in el-Omari[29] ebenso wie in Tasa[30].

Das gleiche gilt für die Künste des Webens von Leinwand, des Mattenflechtens, der Töpferei – bei sehr großer Verschiedenheit in den Formen und in der Ausschmückung – und für die ersten Steingefäße. Letztere tauchen von der Merimde-Kultur an auf sämtlichen Fundplätzen auf und sind Vorboten einer im Ägypten der Frühzeit zu einmaliger Höhe gelangten Entwicklung.

Und noch eine Gemeinsamkeit zeichnet sich ab, die für das spätere Ägypten besonders charakteristisch werden sollte, nämlich eine sorgfältige Behandlung der Toten. Die Einzelheiten von Bestattungsart, Grabform und Beigaben sind dabei höchst unterschiedlich, aber bei jeder können wir doch Linien zu späteren gesamtägyptischen Entwicklungen ziehen.

Während in Fayum A die Nekropole bis heute nicht entdeckt worden ist, wurde Merimde wegen der Besonderheit seiner Begräbnisart in der Ägyptologie geradezu berühmt. Die Toten liegen nämlich nicht auf einem gemeinsamen Gräberfeld, sondern sind in Einzelgräbern bestattet – und zwar jeweils in der Nähe der Wohngruben ihrer Familie. Allerdings fand auch hier das Begräbnis nicht, wie in manchen Kulturen Vorderasiens, im Hause selbst statt[31], sondern auf Plätzen außerhalb der Häuser, jedoch im Inneren der Siedlung. Die Toten haben Hockerstellung, liegen meist auf der rechten Seite und blicken in Richtung des Hauses, das sie einst bewohnt hatten und in dem ihre Familie lebte[32]. Diese enge Beziehung zu den Lebenden einerseits und das weitgehende Fehlen von Beigaben andererseits lassen mit hoher Wahrscheinlichkeit darauf schließen, daß die Angehörigen ihren Toten von jeder Mahlzeit einen Anteil brachten. Dieses ursprünglich tägliche Gemeinschaftsmahl hat sich dann später auf bestimmte Gelegenheiten verengt, zum Beispiel auf die Bestattung und das ›Fest vom Wüstental‹[33]. In diesem Stadium der Entwicklung aber waren die Gräber bereits aus praktischen und hygienischen Gründen, sicherlich auch aus magisch-religiöser Furcht vor der Macht der Toten, von der Siedlung entfernt und an den Rand der Wüste verlegt worden. Die grundlegende Vorstellung von der Notwendigkeit einer Stärkung des im Grabe lebend vorgestellten Toten jedoch blieb über die Jahrtausende hinweg erhalten.

Auch in el-Omari waren die Toten inmitten der Siedlung bestattet. Wie in Merimde und Tasa waren sie sorgfältig in Matten, Leinengewebe oder Tierhäute gewickelt. Nicht selten fanden die Ausgräber in dem trockenen Sandboden der Fundstelle Überreste von Blumensträußen an der Brust der Skelette, und auch dies ist ein Brauch, der im geschichtlichen Ägypten fortbestand. In el-Omari treffen wir auch zum ersten Male auf bisweilen sorgfältige Auskleidungen der Grabgruben mit Steinen und auf die Verwendung von Särgen aus getrocknetem Lehm; einer der Toten hielt gar einen Stock in der Form eines späteren Königsszepters in der Hand und wies sich damit als Häuptling aus[34].

In Tasa lagen die Toten in einem Friedhof begraben, weit von den Stätten der Lebenden entfernt, denn in einem großen Umkreis konnten keine Siedlungsspuren entdeckt werden. So ist hier das früheste Beispiel für jene Totenstädte zu finden, wie sie uns in geschichtlicher Zeit Ägyptens dann ausschließlich begegnen. Auch hier, in Tasa, waren die Toten sorgfältig in Stoffe oder Felle gehüllt. Der Kopf ruhte häufig auf einem Kopfkissen; dies und die Hockerstellung zeigen, daß man sich den Toten schlafend vorstellte[35]. Eine Anzahl von Beigaben weisen schon auf die spätere, viel reichere Entwicklung voraus: Da gibt es Schmuck, wie Ohrringe und Halsketten aus Schneckengehäusen oder Elfenbein-Armringe; Töpfe, Werkzeuge und Waffen zeigen das Bemühen, den Toten für sein Leben im Grab oder im Jenseits mit allem Lebenswichtigen auszustatten. Jedes Grab hat zudem eine kleine Nische in der Westwand, die ein Tongefäß enthält, womit sich eine erste Aufteilung in Grab- und Kultraum abzeichnet.

Sämtliche bisher behandelten jungsteinzeitlichen Kulturen haben noch etwas Gemeinsames: Sie sind alle in Zeit und Raum eng begrenzt[36]. Trotz mancher Übereinstimmung in Einzelheiten sind sie doch voneinander isoliert, und es ist noch nicht gelungen, Entwicklungslinien von der einen zu einer anderen dieser Kulturen zu ziehen. Und doch sind sie Zeugen dafür, wie sich auf dem gemeinsamen Hintergrund der frühen nordafrikanisch-vorderasiatischen Jungsteinzeit zögernd, aber sehr deutlich jene Eigentümlichkeiten abzuzeichnen beginnen, die wir meinen, wenn wir den Begriff ›ägyptisch‹ gebrauchen.

Der Boden wird bereitet

Kapitel 3

Die ägyptischen Kulturen der späteren Jungsteinzeit weisen gegenüber denjenigen der früheren grundlegende Unterschiede in Quantität und Qualität auf. Einmal dehnen sie sich rasch im Raume aus; ihre Funde sind nicht mehr auf die Enge eines Ortes beschränkt, sondern immer größere Teile des Niltales und seiner Umgebung werden in das Kulturgebiet einbezogen. Von der historischen Aufeinanderfolge her betrachtet entwickelt sich die eine Kulturphase aus der jeweils vorangegangenen ohne größere Brüche[1].

Zum anderen beginnt mit der erst zögernden, dann immer häufigeren Verwendung von Kupfer eine Entwicklung, die ebenso revolutionär für die menschliche Kultur war wie der Übergang zum seßhaften Bauerntum zu Beginn der Jungsteinzeit. Gewiß bleibt noch bis in die frühgeschichtliche Zeit Ägyptens hinein der Feuerstein das am häufigsten verwendete Material für größere Werkzeuge. Aber die Gewinnung des Kupfers aus den vorgefundenen Erzen und seine Verformung durch Hämmern und Gießen bringen jetzt zum erstenmal einen Stoff in die Verfügbarkeit des Menschen, den es in verwendbarer Form von Natur aus nicht gibt, sondern der zu seiner Erschließung komplizierte chemische und physikalische Prozesse benötigt. Das Produkt Kupfer setzt also ganz spezifische Kenntnisse und Fähigkeiten voraus, und damit entsteht auch erstmals in der Geschichte der Zwang zur Bildung eines besonderen Berufsstandes. Beides, die Veränderung der natürlichen Rohstoffe zur Verfügbarkeit des Menschen und die Aufspaltung der bäuerlichen Bevölkerung in voneinander abgehobene Berufe, gehört zu den vielfältigen Voraussetzungen, auf die das Entstehen einer Hochkultur sich gründet. So führt uns dieser Teil der Jungsteinzeit, ›Chalkolithikum‹ oder ›Kupfersteinzeit‹ von den Fachleuten genannt, unmittelbar an jenen Punkt, von dem – historisch gesehen – die Hochkultur ihren Ausgang nimmt.

Englische Archäologen waren es – Miss Gertrude Caton-Thompson, die wir schon im Fayum am Werk gesehen hatten, und Guy Brunton –, die zwischen 1922 und 1925 in Mittelägypten die erste der kupfersteinzeitlichen Kulturen ausgruben und sie nach dem Ort des damaligen Hauptfundes ›Badari-Kultur‹ nannten[2]. Inzwischen haben mehrere andere Fundplätze eine zwar auch noch beschränkte, aber doch weit über die räumliche Begrenzung der frühsteinzeitlichen Kulturen hinausreichende Verbreitung der Badari-Kultur erwiesen – vom nördlichen Nubien bis in den Raum von Assiut in Mittelägypten[3].

Leider sind bisher noch keine Siedlungen jener Zeit ausgegraben worden; alles, was wir von den Badari-Leuten wissen, verdanken wir den Gräbern dieser Epoche. Aber gerade sie zeigen bedeutsame Neuerungen, was die Bestattungsbräuche und die ihnen zugrundeliegenden religiösen Vorstellungen betrifft. Der Glaube an ein körperliches Weiterleben der Toten im Grabe drückt sich in immer reicheren Beigaben aus[4], aber auch in der sorgsamen Behandlung der Leichname. Diese sind nämlich in Ziegen- oder Gazellenhäute gewickelt, wobei die Haarseiten nach innen zeigen. Unter den Tierhäuten sind sie bisweilen sogar noch in Leinengewebe gehüllt[5].

Die Gräber, meist oval, manchmal aber auch rechteckig, stellen nicht mehr formlose Gruben dar, sondern zeigen gerade, sauber abgestochene Wände, die nicht selten mit Matten ausgekleidet wurden[6]. Der Tote ruht in leichter Hockerstellung fast durchweg auf der linken Seite und hat das Gesicht nach Westen gewandt. Die Bestattung sämtlicher Leichname in dieser Lage weist darauf hin, daß man das Totenreich im Westen lokalisierte und sich von dort aus auch die Wiedergeburt erhoffte. In dieser Form sollten die Anschauungen über Totenreich und Wiedergeburt von nun an zu den festen Bestandteilen des ägyptischen Jenseitsglaubens bis zum Ende der pharaonischen Kultur gehören. Und noch eine Besonderheit, die erstmalig auf den Badari-Friedhöfen auftritt, weist auf Gebräuche der späteren Hochkultur voraus: Es fanden sich Tiergräber mit einzelnen Rindern, Ziegen und Schafen, deren Körper ganz wie die der menschlichen Leichname in Häute oder auch in Matten gewickelt waren[7]. Wenn in Gräbern der früheren Tasa-Kultur hin und wieder Hunde gefunden wurden, so mag es sich hierbei vielleicht um Zuneigung zu einem treuen Jagdgefährten gehandelt haben. In den Tierbegräbnissen der Badari-Leute hingegen spricht sich schon deutlich die religiöse Verehrung bestimmter Tiere aus, die so bezeichnend für die spätere ägyptische Religion werden sollte.

Obwohl noch keinerlei Versuche festzustellen sind, die Leichname vor ihrem Zerfall zu schützen, hat gerade der trockene Wüstensand gar nicht selten Haut und Haare erhalten, so daß einige Untersuchungen über die Bevölkerung möglich waren. Sie ergaben durchaus Ähnlichkeiten mit den Ägyptern späterer Zeiten: schlankwüchsige Leute, als Erwachsene zwischen 1,62 und 1,90 m groß, mit braunen oder schwarzen, glatten Haaren, die bei den Frauen bisweilen recht raffiniert als herzförmig geschnittene Ponies tief in die Stirn frisiert waren[8].

Aber auch sonst zeigten die Badari-Leute Gefallen an geschmackvollem Schmuck. Da finden sich Hals- und Armbänder, Amulette in Tierform und Gürtel aus durchbohrten Hartsteinplatten[9]. Die Steine erhielten häufig einen künstlichen Glanzüberzug in lebhaften Farben. Dieser Überzug stellt den Vorläufer der berühmten ägyptischen Fayence dar, die im weiteren Verlauf der Entwicklung dermaßen beliebt werden sollte, daß aus sämtlichen Epochen der ägyptischen Geschichte zusammengerechnet buchstäblich Hunderttausende solcher Fayence-Figürchen zum Vorschein gekommen sind.

Rechte Seite: Rinder auf Felsmalerei der Jungsteinzeit, Sahara

Folgende Doppelseite: Tutanchamuns Nachfolger Eje vollzieht an dessen Mumie als Sem-Priester im Pantherfell das Mundöffnungsritual

Zum erstenmal wird auch Elfenbein zu Schmuck verarbeitet, ja, es fanden sich Armbänder aus Elfenbein, die mit Perlen inkrustiert waren[10].

Diese auch für Halsketten sehr beliebten Perlen bestanden aus Muscheln oder Steinen; eine davon war gar aus Kupfer gemacht und zeigte somit an, daß die Badari-Kultur in die Kupfersteinzeit gehört[11]. Auch unter den in Gräbern gefundenen Werkzeugen, die noch überwiegend aus Stein und Knochen bestehen, tauchen die

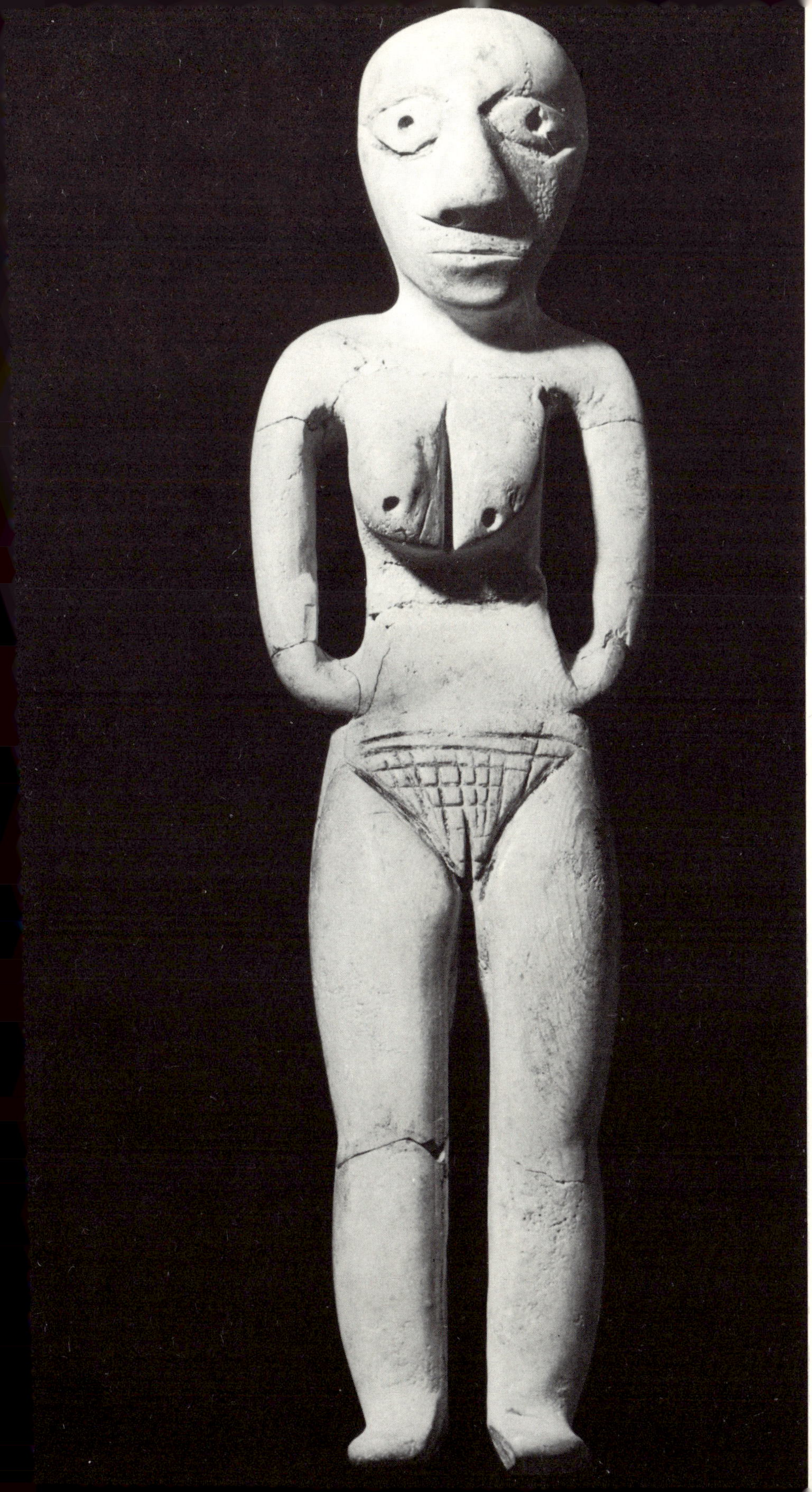

Frauenfigur aus
Elfenbein,
Badari-Kultur

ersten Nadeln in gehämmertem Kupfer auf[12] – der Kupferguß war offenbar noch nicht bekannt. Die Kupfernadeln haben sogar schon – im Gegensatz zu den in früheren Kulturen üblichen Nadeln aus Bein oder starken Gräten – ein Öhr, was ein technisch entwickeltes Bohrwerkzeug voraussetzt.

Die Paletten sind noch recht einfach in den Formen: länglich oder oval und meist aus Schiefer gefertigt. Aber sie kommen sehr häufig vor und zeigen bisweilen noch Spuren der auf ihnen verriebenen Schminke: Malachit für schwarze Augenumrandung, grüne Paste für Lidschatten und roten Puder zur Gesichts-, vielleicht auch zur Körperbemalung[13].

Während Paletten, wie wir gesehen haben, auch in den früheren Kulturen schon vereinzelt auftauchen, sind zwei Zivilisationsgegenstände neu bei den Badari-Leuten: Kämme und Löffel aus Elfenbein. Vor allem die zierlich geschnitzten, manchmal am Stiel mit Tiergestalten oder -köpfen versehenen Löffel gehören zu den interessantesten Badari-Funden[14]. Sie lassen einen oft erstaunlich sicheren Blick des Künstlers für dekorative Wirkungen erkennen. Bei aller Primitivität in vielen Zügen offenbart sich hier eine Kultur, die bereits auf dem Wege zur Zivilisation ist.

Für ein künstlerisches Gefühl zeugen auch Frauenfiguren aus Elfenbein, von denen bisher etwa ein Dutzend gefunden wurden. Die größeren zeigen einen fein gearbeiteten, schlanken und stark taillierten Körper mit vor dem Leib verschränkten Händen. Das Geschlechtsdreieck ist meist stark betont. Offenbar aber stellten diese Plastiken nicht, wie die nackten Frauenfiguren in Gräbern der dynastischen Zeit, Konkubinen dar, denn mindestens eine von ihnen wurde in einem Frauengrab gefunden. Eine andere ist gar wie ein Mensch rituell bestattet worden. Sie lag in einer Schale, sorgfältig in ein Stück Leinwand gewickelt, und hatte neben sich einen kleinen Topf als Beigabe[15]. Sollte es sich um die Darstellung einer Fruchtbarkeitsgöttin handeln? Dann hätten wir in diesen Figuren die ersten menschengestaltigen Götter auf ägyptischem Boden vor uns. Leider erlauben uns derartige Funde wegen ihrer Seltenheit und auch wegen der bisweilen nicht ganz geklärten Fundumstände hierüber vorerst nur Spekulationen. Eine Bestätigung der eben geäußerten Annahme freilich wäre geradezu sensationell, denn die bislang früheste eindeutig menschengestaltige Götterdarstellung besitzen wir erst aus jener Zeit, die schon unmittelbar in die dynastisch-geschichtliche Epoche überleitet.

Die an Schalen, Töpfen und Krügen so überaus reiche Keramik aus den Badari-Gräbern begeistert jeden Fachmann für Vorgeschichte. Denn anhand dieser Tonwaren lassen sich die Entwicklung der Formen und des Schmucks sowie Querverbindungen zu anderen – früheren, späteren oder zeitgleichen – Kulturen nachweisen. Für den Laien freilich sind sie viel weniger attraktiv, zumal es sich nicht um bunt dekorierte oder mit Figuren bemalte Ware handelt, sondern um einfache Formen, die noch ohne Drehscheibe von Hand gefertigt und über offenen Feuern gebrannt wurden, wofür bei aller Badari-Keramik der typische ›geschmauchte Rand‹ Zeuge ist.

Für viele unserer künftigen Überlegungen wichtig ist aber noch die Feststellung, daß die Badari-Leute offenbar einen ausgedehnten Handel getrieben haben, und zwar nicht nur mit den ägyptischen Nachbarn im Niltal, sondern bis in Gebiete, die nicht zum ägyptischen Kernland gehören. Das Elefanten-Elfenbein für Schmuck und Frauenfiguren konnten sie zur damaligen Zeit schon nur noch aus Südnubien jenseits des ersten Kataraktes beziehen, denn im ägyptischen Niltal war der Elefant bereits ausgestorben. Der kostbare Türkis kam aus dem Sinai und das Kupfer aus Gebieten nördlich des Badari-Landes[16].

Zeitlich ist die Badari-Kultur leider nur innerhalb eines sehr weiten Rahmens festzulegen. Die Analyse der Keramik erlaubt zwar eine zeitliche Einordnung der Fundplätze im Verhältnis zueinander, aber für eine absolute Zeitbestimmung gibt das noch nicht viel her. Auch die Radiokarbon-Methode hat in der ägyptischen Vorgeschichte nur recht unbestimmte Resultate erbracht. Begnügen wir uns also mit der Feststellung, daß die Badari-Kultur um die Wende vom 6. zum 5. Jahrtausend blühte[17]. Soweit Resultate der Radiokarbonmethode vorliegen, stimmen sie hiermit befriedigend überein[18].

Die auf Badari folgende Kultur setzt also etwa um 4000 v. Chr. ein[19]. Der genaue Zeitpunkt ihres Beginns ist auch schon deshalb schwer zu bestimmen, weil auf vielen Plätzen Badarifunde lückenlos in die der neuen Epoche übergehen, so etwa in Badari selbst[20]. Diese Tatsache macht vor allem eines deutlich: Hier liegt eine Kulturentwicklung und kein plötzlicher Bruch vor. Die noch vor 30 Jahren weitverbreiteten Theorien einer plötzlichen Eroberung Ägyptens durch ›Kulturträger‹ oder des allmählichen Einsickerns einer höheren Kultur von außerhalb lassen sich heute nicht mehr aufrechterhalten. Die neue Kulturepoche folgt auf Badari ohne wesentliche Unterschiede[21]. Aber in allen künstlerischen und zivilisatorischen Errungenschaften wird doch eine andere Qualität deutlich, welche klarmacht, daß hier eine neue Kultur entstanden ist, die nach ihrer Hauptfundstelle den Namen ›Negada‹ erhielt. In älteren Werken, vor allem englischer und französischer Autoren, findet sich nach einem anderen Fundplatz die Bezeichnung ›Amratien‹. Die Negada-Kultur wurde noch einmal unterteilt in Negada I und Negada II; im angelsächsischen Bereich folgt entsprechend dem Amratien ein Gerzéen.

Aber bevor wir die neue Kultur eingehender betrachten, sollten wir uns doch einige Gedanken darüber machen, wer oder was wohl für ihre Entstehung verantwortlich war und warum nicht schon die Badari-Kultur unmittelbar in die Hochkultur überleitete. Dabei ist gleichzeitig die Tatsache mit einzubeziehen, daß die Negada-Kultur sich schließlich über das ganze Niltal erstreckte und somit eine erheblich weitere Verbreitung besaß als die von Badari, deren Schwerpunkt doch eindeutig im oberägyptischen Raum lag.

Zwei Ursachen dürften es vor allem gewesen sein, die zur Herausbildung von Negada I aus Badari und schließlich zu dessen völliger Ablösung als selbständiger Kultur geführt hatten: Einmal war die technische Entwicklung in Badari zu einer Höhe gelangt, die mit weiterer Zunahme an technischen Fertigkeiten einen Umschlag von Quantität in eine neue Qualität mit sich bringen mußte. So war nicht nur die Kupferbearbeitung erheblich vervollkommnet worden, sondern auch die Bearbeitung des Feuersteins durch neuartige Abschlagtechniken so weit gediehen, daß ganz neue Arten von Werkzeugen geschaffen werden konnten. Mit diesen wiederum ließen sich nunmehr viel sprödere Werkstoffe in bisher unerreichbarer

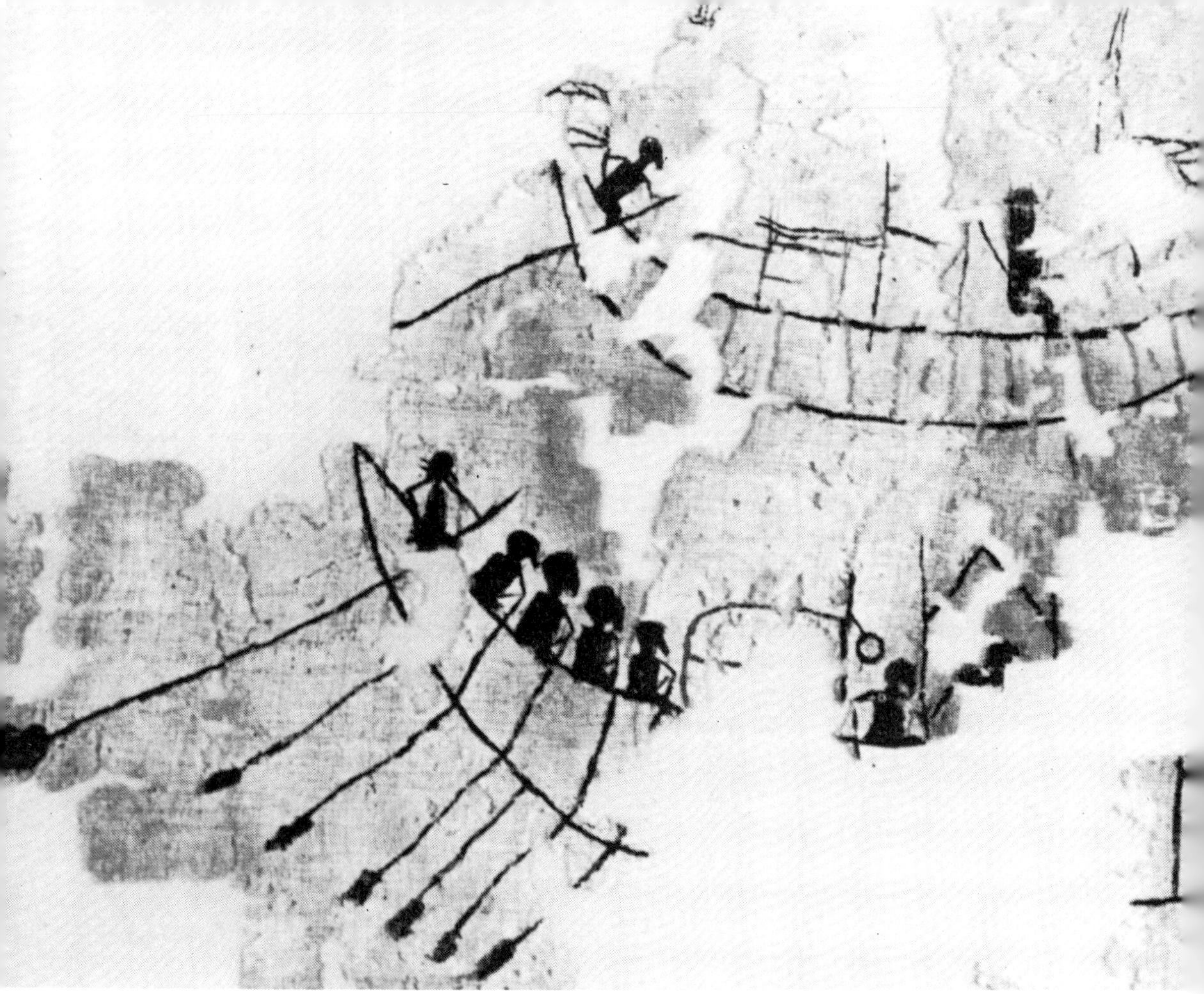

Diese Zeichnung auf einem Stück Stoff aus der vordynastischen Zeit zeigt die kultische Schiffsfahrt eines Toten. Vorgänger der Sais-Fahrt.

Vollkommenheit bearbeiten, so beispielshalber die Gefäße aus Hartsteinen. Diese technischen Errungenschaften sind freilich nur eine Voraussetzung, aus der allein das Entstehen neuer Kulturen nicht zu erklären ist. Denn wir kennen in der Menschheitsentwicklung durchaus Fälle, in denen eine Kultur sich technisch fortentwickelt, ohne damit zur Ausbildung einer neuen zu führen.

Den entscheidenden Beitrag lieferte vielmehr ein Wandel in der geistigen Einstellung der Kulturträger selbst. Wie aber sollte eine derartige Wandlung vor sich gegangen sein, da wir doch die Überwältigung der Badari-Leute durch eine Invasion Fremder ausgeschlossen haben? Nun, wenn wir mit gutem Recht die Änderung etwa der Rassen- und Volksstruktur Ägyptens von außen zu diesem Zeitpunkt abgelehnt haben, so soll das keineswegs heißen, daß Ägypten ein gegenüber der Umwelt völlig abgeschlossenes Gebiet gewesen wäre, so eine Art Reagenzglas oder Oase in einer leeren Wüste[22]. Wir hatten schon von dem lebhaften Handelsaustausch zwischen den Badari-Leuten und den sie umgebenden Stämmen gesprochen. Ein solcher Handel, der damals meist nicht unmittelbar von einem Kulturzentrum zum anderen erfolgte, sondern über zahlreiche Zwischenstationen, überbrückte auch in der Vorgeschichte schon erstaunlich weite Strecken und brachte fremde Kulturgüter von Siedlung zu Siedlung, von Stamm zu Stamm, von

Volk zu Volk zur Kenntnis. Außerdem waren in das Niltal immer wieder Familien und Sippen, oftmals gar größere Stammesteile aus den umliegenden Gebieten eingesickert. Aus Libyen drangen Wanderhirten mit ihren Herden bis in das Westdelta vor, von den westlichen Oasen her kamen Jäger und Kleinviehnomaden, und aus Nubien schließlich stammen die mit den Badari-Leuten rassisch eng verwandten nubischen Bauern und Viehzüchter. Nach Osten bestand eine Verbindung über die Trockentäler der östlichen Wüstengebirge und das Rote Meer hinweg mit Arabien und seinen Frühkulturen, und das östliche Delta war nach Nordosten über die Sinaiküste mit dem palästinensischen Raum verbunden.

All diese kleinen Gruppen brachten ihre Erzeugnisse, ihre kulturellen Errungenschaften und handwerklich-technischen Fertigkeiten mit und machten sie in Ägypten bekannt. Diese neuen Kulturgüter wurden nun weder völlig abgewiesen noch einfach auf Kosten der Badari-Kultur übernommen, sondern das Fremde wurde als Herausforderung empfunden: Das der eigenen Art Gemäße wurde aufgenommen und umgeformt, das als völlig fremd Empfundene ausgeschieden. In dieser schöpferischen Aneignung des Fremden ist die Negada-Kultur aus der von Badari hervorgegangen. Die Badari-Leute zeigten damit schon die Begabung, Fremdes immer wieder in das Eigene einzuschmelzen – eine Eigenschaft, die auch ihre Urenkel aus der pharaonischen Zeit in hohem Maße auszeichnen sollte und die wesentlich zur Ausformung der ägyptischen Hochkultur beitrug.

Während der Negada-Zeit verstärken sich in zunehmendem Maße die Handelsbeziehungen zur Außenwelt, um etwa zur Zeit der Entstehung des geschichtlichen Reiches einen Höhepunkt zu erreichen[23]. Aber bis dahin ist noch ein relativ weiter Weg zurückzulegen – vom Beginn der Negada I-Kultur ab immerhin noch fast 1000 Jahre. Um all jene für Ägypten und unser Thema so bedeutsamen Ereignisse und deren Ursachen erkennen zu können, müssen wir die Negada-Kultur näher untersuchen. Ich spreche im folgenden von der Negada-Kultur schlechthin, denn deren Entwicklungsstufen von Negada I und II interessieren eher den Fachmann. Die heute in der Ägyptologie vorherrschende Meinung geht ohnedies dahin, daß Negada II ohne Bruch aus Negada I hervorgegangen sei[24], wobei das ursprünglich rein oberägyptische Negada I sich von seinem Entstehungszentrum in der Thebais aus immer weiter nach Norden ausgedehnt und schließlich mit Beginn von Negada II ganz Ägypten umfaßt habe. Dies jedenfalls gilt, soweit bisher Funde vorliegen; das Innere des Deltas ist auch für diese Epoche noch völlig fundleer. Wir werden also bei unserer Betrachtung auf kulturelle Unterschiede zwischen Negada I und II nur dann hinweisen, wenn sie von allgemeinem Interesse sind.

Aus der Negada-Zeit kennen wir eine ganze Reihe bedeutender Siedlungen: von Hierakonpolis im südlichen Oberägypten über Armant und Negada in der Thebais, Abydos und el-Amrah in Mittelägypten bis Hemamieh und Maadi an der Deltaspitze. Diese Siedlungen sind zum Teil schon recht umfangreich und gehen über das Ausmaß von kleinen Bauerndörfern deutlich hinaus. So mißt Negada selbst, das der Kultur seinen Namen gab, über 200 000 qm, und der älteste, schon aus Negada I stammende Teil von Hierakonpolis bedeckt eine Fläcke von 800 × 400 Metern[25].

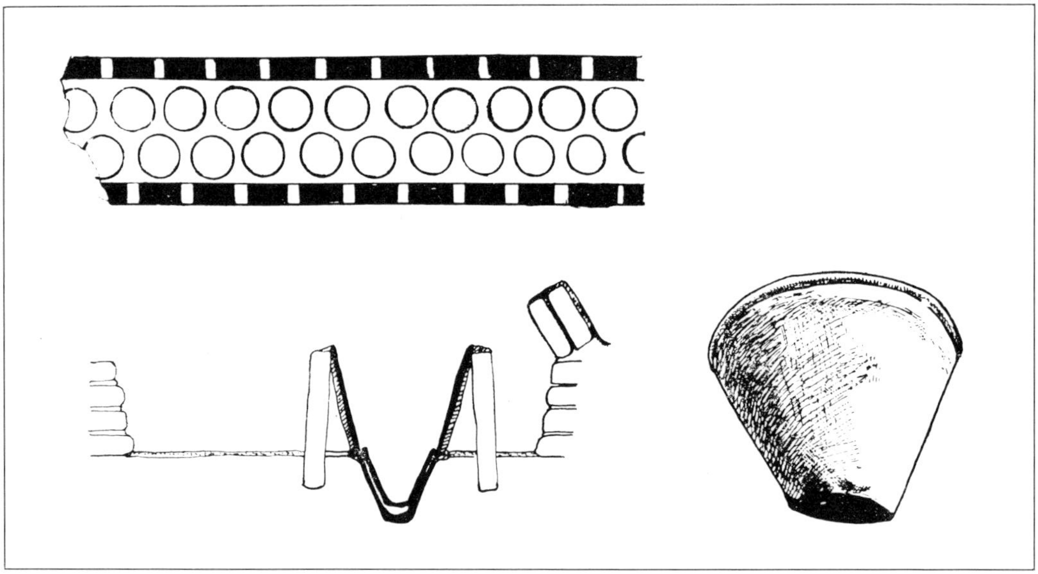

Grund- und Aufriß der Ofenreihen in Negada-I-Siedlungen

Über das Aussehen dieser wohl eher städtischen Siedlungen gibt uns ein Hausmodell aus Ton Auskunft, das in einem Grab von el-Amrah gefunden wurde und eine bereits ziemlich entwickelte Architektur zeigt. Der rechteckige Bau bedeckt eine Fläche von etwa 45 qm. Bekrönt wird er von einem Flachdach mit hochgezogenen Ecken – ganz ähnlich jenen Dächern, die man an Lehmbauten der Sahara und des Sudans heute noch sehen kann. Die Tür ist sauber mit Holzbalken gefaßt. Sie besaß offenbar bereits den über einen Rundbalken aufgewickelten Mattenverschluß, wie wir ihn aus der späteren ägyptischen Architektur, vor allem von den zahlreichen ›Scheintüren‹ der Mastaba-Gräber, gut kennen. Auch die kleinen Fenster auf der Rückseite hatten schon Holzrahmen. Die Innenräume dürften mit ihrer Mattenverkleidung der Lehmwände recht wohnlich gewesen sein – Spuren an den Hauswandresten im Hemamieh weisen jedenfalls darauf hin[26].

Zu den interessantesten Funden der Negada-Siedlungen gehören zweifellos die Ofenreihen, die am vollständigsten in Abydos zum Vorschein gekommen sind, deren Reste uns aber auch an anderen Fundplätzen begegnen. In einem raffinierten System von gegeneinander versetzten großen Tontöpfen – Reihen von 15 Stück hintereinander sind keine Seltenheit – wurde Getreide geröstet. Das untere Drittel der Töpfe war in den Boden eingelassen und innen meist mit je einem kleinen Gefäß zum Schutz gegen zu große Hitze ausgekleidet. Lehmziegel hielten die Töpfe selbst von außen in ihrer aufrechten Lage fest. Die Topfreihen waren von niedrigen Lehmziegelmauern eingefaßt, und diese wiederum wiesen an der Basis gegen die Töpfe versetzte Öffnungen auf, durch welche die ganze Anlage geheizt wurde[27]. Solche raffinierten Systeme lassen auf eine in hohem Maße gegliederte Gesellschaft schließen, denn sie setzen zugleich Spezialisierung wie Gemeinschaftsarbeit voraus. Auch die Anzahl der recht umfangreichen Siedlungen deutet auf eine in der Negada-Zeit zunehmende Bevölkerung des Niltales hin, die sich eben nur durch solche Gemeinschaftsleistungen erhalten und ernähren konnte.

So dürften in dieser Zeit auch die ersten Deiche gemeinschaftlich errichtet worden sein; das gleiche gilt für die Anlage der Felder nach einem bis heute unverändert gebliebenen Schema: Beetartige Becken halten mit ihren niedrigen Erdwällen das Überschwemmungswasser solange zurück, bis sich der fruchtbare Schlamm abgesetzt hat.

Auch die Röstung des Getreides in großen, den Verbrauch eines Hofes weit übersteigenden Ofenbatterien weist in diese Richtung. Dorf und städtische Siedlung legen Gemeinschaftsvorräte an, für die Lebenden – und für die Toten. Das Rösten von Getreide, um es haltbar zu machen und zugleich an Lager- und Transportraum zu sparen, wird von den Beduinen Nordafrikas noch heute gern praktiziert. Geröstetes Getreide ergibt, wenn man es mit Datteln vermengt, eine vollwertige Mahlzeit, für die man im Notfall nicht einmal vom Reittier absteigen muß. Ebenso ist in ägyptischen Gräbern wiederholt Röstgetreide gefunden worden; es wird sogar auf den Beigabelisten verzeichnet. Vielleicht ist auch jene Topfmarke, die auf verschiedenen Innengefäßen bei einer der Ofenreihen gefunden wurde und die als Motiv einen Vogel mit Schopf zeigt, ein Hinweis auf solche Verwendung als Totenbeigabe. Denn in Ägyptens geschichtlicher Zeit ist ein Vogelsymbol genau dieser Art das Hieroglyphenzeichen für den dann ›Ach‹ genannten Geist des Verstorbenen.

Die Öfen gestatteten den Negada-Leuten gleichzeitig ein genaues Studium der Brennvorgänge bei Lehm und Ton. So ist es kein Wunder, daß die Keramik in dieser Zeit einen wesentlichen Aufschwung nimmt, ja, an Vielzahl der Formen, an Feinheit der Bearbeitung und an künstlerischer Schönheit der Dekoration einen Höhepunkt ägyptischen Kunsthandwerks überhaupt darstellt, demgegenüber die Keramik der geschichtlichen Zeit in Ägypten deutlich abfällt.

Da gibt es die alte rote, am Rand schwärzlich geschmauchte Ware aus der Badari-Zeit, nun freilich feiner und dünnwandiger geformt. Sie erfreute sich während der Negada-Zeit nicht nur in Ägypten großer Beliebtheit als Gebrauchsgeschirr, sondern war weit über die Grenzen hinaus in Nubien und Libyen bis in die geschichtliche Zeit verbreitet[28].

Nilpferde auf einer Tonschale der Negada-I-Kultur zeigen schon die spätere ägyptische Meisterschaft der Typisierung von Tieren

Die Gefäße mit dem sogenannten ›Wellenhenkel‹ sind insoweit bedeutsam, als sie offenbar nach Vorbildern aus Palästina geformt wurden und uns auf diese Weise eine unmittelbare Anschauung vom kulturellen Austausch in jenen frühen Zeiten bieten. Außerdem ermöglichte es die ununterbrochene Reihe der jeweiligen Entwicklungsstufen des ›Wellenhenkels‹, vom handfesten Griff über zahlreiche Zwischenstadien bis zur Auflösung in einem reinen Wellendekor, eine Reihenfolge in der zeitlichen Entwicklung der Negada-Kulturen überhaupt aufzustellen. Denn es gibt kaum einen Fundort, an dem nicht auch das eine oder andere Gefäß dieses Typs zum Vorschein kam.

Aber unter den vielfältigen Arten der Keramik jener Epoche sind für uns vor allem jene interessant, die auf rotem oder schwarzem Grund geometrische Muster und figürliche Darstellungen wiedergeben. Die geometrischen Muster zeigen höchst geschmackvolle Motive von Zacken, Kreisen und Karos, immer mit sicherem Stilgefühl den Gefäßformen angepaßt, sie unterstreichend oder, umgekehrt, diesen gewollt zuwiderlaufend und so eine reizvolle ästhetische Spannung erzeugend. Die stark stilisierten Pflanzenornamente zeugen sowohl von genauer Naturbeobachtung als auch von einem Drang zur absoluten Form.

Bei den Gefäßen mit figürlichen Darstellungen gibt es eine ganze Gruppe, die Tiermotive verwendet und uns auf diese Weise mit den für die Träger der Negada-Kultur bedeutsamen Tierarten bekanntmacht. Deutlich kann man hier auch zwischen unbeholfenen Darstellungsversuchen, konventioneller Ware und ausgesprochenen Meisterwerken unterscheiden. Letztere zeichnen sich dadurch aus, daß die Eigenarten jedes Tieres mit demselben scharfen Blick für Wesentliches festgehalten sind, wie wir ihn bei ägyptischen Kunstwerken aller Epochen so sehr bewundern.

Am deutlichsten sind, selbst auf den primitivsten Darstellungen, Nilpferd und Krokodil zu erkennen. Diese beiden gewaltigen Herren der Nilsümpfe müssen in der Negada-Zeit noch sehr viel häufiger vorgekommen sein, als zu geschichtlicher Zeit. Während aber später das Nilpferd mit negativen Vorstellungen, nämlich denen des ›Gottesfeindes‹, verknüpft war und das Krokodil eindeutig positiv als Verkörperung göttlicher Fruchtbarkeit betrachtet wurde[29], ist auf den Vasenbildern der Negada-Kultur noch kein derartiger Unterschied in der Bewertung beider Tiere festzustellen. Darüber hinaus findet man so ziemlich alles an Haus- und Wildtieren abgebildet, vom Esel bis zum Skorpion, von der Schildkröte bis zu mehreren Fischarten. Am interessantesten sind Elefanten- und Giraffenbilder, weil beide Tiere nicht mehr im Niltal vorkamen und doch erstaunlich naturgetreu – wohl nach ›Modellen‹ aus Nubien – dargestellt sind.

Zunehmend häufiger werden auf Gefäßen auch Schiffe dargestellt – entweder für sich allein oder mit Tieren und Menschen verbunden. Im Negada I sind es zunächst ausschließlich Ruderboote mit einer oder zwei Kabinen und zahlreichen Ruderern zu beiden Seiten. Heck und Bug sind aufgebogen; am Bug ist häufig noch ein belaubter Zweig befestigt, meist auch ein herabhängendes Ankertau. Schiffahrt war ja für jede Verbindung innerhalb Ägyptens und erst recht für den Außenhandel von höchster Bedeutung. Wie auch heute noch, stellte der Nil die natürliche Verkehrsstraße dar, und so ist das Schiff ein ganz wesentliches Vehikel für die Entwicklung der Kulturen, insbesondere für den entscheidenden Übergang zur Hochkultur.

Bei den ersten ägyptischen Schiffsdarstellungen handelt es sich um Tonmodelle; sie stammen bereits aus der Badari-Kultur. Wenn diese Schiffe auch noch ziemlich primitiv erscheinen, so sind es doch schon mehr als nur Einbäume, nämlich richtig gebaute Boote. Gezimmert sind sie aus dem damals im Niltal noch häufigen Akazienholz. Sie bestehen aus dem Boden und den beiden Seitenteilen, besitzen aber wegen ihrer Länge noch einen Holzbalken zur Versteifung am Boden, einen sogenannten ›Balkweger‹[30]. Diese Boote vermochten sogar schon höheren Wellengang, wie er bei steifem Wind auf dem Nil nicht selten ist, zu bewältigen. Sie konnten Lasten tragen und waren mit und gegen den Strom gut zu manövrieren. Der im Niltal sehr häufige Nordwind leistete den Ruderern bei einer Fahrt stromaufwärts wertvolle Unterstützung, auch wenn die Boote noch keine Segel besaßen. Ob allerdings die Zweige im Bug schon als früher Vorläufer eines Segels in Betracht kommen[31], wage ich zu bezweifeln; Palmzweige, um die es sich nach den Darstellungen handelt, sind zu luftdurchlässig, um wirklich für diesen Zweck geeignet zu sein. Ich halte sie eher für eine Dekoration, die ursprünglich der magischen Beschwörung von Wassermächten gedient haben dürfte.

In der Negada-Zeit gab es noch einen zweiten Schiffstyp: Ein Papyrusfloß, das durch Ineinanderstecken und -pressen von Papyrusbündeln bootsähnliche Form erhielt. Daß ein solches Floß sogar manövrierfähig war, konnte bekanntlich Thor Heyerdahl bei seiner versuchten Atlantiküberquerung mit einem nach diesem Prinzip gebauten Boot beweisen[32]. Wichtig für die Manövrierbarkeit war das Hinaufbiegen von Bug und Heck, die dann durch Taue in dieser Stellung festgehalten wurden. Die beiden Bootsmodelle aus Holz und Papyrus wurden Jahrhunderte hindurch nachgebaut. Alle späteren technischen Errungenschaften, wie Kiel, Spanntrosse oder Segel, veränderten kaum die Silhouette des Bootskörpers, die bis weit in die geschichtliche Zeit hinein diese beiden Grundtypen des Nilschiffes zeigt.

Ich bin auch – entgegen einer bisweilen von Ägyptologen geäußerten Ansicht – nicht der Meinung, daß ein Bootstyp mit sehr stark hochgebogenem Bug und Heck, wie er uns etwa zur Zeit der Reichseinigung besonders häufig begegnet, aus Mesopotamien stammt. Dort kommt er zwar *auch* vor, aber in Ägypten gibt es ihn seit frühester Zeit. Brunton hat in Mostagedda eine in Negada I zu datierende Scherbe entdeckt, die genau diesen Schiffstyp mit dem hochgeschwungenen Bug zeigt – also lange, bevor er in Mesopotamien zum erstenmal auftaucht. Wir hatten schon bei Sachtis Begräbniszug auf dem Nil zwischen Memphis und Abydos gesehen, daß die Ägypter bei Booten, die kultischen Zwecken dienen sollten, die alten Formen aus religiösen Gründen bevorzugten. So bauten sie das uralte Papyrusboot zwar später in Holz nach, gaben ihm aber in Bemalung und Dekor ebenso wie in der Form des Bootskörpers das Aussehen der früheren Schiffstypen.

In der Negada-II-Zeit nimmt die Zahl der Schiffsdarstellungen auf Gefäßen und in Form von Tonmodellen außerordentlich zu[33]. Funde dieser Art sind jedoch wiederum fast ausschließlich in Gräbern gemacht worden. So ist wahrscheinlich schon in jener Zeit die Wurzel solcher Riten zu suchen, die mit einer Schiffsreise

Schiff mit Kabinen und Standarte, Negadazeit

des Toten zum Begräbnisort beziehungsweise ins Jenseits zusammenhängen. Die Schiffstypen bleiben dieselben wie in Negada I, nur werden die Boote größer, wie die wachsende Zahl der Ruderer zeigt. Nun besitzen sie nämlich meist zwei Kabinen und tragen, zum Heck versetzt, eine Stange mit einem Zeichen darauf.

Diese Zeichen sind bisweilen abstrakt, bisweilen stellen sie Tiere dar; insgesamt ähneln sie den ›Standarten‹ der königlichen Begleitmächte, wie wir sie beim Königsbegräbnis kennengelernt haben. Einzelne der späteren Machtzeichen finden sich hier sogar bereits in ihrer fertig ausgebildeten Form, so etwa das des Min und der hockende Falke. Freilich muß man mit der Vermutung von Zusammenhängen sehr vorsichtig sein – einige Jahrhunderte Zeitunterschied bedeuten gerade in dieser Epoche schneller Entwicklungen sehr viel. Aber auch die in der Ägyptologie üblichen Erklärungen als Familien- und Clanzeichen oder gar als Handelsmarken für den Inhalt der Fracht befriedigen nicht. Eine magisch-kultische Bedeutung erscheint mir wahrscheinlicher, zumal unter den Zeichen nicht selten der Palmzweig wiederkehrt, den wir schon in dieser Richtung gedeutet hatten.

Aber nicht nur Schiffe wurden in der Negada-Zeit dem Toten mit ins Grab gegeben, sondern auch Tier- und Menschendarstellungen sind recht häufig. Sie tauchen auf Gefäßmalereien ebenso auf wie im Rundbild aus Ton, Stein oder Elfenbein. Die Tier- und davon insbesondere die Vogelfiguren sind oft von hervorragender Qualität und Darstellungskraft. Überdies zeugen sie von einem erstaunlich scharfen Blick für die Besonderheiten jeder Tierart. Ihre Bedeutung dürfte wohl die von Amuletten gewesen sein[34]. Als Motive werden Stiere, Kühe und Kälber bevorzugt, so daß sich ein Zusammenhang mit Fruchtbarkeitskulten am ehesten vermuten läßt. Dasselbe dürfte für einen Teil der Menschendarstellungen zutreffen. So finden wir beispielsweise unter den Grabbeigaben für Männer nackte Frauenfiguren aus Ton – sicherlich Konkubinen. Auch die sehr schematisch aus Elfenbein geschnitzten, immer paarweise in den Gräbern gefundenen

Männer- und Frauenfiguren dürften in den Bereich der Fruchtbarkeitsmagie gehören. Vielleicht sind diese Grabbeigaben ein erstes Anzeichen des dann in geschichtlicher Zeit so weit verbreiteten Glaubens an die besondere Fruchtbarkeitsmacht des Toten, die auch aus dem Grab heraus noch auf seine Familie und – speziell beim König – auf das ganze Land wirkte[35]. Sehr eigenartig ist ein ganz anderer Typus weiblicher Figuren aus Ton, mit unbetonten Geschlechtsmerkmalen und graziös über den Kopf erhobenen Armen. Darstellungen von Frauen mit der gleichen Gebärde begegnen uns auch auf Gefäßen. Es kann sich dabei sowohl um Tänzerinnen als auch um Klageweiber handeln[36], die beide noch im Begräbnisritual der Frühzeitkönige eine wichtige Rolle spielen – sei es als Imât-Tänzerinnen oder in Gestalt der königlichen ›Weihen‹. Einige Ägyptologen sehen in diesen Frauen Göttinnen, etwa Vorläuferinnen der Hathor[37].

Die Menschenfiguren geben uns darüber hinaus Aufschluß über das Aussehen der Bevölkerung der Negada-Kultur, zumindest über deren Idealtypus. Die Tänzerinnen wie die Elfenbeinfiguren sind sehr schlank, letztere oft sogar manieristisch übertrieben. Die Männer weisen ein sehr betontes, spitzes Kinn auf oder einen Kinnbart und tragen als einzige Bekleidung Phallustaschen. Der Spitzbart ist wohl eine Vorform des späteren künstlichen Königs- und Götterbartes, der beibehalten wurde auch noch zu Zeiten, in denen die Ägypter längst glattrasiert einhergingen. Auch die Phallustasche gehört in geschichtlicher Zeit noch zum Ornat der Pharaonen.

Dagegen tragen die Tänzerinnen halblange oder gar fußlange Leinenröcke, die auf den figuralen Darstellungen durch betont weiße Färbung hervorgehoben werden. Wie in den Leinenhüllen für die Toten und den zahlreich gefundenen Spinnwirteln, so zeigt sich auch hierin der hohe Stand der Leinenweberei. Immer häufiger tauchen im Verlauf der Negada-Zeit auch Relief-Schnitzereien auf, die ganze Serien von Tieren, meist in genau festgelegter Reihenfolge, abbilden. Auch die Schminkpaletten gewinnen jetzt zunehmend eine plastische Form, meist in Tiergestalt; zumindest zeigen sie Tierköpfe am oberen Rand.

Die in der Badari-Kultur begonnene Entwicklung der Kämme und Löffel findet in Negada II einen künstlerischen Höhepunkt. Ein Gebiet aber, auf dem sich Negada besonders auszeichnete, ist die äußerst kunstvolle Bearbeitung von Stein, die bis in die frühe dynastische Zeit für Ägypten typisch bleiben sollte. Die Feuersteinmesser werden immer vollkommener, bis sie gegen Ende der Negada-II-Zeit mit dünnen, ganz gleichmäßig gerippten Dolchklingen aus honigfarbenem Silex einen auch später nie mehr übertroffenen Höhepunkt erreichen. Das gleiche gilt für die Steingefäße, die uns zum erstenmal in der Jungsteinzeit in Merimde begegnen, dann in einzelnen Exemplaren mit noch beschränktem Formenschatz in Badari und Negada I auftauchen, bis sie in Negada II schließlich in einer Fülle verschiedenster Formen vertreten sind.

Es gibt kaum eine Form der Keramik, die nicht auch in dauerhaftem Stein gerade für die Grabbeigaben nachgeahmt worden wäre. Dabei werden zunehmend harte Steine bevorzugt. Neben dem weichen Alabaster und dem leicht zu bearbeitenden Kalkstein finden sich immer häufiger Gefäße aus Porphyr und Brecchien, aus Marmor und sogar aus Granit und Diorit. Wer je ein solches Gefäß in der Hand

Steingefäße der Negada-II-Zeit

hielt, wird die Kunstfertigkeit und Geduld der Negada-Leute nur bewundern können, denn die dünnen Wände weisen überall die gleiche Stärke und eine vollkommen glatte Oberfläche auf.

Diese vorzügliche Werkstoffbearbeitung war nur möglich mit Hilfe neuer Werkzeuge, und in der Tat finden sich jetzt immer mehr Werkzeuge aus getriebenem, durch Hämmern gehärtetem Kupfer: Harpunen und Meißel, Nadeln und Pfrieme. Vor allem ein Kupferbohrer mit kurbelförmigem Griff ließ die Hartsteingefäße in ihrer Vollkommenheit überhaupt erst zustande kommen[38]. Auch das häufige Vorkommen von Schmuckstücken aus Gold, Halbedelsteinen, Elfenbein und Fayence zeigt die Negada-Epochen als Zeiten zunehmender kultureller Höhe und zivilisatorischer Vielfalt.

Dasselbe Bild bieten die Fortschritte im Bau der Gräber. Aus den kunstlosen, wenn auch schon regelmäßig geformten Gruben der Badari-Kultur entwickeln sich über ovale Formen die aus späteren Zeiten vertrauten rechteckigen Grabtypen. Sind die Wände zunächst mattenverkleidet[39], werden sie nun immer häufiger mit rechteckigen Schlammziegeln ausgelegt, deren einheitliche Größe auf die Verwendung hölzerner Model-Rahmen bei der Herstellung schließen läßt – so, wie wir es von den geschichtlichen ägyptischen Bauten her kennen. Aus dieser Verkleidung entwickelten sich rasch Ziegelbänke zur Unterbringung der Beigaben getrennt vom Leichnam, Ziegelnischen und schließlich Zwischenwände, die das Grab in einen Begräbnisraum und ein Beigabenmagazin aufteilten[40].

Auch ein Oberbau über dem Grab wurde durch die Festigkeit der Ziegelwände erstmals möglich, zunächst wohl als einfacher Hügel über einem von Holzknüppeln getragenen Mattendach. Die Pfosten- und Balkenkonstruktionen dagegen tauchen erst in der Übergangszeit zur geschichtlichen Epoche auf. Deutlich läßt sich auch das allmähliche Entstehen von Särgen für die Toten verfolgen. Waren zu Beginn der Negada-I-Zeit noch, wie im Badari, die Toten nur in Matten, Lein-

tücher oder Häute gewickelt, so verschwinden diese mit dem Aufkommen der ersten Sarkophage. Ursprünglich mögen wohl die Sarkophage nichts anderes gewesen sein als Tongefäße, die zum Schutz vor nächtlichem Getier über den Leichnam gestülpt wurden. Sehr bald aber nahmen sie die Form rechteckiger Wannen an, deren Böden durchlöchert waren, um eine Austrocknung des Leichnams zu ermöglichen. Solche Wannen wurden mit Tondeckeln verschlossen. Hölzerne Särge waren noch selten, entwickeln sich jedoch ganz allmählich aus einer Innenverkleidung des Grabraumes mit Bohlen. Allerdings hat sich über die Jahrtausende hinweg keiner von ihnen erhalten, nur Verfärbungen der Grabwände lassen auf ihr einstiges Vorhandensein schließen[41].

Der Tote ruht meist in leichter Hockerlage auf der linken Seite mit dem Gesicht gen Westen. Hieraus sowie aus einer immer strenger eingehaltenen Ordnung bei der Verteilung der Beigaben um den Toten herum läßt sich ein religiös vorgeschriebenes Begräbnisritual erschließen, das bereits gewisse Teile des Rituals geschichtlicher Zeiten vorwegnimmt. Auf keinem Gebiet nämlich tritt die Bewahrung uralter Bräuche in Ägypten so deutlich hervor, wie gerade auf dem der Beisetzung[42].

Bei solchen Parallelen dürfen wir freilich nicht zu weit gehen, doch soll zumindest noch auf eine andere hingewiesen werden. Offenbar gab es nämlich in Negada I eine Art von kultischem Kannibalismus – und in beiden Negada-Epochen eine absichtliche Zergliederung der Leichname vor der Beisetzung. Mehrfach hat man bei unberührten Gräbern an menschlichen Knochen Zertrümmerungen und menschliche Zahnspuren festgestellt[43]. Sogleich werden wir an den ›Kannibalenhymnus‹ erinnert, der beim Königsbegräbnis der Frühzeit und, nach Aussage der Pyramidensprüche, gar bis hin zur 6. Dynastie eine Rolle spielt – so unbegreiflich und archaisch sein Hineinragen in diese viel spätere, vergleichsweise ›modernere‹ Epoche auch anmutet. Die aus anderen frühzeitlichen Kulturen ebenfalls bekannte

Zergliederung der Toten zeigt sich anhand der vom Rumpf abgetrennten Schädel, die zu Füßen oder an der Brust der Leichname gefunden wurden. Sie stammen samt und sonders aus völlig unberührten Gräbern und waren stets sehr sorgfältig mit dem Rumpf des Toten zusammen in die Leinen- oder Mattenumhüllungen eingeschlagen. Dies läßt darauf schließen, daß kein Zufallsbefund möglich ist[44]. Eine uralte Furcht vor dem Toten als ›Wiedergänger‹, der als Gespenst die Lebenden ängstigt und mit sich in sein Reich nehmen will, wird hier faßbar. Spuren davon mögen noch in Ritualsprüchen des frühgeschichtlichen Königsbegräbnisses zu finden sein, in denen es heißt: »...steh auf, mein Vater, und knüpfe deinen Schädel an deine Knochen«. In der Zergliederung mit ihrem Zwang zur sorgfältigen Einwickelung des Leichnams mag auch einer der Gründe für die Entstehung der späteren Leichenumwickelung mit Binden liegen[45]. Die Negada-Kulturen I und II sind auch in Nubien gut bezeugt[46], und damit ist im ganzen Niltal kulturell und geographisch der Boden vorbereitet, aus dem die ägyptische Hochkultur erwachsen sollte.

Eine Hochkultur wird geboren

Kapitel 4

Wiederum ist es ein Grab, das uns Zeugnis gibt von Leben und Tod jener ganz wenigen Generationen, denen die Entfaltung der Hochkultur mit ihren wesentlichen Errungenschaften wie Staat und Religion, Schrift und Geschichtsbewußtsein, Kunststil und Monumentalbauweise zu verdanken ist. Und auf welchem dieser Gebiete wir auch zu forschen beginnen – immer stellen wir den gleichen Befund fest: Wie durch eine Explosion quillt das Land plötzlich über von einer Fülle schöpferischer Fähigkeiten. Einige der neuen Qualitäten treten gleichsam aus dem Nichts in Erscheinung, ohne daß Vor- oder Zwischenstufen ihrer Entwicklung erkennbar wären. Wir werden sehen, daß es kaum mehr als eines Jahrhunderts bedurfte, um die Ägypter der ausgehenden Negada-II-Zeit den Sprung in die Hochkultur tun zu lassen.

Der Engländer F. W. Green war 1899 im Gräberfeld der alten, dem Gott Horus heiligen Stadt Hierakonpolis auf eine bemerkenswerte Grube gestoßen, über deren Charakter er und auch seine Nachfolger bei den Grabungen, J. E. Quibell und Guy Brunton, sich nicht recht klar werden konnten. Sie unterschied sich nämlich grundsätzlich von allem, was man bis dahin aus der gleichen Periode kannte. Ein Rechteck von etwa 5,85 m × 2,85 m war etwa eineinhalb Meter in den Boden getieft und durch eine Zungenwand in zwei fast gleichgroße Räume unterteilt[1]. Ebenso wie die Wände war auch der Boden sorgfältig mit Lehmziegeln verschalt. Dies deutete auf ein Grab hin, wenn auch die Größe erheblich über die der üblichen Negada-II-Gräber hinausging und die Pflasterung des Bodens für diese Epoche ohne Beispiel war. Trotzdem ließ der Gesamtbefund gar keine andere Entstehungszeit als Negada II zu. Aber dann entdeckte man etwas, was den Rahmen des bis dahin Bekannten völlig sprengte: Mehrere Wandflächen nämlich waren bemalt. Diesen Wandmalereien verdankt der Fund in der Ägyptologie seinen Namen als das ›Bemalte Grab von Hierakonpolis‹. Die Bemalung ließ eine recht ausgefeilte Technik erkennen: Boden und Wände waren zunächst mit Lehmmörtel gleichmäßig geglättet worden. In einem zweiten Arbeitsgang wurden dann die Wände mit einer dünnen Schicht von gelblichem Ocker und Weiß überzogen. Auf diesen so sorgfältig vorbereiteten Malgrund trug man anschließend die Motive in Ockergelb, Weiß, Hellgrün und Blauschwarz auf und umriß die einzelnen Figuren mit einem sicheren Strich in Rotocker[2].

Leider sind diese Malereien zerstört worden. So gibt es keine modernen Aufnahmen, geschweige denn Farbfotos von ihnen, und wir müssen uns auf die wenigen historischen Aufnahmen der Ausgräber, wie sie die Egypt Exploration Society herausgegeben hat[3], stützen.

Das hervorstechendste Merkmal der Malerei ist zunächst ihre Unordnung. Sie breitet sich nämlich ohne faßbaren Zusammenhang, selbst ohne erkennbare malerische Ordnung über die beiden durchgehenden Südwest-Längswände und die gegenüberliegende Schmalseite der Trennwand aus. Sogar bei einzelnen, vermutlich zusammengehörigen Szenen ist es oft schwierig, sie gegen benachbarte Gruppen abzugrenzen. Insofern stimmt das ›Bemalte Grab‹ stilistisch genau mit den Darstellungen auf bemalten Gefäßen der Negada-II-Zeit überein[4]. Auch die Zeichenart ist ganz ähnlich, ebenso die Motivauswahl, so daß sich hieraus ein gewichtiges Argument für die zeitliche Einordnung ergibt.

Das ›Bemalte Grab von Hierakonpolis‹ (Grundriß). Die Wände A und E trugen die berühmten vorgeschichtlichen Malereien

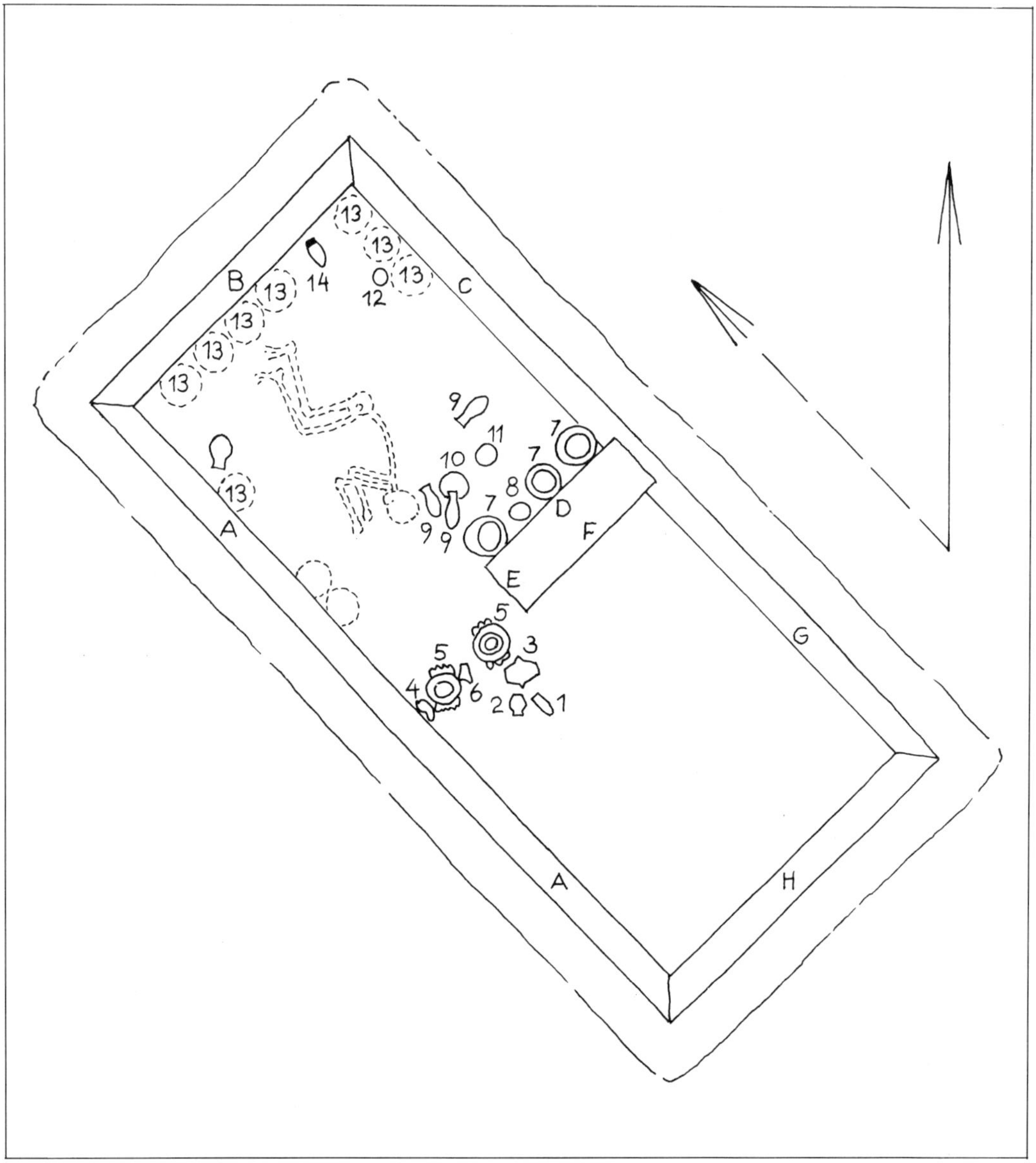

Bei genauer Betrachtung sind aber auch einige gegenüber den Gefäßbildern neuartige Dinge zu entdecken, die diese Malerei ganz an das Ende der vorgeschichtlichen Zeit, eben in die Übergangsperiode zur Hochkultur rücken. Beispielsweise zeigen die hier dargestellten Schiffe keine Ruder, was auf Segelantrieb schließen läßt. Allerdings sind die Segel auf unseren Malereien nicht dargestellt (wegen technischer Probleme der Darstellung?), wohl aber auf einem der spätesten Gefäßbilder der Negada-II-Zeit[5]. So darf man annehmen, daß die bahnbrechende Erfindung des Segels um diese Zeit gemacht worden sein muß. Zu den schiffsbautechnischen Neuerungen gehört auch ein offener Kiosk, der auf dem Kabinendach von einem der Schiffe steht. Auf einem der primitiven Kähne aus vorgeschichtlicher Zeit – ganz gleich, ob aus Holz oder aus Papyrus – wäre das aber wegen des zu weit oben gelegenen Schwerpunktes und des niedrigen Freibords nicht möglich gewesen. Der Kiosk setzt nämlich ein großes ›modernes‹ Boot mit einem Balkweger, wenn nicht gar schon einem Kiel voraus. Ebenfalls zu den technischen Errungenschaften auf diesen Wandmalereien gehört eine raffiniert konstruierte Tierfalle, die wir unter den Schiffen erkennen können und in der sich fünf Gazellen gefangen haben[6].

Auch stilistisch ergibt eine genaue Analyse des ›Bemalten Grabes‹ einige Züge, die dann im späteren Stil der Hochkultur wieder auftauchen. So sind drei mit ausgestreckten Armen tanzende Frauen über dem großen Boot schon ganz nach demselben Schema gestaltet, das bei der Darstellung von Menschen in späterer Zeit allgemein angewandt werden sollte: die Gesichter im Profil, Oberkörper und Arme von vorn, Unterkörper und Beine wieder im Profil gesehen[7]. Daneben finden wir aber auch zahlreiche Menschendarstellungen, die noch völlig der bisherigen Regellosigkeit folgen. Neu ist auch eine Gruppe von friedlich wiederkäuenden Ibex- und Oryx-Antilopen, die auf einer Standlinie ruhen[8]. Die Standlinie wird aber zu den typischsten Ordnungsprinzipien ägyptischer Flachkunst in der ganzen pharaonischen Zeit gehören; sie fehlt noch völlig auf den Gefäßmalereien der Negada-Zeit, und auch im ›Bemalten Grab‹ treffen wir sie nur an dieser einen Stelle an.

Zwei andere Szenen führen uns Gruppen vor, denen wir später in Ägypten noch häufig begegnen werden: Da ist einmal unter dem linken Boot ein Mann zwischen zwei aufgerichteten Tieren, offenbar Löwen, zu sehen. Dieses Motiv scheint fremden Ursprungs zu sein – wir werden noch darauf zurückkommen. Die andere Szene ist noch bedeutungsvoller, und wir werden sie bis zum Ende ägyptischer Geschichte hin immer wieder dargestellt finden. Ja, sogar noch griechische Ptolemäer und römische Kaiser lassen sich auf ägyptischen Tempelwänden in dieser Haltung abbilden: Ein Mann erschlägt mit hoch erhobener Keule drei gefesselt vor ihm kniende Gefangene. Durch seine Bekleidung, eine Art Hemd, ist dieser Mann vor allen anderen, durchweg nackten oder nur eine Phallustasche tragenden Männergestalten der Malereien hervorgehoben. Auch seine fast doppelte Größe im Verhältnis zu den Gefangenen läßt den naheliegenden Schluß zu, daß es sich hier um die Darstellung eines Häuptlings oder Fürsten handelt. Offenbar gehören die beiden Männer, die sich von rechts nähern, zu dieser Gruppe. Sie erinnern stark an Hofbeamte oder Priester späterer Zeiten, welche im Gefolge des Pharaos

Wandmalereien im ›Bemalten Grab von Hierakonpolis‹

die geheiligten Zeichen des Königtums tragen. Denn die langen, oben gebogenen und in einem Fall unten gespaltenen Stäbe, die sie in der Hand halten, scheinen bereits Szepterformen von Königen und Göttern der geschichtlichen Zeit vorwegzunehmen[9].

Leider war das Grab von Hierakonpolis bei seiner Entdeckung nicht unberührt; das verrieten Hackenspuren an den Wänden und die Aussage von Fellachen aus der Nachbarschaft, sie hätten wenige Jahre vor Greens erster Grabung »einige große Feuersteinmesser« herausgeholt[10]. Über diesen Raub hinaus scheint aber kein allzugroßer Schaden angerichtet worden zu sein, denn eine Anzahl von Gefäßen aus Ton und zwei weitere aus Stein wurden unzerbrochen und in wenig gestörter Lage gefunden, dazu noch eine V-förmige Lanzenspitze aus Feuerstein. Aus einer genauen Analyse dieser Beigaben schließt die amerikanische Archäologin Helene Kantor, daß die Funde aus dem »late Gerzean«, also aus der späten Negada-II-Zeit, stammen[11].

Leider haben sich außer einigen unidentifizierbaren Knochensplittern keine Skelettreste gefunden, und so erhob sich bald die Frage, ob es sich bei dem ganzen überhaupt um ein Grab handle, da doch Größe und Wandmalerei völlig untypisch für die angegebene Epoche waren. Insbesondere bemalte Wände finden sich in Gräbern erst wieder verhältnismäßig spät in pharaonischer Zeit, nämlich seit der 3. Dynastie, und in keinem der Königs- oder Beamtengräber aus den ersten beiden Dynastien. Manche Forscher vermuteten, daß die ausgemauerte Grube zu einem Haus gehört habe. Nun zeigen zwar Funde der Badari- und der frühen Negada-I-Zeit tatsächlich in den Boden getiefte Hausgruben, aber das Hausmodell von el-Amrah aus der Epoche, in welche der Fund von Hierakonpolis eindeutig gehört, gibt für diese Zeit einen ganz anderen Haustyp an.

Der deutsche Ägyptologe Werner Kaiser hat bei einer modernen Bestandsaufnahme des ganzen Gebietes von Hierakonpolis auch das ›Bemalte Grab‹ und dessen

Fundberichte genau untersucht und kommt zu dem Schluß, daß die Beigabenfunde eindeutig für ein Grab und keineswegs etwa für zurückgelassenen Hausrat sprächen[12]. Insbesondere die wertvollen Steingefäße wären bei einem Aufgeben des Hauses mit Sicherheit mitgenommen worden, ebenso die Feuersteinmesser und -dolche. Auch die Verteilung der Beigaben in den Grabräumen spricht dafür, daß in ihrer Mitte die für Negada II typische Hockerleiche lag, mit dem Kopf nach Süden, dem Gesicht nach Westen und damit der bemalten Wand zugewandt[13].

So läßt sich auch am ehesten die Existenz einer solchen Malerei erklären, wenn auch die Tradition der bemalten Grabwand für einige Jahrhunderte unterbrochen wurde. Sie dürfte hier im Grab von Hierakonpolis aber bereits denselben Zweck gehabt haben wie die späteren Grabmalereien der pharaonischen Zeit: Dem Grabherren auf magische Weise die Dinge zugänglich zu machen, die ihm das jenseitige Leben so angenehm gestalten sollten wie das irdische, und dazu gehörten Schiffe ebenso wie Wiederholungen seiner Erfolge in Jagd und Krieg. Die Schiffe weisen auf religiöse Vorstellungen und Riten hin, wie wir sie noch beim Begräbnis König Sachtis kennengelernt hatten, und ebenso die Tänzerinnen, die uns an die Tänzerinnen der Imât-Gruppe erinnern und an ihre Aufgaben im Begräbniszug.

Wir können für das Grab nach Funden von Holzresten in benachbarten Gräbern eine Dachkonstruktion aus Bohlen und Planken rekonstruieren[14], über der sich ein Hügel wölbte – womit das ›Grab von Hierakonpolis‹ seine Ähnlichkeit mit den frühzeitlichen Pharaonengräbern bei Abydos noch unterstreicht.

Wenn dies aber nun ein Grab war, dann kann es nur einem hochbedeutenden Mann gehört haben, denn zu vieles ist neuartig und ungewöhnlich für seine Zeit. Und ein solcher Mann kann niemand anderes gewesen sein als ein Fürst, der das gesamte Gebiet beherrschte, über das sich damals die Negada-Kultur erstreckte und das von Dakka in Nubien mindestens bis zum Fayum und der Deltaspitze reichte[15]! Wir brauchen uns an dieser Stelle noch nicht den Kopf darüber zu zerbrechen, ob sein Herrschaftsbereich vielleicht schon Gesamtägypten einschließlich des Deltas umfaßte, zumal wir dabei ganz auf Spekulationen angewiesen wären. Aber sehr viele Anzeichen sprechen dafür, daß wir in diesem Fürsten einen ›Vorläufer des historischen ägyptischen Königtums‹ vor uns haben[16]. Nicht nur Größe und Bemalung seines Grabes, sondern auch einige Szenen der Malereien weisen deutlich in diese Richtung.

Darüber hinaus ist auch gerade der Fundplatz eine zusätzliche Stütze für unsere These. Von der seit der Badari-Zeit bestehenden und nicht weit vom ›Bemalten Grab‹ entfernt gelegenen Siedlung hatten wir bereits im vorigen Kapitel gehört. Schon ihre Größe zeigt an, daß wir hier das Kerngebiet der Negada-Kultur zu suchen haben, das seine Bedeutung auch nach der bald einsetzenden Nord-Süd-Ausbreitung über das Niltal behielt[17]. Zur Zeit der Errichtung des Grabes war die alte Siedlung aber bereits verlassen. Vielleicht wegen Wassermangels in diesem ziemlich weit vom Fluß entfernten Ort hatten die Bewohner seit dem Beginn von Negada II eine neue Stadt näher am Fluß gegründet. Schon die Ausdehnung von deren Gräberfeld zeigt ihre überragende Bedeutung in der Negada-II-Periode. Zu diesem Gräberfeld des neuen Hierakonpolis gehört auch das ›Bemalte Grab‹. Die Ruinen des Ortes, der bis in die Spätzeit besiedelt war, kann man heute noch erkennen; sie liegen etwa 85 km südlich von Luxor und 20 km nördlich von Edfu.

Eine Mauer schloß den Ort spätestens seit der 1. Dynastie ein, und viele Siegel nennen ihn im Zusammenhang mit den Titeln hoher Hofbeamter[18]. Auf ägyptisch hieß er Nechen und wird als ›Festung‹ und als ›Grenze‹ bezeichnet, was seinen besonderen Rang unter den ägyptischen Städten hervorhebt. Vor allem aber zeigen dies der Tempel innerhalb der Stadt und die darin gemachten Funde.

Der Tempel, dem Welten- und Königsgott Horus geweiht, ist Zeit seines Bestehens immer wieder umgebaut worden, wie alle ägyptischen Tempel. Aber inmitten von Mauerresten und Architekturteilen aus dem Alten, Mittleren und Neuen Reich – auch Hatschepsut hat wie alle großen Herrscher hier gebaut – ist etwas erhalten geblieben, was wohl der älteste auf uns gekommene Tempelrest Ägyptens ist. Es ist dies ein von den Ägyptologen ›ovale Verkleidung‹ genannter Bauteil. Seine Form ist nämlich, entgegen allen Tempelgrundrissen seit dem Alten Reich, leicht gerundet und entspricht damit der Form der Hieroglyphe, mit der man in historischer Zeit den Namen ›Nechen‹ schrieb. Damit sollte die Mauer, welche das Heiligtum umschließt, dargestellt werden[19]. Die ›ovale Verkleidung‹ ist beim Bau der späteren Tempelteile weitgehend abgetragen worden, aber die Überreste lassen noch erkennen, daß sie aus einigen treppenförmig übereinandergeschichteten Lagen sorgfältig zugehauener kleiner Sandsteinblöcke bestand. Der Ausgräber Green hat angenommen, daß sie dazu bestimmt gewesen sei, eine Schicht reinen Sandes festzuhalten, die seit ältesten Zeiten als Basis eines Heiligtums – ob Grab oder Tempel – nötig war, um den Bau magisch gegen Einwirkungen aus dem chaotischen Bereich des Urgewässers abzuschirmen. Am Beispiel des Sachtigrabes haben wir diese Sitte bereits kennengelernt, und so erscheint diese Deutung sehr plausibel. Lange Zeit hindurch wurden die Beobachtungen Greens von den meisten Ägyptologen nicht ernst genommen. Erst eine amerikanisch-englische Forschergruppe konnte 1969 nachweisen, daß die ›ovale Verkleidung‹ tatsächlich die

Die ›ovale Verkleidung‹, ältester Tempelunterbau in Hierakonpolis

Basis eines vordynastischen Tempels war[20]. Einen weiteren Beweis dafür liefern uns einige frühere Funde im Tempelgelände.

J. E. Quibell, der den Tempelkomplex von Hierakonpolis nach dem Entdecker Green nochmals sorgfältig untersuchte, stieß auf einige Depots von Gaben, die in dem Tempel für Horus gestiftet und nach einer gewissen Zeit regelrecht begraben worden waren, um neuen Weihegaben Platz zu machen. Darunter befinden sich die frühesten Kupferstatuen, von Pharao Pepi I. aus der 6. Dynastie gestiftet, die frühen Statuen des Khasekhem aus der 2. Dynastie, vor allem aber Monumente aus der Zeit um die Reichsgründung herum, also sowohl vor- als frühgeschichtliche Gaben: die großen Schminkpaletten und Zeremonialkeulen, allesamt mit Reliefs geschmückt und unersetzliche Zeugen der Reichseinigungszeit. Auf sie werden wir noch bei der Behandlung dieses Zeitraumes zurückkommen. Für uns ist zunächst wichtig, daß unter den Weihegaben auch Paletten sind, die eindeutig aus der Negada-Zeit stammen. Das heißt, daß auf solchen Paletten noch keine Schriftzeichen erscheinen und daß die Darstellung noch nicht den Stil der geschichtlichen Zeit zeigt, sondern ganz dem Streubild der Malereien des ›Bemalten Grabes‹ entspricht. Da die beschrifteten Paletten aber eindeutig Weihegaben von Königen sind, ist dasselbe auch für die früheren unbeschrifteten anzunehmen.

Auch durch diese Funde bestätigt sich die Bedeutung von Hierakonpolis in vorgeschichtlicher Zeit als Residenz von Vorgängern der Pharaonen, die offenbar bereits Horus als Königsgott verehrten. Die daraus entstandene Tradition Nechens als Hauptheiligtum des Horus erweist sich noch zur Zeit der frühgeschichtlichen Könige der 1. Dynastie. Diese stifteten nämlich ihre Weihegaben weiterhin an den Tempel, obwohl ihre Residenz schon nicht mehr in Hierakonpolis, sondern weiter nördlich in This beim heutigen Abydos lag.

Da die Regierungszeit des Fürsten, der im ›Bemalten Grab‹ bestatten wurde, etwa 100–150 Jahre vor den ersten historisch belegten Frühzeitkönigen Narmer, Skorpion und Sachen liegt[21], dürfte die Verlegung der Residenz nicht allzulange nach seiner Zeit erfolgt sein. Die Beisetzungen auf dem Königsfriedhof von Abydos beginnen nämlich schon einige Zeit vor den oben genannten Pharaonen. Der Grund für die Verlegung mag in einem Wechsel der herrschenden Dynastien bestanden haben, womöglich aber auch in der schnellen Ausdehnung des Reiches nach Norden zu suchen sein. Eine solche Verlegung war keineswegs einmalig. So gaben etwa die Frühzeitkönige später ihre Residenz This auf und gründeten nördlich davon die Stadt Memphis. Zusätzlich gestützt wird unsere Annahme eines vordynastischen ägyptischen Königtums in Hierakonpolis schließlich durch die Tatsache, daß auf der frühesten überhaupt je entdeckten Königsliste Ägyptens, dem Palermostein aus der 5. Dynastie, vor den historischen Königen noch insgesamt zehn Herrscher aufgeführt werden, welche die Doppelkrone von Ober- und Unterägypten tragen und so als gesamtägyptische Könige ausgewiesen sind[22]. Bei der für jene Zeiten anzunehmenden kurzen Generationsfolge würde diese Reihe uns gerade auf die Zeit unseres Fürsten zurückführen und vielleicht den einen oder anderen seiner Vorgänger noch einschließen.

Dies bedeutet aber nichts anderes, als daß in Ägypten das Königtum und ein Zusammenschluß großer Teile des Landes zu einem Reich bereits recht früh bestanden haben müssen[23] – und zwar noch *vor* Erfindung der Schrift und *vor* einer Ausbildung des ägyptischen Stiles in Malerei, Relief und Rundbild. Damit rückt die Grenze zwischen Vorgeschichte und Geschichte in Ägypten deutlich in den Zeitraum *vor* den Schriftdenkmälern[24]. Nur dürfen wir ›Geschichte‹ nicht zu eng, nämlich nur auf das Vorliegen schriftlicher Überlieferungen begrenzen, sondern sollten den Begriff eher politisch fassen als ›Zeit mit greifbaren, nachweisbaren Ereignissen‹.

Um das Verhältnis zwischen Reichsbildung und Entstehung der Hochkultur als einen keineswegs zwangsläufigen, sondern höchst komplizierten Zusammenhang zu begreifen, müssen wir uns über folgendes klar sein: Jener berühmte Vorgang der Reichseinigung erfolgte ja in Ägypten nicht etwa, wie dies oft angenommen wird, automatisch aufgrund von Notwendigkeiten, die sich aus einer Bändigung des Nils und aus der Bewässerung ergeben hätten. Daß dies nicht zutrifft, zeigt uns ein Blick auf Mesopotamien zur Zeit der Entstehung der sumerischen Hochkultur. Hier, am Unterlauf von Euphrat und Tigris, liegen weitgehend identische Umweltbedingungen vor wie in Ägypten: Die jedes Jahr periodisch eintretende Überschwemmung mit ihrer Fruchtbarkeit, aber auch Zerstörung bringenden Macht erforderte sorgfältige Gemeinschaftsarbeit bei Anlage der Kanäle und Felder wie beim Bau von Deichen und Entwässerungsanlagen. Und dennoch war die sumerische Kultur nicht aus einem einheitlichen Reichsgefüge erwachsen, sondern aus einer Vielzahl von unabhängigen Stadtfürstentümern, die in wechselnden, stets lockeren Verbindungen zueinander standen. Das sollte sich erst ändern, als mit den Akkadern eine semitische Dynastie die Herrschaft über den gesamten sumerischen Raum übernahm.

Die Reichsbildung als Antwort auf die Herausforderung der Umwelt muß demnach in der spezifischen seelischen Struktur der Ägypter begründet liegen. Es handelt sich um dieselben seelischen Gegebenheiten, die auch für das Aufblühen der Hochkultur in ihrer einmaligen und unverwechselbaren ägyptischen Form verantwortlich sind. Als die Vereinigung der meisten Teile des Niltales unter einer Herrschaft einmal erreicht war, geschahen die nächsten Schritte auf dem Weg zur Hochkultur erstaunlich schnell – und zwar in einer ganz unverkennbar ägyptischen Art, obwohl gerade in dieser Zeit besonders lebhafte Kontakte mit der Umwelt in Afrika und Asien bis hin nach Sumer vorhanden waren. ›Obwohl‹ oder ›gerade weil‹? Diese für jede Kulturentstehung sehr wichtige Frage wird uns anhand eines anderen Fundstückes beschäftigen.

Diesmal ist es ein Messer aus jenem honigfarbenen Feuerstein, den die Ägypter der Negada-II-Kultur besonders schätzten. Die Klinge ist mit fast 19 cm Länge für ein Steinwerkzeug recht lang; ihre größte Breite beträgt fast 6 cm, und sie ist so dünn, daß sie an der dicksten Stelle nur 6 mm mißt! Sie ist mit einer außerordentlichen Meisterschaft bearbeitet, und man muß sich fragen, ob ein moderner Handwerker dazu überhaupt in der Lage wäre. Durch genau rechtwinklig zu den Schneiden verlaufende, völlig gleichbreite Abschläge auf der einen Seite der Klinge ist an der einen Schneide eine ganz fein gezähnte, an der anderen durch Abschrägung eine glatte Schnittfläche entstanden. Die Rückseite des Messers ist fein geschliffen und wirkt fast wie poliert[25].

Gerade die völlige Regelmäßigkeit der Abschläge beeindruckt uns in besonderem Maße. Und doch ist diese Klinge beileibe keine Ausnahme. Vielmehr stellt eine ganze Serie davon den Feuersteinhandwerkern der Negada-II-Zeit ein hervorragendes Zeugnis aus. Linda Braidwood hat die ganze Gruppe näher untersucht[26] und dabei festgestellt, daß nur eine einzige der insgesamt vierzig Klingen aus einer Siedlung stammt, alle anderen dagegen aus Gräbern[27]. Sie gehörten zu den am meisten geschätzten Beigaben. Wenn wir uns auch gar nicht vorstellen können, daß der gewaltige Aufwand an Zeit und Geschicklichkeit für ihre Herstellung nur den Toten galt, so scheint der archäologische Befund doch darauf hinzudeuten. Auch im ›Bemalten Grab‹ von Hierakonpolis waren ja mehrere solcher Klingen gefunden worden, und noch König Sachti hatte man ein besonders schönes Stück mitgegeben.

Die Feuersteinmesser sind in der verschiedensten Art mit einem Griff versehen worden: vom gleich aus derselben Feuersteinknolle in einem Stück herausgeschlagenen Heft bis zur Umwickelung mit Gold oder der Anfügung eines Elfenbeingriffes. Letzteres ist auch der Fall bei dem Messer, das uns hier beschäftigt und das gerade wegen dieses Griffes in der Ägyptologie berühmt wurde, so daß die meisterhafte Klinge selbst fast völlig unbemerkt blieb. Das Messer gehört heute zu den interessantesten Stücken des Louvre-Museums. Der Verkäufer hatte behauptet, es stamme aus Djebel-el-Arak in der Nähe von Dendera in Oberägypten. Einen Beweis hierfür gibt es ebensowenig wie für die näheren Fundumstände und etwaige begleitende Beigaben, so daß auch die Frage nach der Datierung nicht leicht zu beantworten ist. Dennoch heißt es heute ganz allgemein das ›Djebel-el-Arak-Messer‹. Seine Entstehungszeit konnte jedoch dank sorgsamer Analyse der Feuersteinklingen durch Linda Braidwood in die Zeit zwischen dem Höhepunkt und dem Ende der Negada-II-Kultur datiert werden[28], also in genau die gleiche Epoche, aus der auch das ›Bemalte Grab‹ stammt.

Der Griff hat die Krümmung des Nilpferdhauers, aus dessen Elfenbein er gemacht ist, bewahrt und setzt so die leichte Krümmung der Messerklinge fort, mit der er durch ein Goldblatt verbunden war; Spuren davon befinden sich nämlich noch auf Griff und Klinge[29].

Die Vorderseite des Griffes besitzt etwa in der Mitte einen Knauf, der in Längsrichtung durchbohrt ist zur Aufnahme einer Befestigung an Gürtel oder Schulterband. Oberhalb dieses Knaufes ist die vielleicht interessanteste Figur der in erhöhtem Relief und mit klaren Umrißkanten verfertigten Darstellungen zu sehen: Ein Mann, bekleidet mit einem bis zu den Waden reichenden Schurz, wehrt zwei Löwen ab, die sich beiderseits an ihm emporrichten. Das im Profil wiedergegebene Gesicht des Mannes wird von einem dichten Bart eingerahmt; die Kopfbedeckung, entweder eine Art Turban um eine hohe Frisur oder ein Hut mit breiter Krempe, wirkt besonders auffällig. Sie steht in Ägypten völlig einmalig da.

Für das Motiv des Mannes mit den zwei Löwen gibt es die Parallele im ›Bemalten Grab‹, die wir schon kennen, und zwei flüchtige, skizzenhafte Bilder auf einem Elfenbeinplättchen und einem Tongefäß[30]. Die Szene selbst erinnert sehr stark an sumerische Darstellungen des Heros, der die Untiere besiegt, wie wir sie aus vielen Bildern zum Gilgamesch-Epos kennen.

Aber ehe wir diesem Einfluß nachspüren, wollen wir kurz die übrigen Reliefs auf dem Messergriff anschauen. Unterhalb des ›Heros‹ sind auf der Vorderseite Jagdszenen mit Hunden, Jägern, Gazellen, Steinböcken und Antilopen zu sehen. Einer der Jäger ist nur mit Phallustasche bekleidet – ebenso wie sämtliche Männer auf der Rückseite des Griffes. Hier sind Kampfszenen zu Wasser und zu Lande zwischen zwei Gruppen dargestellt, die sich durch ihre Haartracht wie durch die Art ihrer Bewaffnung voneinander unterscheiden. Während der Kampf zu Lande so schematisch aufgefaßt ist, daß man ihn fast für die Darstellung eines Kampfspieles halten könnte, erhält der Kampf zu Wasser durch die zwischen den Booten im Wasser treibenden Toten eine dramatische Note. Auch bei den Schiffen lassen sich zwei ganz verschiedene Typen feststellen. Beide haben wir jedoch bereits kennengelernt, und zwar auf der Wandmalerei im ›Bemalten Grab‹. Die Schiffe des einen Typs sind nur wenig gebogen, die des anderen mit stark hochgeschwungenem Bug und Heck dargestellt. Ebenfalls der Wandmalerei entsprechend zeigen die Schiffe keine Ruderer. Die Maste auf dem einen Typ lassen sich nur als Segelmaste deuten und gleichen mit den beiden Öffnungen an der Spitze für das laufende Tauwerk bereits vollkommen den Segelschiffsdarstellungen aus geschichtlicher Zeit. Eine Besonderheit des anderen Bootstyps auf dem Messer sind die Gazellen- oder Stierköpfe am Bug; mit ihnen wird bereits eine später recht häufige Schiffsverzierung vorweggenommen. Auch hier glaubt man, in den Schiffen mit stark aufgebogenen Bug- und Heckpartien den Ägyptern fremde, aus Mesopotamien importierte Bootstypen sehen zu müssen.

So führt uns das Djebel-el-Arak-Messer gleich mehrfach zu der wichtigen Frage nach Art und Ausmaß des ausländischen Einflusses auf das Entstehen der Hochkultur. In der Tat liegt es nahe, das so plötzliches Aufblühen der ägyptischen Hochkultur auf starke ausländische Einflüsse durch Einwanderung Fremder zurückzuführen, zumal fremdes Kulturgut gerade während der Entstehungsphase der Hochkultur hin und wieder in Ägypten auftaucht. Dazu gehören zum Beispiel zwei Rollsiegel aus der sumerisch-vordynastischen Djemdet-Nasr-Periode, die sich in Gräbern der Negada-II-Zeit fanden[31].

Es ist also nicht verwunderlich, wenn immer wieder von Ägyptologen über die möglichen Wege, auf denen sumerischer Einfluß nach Ägypten gelangte, und über dessen Ausmaß nachgedacht worden ist. Schon Petrie hatte die Ansicht vertreten, daß eine ›dynastische Rasse‹ während der Negada-II-Zeit in Ägypten eingedrungen sei, dort die Herrschaft erobert und so das Königtum und andere wesentliche Kulturerrungenschaften gebracht habe.

Von der modernen Ägyptologie wird die Überwältigung Ägyptens durch eine ›dynastische Rasse‹ fast einhellig abgelehnt[32]. Bisweilen aber wird doch eine starke, wenn auch friedliche Einwanderung fremdstämmiger Elemente als ›Kulturträger‹ angenommen[33]. Ich glaube daran ebensowenig wie an die ›dynastische Rasse‹, weil buchstäblich nichts in den Funden eines von beiden anzeigt. Im Gegenteil – nach den archäologischen Befunden ist in der Zeit des Übergangs von der Vorgeschichte zur Geschichte die Bevölkerung Ägyptens dermaßen einheitlich, wie es eine so große Gruppe nur eben sein kann: Ihre materielle Kultur ist einheitlich, und eine gemeinsame Sprache, gemeinsame Kultur und einheitliche

Rückseite des Feuerstein-messers von Djebel el-Arak

religiöse Grundbegriffe gehören ja gerade zu den wesentlichsten Voraussetzungen für das Entstehen der Hochkultur in Ägypten[34].

Wie gelangten aber dann die aus dem archäologischen Befund ebenso unbezweifelbar hervorgehenden ausländischen, insbesondere sumerischen Einflüsse nach Ägypten?

Von der romantischen Vorstellung, wie sich vorgeschichtliche Ägypter und frühe Sumerer die Hände schütteln, müssen wir Abstand nehmen. Neuerdings vorgenommene Ausgrabungen italienischer Forscher im syrischen Raum haben jedoch womöglich die Lücke geschlossen, die hinsichtlich einer Handelsroute zwischen Sumer und Ägypten in jener frühen Zeit bestand. 1975 entdeckte Professor Pettinato aus Rom tief im Schutt des Hügels Tell Mardikh südlich von Aleppo die Reste einer Stadt und ein Riesenarchiv von bereits jetzt über 15000 beschrifteten Tontafeln. Demnach war er auf die aus ältesten ägyptischen und sumerischen Texten bekannte, dann aber völlig verschollene Stadt Ebla gestoßen, die Hauptstadt eines weiträumigen Handelsimperiums zwischen Mesopotamien und der libanesischen Küste[35]. Der bisher ausgegrabene Palast von Ebla ist nicht die unterste Schicht jener Stadt, und so können wir voraussetzen, daß die Handelsverbindungen von Stadt zu Stadt, aus dem sumerischen Südirak über Babylon und über Mari am mittleren Euphrat nach Ebla und von dort zur libanesischen Küste reichten. Beweise hierfür sind frühsumerische Siegeleindrücke auf Gefäßen, die in Byblos, dem uralten libanesischen Hafen, gefunden wurden[36]. Von Byblos aus gingen die Handelsgüter dann auf dem Seeweg nach einem Hafen im ägyptischen Westdelta, der aus vorgeschichtlicher Zeit bezeugt ist[37]. Die ägyptischen Holzschiffe der Negada-II-Zeit mit Balkweger und Segel waren für die Küstenfahrt im – gegenüber dem Roten Meer sehr viel ungefährlicheren – Ostmittelmeer durchaus seetüchtig. Mit dem Seeweg als Handelsroute erklärt sich auch das Fehlen sumerischen Materials jener Zeit in Palästina.

Schwieriger als die Frage nach dem Verbindungsweg ist die nach Ausmaß und Wirkung der Beeinflussung Ägyptens durch Sumer in vorgeschichtlicher Zeit zu beantworten. Die Zeiten sind längst vorbei, in denen unter Gelehrten hitzig darüber gestritten wurde, welche der beiden Hochkulturen die frühere und folglich, so argumentierte man, die ursprüngliche gewesen sei, von der die andere gewissermaßen nur abgeschrieben habe. Die Schlachtrufe: »Mesopotamien, die Wurzel aller Kultur« hier und »Das Licht kam aus Ägypten« dort sind längst verklungen. Heute ist allgemein anerkannt, daß jede dieser beiden Kulturen ihren eigenen Entwicklungsweg gegangen ist. Andererseits gibt es eine Reihe von Gemeinsamkeiten, die weiterhin völlig außer Frage stehen: Beide Kulturen hatten die gleichen Schwierigkeiten im Überschwemmungsgebiet großer Flüsse zu bewältigen; beide waren aus annähernd der gleichen kulturellen Entwicklungsstufe, der Stein-Kupfer-Zeit, hervorgegangen; drittens schließlich trieben beide, wenn auch indirekt, miteinander Handel.

Und dennoch – wie verschieden haben sich diese beiden Kulturen entwickelt! Wie verschieden ist der Stil, der sie prägt, und welch unterschiedliche Wege ließen andere Umwelteinflüsse sie einschlagen! Dabei denke man nur einmal an die zahlreichen Steinvorkommen im Niltal, die Ägypten einen ›Staat aus dem Stein‹ werden ließen, während das fast völlige Fehlen von Bausteinen in den mesopotamischen Flußebenen die Sumerer zu Meistern in der Kunst der Ziegelarchitektur machte. Und, nicht zu vergessen: Zu welch unterschiedlichen gesellschaftlichen, religiösen und Denk-Strukturen führte sie jeweils ihr inneres Gesetz!

Trotz der Schwierigkeiten hinsichtlich einer genauen Chronologie für die spät-vorgeschichtlichen und frühgeschichtlichen Zeiten in Ägypten und Sumer scheint heute festzustehen, daß Sumer beim Entstehen der geschichtlichen Hochkultur aus der Vorgeschichte die Nase etwas vorn hatte. Dieses ›etwas‹, dessen zeitliche Ausdehnung kaum mehr als zwei oder drei Generationen umfaßte, bedeutete aber bei der explosionsartigen Geschwindigkeit, mit der diese Entwicklungsphase auch in Sumer vor sich ging, einen deutlichen Vorsprung in einigen Errungenschaften wie Kunststil-Prägung, Baukunst und Schriftentwicklung. Auf dem Handelsweg kamen sumerische Erzeugnisse nach Ägypten und gewiß auch die mehr oder minder verschwommene Kunde über jenes Land und seine Kultur. Ohne Zweifel fand diese bei den Ägyptern Bewunderung, und sie mögen durchaus einiges davon nachgeahmt haben.

Mit Sicherheit stammt jedenfalls daher das Motiv des ›Heros mit den beiden Löwen‹, denn die heraldische Starre der ganzen Szene ist völlig unägyptisch. Das gleiche gilt auch für eine Anzahl weiterer Kunstmotive, so etwa für die Löwen mit Schlangenhälsen in antithetischer Stellung und mit einer Palme dazwischen. Vielleicht haben sogar die geheimnisvollen Schriftzeichen auf den sumerischen Siegeln und die Berichte der Händler über das Phänomen ›Schrift‹ mitgewirkt bei der Entstehung der ägyptischen Schrift. Letztere freilich gehorchte völlig anderen Gesetzen und Verwendungszwecken als die sumerische. Ähnlich mag es mit einigen Grundideen der Monumentalarchitektur aus Lehmziegeln gewesen sein, obwohl wir hierfür in Ägypten eine eigenständige Entwicklungsreihe vorfinden. Diese erstreckt sich von der Auskleidung der Negada-Gräber und -Hausgruben über die Aufmauerung der Großherdanlagen, die frühen Königsgräber in Abydos bis hin zu den Großmastabas der 1. Dynastie mit ihrer Nischenarchitektur. Dabei ist die Nischengliederung selbst wiederum so vielfältig, daß man eine Abhängigkeit der ägyptischen von der sumerischen Bauweise nicht nachweisen kann[38].

Das überraschendste bei der Wirkung fremder Einflüsse auf Ägypten ist nun, daß sie alle zu Beginn der 1. Dynastie entweder wieder ausgeschieden oder so stark eingeschmolzen und ägyptisiert sind, daß sie sich völlig in den nun ausgebildeten ägyptischen Stil einfügen. So wird z. B. aus dem erwähnten sumerischen Motiv der beiden Löwen mit Schlangenhälsen, das uns im Ägypten der späten Negada-Zeit begegnet, zu Beginn der 1. Dynastie das gutägyptische von zwei Giraffen[39].

Es sind ja nicht nur sumerische Einflüsse, die wir in der Negada-Zeit feststellen können, wenn auch gerade diese, weil sie aus einer Hochkultur mit unverwechselbarem Stil stammen, am ehesten als fremd erkennbar sind. Da sind z. B. die Wellenhenkelgefäße aus Palästina, da ist die Fayence aus dem damals libyschen Wadi Natrun samt ihrer ägyptischen Bezeichnung als ›das Libysche‹[40], und da sind ebenso die zahlreichen afrikanischen und libyschen Einflüsse auf den ägyptischen Königsornat[41]. Und ebensowenig schließlich dürfen wir die nur aus fremden Werkstoffen noch zu erschließenden engen Handelsbeziehungen mit Afrika und

Asien vergessen: Der Türkis kam aus Sinai, der Obsidian aus Abessinien, der Lapislazuli aus Mesopotamien[42]. Die kulturellen Entwicklungen und Anregungen in der Negada-II-Periode erfolgen also keineswegs nur in Nord-Südrichtung, sondern West und Ost sind gleichermaßen beteiligt[43].

Und doch sind alle diese ausländischen Einflüsse bald ausgeschieden oder anverwandelt worden. Was also ist da im einzelnen geschehen? Die Übernahme fremder Anregungen erfolgt zunächst nachahmend, fast spielerisch. Man achtete etwa, wie das Beispiel des Djebel-el-Arak-Messers beweist, sehr auf möglichst genaue Nachahmung, bis hin zu jenen Einzelheiten der Kleidung, die im Ägypten der damaligen Zeit unbekannt waren. Aber gerade dieses ›In-Mode-Kommen‹ fremder Techniken und Motive rief nun in einer Zeit, in der die ersten Vorläufer des Königtums und ein wachsendes Einheitsbewußtsein sichtbar werden, heftige Gegenbewegungen hervor. Man begann, sich dem Fremden gegenüber bewußt als Ägypter zu fühlen. Dieses Erkennen des Fremden als ›ausländisch‹, als dem Eigenen nicht gemäß, brachte parallel zur nationalen Einigung die Besinnung auf das Eigene. Damit wiederum kam in recht kurzer Zeit das zum Entstehen, was wir den ›ägyptischen Stil‹ nennen, der dann für drei Jahrtausende jedes Erzeugnis aus dem Nilland als unverwechselbar ägyptisch erkennen ließ.

Am eindringlichsten offenbart sich uns diese Entwicklung anhand der mit Reliefbildern versehenen Schmuck- und Prunkpaletten. Wegen ihrer Kostbarkeit und Zerbrechlichkeit fanden sie nicht als Gebrauchsgegenstände Verwendung, sondern ausschließlich als Weihegaben für die Götter. Dies geschah wohl aus einer dem frühzeitlichen Menschen unmittelbar einsichtigen magischen Gleichung heraus: Mit der Augenschminke mußten zugleich auch die im Relief dargestellten Szenen an das Auge der Götter dringen[44]. Auf diesem Wege konnte man die Aufmerksamkeit der Götter für bestimmte Botschaften, die an sie gerichtet werden sollten, am unmittelbarsten erzwingen. Viele solcher Paletten stammen aus den Verstecken des Tempels von Hierakonpolis und stehen demnach in engstem Zusammenhang mit dem sich ausbildenden Königtum und dem Königsgott Horus.

Wir wollen uns einige wenige solcher Paletten vor Augen führen: Da ist die sogenannte ›kleine Palette von Hierakonpolis‹. Sie zeigt noch »die heiterste Unordnung«[45], allerdings – im Gegensatz zum reinen Streubild wie im ›Bemalten Grab‹ – durch je ein Jagdhund-Paar in den oberen zwei Dritteln jeder Seite eingerahmt. Dieses Stilmittel zur Bändigung der Gestaltenfülle wird in der späteren ägyptischen Kunst völlig aufgegeben. Der Reibenapf für die Schminke ist umgeben von den sich windenden Schlangenhälsen zweier Phantasielöwen – ein, wie wir sahen, sumerisches Motiv.

Äußerst lebendig ist auf beiden Seiten ein buntes Durcheinander jagdbarer Tiere dargestellt: Gazellen, Antilopen, Giraffen, Steinböcke und ein Strauß zwischen den Köpfen der Schlangenhalslöwen. Auf der Rückseite befinden sich außerdem schließlich zwei Löwen, die eine Besonderheit auszeichnet. Ihre Mähnen reichen nämlich bis unter den Bauch, und diese Eigenheit haben sie mit anderen Löwendarstellungen der Negada-II-Zeit gemeinsam, auch mit solchen, die aus dem Delta stammen. Diese Übereinstimmung eines Details ist ein neuer gewichtiger Beweis für die kulturelle Einheit Ägyptens in jener Zeit der ausgehenden Vor-

Fuchs flötet einem Ziegenböckchen zum Tanz

geschichte[46]. Eine besonders amüsante Darstellung auf dieser Palette ist ein Wesen mit fuchs- oder schakalähnlichem Kopf und langem Tierschwanz, das auf den Hinterbeinen steht und Flöte spielt, wozu die Giraffe und die Ibex-Antilope vor ihm zu tanzen scheinen. Ist hier eine Tierfabel dargestellt, wie wir sie aus späterer ägyptischer Zeit so zahlreich kennen[47]? Oder ist, worauf Gürtel und Phallustasche hindeuten könnten, hier ein Mensch gezeigt, der sich in magischer Verkleidung unter die Tiere mischt und eine Art Jagdzauber vollzieht? Dann wäre dies der einzige Mensch auf dieser Palette, die sonst nur Tiere zeigt, und zwar Jagdtiere, die dem Gott geweiht wurden, um seinen Beistand zu erfolgreicher Jagd im ganzen Land zu erflehen.

Ähnlich ist das Grundmotiv der sogenannten ›Jagdpalette‹. Aber diesmal sind es die Jäger selbst, die im Vordergrund stehen und die Tiere auf die Mitte der Palette zusammengedrängt haben. Hier ist ein anderes Ordnungsprinzip erprobt worden, um die Fülle der Darstellungen zu bändigen. Man läßt nämlich die Jäger in geordneter Reihe das Gewimmel der Tiere umziehen. Schon anhand dieser Beispiele läßt sich erkennen, daß in jenem Zeitalter eine Vielzahl von Versuchen mit jeweils ganz verschiedenen künstlerischen Lösungen angestellt wird, ohne daß man die eine oder andere schon bevorzugt hätte und zu einem einheitlichen Stil gekommen wäre.

Die Reihung der Jäger entspricht der Männerreihe mit Stöcken im ›Bemalten Grab‹[48]. Ihre Darstellung ist aber schon etwas ›moderner‹, da sie alle das Gesicht im Profil, die Schultern von vorn, die Beine von der Seite zeigen, und zwar so, wie es auf der bemalten Wand nur die drei Tänzerinnen gewissermaßen erst versuchsweise tun. Die Herkunft dieser Palette ist unklar, da sie nicht in Hierakonpolis gefunden, sondern im Handel erworben wurde. Auf ihre Entstehung im Delta deuten Eigenarten der Haartracht und die Bewaffnung der Jäger hin[49]. Auch die Abbildung eines Heiligtums am oberen Ende der Tafel weist in diese Richtung.

Geierpalette

Es besitzt nämlich ein gewölbtes Dach von genau der Art, wie das später ›Per-Nu‹ genannte Heiligtum von Unterägypten[50]. Bei der Kleidung der Männer erscheint besonders der Tierschwanz bemerkenswert, der ihnen allen von einem Gürtel hinten herabhängt und somit die Herkunft des Tierschwanzes im Pharaonenornat aus dem Jagdkult dokumentiert. Zwei der Jäger tragen auf Stangen Idole: der eine einen Falken, der andere das spätere Hieroglyphenzeichen für ›Westen‹. Hier begegnen uns die Vorläufer der königlichen Geleitstandarten aus der Frühzeit, und wir werden so zu Zeugen eines bemerkenswerten Vorgangs. Wir erleben nämlich, wie sich aus magisch-kultischem Brauchtum Zeremoniell und Ritual herausbilden, die gerade in ihrer fest tradierten Form für eine Hochkultur so bezeichnend sind.

Diese beiden Paletten und einige andere, meist nur bruchstückhaft erhaltene, gehören noch ganz eindeutig in die Zeit der Vorgeschichte. Die nächsten Schmuckpaletten aber stehen schon auf der anderen Seite der Kulturentwicklung, soweit wir die Scheidung zwischen Vorgeschichte und Geschichte von der Verwendung einer aussagefähigen Schrift abhängig machen wollen. Allerdings wird eine solche Unterscheidung den Erscheinungen nicht ganz gerecht[51], wovon wir uns gleich selbst überzeugen können.

Die sogenannte ›Geierpalette‹, zeitlich die nächste in dieser Reihe und nur in Bruchstücken auf uns gekommen, läßt nämlich erste Schriftzeichen erkennen, die leider aufgrund der Zerstörung nicht näher bestimmbar und dahin nicht lesbar sind. Das sumerische Motiv der Schlangenhalslöwen ist hier schon eingeschmolzen und zu zwei Giraffen umgewandelt worden, die an einem Palmbaum äsen. Ist die Palme hier schon, wie später in der ägyptischen Schrift, ein Zeichen für ›Frieden‹[52]? Auf der Napfseite freilich sind kriegerische Szenen von wilder Realistik dargestellt. Die Standartenzeichen zweier Falken nehmen handelnd teil, indem sie dem einst zweifellos auf der Gegenseite des Napfes dargestellten Fürsten Gefangene zuführen. Die Götter sind also hier nicht mehr nur magische Mächte, sondern nehmen zusehends menschliche, ja persönliche Züge an und beginnen, mit und an den Menschen zu handeln. Damit werden sie auch direkt ansprechbar und erhalten ein persönliches Schicksal: Der Weg von der Magie zum Mythos ist gebahnt. So ermöglicht also ein zunächst eher unscheinbares Detail unseres Palettenreliefs tiefe Einblicke in einen der wesentlichsten geistesgeschichtlichen Vorgänge dieser Zeit.

Und noch eine weitere Entwicklung wird deutlich: Auf dem Schlachtfeld der Napfseite, wo Geier sich an Augen und Eingeweiden der Gefallenen gütlich tun, beherrscht ein mächtiger Löwe die Szene. Das im Vergleich zu den Menschenfiguren weit überlebensgroß dargestellte Tier hat einen Feind zu Boden geworfen und ist eben dabei, ihn aufzubrechen. Ohne Zweifel ist es der König selbst, der uns hier erstmals in Löwengestalt entgegentritt – in jener Erscheinungsform also, die dann in der ersten Dynastie so bezeichnend für seine Darstellung werden soll, um schließlich in der Sphinx, dem Löwenkörper mit Menschengesicht, als *der* kultischen Darstellung des Pharaos schlechthin zu gipfeln.

Aber auch diese Palette mit all ihren neuen Zügen gegenüber den bisherigen ist noch ein Streubild ohne Standlinien und Registereinteilung, und die menschlichen Umrisse, vor allem bei dem Gewimmel der Gefallenen, sind noch nicht stilistisch gebändigt. Dies wird anders mit den zeitlich folgenden Paletten, die nun eindeutig in die geschichtliche Epoche überleiten: der ›Stierpalette‹ und der ›libyschen Beutepalette‹. Diese beiden führen uns langsam dem Höhepunkt der Palettenkunst überhaupt entgegen, nämlich der berühmten Prunkpalette des Königs Narmer. Sie allerdings werden wir erst näher in jenem Kapitel betrachten, in dem wir von der ägyptischen Geschichte der ersten Frühzeit sprechen. Hier nur so viel, daß die Verwendung der Schrift ununterbrochen zunimmt, bis auf der Narmerpalette schließlich jede Person und jedes Land schriftlich genau bezeichnet werden.

Aber nicht die Schriftentwicklung scheint mir das entscheidende Merkmal für den großen Epochenwandel zu sein, der ja schon etwas vor Narmer einsetzt[53], sondern die Bändigung der Gesamtdarstellung und jeder einzelnen Figur durch strenge stilistische Gesetze. Zu diesen gehört wesentlich die Zusammenfassung des Geschehens nicht mehr durch einen äußeren Rahmen, sondern durch Standlinien aller Figuren und durch Registereinteilung. Damit wird zum erstenmal eine innere Zügelung als Symbol jenes Ordnungsgedankens erkennbar, der das Chaos der Vorgeschichte ablöst. So erhält nun das dargestellte Geschehen etwa dramatische oder erzählende Form – je nach dem Motiv. Wenn wir uns klarmachen, daß der Zeitraum vom ›Bemalten Grab von Hierakonpolis‹ bis zur Narmerpalette höchstens 150 Jahre betragen hat, dann kann man sich der Dramatik dieser Entwicklung nicht entziehen. Nicht »nach langer Inkubationszeit«, wie man noch in den ersten Jahrzehnten dieses Jahrhunderts unter Ägyptologen annahm, sondern mit atemberaubender Schnelligkeit entwickelte sich die Hochkultur der Frühzeit aus der vorgeschichtlichen Negada-II-Kultur.

Immer wieder stoßen wir bei Analyse der Denkmäler auf die Entstehung des Königtums, auf das Zusammenwachsen des Niltales und auf die berühmte ›Vereinigung von Ober- und Unterägypten‹, wie die Ägypter der geschichtlichen Zeit selbst diesen Vorgang bezeichneten und oft genug darstellten. Wie mag dieses offenbar als ganz entscheidend empfundene Ereignis vor sich gegangen sein, das doch eine Art Initialzündung für die Explosion an Schöpferkraft war, mit der Ägyptens Genius eine der eindruckvollsten und jedenfalls langlebigsten Hochkulturen der Menschheit hervorbrachte?

Neben der Eroberungstheorie durch die ›Dynastische Rasse‹ gab es vor allem zwei Erklärungen für dieses Ereignis, dessen geschichtliche Einzelheiten sich nur sehr verschwommen und beschränkt am archäologischen Material ablesen lassen. Kaum mehr läßt sich daraus entnehmen als die Tatsache, daß die Vereinigung nicht als ein einmaliges Geschehnis vor sich ging, sondern als historischer Prozeß, zu dem auch kriegerische Auseinandersetzungen gehörten.

Die älteste Erklärung stammt vom Altmeister der deutschen Ägyptologie, Kurt Sethe[54]. Sehr scharfsinnig benutzt der hervorragende Kenner der altägyptischen Texte die religionsgeschichtlich bedeutsamen Aussagen in den ältesten Urkunden, um politische Vorgäng aufzuspüren.

Er geht dabei von der Annahme aus, daß die verschiedenen ägyptischen Götter in der Vor- und Frühzeit örtlich gebunden gewesen seien und daß jeder im Kult feststellbaren hervorragenden Rolle eines Gottes eine politische Führungsstellung seiner Stadt oder seines Gaues entsprochen habe. So kommt Sethe zur Darstellung von zwei Urreichen, dem des Horus in Unterägypten und dem des Seth in Oberägypten, denen ein erstes Gesamtreich des Osiris gefolgt sei. Dieses wiederum sei durch ein ganz Ägypten umfassendes Horusreich von Heliopolis abgelöst worden, das sich anschließend erneut in zwei Horusreiche geteilt habe: ein unterägyptisches mit der Hauptstadt Buto im Delta und ein oberägyptisches mit der Hauptstadt Hierakonpolis. Mit der gewaltsamen Eroberung des unterägyptischen Reiches durch den oberägyptischen Horuskönig Menes sei schließlich die endgültige Vereinigung beider Länder gelungen[55].

Diese Arbeit von Sethe hat der Ägyptologie höchst wertvolle Einblicke in frühgeschichtliche religiöse Entwicklungen gegeben. Seine politischen Folgerungen daraus werden aber heute allgemein abgelehnt. Denn nicht nur, daß damit eine Vorverlegung der ersten Einigung bis ins frühe vierte Jahrtausend oder gar noch eher verbunden wäre, was den heutigen archäologischen Erkenntnissen und der Chronologie völlig widerspricht. Grundsätzlich wird vielmehr die etwas unbekümmerte Gleichsetzung von Religions- mit politischer Geschichte kritisiert[56] – ganz abgesehen davon, daß auch auf religiösem Gebiet viele Einzelheiten der Entwicklung heute anders gesehen werden.

Eine modernere Theorie der Reichseinigung, die Mitte der dreißiger Jahre weit verbreitet war, basiert auf soziologischen Erwägungen[57]. Danach seien es Nomadenhäuptlinge aus Oberägypten gewesen, die ihre Grundtendenz zur Flächenherrschaft den örtlichen, auf bäuerlicher Grundlage beruhenden Kleinkönigreichen Unterägyptens aufgezwungen hätten. Aus diesem soziologischen Unterschied zwischen dem bäuerlich bestimmten Unterägypten und seiner Fruchtbarkeitsreligion einerseits und dem nomadischen Oberägypten mit abstrakt-kosmischen Gottesvorstellungen andererseits wird eine ganze Reihe allgemeiner kultureller Erscheinungen abgeleitet. So etwa seien die Grabformen der Tumuli (=Hügel), zu denen auch das Abydos-Grab gehört, nomadischen Ursprungs – im Gegensatz zum bäuerlichen Hausgrab, der Mastaba, wie in Saqqara.

Auch die soziologische Betrachtungsweise hat die Ägyptologie vorwärts gebracht und den Blick für gewisse Entwicklungen geschärft. Man kann aber nur mit großer Vorsicht an den Gegensatz Nomadentum/Bauerntum und dessen die ägyptische Vorgeschichte angeblich beherrschende Rolle herangehen[58]. Eine Gleichsetzung dieses Gegensatzes mit den Geltungsbereichen Ober- und Unterägypten ist nach unseren heutigen Erkenntnissen überhaupt abzulehnen. Bei genauer Betrachtung scheint sogar eher das Gegenteil richtig zu sein: Im engen, von Bergen und Wüsten beiderseits eingeschlossenen oberen Niltal siedelten nur Bauern. Alle vorgeschichtlichen Funde seit Badari sind hier ausschließlich bäuerlicher Natur. Nomaden mögen allenfalls weit vom Niltal entfernt in den Oasengegenden vorgekommen sein und dürften somit schwerlich in den Prozeß der Reichseinigung eingegriffen haben. Großviehnomaden gab es dagegen an den Rändern des Deltas: zum Sinai hin meist semitischer, nach dem Westen hin meist libyscher Abkunft. Freilich existierte noch in geschichtlicher Zeit – erst recht also in vorgeschichtlicher – eine Art zeitweiligen Nomadentums auf Ägyptisch: Die Rinder Oberägyptens wurden nämlich zeitweise auf die Weiden des Deltas getrieben, wie noch auf der Stele des König Kamose aus der 17. Dynastie berichtet wird[59]. Oberägypten besaß also nicht einmal genügend Weideland für die bäuerlichen Rinder; wo hätte da noch Raum sein sollen für frei schweifende Nomaden und ihre Herden?

Auch der archäologische Befund gibt nichts für die soziologische These her. Der Übergang von Negada zur Hochkultur, von den Einzelreichen zum Gesamtreich vollzieht sich mit großer Geschwindigkeit, aber ohne Brüche und in jeder Stufe folgerichtig aus der vorhergegangenen. Dies spricht, wie gegen eine fremde Eroberung, auch gegen eine Machtausübung durch Kräfte – seien es Stämme oder ein Häuptlingsclan –, die nicht zu den kulturtragenden gehörten. Bereits die Kultur der Negada-II-Zeit war nun einmal in ganz Ägypten eine bäuerliche gewesen. Auch der im ›Bemalten Grab‹ beigesetzte Fürst, Vorläufer der gesamtägyptischen Pharaonen, war in eine ganz bäuerliche Kultur eingebettet, die eben auf dem Wege war, sich in städtischen Siedlungen eine neue kulturelle Stufe zu erringen.

Aber wenn wir selbst von einem vorgeschichtlichen Fürstentum in und um Hierakonpolis sprechen, hat dann Sethe nicht doch wenigstens insofern recht, als er die Königreiche von Hierakonpolis und Buto als Vorstufe der endgültigen Vereinigung postuliert? Und befindet er sich dabei nicht in voller Übereinstimmung mit der ägyptischen Überlieferung selbst, die ja eine Einigung Ägyptens aus zwei Reichen durch König Menes, also jene berühmte ›Vereinigung der Beiden Länder‹, immer und immer wieder hervorhebt?

Die ägyptische geschichtliche Tradition liegt uns in erzählender Form erst aus sehr später, nämlich griechischer Zeit vor. Allerdings datieren bereits aus der Frühzeit szenische Darstellungen und häufige Erwähnung von Formeln, die sich auf die Vereinigung beziehen – z. B.: die ›Beiden Kronen‹, die ›Beiden Herrinnen‹ als Kronengöttinen oder – in der 1. Dynastie häufiger – die ›Beiden Herren‹ als Schutzmächte des Königtums.

Diese Zweiheit aber gehört zu den ganz wesentlichen Grundlagen des ägyptischen Denkens überhaupt. Nur im Paar kann sich für den Ägypter eine Ganzheit darstellen. Auch die Welt war für ihn aus der Vereinigung zweier gegensätzlicher Elemente entstanden[60], wobei das eine nie das andere ausschloß, sondern in die Ganzheit mit einbegriff. Eine Denkstruktur dieser Art wird oft als ›Dualität‹ bezeichnet und unterscheidet sich grundsätzlich von dem sogenannten Dualismus Vorderasiens, der von einem Gegensatzpaar jeweils das eine der beiden Elemente ausschließt. Das ist schon daran zu erkennen, daß der Ägypter eine ganze Reihe von Begriffen in Form einer Zweiheit zum Ausdruck bringt. So gebraucht er etwa anstelle unserer Formulierung ›das Ganze‹, ›das All‹ den Ausdruck ›Alles, was ist und was nicht ist‹.

Seine Geschichtstradition ist also nicht Erinnerung an reales Geschehen, sondern eine Angleichung an die duale Weltschöpfung. Sie wird ›als Offenbarung der Schöpfungsordnung in der menschlichen Gesellschaft‹ empfunden[61] und muß aus diesem Grunde die duale Form in allen ihren Attributen haben, in Titeln, Kronen, Ornaten, Szeptern – bis hin eben auch zu den ›Beiden Ländern‹ als konstitutiven Bestandteilen. Aus dieser Tradition können wir also kaum Argumente für den tatsächlichen Verlauf der Geschichte schöpfen. Das Weltbild der Frühzeit beruht nicht auf politischen Ereignissen, sondern entspringt einem vorgegebenen Denkschema[62].

Die Tatsachen sprechen vielmehr für eine wesentlich kompliziertere Entstehung Gesamtägyptens. Aus einer Vielzahl von Stämmen, Gauen, Kleinkönigreichen und Stadtfürstentümern waren immer größere Verbände entstanden, bis auf der Grundlage einer vollkommenen kulturellen, sprachlichen und religiösen Einheit in der Negada-II-Epoche die Zeit für den Zusammenschluß reif war. So bildete sich schließlich das Reich von Hierakonpolis, das noch tief in vorgeschichtlicher Zeit wurzelt[63]. Im Verlauf dieses Prozesses gab es auch kriegerische Auseinandersetzungen; dafür sprechen die ›Geierpalette‹ ebenso wie Zeugnisse aus der Zeit zu Beginn der 1. Dynastie. Aber nach heutigen Erkenntnissen handelt es sich dabei vornehmlich um Auseinandersetzungen im Zusammenhang mit der Abrenzung des Reiches gegen libysche und andere fremde Einsprengsel. Auch Strafaktionen gegen einzelne unbotmäßige Städte und Gaue sind verbürgt. Die Vereinigung selbst jedoch war, wo immer wir Zeugnisse finden, schon weit fortgeschritten.

Diese sich in der Ägyptologie heute immer stärker durchsetzende Sicht der Dinge findet noch eine zusätzliche Stütze in den Aussagen frühzeitlicher Zeugnisse über die Verhältnisse in Ägypten. Darin nämlich ist nie die Rede von den doch zu erwartenden Folgen einer gewaltsamen Eroberung Unterägyptens durch Oberägypten, von einer Zerstörung des Landes etwa oder seiner Kultur. Im Gegenteil: Götter und Heiligtümer Unterägyptens erfreuen sich nicht nur höchster Verehrung durch die Pharaonen, sondern auch bei den einfachen Bürgern gerade Oberägyptens – was zahlreiche Namen beweisen. Die unterägyptische Göttin Neith etwa spielt eine ganz entscheidende Rolle bei den Begräbnisriten des Pharaos. Und gerade die bedeutendsten Königinnen der Frühzeit trugen mit Vorliebe den Namensteil ›– Neith‹.

Wir werden in den Berichten über die Taten der Frühzeitkönige noch auf viele weitere Beweise für eine rechtlich wie politisch absolut gleiche Behandlung Ober- und Unterägyptens stoßen.

Von jenen Frühzeitkönigen, die als erste Herrscher Ägyptens historisch real faßbar sind und später als ›Gottkönige der Vorzeit‹ bezeichnet werden, wollen wir nun erzählen.

Kapitel 5 Gottkönige der Vorzeit

Unerschöpflich waren die Funde, die Green und Quibell im Horustempel von Hierakonpolis gemacht hatten. Wir haben ja bereits einige der Prunkpaletten betrachtet, anhand derer wir die erstaunlichsten Rückschlüsse auf die kulturelle Entwicklung ziehen konnten. Freilich, geschichtliche Einzelheiten waren diesen Paletten noch nicht zu entnehmen – enthielten sie doch noch keine lesbare Schrift!

Dies wurde jedoch anders mit dem Auftreten einer zweiten Gruppe von Weihegaben, bei denen es sich wiederum um Prunkpaletten, aber auch um Köpfe von Keulen handelte. Letztere waren ebensowenig wie die Paletten für den praktischen Gebrauch geeignet, aber ebenso wie diese mit Reliefdarstellungen geschmückt. Und diese zweite Gruppe, die zeitlich unmittelbar an die erste anschließt, zeigt nicht nur bereits ausgeprägte Merkmale des ägyptischen Stils, sondern enthält auch Schriftzeichen. Sie lehren uns die Namen von Königen, über die man zur Zeit der Entdeckung noch kaum je etwas gehört hatte. Als ›Narmer‹ ließ sich der Name des einen lesen; der des anderen wurde mit dem Bild eines Skorpions geschrieben. Diese Namen und die Fundumstände sicherten den Paletten größte Aufmerksamkeit, denn dem Königsgott Horus konnten ja nur Darstellungen von Ereignissen von höchster Bedeutung für das Land geweiht werden.

Voll erhalten ist die Palette des Königs Narmer. Im Mittelpunkt der einen Seite steht, sämtliche übrigen Figuren überragend, der König selbst und erschlägt einen hingesunkenen Feind mit der Keule: ein Inbild königlicher Siegesmacht über alle Feinde nicht nur des Reiches, sondern der Weltordnung schlechthin. Diese Szene gehört seitdem für sämtliche Epochen ägyptischer Geschichte zum bevorzugten Symbol für das Rollenspiel der Pharaonen. Ja, noch die griechischen und römischen Herrscher lassen sich in dieser Haltung auf den Tempelwänden abbilden. Wir kennen heute die schon vorgeschichtliche Wurzel auch dieses Bildes aus dem ›Bemalten Grab von Hierakonpolis‹.

König Narmer trägt die hohe, kegelförmige Krone Oberägyptens. Am Kinn hat er den künstlichen Pharaonenbart befestigt. Um seinen Oberkörper ist ein knappes Gewand geschlungen und über der linken Schulter geknüpft. Den kurzen Schurz hält ein Gürtel, von dem vorne einzelne Lederriemen mit Hathorköpfen herabhängen, während an seiner Rückseite der Schwanz eines Wildstieres befestigt ist. Der König ist barfuß. Seine Sandalen trägt der ihm folgende königliche Fußwascher zusammen mit einem Waschgerät. Über dem auf die Knie gezwungenen Feind führt ein Falke dem König am Strick einen Kopf zu. Dieser ragt, einer Galionsfigur gleich, aus einem mit Papyruspflanzen bekrönten Oval. Unterhalb der Standlinie des Königs sind zwei nackte Gestalten auf der Flucht dargestellt.

Alle diese Bilder sind mit Schriftzeichen erläutert und damit unmißverständlich als einmalige geschichtliche Handlung bestimmter Personen bezeichnet. Über dem bekrönten Haupt des Königs findet man auch seinen Namen angegeben. Er steht in dem ›Serech‹ genannten Palastviereck, mit dem von nun an die Horusnamen sämtlicher Pharaonen umrahmt werden. Der Wels steht für die Silbe ›NAR‹, der Meißel für ›MER‹. Es fehlt der später beim Horusnamen übliche Horusfalke über dem Serech. Dies ist aber in der Frühzeit nicht selten der Fall[1], wenn der Name zugleich mit einer Darstellung des betreffenden Königs erscheint; wahrscheinlich hielt man, da ja Horus in der Gestalt des Königs bereits abgebildet war, seine Wiederholung in der Erscheinungsform des Falken für überflüssig. Dennoch steht auch hier der Name des Königs nicht ohne unmittelbaren Bezug zum Göttlichen: Das Serech befindet sich nämlich genau in der Mitte zwischen zwei mächtigen Kuhköpfen mit menschlichen Gesichtszügen, und wir erkennen, daß es sich hierbei um Hathor, die uralte Himmelsgöttin und Gattin des Horus, handelt. Sie also ist es, die den König schützt und ihn durch seinen Namen in den Himmel aufnimmt.

Der Sandalenträger zeigt Amt und Titel schräg über seinem Hinterkopf: Die Rosette heißt ›Königlich‹, das Zeichen darunter ›Wäscher‹. Auch der Gefangene trägt seine Herkunft neben seinem Kopf verzeichnet: Er ist ein Häuptling des ›Harpunengaues‹, und die fliehenden Figuren im Unterfeld stehen für eroberte Städte, wie die Hieroglyphen angeben. Bei näherer Betrachtung zeigt sich auch die eigenartige Falkendarstellung nicht als Bild oder als Rebus, sondern als Komposition kunstvoll verschlungener Schriftzeichen, die gelesen, nicht gedeutet werden wollen. Das Oval, ergänzt durch die Papyruspflanzen, liest sich ›unterägyptisches Fremdland‹. Mit dem strickähnlichen Zeichen wird das Verbum ›führen‹ geschrieben, und das Falkenbild selbst kennen wir als ›Horus‹. Die Schrift hat offensichtlich noch Schwierigkeiten, grammatische und syntaktische Bezüge auszudrücken, wie dies bei vielen Inschriften der Frühzeit noch der Fall ist[2]. Um diese Bezüge eindeutig zu machen, benutzt der Künstler der Narmerpalette wieder das Bild, indem er der Horus-Hieroglyphe anstelle der Vogelklaue eine Hand gibt. Diese Hand wiederum hält die Hieroglyphe für ›führen‹, während das Zeichen für ›Land‹ in einen gar nicht zur Hieroglyphe gehörenden Menschenkopf mündet. In dieser Anordnung und im Zusammenhang mit dem gegenüberstehenden König gesehen, liest sich das Ganze folgendermaßen: »Gott Horus führte dem König Narmer unterägyptisches Fremdland als Beute zu; der König schlug den Harpunengau und seine Städte«[3].

Ist hiermit bereits eine gewichtige historische Aussage gemacht, so wirkt die andere Seite der Palette geradezu sensationell. Hier trägt nämlich König Narmer die unterägyptische Krone. Er bezeichnet sich also auf seiner Palette schon als ›König von Ober- und Unterägypten‹, als Herrscher des Gesamtreiches. In feierlicher Prozession begeht der Pharao, Keule und Geißel als Herrschaftszeichen in den Händen haltend, seinen Sieg über die auf der anderen Palettenseite genannten Feinde. Diesen sind die Köpfe abgeschlagen und zwischen die Füße gelegt worden – ein deutliches Zeichen dafür, daß der Sieg über Rebellen erfochten wurde, die bestraft werden mußten, und nicht über einen äußeren Feind. Die Narmerpalette

Vorderseite der
Narmer-Palette

Rückseite der
Narmer-Palette

Keulenknauf Narmers

zeigt also nicht, wie man noch lange nach ihrer Auffindung glaubte, die historische ›Vereinigung der Beiden Länder‹, sondern allenfalls die Wiederherstellung der durch Rebellion bedrohten Einheit.

Die durch den König befestigte Einheit dem Gott Horus zu widmen, dem er sie verdankt, und sie damit unauflöslich und ewig zu machen, das ist der Sinn dieser Weihegabe Narmers, wie das Mittelfeld es deutlich zeigt. Zwei für den König gezähmte Phantasielöwen haben ihre Hälse ineinander verschlungen – ein dem ägyptischen Denken sehr gemäßes Bild für ›Einheit‹. Und mehr noch: Die zur Einheit verschlungenen Hälse der Tiere bilden den Napf, in dem die Augenschminke angerieben werden konnte; die Landeseinheit stand damit dem Gott, dem die Palette geweiht war, ständig vor Augen!

Wie ausgeklügelt schon in jener grauen Frühzeit das königliche Zeremoniell war, zeigen die Einzelheiten des Zuges: Dem König voran werden die Zeichen seiner im Überirdischen gründenden Macht getragen, das in Standartenform dargestellte sogenannte ›Horusgeleit‹[4]. Auf hohen Stangen thronen: zum einen ein kissenförmiger Gegenstand, dessen Bedeutung wir noch nicht genau kennen, zweitens der hundsgestaltige Upuaut als ›Wegöffner‹ des Königs, und drittens schließlich zwei Falken als Verkörperung der beiden Königsgötter Horus und Seth. Sie repräsentieren die ›Beiden Herren‹, deren Mächtigkeit sich im König vereint – eine Vorstellung, die ohne bereits weitgehend vollzogene Reichseinigung gar nicht denkbar wäre[5]. Dem König folgt wiederum der königliche Sandalenträger, der nicht nur mit seinem Titel, sondern sogar namentlich erwähnt ist. Damit dokumentiert er seinen besonders hohen Rang im Gefolge des Königs ebenso wie die bedeutsame Rolle, die Fußbekleidung und Füße des Königs in der frühzeitlichen Königstheologie spielen. Kein Wunder in einer Zeit, in der Bilder und Wortbedeutungen noch nicht zu Symbolen verblaßt waren, sondern unmittelbar erfahren wurden! In diesem Sinne wog die Bezeichnung ›unter seinen Füßen‹ ebenso

bedeutungsschwer wie der Warnruf beim Erscheinen des Königs: ›Hüte dich, Erde, es kommt der Gott!‹

Vor dem König schreitet sein Erzieher, mit langem Haar oder Perücke, in ein Pantherfell gekleidet und ein Schreibgerät über der Schulter tragend. Seine Bedeutung ging über das, was wir heute unter Erzieher oder Lehrer verstehen, weit hinaus. Das zeigen schon seine Kleidung, nämlich das später nur von hohen Priestern getragene Pantherfell, ebenso die langen Haare als Zeichen der Weisheit und schließlich das Schreibgerät an. Der Erzieher hatte den König in den Geheimnissen der Götter, in Mythologie und Ritualen also, unterwiesen. Er kannte die Überlieferungen von den Gottkönigen der Vorzeit und von der Errichtung der göttlichen Weltordnung, der Maat. Er war es auch, der wußte, welche Worte zu sprechen waren, um sich der Hilfe der Götter zu versichern und Böses zu bannen. In ihm, und das ist typisch für die frühzeitliche Verwaltung, flossen priesterliche Funktionen noch mit administrativen zusammen. Der Träger des Titels ›Tschati‹ (so etwa muß er ausgesprochen worden sein) spielte am Hof eine herausragende Rolle, die auf der Palette wieder ganz direkt dadurch vorAugen geführt wird, daß er nach dem König die größte menschliche Figur ist.

Derselbe hohe Würdenträger erscheint auch auf dem Reliefbild, das die Zeremonialkeule Narmers aus dem Fund von Hierakonpolis ziert. Hier steht er unmittelbar hinter dem Thron des Königs. Narmer selbst sitzt unter dem Baldachin auf einem erhöhten Podest. Wedelträger, Leibgarden und wiederum der Sandalenträger umgeben den Thron, den die geiergestaltige Göttin der oberägyptischen Krone, Nechbet, mit ausgebreiteten Flügeln schützt, während der König die unterägyptische Krone und die Geißel als Zeichen herrscherlicher Gewalt trägt.

Die Mächte des Standartengeleites führen dem König Gefangene und Beute zu: 120000 Menschen, 400000 Rinder und 1422000 Stück Kleinvieh werden aufgezählt[6]. Der Sieg muß also über einen recht umfangreichen Landesteil errungen worden sein. Unmittelbar vor dem König steht eine Sänfte, in der eine Figur hockt, deren Bezeichnung leider nicht eindeutig zu entziffern ist. Mag sein, daß es sich hierbei um die Königin handelt, die ja später sehr oft unter der Bezeichnung ›die Sänfte der Königskinder‹ auftritt. Ist es nun die Gemahlin des Königs, die hier an der Siegesfeier teilnimmt? Oder ist es die Königin bzw. Prinzessin des besiegten Landesteiles, die dem König als Gefangene vorgeführt wird? Ganz offenkundig dagegen ist wieder die Bedeutung von Bild und Schrift im rechten Teil der Darstellung: Die gesamte Beute wird dem Reihergott von Buto, der alten Hauptstadt eines unterägyptischen Fürstentums, geweiht[7]. Solche Weihung von Kriegsbeute an einen Gott war während der ganzen ägyptischen Geschichte üblich. Sie bedeutete oft die Rettung für Kriegsgefangene, denn nur die Götter konnten diese vor einer tatsächlichen Vollstreckung der eigentlich verhängten Todesstrafe bewahren. Besonders die Zuweisung der Beute an einen *unter*ägyptischen Gott ist interessant. Das zeigt einmal, daß es sich bei der Keule wohl kaum um das Siegesdenkmal über ein unterägyptisches Reich handeln kann. Es beweist darüberhinaus ein hohes Maß an Achtung für Unterägypten und ist somit bezeichnend für die Haltung schon der frühesten Könige diesem Landesteil und seinen Göttern gegenüber.

Von Narmer sind auf dem Königsfriedhof zu Abydos 23 weit verstreut liegende Siegelabdrücke mit seinem Horusnamen gefunden worden, ebenso eine Anzahl von Krügen, Elfenbeintäfelchen und Schieferschalen[8]. Auch auf dem Friedhof von Tarkhan, der mit zur Gruppe der Königsfriedhöfe um Memphis gehört, fanden sich Verschlüsse mit Narmers Namen. Als sein Grab wird das zur Gruppe des Aha-Grabes gehörige B 10 in Abydos angesehen. Dabei handelt es sich um eine mit Ziegeln verkleidete Grube von 11 m Länge und 9,4 m Breite, die also ungefähr die gleichen Ausmaße besitzt wie das Grab Ahas. Das Fehlen von Pfostenlöchern für Träger einer hölzernen Dachkonstruktion unterscheidet es allerdings deutlich von dem bautechnisch viel komplizierteren Grab seines Nachfolgers.

In dem großen Grab von Negada findet sich das ›Nar‹-Zeichen, eingeschrieben in den Serech, auf dem Bruchstück eines Elfenbeinplättchens[9]. Eine Felsinschrift in der östlichen Bergwüste zwischen Theben und Rotem Meer zeigt Narmers Horusnamen: ein Beweis dafür, daß der König Expeditionen ausgesandt hat, um jene Gegend erkunden zu lassen, die reich an Halbedelsteinen war und in der es in der Frühzeit sogar noch Gold gab[10]. Die fernste Erwähnung des Königs findet sich in Tell Gat in Palästina zusammen mit ägyptischer Keramik als deutliches Zeichen für einen lebhaften Handel[11].

Im Herbst 1978 entdeckte eine Expedition der Münchener Staatl. Sammlung Ägyptischer Kunst etwa 160 km nordöstlich von Kairo am Deltarand einen vollständig erhaltenen Friedhof der 1. Dynastie. Unter den Beigaben der Hockergräber war auch ein Tongefäß mit dem Namen Narmers – der erste unmittelbare archäologische Beweis für Narmers Herrschaft auch über das Delta.

Bei Narmer finden wir vier unterschiedliche Namensformen: einmal den vollständigen Serech mit der eingezeichneten Palastfassade und dem darauf ruhenden Namenszeichen – das ganze von einem hockenden Falken bekrönt. Weiter gibt es die uns von der Palette her geläufige Serech-Form ohne den Horusfalken; dann ein komplettes Serech, bei dem aber die ›mer‹-Hieroglyphe unter dem Palast steht,

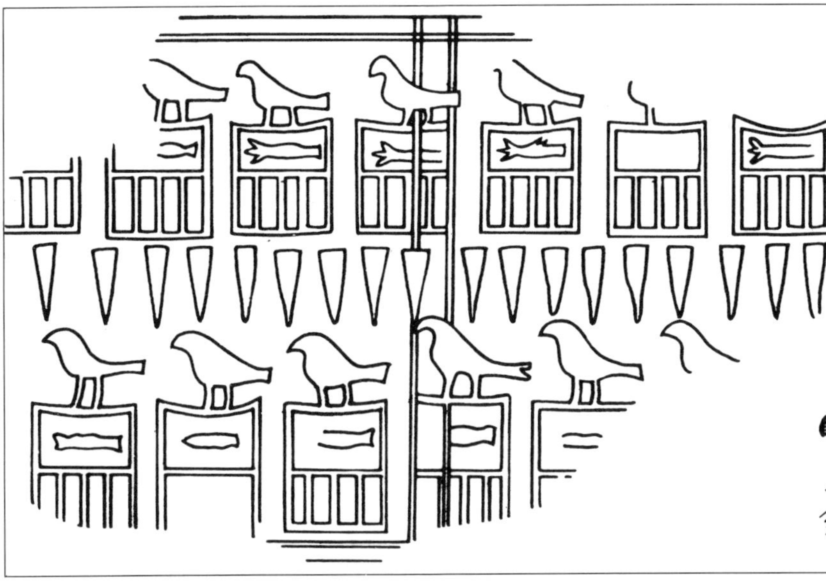

Vollständiges Namensserech König Narmers, Siegelabdruck aus Abydos

Namenshieroglyphe Narmers in Aktion

und schließlich den Wels der ›Nar‹-Hieroglyphe allein, wie er einen Feind schlägt und so die magische Kraft des Königsnamens zeigt.

Während wir also bei den Formen des Königstitels noch das Experimentieren mit den verschiedenen Möglichkeiten erkennen, zeigen die Hauptmonumente König Narmers, Palette und Keule, schon ganz ausgeprägt zwei Eigentümlichkeiten des ägyptischen Kunststiles, die bis zum Ende der ägyptischen Kunstgeschichte für Reliefdarstellungen so typisch blieben, daß man bei ihrem Anblick sofort feststellt: Das ist ägyptisch! Einmal meinen wir damit die Darstellung des Menschen: den Kopf im Profil, das Auge aber von vorn; Schulter und Brust in Vorderansicht, Unterkörper und Beine dagegen von der Seite gesehen. Auf diese Weise kann all das, was der Ägypter an der Menschengestalt als wesentlich ansieht, voll dargestellt werden. Außerdem sind die Einzelteile der Reliefs nicht beliebig gestreut, sondern finden festen Halt auf einer Standlinie; sorgfältig und wohlüberlegt werden sie in Registern über die Fläche verteilt. Insgesamt also zeichnet sich in der Kunst der Narmerzeit bereits eine hohe Entwicklung zu einem Kanon, einer Stileinheit hin ab.

Auf keiner der späteren Königslisten ist Narmer verzeichnet, wohl auch nicht auf der frühesten, dem Palermostein. Letzteres wissen wir freilich nicht ganz genau, da das entsprechende Stück gerade fehlt. Offenbar sind zu Narmers Zeit noch keine Annalenlisten geführt worden. Solche Listen nämlich dienten als Unterlagen bei der späteren Anfertigung von Königslisten. Aber anhand zeitgenössischer Zeugnisse und deren Auswertung ist es uns gelungen, aus dem Dunst fünftausendjähriger Ferne schließlich doch eine Gestalt mit deutlichen Umrissen hervortreten zu lassen: Einen tatkräftigen Herrscher, der mit Selbstverständlichkeit die Kronen Ober- und Unterägyptens trug, die Einheit des Landes energisch wahrte, aber zugleich eine kluge Versöhnungspolitik betrieb. Offenbar ist also auch Narmer noch nicht der erste in der Reihe der Könige von Ober- und Unterägypten.

Auf der Suche nach diesem als dem Beginn der ägyptischen Geschichte wollen wir versuchen, uns noch weiter in den Nebel der frühesten Zeit vorzutasten.

Die Funde Quibells in Hierakonpolis helfen uns dabei noch ein Stück weiter. Der Knauf einer Prunkkeule, ganz ähnlich der von König Narmer, zeigt in Stil und Art der Darstellung viel Ähnlichkeit mit den Monumenten der Narmer-Zeit. Schon aufgrund dieser Beobachtung können wir annehmen, daß die Keule vom Vorgänger Narmers stammt. Wieder steht die alle anderen Figuren überragende Gestalt eines Königs mit oberägyptischer Krone im Mittelpunkt. Auch er trägt seinen Namen vor sich geschrieben; freilich nicht in einem Serech, sondern als ›Königszeichen‹ mit einer Rosette versehen. Eine solche Rosette kennen wir bereits von der Narmerpalette, und zwar im Zusammenhang mit dem Titel des Sandalenträgers in der Bedeutung von ›königlich‹. Der Königsname schreibt sich mit einem Skorpion. Die Bedeutung der Namenshieroglyphe ist noch unklar – hieß dieser König tatsächlich ›Skorpion‹, oder ist er ›Sereq‹ zu lesen[12]? Letzteres wäre ein Wort mit noch unbekannter Bedeutung. Für unsere Darstellung genügt es aber, wenn wir den König in Übereinstimmung mit den meisten Geschichtswerken ›Skorpion‹ nennen. Der König trägt die Krone Oberägyptens und den gleichen Ornat wie Narmer auf der Vorderseite von dessen Palette: Königsbart, über die linke Schulter geschlungenes Gewand, Schurz und Stierschwanz.

Hinter König Skorpion stehen zwei Wedelträger; vor ihm schreiten die uns ebenfalls schon bekannten Standartenträger des ›Horusgeleites‹. Der Pharao ist mit einer Hacke, wie sie die ägyptischen Bauern bis auf den heutigen Tag zur Landbestellung benutzen, an einem Kanal tätig. Ein hoher Beamter oder Priester – sein Rang ergibt sich aus seiner relativen Größe zu den anderen nichtköniglichen Figuren – hält ihm einen Korb hin, in den die vom König ausgehobene Erde gefüllt werden soll. Hinter ihm richtet eine nur noch teilweise erhaltene Gestalt einen Gegenstand auf, bei dem es sich um einen Garbenbaum handeln könnte.

Diese Darstellung hat den Ägyptologen einiges Kopfzerbrechen bereitet. Ist es eine landwirtschaftliche Zeremonie, die der König vollzieht, etwa das Graben des ersten Kanals nach der Überschwemmung des Nils? Oder ist es – worauf der Garbenbaum hindeuten könnte – ein Ernteritual, zu dem freilich die Hacke schlecht passen würde; man würde dann in der Hand des Königs eher eine Sichel erwarten. Wir müssen uns vor Augen halten, daß auf einer solchen Weihegabe für den Allgott Horus nur ganz bedeutungsvolle Zeremonien, die eng mit dem Wesen des Königtums verknüpft sind, dargestellt sein können. Denn Szenen dieser Art wurden ja nicht nur in einem oberflächlichen Sinn dem Gott gewidmet, sondern erhielten mit ihrer Weihung im Tempel nach dem Glauben der ägyptischen Frühzeit ewige Dauer und wurden zugleich Handlungen im Auftrag, unter dem Schutz und unter Mitwirkung des Gottes selbst.

Nun sind die Königszeremonien bei Saat und Ernte während der ganzen altägyptischen Zeit von großer kultischer Bedeutung, weil die göttliche Macht des Königs dabei die Fruchtbarkeit des gesamten Landes zu sichern hatte. Ja, die Macht des Königs mußte sogar darüberhinaus imstande sein, mögliche Unmutsreaktionen des Erd- wie des Getreidegottes auf sich zu nehmen und beide Gottheiten gnädig zu stimmen bzw. zu beschwichtigen: Eine Verletzung dieser Götter war ja bei

Keulenknauf Skorpions

Saat und Ernte unvermeidlich! Es ist aber fraglich, ob derartige Zusammenhänge eine Widmung der Weihegaben gerade an den Allgott Horus rechtfertigen – wäre eine solche nicht viel eher im Tempel der ›zuständigen‹ Gottheit angebracht?

Vielleicht kann eine vorsichtige Deutung der übrigen Darstellungen auf dem erhaltenen Teil der Keule uns noch ein Stück weiterhelfen. Über dem König sieht man eine Reihe von Götterstandarten, unter deren Symbolen das des Upuaut, des Min, des Seth und mindestens zweimal der Horusfalke zu erkennen sind – Symbole gerade jener Königsmächte also, die in wechselnder Zusammensetzung zum festen Bestand des ›Horusgeleites‹ gehören. An diesen Standarten nun sind Kiebitze und Bögen aufgehängt. Die Bögen sind ein häufig in Königsdarstellungen wiederkehrendes Zeichen für ›Fremdländer‹; die Kiebitze stehen für ›unterworfene Bevölkerung‹, vornehmlich – aber keineswegs ausschließlich! – unterägyptische. Offenbar wird hier also ein Sieg über bei Unterägypten gelegene Oasen und Wüstengebiet dargestellt[13].

In diesem Zusammenhang wird auch die Bilderreihe hinter dem König bedeutsam, in der zwei Sänften mit Insassen und fröhlich tanzende Mädchen zu erkennen sind. Die Ähnlichkeit mit der Narmerkeule ist so frappant, daß der deutsche Ägyptologe Schott vermutet, das weggebrochene Stück der Keule enthalte eine der Narmerkeule entsprechende Darstellung Skorpions mit unterägyptischer Krone; die Keule selbst sei eine Weihegabe an Horus für einen entscheidenden Sieg Skorpions auf dem Wege zur Herstellung der ägyptischen Einheit[14].

Bei einem Siegesdenkmal bietet sich auch eine näherliegende Deutung der königlichen Zeremonie mit der Hacke an, die meines Erachtens auch eher der Bedeutung einer Weihung an Horus entspricht: Der siegreiche König nimmt das ›Graben des Kanals‹ genannte Ritual vor, das zu den Krönungszeremonien ebenso wie zu den königlichen Gründungsriten beim Tempelbau gehörte[15]. Hier, auf unserer Keule, stellt es ganz handgreiflich die Inbesitznahme des eroberten Landes dar und vollzieht sie damit auch zugleich.

Auch von König Skorpion gibt es eine Prunkpalette aus Hierakonpolis, von der leider nur ein Bruchstück erhalten ist. Sie heißt ›Städtepalette‹, weil auf einer ihrer Seiten zwei Reihen von Umrissen befestigter Städte zu sehen sind, deren Mauern von Königsmächten mit Hacken zerbrochen werden. Zu erkennen sind der Falke, der Doppelfalke ›die Beiden Herren‹, ein Skorpion und ein Löwe. Hieroglyphen im Innern der Umwallungen geben jeweils den Städtenamen wieder. Auf der Rückseite sind Reihen von Rindern, Eseln, Widdern und Bäumen zu sehen, die an die Beutedarstellung auf der Narmerkeule erinnern. Neben den erwähnten Bäumen ist als Schriftzeichen das Oval ›Land‹ zu erkennen; der geknickte Stab darüber bedeutet ›Tehenu‹, d. h. ›Libyen‹. Beide Zeichen zusammen sind demnach als ›Land Libyen‹ zu lesen.

Diese Länderbezeichnung bedeutete damals keinesfalls etwa das heutige Gebiet von Libyen, sondern mit großer Wahrscheinlichkeit die Oasen westlich des Deltas, vor allem das Wadi Natrun. Möglicherweise waren auch Westgebiete des Deltas selbst gemeint, die zu jener Zeit vielleicht unter der Herrschaft libyscher Stämme gestanden hatten[16] und nun von Skorpion dem Reich einverleibt werden konnten.

Beide Dokumente Skorpions zeigen schon – ebenso wie die Narmers – den ägyptischen Stil in der Art der Darstellungen, der Raumverteilung und der Benutzung von Standlinien. Die Figuren haben klare Umrisse und eine kunstvolle Innenzeichnung. Dies alles sind ebenso wie die entwickelten Schriftzeichen Hinweise darauf, daß auch hier nicht etwa erst ein Anfangsversuch gemacht wurde.

Auch die geschichtlichen Angaben, die wir Keule und Palette Skorpions entnehmen können, sprechen von einem gefestigten Königtum, das ganz Ägypten umfaßt, wenn auch Grenzgebiete noch umkämpft sind. Dieser Eindruck bestätigt sich nach den übrigen Inschriften des Königs auf Siegelverschlüssen und Gegenständen. Die interessantesten sind Steuervermerke auf Tonkrügen und -töpfen[17], die deutlich unterscheiden zwischen Abgaben aus Oberägypten und aus Unterägypten. Noch dazu wurden diese Steuervermerke auf den Friedhöfen von Tarkhan und Turah gefunden, die beide an der Deltaspitze liegen und schon als Fundorte Hinweis auf Skorpions Herrschaft auch über Unterägypten sind[18].

Sein Horusname hat, genau wie derjenige Narmers, noch verschiedene Formen und ist ebensowenig zum Kanon erstarrt. Neben dem Namen mit Rosette, wie auf der Keule, und dem Namen mit Falken begegnet uns aber auch schon die vollkommene Form des Serech mit Palastfassade und Falken – eine Form, die nur Königen von Gesamtägypten eigen ist[19].

Steuervermerk
König Skorpions

Insgesamt sind freilich die Zeugnisse spärlicher als zur Zeit Narmers, die Inschriften noch lakonischer. Man hat bisher weder mit Sicherheit Skorpions Grab nachweisen können, noch kennen wir Namen von Beamten, Prinzen oder Königinnen aus seiner Zeit und können nur vermuten, daß Narmer sein Sohn war. Aber der Reichseiniger war auch Skorpion nicht.

Wir können dies mit um so größerer Sicherheit sagen, als heute auch der Vorgänger Skorpions bekannt ist. Zwar vermögen wir keinen größeren Fund mit ihm in Zusammenhang zu bringen – es gibt weder beschriftete Paletten – noch Keulenreste von ihm –, aber womöglich ist eine der namenlosen frühen Paletten ihm zuzuschreiben. Schon Petrie hatte auf dem ältesten Teil des Abydos-Friedhofs in dem von ihm mit B 7 bezeichneten Grab Hunderte von Ölkrügen mit Tintenaufschriften, einen Verschluß mit eingedrücktem Siegel und zwei Ritzinschriften auf Krügen gefunden, die alle den gleichen Namen trugen: die meist nach unten gerichteten Arme mit Händen, ein Hieroglyphenzeichen, das wir heute als ›Sachen‹ lesen und das die Bedeutung ›der Suchende‹ oder ›der Umarmer‹, ›der Umfasser‹ hat. Und wieder tragen die Ölkrüge Steuervermerke für Ober- und Unterägypten[20], die völlig denjenigen König Skorpions entsprechen. Oft steht die Namenshieroglyphe ›Sachen‹ ganz für sich; aber zum Glück finden sich ebenso einige mit vollkommenem Serech, wenn auch in noch deutlich primitiverer Form als bei Skorpion, bisweilen sogar mit der Namenshieroglyphe *unter* den nur durch Striche angedeuteten Palasttoren[21]. Damit kann kein Zweifel an dem vollständigen Titel eines ›Horus des Palastes‹ für König Sachen bestehen.

Noch größere Überraschungen brachten die Ausgrabungen von Zaki Saad auf dem frühzeitlichen Friedhof von Heluan beim heutigen Kairo, dem alten Memphis. In einem unberührten Grab fanden sich zwei Tonkrüge mit dem Serech Sachens[22]. Bei der Zerbrechlichkeit des Tonmaterials ist kaum anzunehmen, daß hier alte Familienerbstücke mit ins Grab gegeben worden waren, wie es etwa mit den wertvollen und praktisch unverwüstlichen Steingefäßen der Frühzeit so oft vorkam[23]. Diese Tonkrüge hier in Heluan sind ein archäologischer Beweis für die Herrschaft auch schon König Sachens über das Gebiet um Memphis und damit über mindestens einen großen Teil Unterägyptens. So ergänzen sie zugleich die bereits aus den Steuervermerken gezogenen Schlüsse. Angesichts der Ausdehnung des Gräberfeldes von Heluan muß in der Nähe eine große Siedlung gelegen haben. Demnach sind die Krüge auch ein Hinweis darauf, daß die Stadt Memphis mit großer Wahrscheinlichkeit bereits unter König Sachen existiert hat. Ob er etwa der Gründer dieser Stadt gewesen ist, darüber läßt sich nur spekulieren; jedenfalls ist sein Name der älteste Königsname an diesem Platz.

Über Sachens Verwandtschaftverhältnisse können wir gar nichts sagen. Einige merkwürdige Ritzzeichnungen in Schieferschalen und Steingefäßen aus dem Beginn der Frühzeit verwirren uns eher, weil wir sie noch nicht deuten können. Sie zeigen alle die ›Sachen‹-Hieroglyphe mit jeweils einem anderen Bestandteil, so dem ›Nar‹-Fisch, dem Skorpion, dem Falken und dem Sethtier[24]. Sind hier Verwandtschaftsverhältnisse ausgedrückt – etwa, daß Skorpion und Narmer Söhne von Sachen gewesen sind? Bei solcher Deutung ist äußerste Vorsicht am Platze, weil das Sachen-Zeichen hierbei nie im Serech steht, wie es bei allen späteren

Prinzensiegeln der Frühzeit der Fall ist. Das Sachen-Zeichen hat zudem auch noch andere Bedeutungen; z. B. steht es für einen Totenpriester-Titel, dessen Auftauchen auf Grabbeigaben nichts Überraschendes wäre.

Immerhin – auch über diesen Herrscher im frühesten Morgenrot der Geschichte konnten wir einige wichtige historische Aussagen machen. Mit König Sachen allerdings enden bisher alle archäologisch faßbaren Spuren, die uns Könige von Ober- und Unterägypten hinterlassen haben. Er ist der älteste für uns greifbare Pharao, und es ist sehr fraglich, ob wir je weiterkommen werden; denn es sieht so aus, als falle in seine Zeit die Entwicklung der Schrift. Sachen, Skorpion und Narmer stehen ja alle drei schon außerhalb der ägyptischen Königslisten und späteren Überlieferungen, so daß sie in der modernen Ägyptologie meist als ›0. Dynastie‹ der 1. Dynastie vorgeschaltet werden.

Kapitel 6 War Menes der Erste?

Der erste der ägyptischen Könige sei Min gewesen, so erzählt uns Herodot, der griechische ›Vater der Geschichtsschreibung‹, im zweiten Band seines Geschichtswerkes. Darin legen auch andere Berichte über Ägyptens Historie Zeugnis ab von dem tiefen Eindruck, den eine Reise in das Nilland und die Erzählungen der Priester und Fremdenführer auf Herodot gemacht hatten. Er schildert auch die gewaltigen Monumente der zu seiner Zeit, dem 5. Jahrhundert v. Chr., schon uralten pharaonischen Vergangenheit. Mit Sicherheit hat der wißbegierige Grieche dabei auch viele Legenden und Märchen mit aufgeschnappt, wie sie damals nicht anders als heute die Dragomane vor den Pyramiden von sich gaben; aber dieser Name eines ersten geschichtlichen Königs von Ägypten wird zu oft genannt – wenn auch in anderen Quellen in jeweils etwas abweichender Schreibung –, als daß man ihn für eine reine Erfindung zur Hebung des Fremdenverkehrs halten könnte. Auch Diodor von Sizilien weiß im 1. Jahrhundert v. Chr. von einem Menes als Urkönig Ägyptens zu berichten, und noch der ältere Plinius nennt denselben Namen.

Offenbar hat es also eine ägyptische Überlieferung gegeben, die den Anfang der eigenen Geschichte mit einem König Menes verknüpfte. Manetho, ein ägyptischer Priester, verfaßte um 280 v. Chr. eine Geschichte Ägyptens in griechischer Sprache für den König Ptolemäus II. In diesem Geschichtswerk läßt er die Reihe der menschlichen Könige Ägyptens, nach den Dynastien von Göttern, Halbgöttern und Heroen, ebenfalls mit Menes beginnen. In den Jahrhunderten vor Manetho sind die ägyptischen Quellen recht schweigsam, um erst wieder in einer sehr viel früheren Epoche, zu Beginn des Neuen Reiches, in der 18. und 19. Dynastie, ergiebiger zu sprudeln – erwartungsgemäß, denn diese Ära war besonders geschichtsbewußt. Den Anfang macht hier die Königin Hatschepsut, die inmitten der mächtigen Thutmosidenherrscher der beginnenden 18. Dynastie das Nilreich 22 Jahre lang regierte und ihm den Stempel ihrer faszinierenden Persönlichkeit aufdrückte, wie ich in meinem Buch ›Herrin Beider Länder – Hatschepsut‹ gezeigt habe. Auf einem Skarabäus, dem Siegelstein in Käferform, gefunden in den Beigabengruben ihres berühmten Terrassentempels von Der el-Bahari, hat man eine recht bemerkenswerte Entdeckung gemacht: Es ist darauf nämlich über ihrem eigenen Thronnamen und dem ihres Stiefsohnes und Mitregenten Thutmosis III. der Name ›Menes‹ eingegraben, und zwar umgeben vom Oval der jeden Königsnamen einschließenden sogenannten ›Kartusche‹. Ganz bewußt stellte Hatschepsut damit sich und ihren Mitregenten unter das Symbol ewigen Königtums, für das zu ihrer Zeit der Name des ersten Pharaos stand, dessen Hieroglyphenzeichen

›Meni‹ etwa ›der Bleibende‹, ›der Dauernde‹ bedeutet[1] und den wir nach griechischem Vorbild ›Menes‹ zu nennen uns angewöhnt haben.

Den ersten Jahrhunderten des Neuen Reiches verdanken wir auch die meisten auf uns gekommenen Königslisten, teils auf Tempelwänden eingemeißelt, teils auf Papyrus geschrieben. Ihre Vollständigkeit und ihr Erhaltungszustand sind unterschiedlich, aber in einem Punkte stimmen sie überein: Menes ist für sie der erste menschliche Pharao. So beginnt etwa die aus der Ramessidenzeit stammende, nach ihrem heutigen Aufbewahrungsort ›Turiner Papyrus‹ genannte Liste mit Dynastien von Göttern, Geistern und ›Horusdiener‹ genannten legendären Königen und zählt dann deren Regierungsjahre zusammen mit den Worten: »Summe ihrer Jahre bis zu dem König von Ober- und Unterägypten Meni, der lebt, heil und gesund ist[2]«, worauf Menes' Name nochmals als Beginn der Dynastien von menschlichen Pharaonen wiederholt wird.

Leider schweigt in dem fast 1500 Jahre umfassenden Zeitraum, der Hatschepsut von den ersten historischen Königen trennt, die ägyptische Überlieferung vollständig. Aus der 5. Dynastie sind Bruchstücke eines Steines erhalten geblieben, deren größtes in Palermo liegt und dem ganzen den Namen ›Palermostein‹ gegeben hat. Darauf waren alle ägyptischen Herrscher bis hinab zu Neferirkarê, dem dritten König der 5. Dynastie, eingetragen. Diesen Stein – oder die altägyptische Unterlage, nach der er vielleicht erst später angefertigt wurde[3] – trennen also vom Beginn der ägyptischen Geschichte nur noch etwa 500 Jahre. Er bringt die Reihe der Königsnamen und die jeweiligen Regierungsjahre der Herrscher, wäre somit also die ideale Quelle, wenn er nicht drei Fehler hätte: Einmal schließen die Bruchstücke, die neben Palermo auch in Kairo und London liegen, nicht aneinander; von dem ursprünglichen Rand ist nichts erhalten, so daß die erheblichen Lücken trotz größter Mühen bisher nicht geschlossen werden konnten und gerade der Beginn der historischen Königsreihe völlig fehlt.

Zweitens ist er nicht sachgemäß geborgen worden, so daß wir heute keine Ahnung haben, wo in Ägypten man vielleicht nach den fehlenden Stücken graben könnte. Drittens schließlich stimmen die Königsnamen, soweit sie auf den vorhandenen Bruchstücken aufgezeichnet sind, gerade in den ersten beiden Dynastien nicht mit denen auf den zeitgenössischen Denkmälern der Frühzeitkönige überein.

Jeder ägyptische König nahm mit seiner Thronbesteigung zu jedem der Königstitel einen neuen, von seinem Geburtsnamen abweichenden Namen an. Zu Beginn der geschichtlichen Zeit erscheinen auf den Funden nur die nach dem zugehörigen Horus-Titel ›Horusnamen‹ genannten Bezeichnungen der Könige: In ein Rechteck ist ein Palasttor eingezeichnet, in einem freien Oberfeld stehen die Hieroglyphen des Königsnamens, und darüber thront der Falke als Bild des Gottes Horus. Demgemäß haben wir etwa den vollen Horusnamen Sachtis als ›der Horus des Palastes, Sachti‹ gelesen[4]. Einige Ägyptologen lesen diesen Namen übrigens als ›Djer‹. In allen späteren Königslisten, auch schon auf dem Palermostein, werden aber ausschließlich die Geburtsnamen der Könige benutzt[5]. Aufgrund von Schreibfehlern wurden die authentischen Namen immer stärker verzerrt. Hinzu kommt, daß Herodot, Manetho und alle weiteren antiken Autoren die jeweiligen ägyptischen Eigennamen in eine für griechische Zungen aussprechbare Form zu bringen versuchten, womit sie schließlich das Durcheinander nahezu undurchschaubar machten. Dank einer geduldigen Zusammenarbeit von Ägyptologen, Sprach- und Geschichtsforschern gelang es immerhin sehr häufig, die verschiedenen Titulaturnamen mit den Geburtsnamen der Pharaonen und deren griechischer Wiedergabe in Übereinstimmung zu bringen.

Aber mit welchem Horusnamen eines Königs der Frühzeit mochte nun Menes übereinstimmen? Menes tauchte in dem reichen Fundmaterial aus den Königsgräbern von Abydos, Saqqara und anderen Plätzen der Frühzeit auf keinem Siegelabdruck, keiner Namensetikettierung und in keiner Inschrift auf. Eine Zeitlang schöpfte die Ägyptologie die Hoffnung, zwei Funde könnten doch die Lösung des Rätsels enthalten.

Da gibt es zunächst einmal ein Elfenbeintäfelchen. Es stammt aus dem großen Grab von Negada, das möglicherweise für König Ahas Gemahlin, die Königin Hotep-Neith, errichtet worden war[6]. Das Täfelchen zeigt eine feierliche Zeremonie, die der Vorgänger König Sachtis, der König Aha, vollzieht. Sein Thronname ist in der für diesen Pharao häufigsten Form eingeritzt: dem mit sämtlichen Einzelheiten sorgfältig ausgeführten Palasttor in der Serech-Umrahmung, über der der Horusfalke hockt und mit seinen Klauen die Namenshieroglyphen im Oberfeld hält: Schild und Keule, zu lesen als ›Aha‹ = ›der Kämpfer‹. Daneben sind in einer dreifachen Umrandung, die oben ein Dreieck bildet, zwei Körbe zu sehen, auf denen eine Schlange und ein Geier hocken. Unterhalb dieser Darstellung wechseln turm- und kuppelförmige Zeichen auf einem länglichen Rechteck ab: das Bild eines Spielbretts. Schlange und Geier sind die Zeichen der beiden Kronengöttinnen Unter- und Oberägyptens, die Körbe bilden die Hieroglyphen für den Titel ›Die Beiden Herrinnen‹. Das Ganze ist also genau die Form, in der all die Jahrtausende

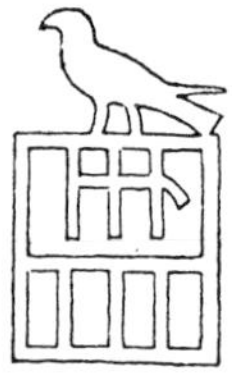

Namensserech König Sachtis

›Menes‹-Täfelchen König Ahas aus dem Negada-Grab

hindurch der zweite Pharaonentitel geschrieben wurde, dem dann der entsprechende zweite Thronname folgte. Also, so schlossen nach diesem Fund viele namhafte Ägyptologen, bezeichnet die Spielbrett-Hieroglyphe den ›Beide Herrinnen‹-Namen von König Aha, den sie ›Men‹ lesen. Folglich wäre der Urkönig Menes der Königslisten und der griechischen Historiker mit König Aha identisch[7].

Leider gibt es eine Anzahl von Argumenten, aufgrund derer diese nach vielen Mühen scheinbar erreichte Lösung wieder zunichte wurde. Es ist nicht nur sehr fraglich, sondern auch durch keinerlei andere Funde belegt, daß es zur Zeit Ahas schon den ›Beide Herrinnen‹-Titel gab. Eindeutig nachgewiesen ist dieser Titel nämlich erst bei König Dewen, also aus der Mitte der Ersten Dynastie. Man deutet heute die Hieroglyphengruppe der 1. Zeile einschließlich des Horusnamens folgendermaßen: »Der Horus des Palastes, Aha, führte die Göttin Nechbet in das Kronenheiligtum ›Es-bleiben-die-Beiden-Herrinnen‹«. Der König läßt also ein Bild der Geiergöttin zu Schiff von ihrem Kultort Necheb in Oberägypten nach seiner Residenz bringen, damit sie hier mit ihrer Götterkollegin, der Schlange Unterägyptens, an einem hohen Königsfest teilnehmen kann.

Ähnlich erging es einem Krugsiegel König Narmers aus dem Königsfriedhof von Abydos, auf dem neben seinem Namen das ›Men‹-Zeichen erscheint[8]. Auch hier kann es sich aus vielen Gründen nicht um den Menes-Namen Narmers handeln, sondern entweder um den Namen eines Prinzen oder gar nur um ein Verb – das Siegel wäre dann ›Narmer bleibt‹ zu lesen[9].

Die moderne Ägyptologie ist sich also darüber einig, daß ein ›Menes‹ auf keinem zeitgenössischen Dokument erscheint[10], und sie fragt sich, ob er überhaupt je existiert habe[11]. Nicht wenige Ägyptologen halten ihn für eine Legende. Nun ist es mit Geschichtslegenden so eine Sache. Es ist, um ein häufig verwendetes Beispiel zu zitieren, ja gar nicht entscheidend, ob der Trojanische Krieg tatsächlich jemals stattgefunden hat – wesentlich ist nur dessen mythische Wirklichkeit für Denken, Selbstgefühl und Geschichtsverständnis der alten Griechen, ja der ganzen klassischen Antike.

Ohne Zweifel sahen die Ägypter seit dem Alten Reich bis in die griechisch-römische Zeit, also fast drei Jahrtausende hindurch, den Beginn ihrer Geschichte in *einem* König verkörpert. Er hatte in ihrem Selbstbewußtsein die ›Beiden Länder‹ vereinigt, die Hauptstadt Memphis gegründet, und er hatte Schrift, Gesittung und Kultur eingeführt. Ebenso hatte er von den Göttern, seinen Vorgängern auf Ägyptens Thron, die als Göttin Maat verehrte Weltordnung übernommen – und zwar mit der Verpflichtung, sie für alle Zeiten zu erhalten und auszubauen.

Damit ging Menes' Rolle über die eines Kulturheros, wie wir ihn aus den Geschichtslegenden so vieler Völker kennen, weit hinaus, denn das Wort ›Weltordnung‹ ist durchaus wörtlich zu nehmen: Der König hatte ja nicht nur die irdische Ordnung im Land Ägypten zu wahren, sondern den Ablauf des gesamten kosmischen Geschehens zu garantieren. Er war für den allmorgendlichen Sonnenaufgang ebenso verantwortlich wie für das pünktliche und ausreichende Schwellen des Nils und für das Leben und die Fruchtbarkeit von Mensch, Tier und Pflanze auf dem gesamten Erdenrund. Und wie immer die praktische Rolle des Pharaos und die Königstheologie sich im langen Lauf der ägyptischen Geschichte geändert haben mögen – diese Verantwortung für alles Leben blieb dem Königtum. Noch in der Spätzeit treten auf Darstellungen in ägyptischen Tempeln Abgesandte fremder Volksstämme vor den Pharao, um von ihm das ›Leben‹ zu erflehen.

Wir haben schon bei Betrachtung der Rituale zum Königsbegräbnis gesehen, wie der tote König eintritt in eine göttliche Einheit der Ahnen, die in der Frühzeit als der ›Große Weiße‹ Pavian, später als Totengott Osiris verehrt wurde. Darüber hinaus konnten wir erleben, wie jeder neue König zum ›lebenden Horus‹, zur Verkörperung des Himmels-und Allgottes wurde, im Ritual gezeugt vom verstorbenen Vater. So hatten zwar die Träger des Königtums jeweils wechselnde Gestalt,

›Menes‹-Siegel König Narmers

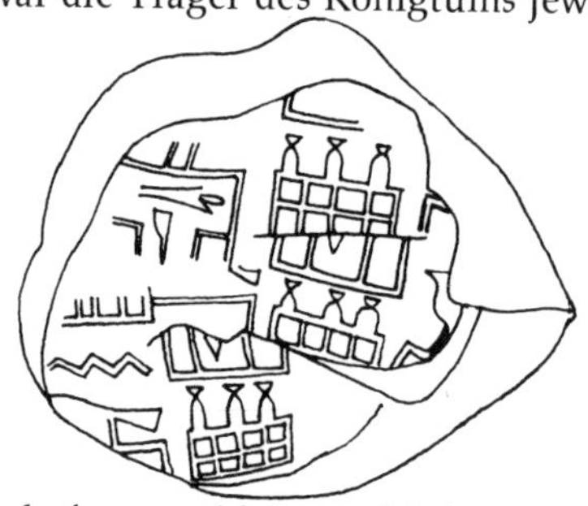

es selbst jedoch war wahrhaft unsterblich. Welch besseren Namen konnte also der Urkönig haben, der am Anfang dieser Reihe stand, die toten Könige in sich aufnahm und die lebenden zeugte, als ›Meni‹ = ›der Bleibende‹, ›der Dauernde‹[12]! Und sogar die von Herodot überlieferte Namensform ›Min‹ scheint keine zufällige Verwechslung zu sein. Min war ein uralter Königsgott, dessen Zeichen zu den frühesten überlieferten Standarten des Königsgeleits gehörten und der als Verkörperung der Fruchtbarkeit galt. Die Gleichsetzung: Meni = Min ist von den Ägyptern, denen Wortgleichheit immer auch Sachgleichheit bedeutete, demnach als die natürliche Entsprechung zu diesem Bild des dauernden Urkönigs empfunden worden[13].

Wenn nun auch keine zeitgenössische Quelle uns einen Beweis für die Gleichsetzung dieses oder jenes Königs mit Menes gibt, so haben doch die Berechnungen nach den verschiedenen Königslisten ergeben, daß es mit größter Wahrscheinlichkeit der in seinen eigenen Monumenten Aha genannte Pharao war, der als erster Herrscher der 1. Dynastie galt. Wir werden also untersuchen müssen, wie weit seine Taten mit den von Menes überlieferten übereinstimmen und ob er als Gründer einer Dynastie nachzuweisen ist. Wir müssen dabei im Auge behalten, daß diese Dynastie strenggenommen ja nicht die erste im historischen Sinn gewesen ist, sondern daß es bereits vor Aha Könige gab, die Gesamtägypten beherrschten.

Einen Teil der Antwort können wir schon finden, wenn wir uns die Quellen näher betrachten, aus denen wir überhaupt etwas über die Taten dieser Könige im Frühlicht ägyptischer Geschichte wissen. Fast ausschließlich stammen sie aus Funden in den Königsfriedhöfen der 1. Dynastie in Abydos und Saqqara, Turah und dem Großen Grab in Negada.

Zu den Beigaben für die Toten hatte eine schon in frühester Zeit sehr genau kontrollierende Bürokratie Inhalt, Herkunft und Bestimmung ausführlich vermerkt. Wo dies nicht durch unmittelbare Aufschriften wie bei Töpfen oder Steingefäßen geschehen konnte, wurden kleine Täfelchen aus Holz oder Elfenbein dafür verwendet. Sie waren an einer Schnur befestigt, die man durch ein Loch hindurch mit dem gespendeten Gegenstand verband. Dies bot sich vor allem zur Kennzeichnung des Inhalts von Lederbeuteln, Holzkistchen, Elfenbeindosen und ähnlichen Behältern für Schmuck, kostbare Öle, Werkzeuge, aber auch für Kleidungsstücke und Stoffballen an. Fast immer ist bei der Aufdeckung eines Grabes das Behältnis längst vergangen, der Inhalt entweder geraubt oder bis zur Unkenntlichkeit verändert – aber über fünf Jahrtausende hinweg berichten uns diese ›Täfelchen‹, wie die Ägyptologie sie nennt, daß für den Horus des Palastes, Sachti, etwa Wein dieser oder jener Sorte aus der königlichen Domäne am westlichen Deltarand unter Aufsicht dieses oder jenes siegelführenden Beamten in sein Grab geliefert worden sei.

Uns gibt diese Buchführung nicht nur unschätzbare Hinweise auf die Art der Beigaben und damit auf den Totenkult der Frühzeit überhaupt – sie verschafft darüber hinaus sogar Einblicke in Wirtschaft und Verwaltung wie in eine Vielzahl von Namen und Titeln derjenigen Menschen, die vor fünftausend Jahren hier am Königshof und in verschiedenen Behörden tätig waren. Schließlich hat die Genauigkeit der frühägyptischen Beamten uns noch eine größere Delikatesse auf diesen Täfelchen hinterlassen: Nach dem offenbar auch damals schon gültigen Satz, daß Vertrauen gut, Kontrolle aber besser sei, haben sie nämlich auf vielen solcher Täfelchen auch – nun, wir würden heute sagen, das Datum angebracht. Freilich, diese Frühzeitdaten unterscheiden sich erheblich von unseren heutigen Datumsstempeln auf einer Akte. Es gab ja vor allem noch keinen Fixpunkt für den Kalender, und es sollte ihn während der ganzen ägyptischen Geschichte nicht geben: kein ›vor oder nach Christi Geburt‹ also, wie wir es heute kennen.

So behalf man sich in der ältesten Zeit mit Angabe der wichtigsten Ereignisse des Jahres, aus dem das betreffende Produkt stammte oder in dem es gestiftet worden war. Es wird dabei nur ein beschränkter Typenschatz von Ereignissen verwendet, nämlich nur das, was ägyptischem Geschichtsverständnis wichtig erschien.

Das waren Handlungen des Königs, der allein Geschichte vollzog nach den Regeln der Maat[14] und – so lautet die Formulierung auf vielen späteren Inschriften – ›wie die Götter und Könige der Vorzeit‹. Mit solchen Handlungen sind vor allem Königsbesuche im Land gemeint, Weihungen von Tempeln, Herstellung von Götterbildern, aber auch die Wahrung und Verbreitung der Maat gegenüber Rebellen und Feinden der Weltordnung und schließlich die Abhaltung der großen Königs- und Götterfeste. So finden wir, stets äußerst knapp formuliert, Vermerke wie ›Geburt (Herstellung eines Götterbildes) des Min‹, oder ›Erscheinen des Königs von Oberägypten‹ oder ›Erstes Mal Schlagen des Ostens‹[15].

Und alle derartigen Vermerke sind mit dem Namen des Königs verbunden, des nach dem Königsdogma alleinigen Vollziehers der Geschichte und des Kultes – wie vieler Beamter, Priester oder Generäle er sich dabei auch bedient haben mochte. Es ist sehr bezeichnend für die Art ägyptischen Denkens, wie hier ganz am Anfang des Entstehungsprozesses der Hochkultur die eben erst erfundene Schrift zum Aufzeichnen von Geschichtsereignissen verwendet wird[16].

Sehr bald muß sich die Notwendigkeit ergeben haben, diese auf den Täfelchen vermerkten Jahresereignisse in Listen festzuhalten, immer mit dem Namen des betreffenden Königs verbunden. Damit waren die Annalen geboren, die am Königshof und wahrscheinlich auch an den großen Tempeln geführt wurden[17]. Solchen Annalen verdanken wir den Palermostein wie die Königslisten und alle späteren Geschichtswerke bis zu Herodot und Manetho. Die Methode wurde rasch verfeinert. Schon in der Mitte der 1. Dynastie wurde die Jahreshieroglyphe neben das erwähnte Ereignis gesetzt. In der 3. Dynastie kam dann ein zeitlich festerer Rahmen hinzu: eine Zählung der alle zwei Jahre erfolgenden Reisen des Königs durch das Land zur Aufstellung der Steuerlisten[18]. Während des ganzen Alten Reiches heißen also die Daten etwa ›im Jahr nach der dritten Zählung des Cheops‹ oder ›Jahr der 10. Zählung von König Unas‹, und erst im Mittleren Reich kamen die Ägypter von dieser etwas umständlichen Methode ab und zählten fortan die Regierungsjahre jedes Königs.

Gerade die Unscheinbarkeit der Annalentäfelchen bewahrte sie oft vor der Vernichtung durch Plünderung oder Raub. Bei manchen von ihnen zeigen die Fundumstände, daß ein Grabräuber sie nichtachtend weggeworfen hatte, nachdem er die Perlenkette aus dem Lederbeutel oder die kostbaren Stoffballen als wertvolles Diebesgut verstaut hatte. Die Täfelchen stellten ja nicht nur keinen Wertgegenstand dar, sondern waren zudem höchst verräterisch hinsichtlich der Herkunft der Ware.

So glücklich also die Ägyptologie über die Jahrestäfelchen sein kann – ganz ungetrübt ist das Vergnügen auch hier keineswegs. Einmal sind natürlich doch unendlich viele von ihnen vernichtet worden, durch Feuer und Wasser, durch Verschleppung oder Nachlässigkeit – genügend Gründe für eine erhebliche Verminderung ihres Bestands im Verlauf der Jahrtausende. Ferner ist die früheste Hieroglyphenschrift noch keineswegs vollständig lesbar.

Manche Zeichen weichen beispielsweise in Form oder Bedeutung vollkommen ab von den Hieroglyphen, wie sie in den voll ausgebildeten Schriften des Alten, Mittleren und Neuen Reiches verwendet werden. Andererseits sind sie häufig sehr grob eingekratzt oder geschrieben und zudem durch das Alter fast unlesbar geworden. Die Lesung der Texte geht also in vielen Fällen recht weit auseinander.

Vor allem aber kennen wir nicht die zeitliche Reihenfolge der Täfelchen eines Königs. Nur in seltenen Glücksfällen stimmt das auf einem Täfelchen erwähnte Geschehen mit dem in einem Jahresfeld der erhaltenen Stücke des Palermosteines überein, so daß wir es an einer bestimmten Stelle in den zeitlichen Verlauf einer Regierung einfügen können.

Und dennoch besitzen wir durch diese Täfelchen viel mehr und genauere Kenntnisse über manche Könige der Frühzeit, als über die meisten frühen Herrscher anderer Hochkulturen oder etwa über die mächtigen Pyramidenbauer des Alten Reiches. Der erste Pharao, aus dessen Zeit solche Täfelchen überliefert sind, ist nun gerade König Aha ›der Kämpfer‹. So ist es weder Zufall noch Spekulation, wenn Königslisten und Annalensteine ihn als ersten geschichtlichen Herrscher aufführen und mit ihm beginnen. Dies hat wohl auch den ganz praktischen Grund, daß unter Ahas Herrschaft zum ersten Male eine solche annalistische Datenliste geführt worden ist[19] und damit Geschichtsschreibung überhaupt erst möglich wurde. Es steht also fest: Wenn Aha auch keineswegs der erste ägyptische König war, so ist er doch der erste für die Ägypter in historischen Einzelheiten faßbare Pharao. Mit Recht stellt also auch die moderne Ägyptologie ihn an die Spitze der 1. Dynastie.

Nicht nur aufgrund der Angaben von Palermostein und Königslisten, deren Problematik wir ja kennengelernt haben, sondern vor allem durch die äußerst präzis durchgeführten Nachgrabungen Petries auf dem Königsfriedhof von Abydos in den Jahren 1899–1901[20] wissen wir ziemlich genau Bescheid über die Reihen-

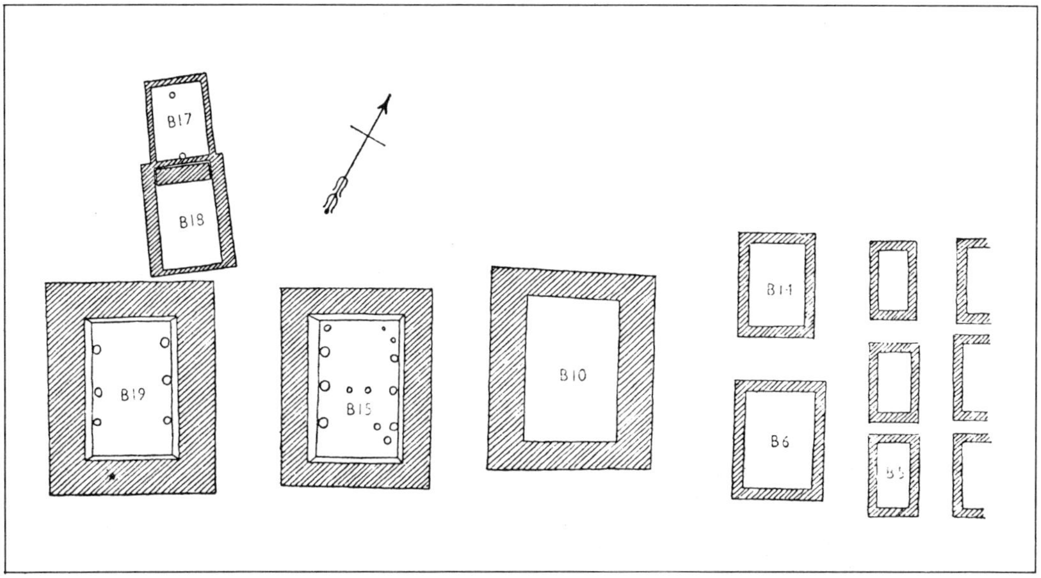

Grundriß des Abydos-Grabes König Ahas (B 19)

folge der frühen Könige. Die Zeit der ersten beiden Dynastien war in Ägypten eine Epoche stürmischer Entwicklungen auf allen Gebieten, so auch auf dem der Grabbautechnik. Durch sorgfältigste archäologische Arbeit hatte der englische Ägyptologe nicht nur die Bauart jedes einzelnen der großen Gräber bestimmt und aufgezeichnet, sondern sie auch dank der in ihnen gefundenen Inschriften ihrem jeweiligen königlichen Besitzer zuweisen können. Danach ergab sich, daß das Grab des Aha in seiner bautechnischen Entwicklung zwischen dem des Königs Narmer und dem unseres Pharaos Sachti stand – ein Ergebnis, das zufriedenstellend zu allen übrigen Funden und Inschriften paßte.

Wieder einmal, wie so oft in Ägypten, steht also ein Grab am Anfang unserer Kenntnisse über Menschen und Ereignisse. Das des Aha ist das größte in der Gruppe der frühesten Königsgräber. Die mit dicken Lagen von Lehmziegeln ausgekleidete Grabkammer maß einschließlich dieser Stützmauern 11,70 m in der Länge und war 9,40 m breit. Entlang der Längswände fanden sich Löcher im Boden, in denen einmal Pfosten verankert waren, die eine hölzerne Dachkonstruktion trugen. Noch besteht also zur Zeit Ahas die in den Untergrund getiefte Baugrube nur aus einem einzigen, offenbar auch nicht weiter unterteilten Raum, der keinen anderen Zugang hatte als durch das Dach. So konnte dessen Fertigstellung ebenso wie die Errichtung des Oberbaues erst nach der Beisetzung erfolgen. Die Größe der Grube, ihre sorgfältige Ziegelauskleidung und die Pfostenkonstruktion heben Ahas Grab aber schon deutlich von den umliegenden frühesten Königsgräbern ab.

Ein Beispiel für die oft umstrittenen Aussagen über die Frühzeit ist etwa die neuerdings von einzelnen Ägyptologen ausgesprochene Vermutung, Aha sei überhaupt nicht in Abydos, sondern in Hierakonpolis begraben worden.

Wie alle Pharaonen der Ersten Dynastie hat König Aha noch ein zweites Grab besessen, und zwar in Saqqara, dem riesigen Königsfriedhof der Hauptstadt Memphis, westlich des heutigen Kairo und unmittelbar am Rande der libyschen Wüste gelegen. Der englische Ägyptologe Walter B. Emery hatte gemeinsam mit seinem ägyptischen Kollegen Zaki Y. Saad unmittelbar vor dem Zweiten Weltkrieg bei einer genauen Untersuchung des nördlichsten Abschnittes der Nekropole von Saqqara eine Entdeckung gemacht: Bauwerke, die aufgrund von Inschriften und Siegeln mit größter Wahrscheinlichkeit den frühesten ägyptischen Königen gehörten. Alle Pharaonen der Ersten Dynastie, von Aha an bis auf den letzten namens Semerkhet, sind hier vertreten[21].

Diese Funde wirbelten in der Ägyptologie viel Staub auf. Hatte nicht Petrie von jedem dieser Herrscher bereits Gräber in Abydos gefunden? Hinzu kam die verblüffende Tatsache, daß die Gräber in Saqqara jeweils viel kunstvoller, größer und bautechnisch weiter entwickelt waren als die entsprechenden Abydos-Bauwerke. Man behalf sich zunächst mit der Vermutung, die Großgräber in Saqqara gehörten hohen Beamten. Das erste Grab, das Emery freilegte und das sensationell reiche Funde aufwies, wurde beispielsweise Hemaka, dem Kanzler von König Dewen, zugeordnet. Unter dieser Bezeichnung sind die Funde noch heute im Ägyptischen Museum zu Kairo ausgestellt. Aber war es denkbar, daß noch so hochrangige Beamte sich viel größere und besser ausgestattete Gräber anlegen konnten als ihre Herrscher?

Das Auftauchen ihrer Namen und Grabbeigaben ließ sich auch mit ihrer Kontroll- und Lieferungsfunktion erklären, in welcher Eigenschaft dieselben Beamten ja auch in Abydos gesiegelt haben. Die Zuweisung ist noch nicht bei jedem einzelnen Grab endgültig geklärt, aber gerade bei dem Monument Ahas besteht gar kein Zweifel mehr, daß es dem König selbst zu eigen war. Allein mehr als 700 Siegelabdrücke mit Ahas Horusnamen sind in dem Grab Nummer 3357 von Saqqara gefunden worden[22].

Unter Aufwendung von viel Scharfsinn haben sich die Ägyptologen mit dem Geheimnis des doppelten Grabes herumgeschlagen. Heute besteht weitgehende Übereinstimmung darüber, daß eines der Gräber den Leichnam aufnahm, das andere nur ein symbolisches Leergrab, ein sogenannter Kenotaph war. Man verglich diesen Befund mit demjenigen vom berühmten Totenbezirk des Königs Djoser in Saqqara, dessen Mumie in einem Grabraum unter der Stufenpyramide lag. Reste der Mumie entdeckte man dort in dem Raum über dem Sargraum. An der Südmauer aber wurden völlig identische Grabräume gefunden, die sich nur in ihren Ausmaßen von denen des Hauptgrabes unterschieden[23]. Es war also, wenn auch in den Rahmen eines großartigen Bauwerks eingefügt, ein Süd- und ein Nordgrab festzustellen, wobei die Mumie im nördlichen Komplex bestattet lag. Das Südgrab aber galt dem ›Ka‹, jenem eigenartigen, die göttliche Lebens- und Schöpferkraft verkörpernden Seelenteil eines Pharaos, dessen Bedeutung wir schon anhand der Begräbnisrituale kennengelernt haben.

Zur Bedeutung des Kas für das Weiterleben und die Vergöttlichung eines Pharaos nach dessen Tode kam noch die uns bereits bekannte Eigentümlichkeit des ägyptischen Denkens in Zweiheiten, die erst zusammen ein geordnetes Ganzes ergeben. Und da der ägyptische Mensch, zumal der Frühzeit, in Bildern dachte, stellte er diese Zweiheit auch in den beiden Königsgräbern dar. Darin erst konnte sich die Ganzheit des Landes und seiner Ordnung verkörpern und somit auch verwirklichen.

Wenn man damit auch eine Erklärung für die beiden Gräber der Frühzeitkönige in Abydos und Saqqara hatte, blieb doch noch die Frage, welches von beiden denn nun das eigentliche Grab und welches das Ka-Grab, der Kenotaph, war. Zunächst überwog die Zahl derer, die Saqqara als den eigentlichen Bestattungsplatz ansahen[24]. Heute hat sich aber die Erkenntnis durchgesetzt, daß wir den wirklichen Königsfriedhof der Frühzeit in Abydos vor uns haben und daß in Saqqara nur die Kenotaphe zu finden sind[25]. Von den sehr in fachwissenschaftliche Details gehenden Begründungen will ich nur einige hier kurz aufzählen: Ausschließlich in Abydos finden sich jeweils bei den Gräbern die beiden großen Stelen mit dem Namen des bestatteten Königs. Die Gräber der vorgeschichtlichen Herrscher, der ›Urzeitkönige‹ also, befanden sich mit Sicherheit hier, so daß man nur an diesem Ort bei den Ahnen ruhen konnte. Gerade der schlichte Hügel, welcher die Abydosgräber deckte und schließlich, monumentalisiert, zur Pyramide werden sollte, hatte wesentliche kultische Bedeutung als Abbild des Urhügels, von dem einst die Schöpfung ihren Ausgang genommen hatte. Sogar in den – völlig anderen Prinzipien folgenden – Konstruktionen der Saqqara-Gräber mußte die Idee des Urhügels vertreten sein[26].

Wenn wir einmal das Scheingrab des Königs Aha in Saqqara näher betrachten, so fällt sofort die ganz andere Baugesinnung, der völlig unterschiedliche Stil auf, in dem dieses Bauwerk gegenüber dem Abydosgrab errichtet worden ist. Der Oberbau weist eine rechteckige Form auf, die heute allgemein, nach dem arabischen Wort für ›Bank‹, Mastaba genannt wird. Die Seitenwände zeigen nischenförmige Vor- und Rücksprünge aus Ziegelwerk, und das Ganze wird von zwei Mauern schützend umschlossen. Dieser Oberbau ist mit einer Länge von 48,20 m und einer Breite von 22 m um ein Vielfaches größer als das bescheidene Aha-Grab

Querschnitt durch ein Frühzeitgrab in Saqqara mit ›Innenhügel‹, Vorstufe der Pyramiden?

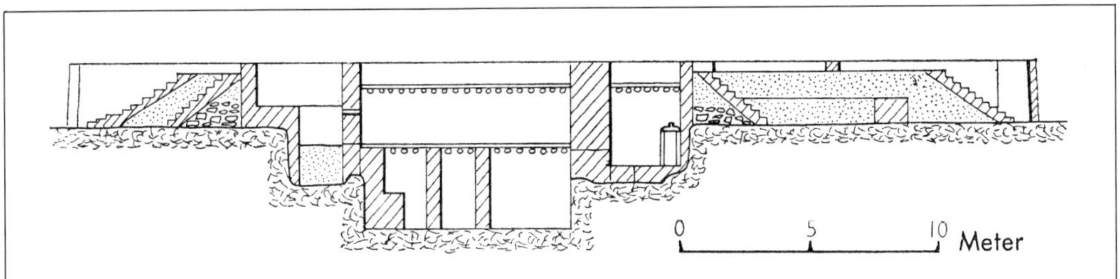

von Abydos. Ebenso deutlich wie beim Oberbau sind die Abweichungen bei den Einzelheiten des Innenausbaus. Die Grabkammer ist nicht mehr, wie in Abydos, nur eine in den Sand, Kies und Geröllschutt der Wüstenoberfläche eingetiefte, sondern eine in den gewachsenen Fels gehauene Grube, die zudem durch Querwände in fünf Gemächer unterteilt wird[27]. Auch der Oberbau enthält noch siebenundzwanzig Magazinräume. Kurz, das Saqqaragrab war wesentlich moderner als das in Abydos; aber dieses war eben ganz bewußt ›nach der Art der Vorfahren‹ gebaut und damit allein und mit Sicherheit in der Lage, seine weit über die Schutzfunktion hinausgehende Rolle bei dem Drama der königlichen Wiedergeburt zu spielen.

Auch das Grab des Königs in Saqqara war aber weit mehr als nur ein Denkmal zum Gedächtnis an Aha. Es stellte vielmehr mit seinen Nischenfassaden ein Abbild des irdischen Palastes dar und bildete so eine ewige Residenz für den Toten. Dazu war es in der Lage, Opfer und Rituale aus der nahen Hauptstadt Memphis für den Ka des Königs und damit für diesen selbst entgegenzunehmen. Gleichermaßen kam ja auch die ganze Grabausstattung in den vielen Magazinräumen auf magische Weise dem toten Herrscher zugute – und zwar in seiner Existenz im Grab von Abydos ebenso wie in seinen mannigfachen jenseitigen Erscheinungen als Stern und als Gott. Auch einige Modellbauten an der Nordseite des Saqqaragrabes, wohl Darstellungen der königlichen Domäne, hatten solche magischen Funktionen. Das danebenliegende Ziegelgrab für ein Schiff deutet außerdem auf die Vorstellung eines lebhaften magischen Verkehrs zwischen den beiden Gräbern hin.

Etwas historisch sehr Wesentliches erfahren wir aus Ahas Saqqaragrab ganz unabhängig davon, ob es nur ein Scheingrab war: Der König hatte eine Residenz in Memphis; denn sonst hätte es ja gar keinen Grund gegeben, ein Monument für den Toten auf dem Gräberfeld dieser Stadt zu errichten. Von seinem Vorgänger Narmer oder anderen Königen der 0. Dynastie hat sich bisher keinerlei Grabstelle in Saqqara finden lassen, und so mag auf König Aha zutreffen, was in der Spätzeit vom Urkönig Menes erzählt wurde: daß er es gewesen sei, der Memphis zur Hauptstadt des vereinigten Reiches von Ober- und Unterägypten bestimmt habe[28].

Zwar ist es durchaus wahrscheinlich, daß eine städtische Siedlung an dieser geopolitisch so wichtigen Stelle an der Deltaspitze schon vorher bestanden hat; hierauf wiesen ja auch die Funde in Heluan hin, die wir im vorigen Kapitel bereits kennenlernten. Aha jedoch ist augenscheinlich der erste Pharao gewesen, der seine Residenz von dem nahe bei Abydos liegenden This nach Memphis verlegte.

Für die Rolle von Memphis als Residenz in Ahas Zeit sprechen auch Hunderte von Tonkrügen aus dem Saqqaragrab des Herrschers. Sie tragen nämlich ziemlich genau zur einen Hälfte die Inschrift ›Steuerabgabe von Unterägypten‹ und zur anderen ›Steuerabgabe von Oberägypten‹[29]. Was wir sonst noch über Aha wissen, ist rasch erzählt. Seine Annalentäfelchen geben uns Kunde von einem ›Zug gegen Nubien‹. Also leitet bereits dieser frühe Herrscher die Reihe derjenigen Pharaonen ein, die über die – damals schon am Ersten Katarakt bei Elefantine gelegene – Südgrenze Ägyptens hinausgriffen[30].

Die neuen Ausgrabungen des Deutschen Archäologischen Instituts auf der Insel konnten den Nachweis erbringen, daß die Kultstelle des Haupttempels von Elefantine, nämlich des Heiligtums der Göttin Satet, bereits zu Beginn der Frühzeit mit Weihegaben versehen worden war[31]. Demnach muß hier schon zu jener Zeit eine ägyptische Stadt bestanden haben.

Alle anderen Zeugnisse Ahas sprechen von Friedenstaten des Königs: der Herstellung von Kultbildern wichtiger Götter, Inspektionsreisen durch Ägypten und einem Besuch der unterägyptischen Stadt Sais. Bei diesem Besuch habe der König den Tempel der Göttin Neith erneuert und die feierliche Zeremonie des ›Einfangens des schwarzen Stieres von Buto‹ vollzogen[32]. An solchen Aktivitäten in Unterägypten können wir noch heute das Bemühen des Königs erkennen, ebenso wie seine Vorgänger gegenüber Unterägypten eine kluge Politik der Gleichbehandlung mit Oberägypten zu betreiben[33].

Manetho weiß zu berichten, daß Menes-Aha durch ein Nilpferd umgekommen sei[34], was vielleicht mehr ist als eine bloße Legende. Zur Rolle des Königs gehörte nämlich seit frühester Zeit die zeremonielle Erlegung des Nilpferdes als des größten und gefährlichsten Dickhäuters im damaligen Ägypten – der Elefant war schon in vorgeschichtlicher Zeit im ägyptischen Niltal ausgestorben. Ursprünglich gehörte diese Zeremonie in den Bereich des Jagdzaubers[35], mit dem der vorgeschichtliche Häuptling die Blutschuld am Töten des Untieres auf sich nahm und so die Gemeinschaft vor der Geisterrache schützte. In geschichtlicher Zeit war die Nilpferdjagd des Pharaos ein Bild des Sieges über alle bösen Geister und Dämonen. So finden wir noch auf den Wänden des Tempels von Edfu aus der Ptolemäerzeit den Königsgott Horus beim Speeren des im Nilpferd verkörperten ›Götterfeindes‹ Seth.

Die Nilpferdjagd war gewiß zur damaligen Zeit – angesichts der schwankenden Papyrusboote und einer Bewaffnung nur mit Speer und Harpune – jedes Mal ein Abenteuer mit ungewissem Ausgang. So mag der Bericht Manethos über fast dreitausend Jahre hinweg die Erinnerung an einen tödlichen Jagdunfall des Königs Aha bewahrt haben. Diodor erzählt über denselben König die eigenartige Geschichte von einem Unfall am großen Fayum-See, wobei der König vor den ihn verfolgenden Jagdhunden durch ein Krokodil gerettet worden sei[36]. Diese legendenhafte Erzählung stimmt immerhin in bezug auf einen Jagdunfall am Wasser mit Manethos Bericht überein. Sehr weit gehen die Angaben über die Länge von Ahas Regierungszeit auseinander. Sie schwanken bei den späten Quellen zwischen 27 und 62 Jahren. Leider fehlt auch bei Aha ein großes Stück am Palermostein, der nur noch die letzten eineinhalb Jahre seiner Herrschaft dokumentiert[37]. Rekonstruktionsversuche ergaben 32 volle und ein unvollständiges Regierungsjahr für ihn[38].

Über den Beginn seiner Herrschaft können wir gar nichts aussagen; wir wissen nicht einmal, ob Aha ein Sohn seines Vorgängers Narmer war, oder ob er vielleicht gar eine neue Dynastie begründet hat. Seine letzte Gemahlin Hotep-Neith war wahrscheinlich eine Tochter Narmers[39]. Wir werden auf diese interessante Frau später noch ausführlich zu sprechen kommen. Sie hat jedenfalls Aha überlebt und ist erst während Sachtis Regierung gestorben[40]. Das Paar hatte mehrere Söhne und Töchter. Ahas Thronfolger Sachti jedoch entstammt seiner Ehe mit einer ›Khant-Hapi‹, also einer ›Musikantin des Apis‹, die aber nur auf dem Palermostein erwähnt wird und sonst keinerlei Spuren hinterlassen hat[41]. Eine weitere Gattin Ahas hörte auf den romantischen Namen Bener-Ib = ›Holdes Herz‹[42], und aus dieser Ehe dürfte die Tochter Ima-Ib, ›Freundliches Herz‹, stammen[43].

Der wichtigste Beamte, den wir aus Ahas Regierung kennen, ist Peseschkaf, ›Leiter der oberägyptischen Verwaltung vom Zelt‹. Sein Siegel, das auf den Königsfriedhöfen von Abydos und Saqqara und in Negada auftaucht[44], ist recht eindrucksvoll: Vor einem langen Zelt aus mattenbekleidetem Stangengerüst liegt ein Löwe mit dreifachem Krummholz auf dem Rücken; er stellt die Schutzgottheit dieser Behörde dar. Neben und unter dem Zelt wiederholen sich die Namenshieroglyphen: ein fischschwanzförmiges Gebilde für ›pesesch‹ und ein Brotlaib für ›kaf‹. Der Beamte muß, nach der Anzahl seiner Siegel zu schließen, große Bedeutung nicht nur unter Aha, sondern in demselben Amt auch schon unter Narmer gehabt haben. Er ist außerdem der einzige Träger dieses Titels, dessen Siegelabdruck gemeinsam mit dem eines Königs, nämlich Ahas, vorkommt[45].

Im allgemeinen bedeutet das Führen des Namens eines regierenden Königs neben dem eigenen, daß der Träger ein Prinz ist[46]. So ist es möglich, daß wir in Peseschkaf einen prinzlichen Verwalter dieses hohen Amtes vor uns haben. Auch dies wäre aber einmalig, denn kaum einer der in ihren Siegelabdrücken sehr zahlreich belegten Prinzen der Frühzeit trägt sonst einen Titel oder eine Amtsbezeichnung[47]. Die häufig in der Ägyptologie geäußerte Vermutung, daß in der Frühzeit nur Prinzen die höchsten Verwaltungsämter ausgeübt haben sollen, weil nur sie als Blutsverwandte die gottähnliche Mächtigkeit des Pharaos hätten ertragen können, findet in dem bisher gefundenen Inschriftenmaterial keine Stütze. Die Befunde deuten eher auch schon in jener Zeit auf Fachleute als hohe Beamte. Erst im Alten Reich überwiegen Prinzen als Wesire.

Die Siegel des Peseschkaf geben uns noch einen weiteren interessanten Einblick in das Denken der Frühzeit. Seine Siegel zur Zeit Narmers weichen nämlich ab von denjenigen, die aus Ahas Regierungszeit stammen. Da dies auch bei anderen Beamtensiegeln unter verschiedenen Königen zu beobachten ist, steht fest, daß mit Beginn einer neuen Regierung alle alten Siegel vernichtet und für Beamte und Verwaltungen neue geschnitten werden mußten[48]. Mit dem Tod eines Königs der Frühzeit endete für den Ägypter die Welt, die Schöpfung hielt den Atem an, und erst der neue ›Horus auf dem Throne der Lebenden‹ konnte sie wieder in Gang setzen. Die neue Welt erforderte aber auch eine Erneuerung aller Ämter und machte daher auch die Erneuerung der Siegel notwendig.

Die ›Verwaltung vom oberägyptischen Zelt‹ muß eine sehr alte Behörde gewesen sein und offenbar aus einer Zeit stammen, in der König und Hofstaat noch im Lande umherzogen und in wechselnden Pfalzen residierten, so daß ein schnell aufzuschlagendes Mattenzelt die Akten bergen mußte. Hauptaufgabe dieser Verwaltung war die Einziehung von Steuern. Zur Zeit Ahas dürfte sie ihren festen Sitz in der Residenzstadt Memphis gehabt haben, denn die meisten ihrer Siegelungen finden sich in Saqqara. In weitaus den meisten Fällen handelt es sich um Steuervermerke für Ober- *und* Unterägypten, so daß nur noch der Name die Ent-

Siegel der ›Verwaltung vom Zelt‹ des Peseschkaf unter Narmer und Aha

stehung aus einem ursprünglich in Oberägypten beheimateten Amt andeutet, die Zuständigkeit sich aber längst über ganz Ägypten erstreckte. In der Mitte der 1. Dynastie verschwindet die Zeltverwaltung völlig, ihre Aufgaben gehen auf andere, modernere Behörden über[49].

Sowohl aus der Zeltverwaltung wie aus anderen Verwaltungszweigen kennen wir weitere Beamte Ahas. Es ist immer wieder überraschend, wie umfangreich das Material aus der Frühzeit ist! Bei den meisten Titeln ist es freilich schwer, sich eine Vorstellung von der Tätigkeit des Betreffenden zu machen – welche Aufgabe mag wohl der ›unterägyptische Vogelfänger des Horus‹ gehabt haben, dessen Siegelabdruck wir in Saqqara finden[50]?

Auch König Aha hatte, wie seine Vorgänger und Nachfolger, nicht nur einen Palast in Memphis, sondern in vielen Städten, was etwa mit unseren mittelalterlichen Königspfalzen zu vergleichen ist. Wir kennen unter anderem einen ›butischen Palast‹ in Unterägypten, einen bei Nechen in Oberägypten und ein weiteres ›Oberägyptisches Königshaus des Horus Aha‹[51]. Dies letztere Palastsiegel ist ein besonders hübsches Beispiel für die außerordentlich konzentrierte Form früher Hieroglyphen: Der Falke mit Schild und Keule in den Klauen, ›Horus Aha‹ gelesen, hockt in dem rechteckigen Zeichen für ›Haus‹, dessen hohe Pforte es als ›Königshaus‹ ausweist; die Binsenpflanze daneben bedeutet ›Oberägypten‹. Meist liegen diese Königspfalzen in der Nähe der königlichen Domänen, aus denen der Hof mit Nahrungsmitteln und Wein versorgt wurde[52].

Mit einer Besonderheit steht König Aha allein in der Reihe seiner Vorgänger und Nachfolger auf dem Thron. Nur von ihm gibt es Täfelchen, auf denen in Verbindung mit seinem Königsnamen Tiere abgebildet sind, und zwar eine ganz bestimmte, eng begrenzte Auswahl: Gazellen, Vögel und Krokodile, offenbar stellvertretend für alles Leben auf der Erde, unter dem Himmel und im Wasser. Jagdhunde, Fallen und Waffen neben den Tieren bezeugen, daß es sich um Jagddarstellungen handelt und daß damit die Macht des Königs über die gesamte Schöpfung ausgedrückt werden sollte. Es ist also ein Bild für das, was eine Inschrift des Alten Reiches in die Worte faßt: »Er besitzt, was der Himmel gibt, die Erde erschafft und der Nil hervorbringt«[53].

Ein mächtiger und energischer Fürst war also dieser Aha, der eine geordnete Verwaltung ausbaute, Annalen einrichten ließ, über das gesamte Land von der Südgrenze bei Elefantine bis zur Mittelmeerküste gebot und in ihm die Maat nach Weisung und Maßgabe der Götter befestigte. Er hat den Boden für die erfolgreiche Regierung seines Sohnes Sachti bereitet.

Gott, König und Mensch in der Frühzeit

Teil III

Sachti und seine Nachfolger

Kapitel 1

Für König Sachti, dessen Begräbnis wir im ersten Teil miterlebten, gehört die Zeit der Reichsbildung bereits der Geschichte an. Mit großer Selbstverständlichkeit vollzieht er bei seiner Thronbesteigung, wie uns ein Annalentäfelchen verkündet, die Zeremonie der ›Vereinigung der Beiden Länder‹[1]. Dabei handelt es sich um eine symbolische Darstellung dieses Ereignisses – ein Ritual, das Jahrtausende hindurch von jedem Pharao bei Thronbesteigung und Thronjubiläum vollzogen wurde, um damit die Einheit des Reiches erneut für ewige Zeiten zu befestigen. Zu Sachtis Zeit gehörte es bereits zum festen Bestand des königlichen Rollenspiels – unabhängig davon, wie die objektive geschichtliche Wirklichkeit aussah[2].

Die Regierung Sachtis hebt sich für uns von seinen immer weiter im Dunst der frühesten Geschichte entrückten Vorgängern durch deutlichere Konturen ab. Die ersten tastenden Versuche auf den Gebieten von Kunst und Architektur, Verwaltung und Königsdogmatik machen zunehmend sich verfestigenden Formen Platz. Der archaische Hintergrund bleibt zwar noch deutlich sichtbar, aber der Übergang zur ersten Blütezeit der Hochkultur im Alten Reich kündigt sich bereits an. In diesem Zwischenbereich zwischen Archaik und Hochblüte, die in der Ägyptologie ›Frühzeit‹ genannt wird und die 1. und 2. Dynastie umfaßt, spielt Sachti eine bemerkenswerte Rolle, und so ist er nicht zufällig derjenige, an dessen Beispiel wir das Drama der Königlichen Wiedergeburt verfolgt haben.

Über Beginn und Länge seiner Regierungszeit sind wir auf Vermutungen angewiesen, denn das Täfelchen, auf dem wir von seiner Thronbesteigung Kenntnis erhalten, steht nicht im Rahmen einer festen Chronologie. Es trägt überhaupt kein Jahreszeichen, und dasselbe gilt für alle Zeugnisse aus Sachtis Zeit.

Auf dem Palermostein sind von Sachtis Regierung nur die letzten 17 Jahre erhalten, zu denen vornehmlich religiöse Zeremonien und Feste aufgeführt sind. In einem Rekonstruktionsversuch der Bruchstücke des Palermosteines kommt der deutsche Ägyptologe Werner Kaiser auf insgesamt 39 Regierungsjahre für Sachti. Diese Angabe paßt recht gut zu den Zahlen Manethos. Einer seiner Abschreiber, Eratosthenes, gibt Sachti, den er mit seinem Prinzennamen Itj nennt[3], 59 Regierungsjahre. Durch Manetho oder seine Abschreiber sind aber auch in vielen anderen Fällen die Zehner der Regierungsjahre vervielfacht worden, während die Einer dort, wo eine Kontrolle möglich ist, meist mit der Wirklichkeit übereinstimmen. So könnten denn die 59 Regierungsjahre nach Eratosthenes' Angabe geradezu eine Bestätigung für die Richtigkeit der auf dem von Kaiser ergänzten Palermostein genannten 39 Jahre sein. Aber auch 39 Jahre sind für Altägypten eine bemerkenswert lange Regierungszeit, denn die hohe Sterblichkeit ließ nur eine geringe Le-

Kultlauf König Djosers aus der Stufenpyramide von Saqqara

benserwartung zu. Immerhin kennen wir durch geschichtliche Dokumente gesicherte Regierungsdaten von Pharaonen, die noch erheblich höher liegen – denken wir nur an die 94 Regierungsjahre, die Pepi II. in der 6. Dynastie auf dem Thron saß, oder an die 66 Regierungsjahre des großen Ramses II. Wie in seinen übrigen Angaben, so stellt sich auch hinsichtlich Sachtis der Palermostein als eine ganz sachliche Liste heraus. Von den Übertreibungen etwa, die Geschichtslegenden aller Völker meist über die Lebenszeiten ihrer frühesten Herrscher verbreiten, hält er sich vollkommen fern. Einer der Gründe für die lange Regierungszeit Sachtis mag auch darin liegen, daß er offenbar recht jung auf den Thron gekommen ist. Die Ergänzung des Palermosteines durch Kaiser ergab nämlich zwischen dem Beginn der Regierung Sachtis und dem Ende derjenigen seines Vorgängers Aha eine Lücke von mehreren Monaten, die Kaiser als Interregnum deutet[4]. Es gibt keinerlei Hinweise auf dynastische Streitigkeiten, die Grund für ein solches Interregnum sein könnten. Die wahrscheinlichste Begründung ist wohl die, daß der junge Prinz beim Tode seines Vaters noch sehr klein war und daß deshalb die Gemahlin Ahas, Hotep-Neith, eine Zeitlang die Regentschaft ausübte. Sie war aber nicht Sachtis Mutter. Diese hieß nämlich Khant-Hapi, ›Musikantin des Apis‹, und gibt so in ihrem Namen den frühesten Hinweis auf das Bestehen des Kultes jenes heiligen Stieres, der all die Jahrtausende ägyptischer Geschichte hindurch verehrt und in den riesigen Steinsärgen des ›Serapeums‹ auf dem Friedhof von Saqqara bestattet wurde.

Da Hotep-Neith, Tochter Narmers und Gattin Ahas, noch in der Regierungszeit Sachtis bezeugt ist, von Khant-Hapi aber außer der Notiz auf dem Palermostein keinerlei Denkmäler erhalten sind[5], ist es möglich, daß Sachtis Mutter nur eine Beischläferin des Königs Aha war und schon kurz nach dessen Tod ebenfalls starb. So wäre Sachti nur deshalb auf den Thron gekommen, weil die vollbürtigen Kinder des Aha aus seiner Ehe mit Hotep-Neith bei seinem Tode bereits alle verstorben waren. Eine Situation wie diese war in der Geschichte der ägyptischen Dynastien angesichts der hohen Kindersterblichkeit jener Zeit nicht eben selten.

Es ist nicht leicht, sich ein deutliches Bild von der Regierungstätigkeit Sachtis zu machen, aber diese Schwierigkeit teilt er mit vielen seiner Nachfolger. Wenn wir uns etwa vor Augen führen, daß wir von Cheops, dem Erbauer der gewaltigen Pyramide von Giseh, außer der Tatsache dieses Baues, seinem Namen und denen einiger Familienangehöriger praktisch gar nichts wissen, so ist es doch ganz beachtlich, wie viele Informationen die hier und dort verstreuten Urkunden über König Sachti enthalten.

Dabei ist es bezeichnend für ägyptisches Denken, daß Ereignisse, die wir außenpolitische nennen würden, eine verhältnismäßig geringe Rolle spielen. Das sollte sich in Ägypten erst nach der Fremdherrschaft der Hyksos im Neuen Reich ändern. Für den Verlauf der Geschichte und das Verständnis des Königtums war den Ägyptern der Frühzeit, des Alten und des Mittleren Reiches alles, was der Erhaltung der Maat, der Weltordnung, diente, viel bedeutsamer als militärische oder diplomatische Unternehmungen. Solche Vorgänge würden wir heute ohne weiteres der religiösen Sphäre zuordnen. Nur, für ägyptisches Denken gab es eben diese Scheidung nicht. So etwa gehörten für den Ägypter die so häufig in der Frühzeit bezeugte ›Geburt‹ eines Gottes, nämlich die Herstellung eines neuen Kultbildes, die Errichtung eines neuen Heiligtums oder die Abhaltung der großen Götter- und Königsfeste als wichtige Bereiche staatlicher Tätigkeit zur Herstellung und Bewahrung der Maat. Ebenso hatte umgekehrt die Besiegung feindlicher Stämme und Völker einen starken religiösen Bedeutungsgehalt.

Zwar geben die meisten der erhaltenen Jahresfelder des Palermosteines für Sachtis Regierung Daten aus der religiösen Sphäre, aber es ist auch ein ›Jahr des Zerschlagens von Setjet‹ notiert. Unter diesem Land ist das Sinaigebiet zu verstehen[6]. Sachti wäre demnach der erste in der langen Reihe der Pharaonen, der dieses mit seinen Türkis- und Kupferminen für die Rohstoffversorgung Ägyptens so wichtige Gebiet unter seine Herrschaft zu bringen suchte.

Die Deutung von Setjet als Sinai ist um so wahrscheinlicher, als dessen Rohstoffe gerade in der Epoche von Sachtis Regierung verstärkt unter den Funden auftreten. So kam etwa in Sachtis Grab selbst ein kostbares Türkisarmband zum Vorschein, dessen Steine nur aus dem Sinaigebiet stammen können. In den Magazinräumen seines Grabes in Saqqara waren Hunderte von Werkzeugen und anderen Gerätschaften aus Kupfer angehäuft. Kupfer begegnet uns zwar bereits unter Sachtis Vorgängern, niemals jedoch in einer solchen Häufung[7].

Auch im Süden hat Sachti Ägyptens Einflußbereich erweitert. Eine Ritzinschrift seines Serechs von einer Felswand bei Wadi Halfa wird als zeitgenössisch angesehen[8] und bezeugt, daß die Ägypter zu jener Zeit bis in das Gebiet des 2. Katarakts vorgedrungen waren. Wir müssen offenlassen, ob dieser Vorstoß kriegerischer Art war oder durch eine Handelsexpedition erfolgte. Jüngst gemachte Entdeckungen scheinen ein solches Vordringen zu bestätigen. Bei Toschke, nördlich von Abu Simbel, fanden sich nämlich Siegelabdrücke von Sachti[9].

Aber noch mit einem anderen Nachbarn hat Sachti sich auseinandergesetzt, mit Libyen nämlich. Eine Alabasterpalette aus seinem Grab zeigt ihn, wie er einen niedergesunkenen Feind mit der Keule erschlägt. Der Unterworfene ist durch eine Feder im Haar als Libyer gekennzeichnet[10]. Das Land im Westen Ägyptens hieß in der Frühzeit ›Tehenu‹ und wird mit einem geknickten Stock geschrieben, der in dem Hieroglyphenzeichen für ›Land‹ steckt. Für die Zeit Sachtis dürfen wir annehmen, daß nach den Siegen Narmers libysche Völkerschaften schon nicht mehr im Niltal siedelten, sehr wahrscheinlich aber noch im Wadi Natrun und in den westlichen Oasen[11], vielleicht sogar noch an einigen Stellen des Delta-Westrandes. Auf Siegelverschlüssen der Frühzeit ist nämlich gar nicht so selten die Rede von einem Gott, der ›Asch, der Herr von Tehenu‹ genannt wird, und dieser Herr des Libyerlandes ist zugleich Schutzgott der Weinberge in den Königsdomänen des Westdeltas[12]. Dies ist nun doch eine merkwürdige Sache, daß ein in Ägypten kultisch verehrter Gott, der noch dazu in enger Beziehung zum Eigentum des Horus-Königs steht, als Herr eines Fremdlandes bezeichnet wird und möglicherweise sogar aus diesem stammt. Die Zeit der häufigen Übernahme fremder Götter in das ägyptische Pantheon bricht erst sehr viel später an.

Mit den Libyern hat es aber offenbar eine eigene Bewandtnis für die Ägypter gerade der Frühzeit. Sie sind nämlich damals nicht als ein beliebiges Fremdvolk empfunden worden. Daran erinnert das Wort ›Tehenu‹ selbst, das aus der ägyptischen Wurzel für ›glänzen‹ kommt. Mit demselben Wort wird auch die Fayence bezeichnet, diese typisch ägyptische Glasur, die sich seit der Vorgeschichte bis in die Spätzeit größter Beliebtheit erfreute. Ebenso liegt es schließlich dem ägyptischen Wort für ›Glas‹ zugrunde[13]. Libysche Fürsten erhalten nicht die für fremde Herrscher in Ägypten übliche Bezeichnung ›Heka‹, woraus das Wort Hyksos entstanden ist, sondern heißen – genauso wie ägyptische Fürsten – ›Hati‹[14]. Die Bevölkerung des westlich von Ägypten liegenden Gebietes war damals sicher nicht einheitlich, und wir müssen uns hüten, für jene Zeit von den heutigen völkerkundlichen Befunden auszugehen. Auch die Ägypter selbst unterschieden im Lauf ihrer Geschichte zwischen einer ganzen Reihe von – einander oft recht unähnlichen – libyschen Völkerschaften, die sie auf Wandbildern auch als unterschiedliche Typen darstellten. Eine enge Verwandtschaft gerade in vor- und frühgeschichtlicher Zeit zwischen den Libyern der Westwüste und der Bevölkerung Oberägyptens ist jedoch nachweisbar[15].

Aber noch auf einem ganz anderen Gebiet ist die ägyptisch-libysche Verwandtschaft geradezu mit Händen zu greifen, nämlich bei dem Ornat der Pharaonen. Die früheste deutliche Darstellung von Tehenu, auf der Einzelheiten der Kleidung zu erkennen sind, stammt aus der Zeit König Sahurês, eines Pharaos der 4. Dynastie. Darauf tragen die Libyer einen am Gürtel befestigten Tierschwanz, Phallustasche, ein Gurtband um den Oberkörper und haben eine Stirnlocke. Alle diese Eigenarten finden wir häufig bei pharaonischen Ornaten, so zum Beispiel auf der berühmten kultischen Laufszene König Djosers aus den Innenräumen seiner Stufenpyramide in Saqqara. Dabei wird die libysche Stirnlocke von vielen Ägyptologen als Vorläuferin der Uräusschlange an der Krone erklärt[16].

Erstaunlich ist, daß König Sachti bis in die spätesten ägyptischen Zeiten hinein nicht nur bekannt war, sondern einen Ruf hatte, den wir von einem regierenden Herrscher nicht erwarten: Er sei, so weiß noch der Priester Manetho in der Ptolemäerzeit zu berichten, ein großer Heilkundiger gewesen und habe Bücher über Anatomie geschrieben, die sogar zu seiner Zeit noch in Tempeln aufbewahrt würden[17]!

Gewiß gibt es bei vielen Völkern die Verehrung ihrer Urzeitkönige und Kulturheroen als Heilkundiger, und in Ägypten muß dieser Zug besonders ausgeprägt gewesen sein. So hatte der große Architekt König Djosers, Imhotep, der dem Pharao die gewaltige Anlage in Saqqara gebaut hatte, in der Spätzeit weniger den Ruf eines Baukünstlers als vielmehr den eines Arztes. In dieser Eigenschaft war ihm sogar ein Kult gewidmet, so daß ihn die Griechen mit ihrem Asklepios gleichsetzten. Dennoch bleibt diese konkrete Verbindung eines bestimmten historischen Königs mit dem Verfasser von Anatomiewerken bemerkenswert, denn dergleichen wird bei den Frühzeitkönigen nur von Sachti berichtet, gehörte also nicht etwa zur Idealvorstellung vom Königtum.

Bei Sachtis Jahrestäfelchen ist noch eine Angabe interessant, weil sie deutliche Hinweise auf einen Brauch enthält, den wir in seine Begräbnisrituale aufgenommen haben. Gemeint ist die Saisfahrt, die der König also auch zu Lebzeiten bereits als Pilger unternahm. Auf diesem Täfelchen sind gerade die Kulissen der Saisfahrt schon genauso abgebildet, wie wir sie aus späteren Begräbnisdarstellungen kennen. Mit dieser Fahrt erwies Sachti den unterägyptischen Kulten erneut seine Reverenz, so daß ihre Beachtung bei seinem Begräbnis erst recht vorausgesetzt werden kann.

Dem magischen Vollzug der Saisfahrt dienten auch die vielen Bootsmodelle und Bootsbegräbnisse, die man in bzw. bei den Königsgräbern gefunden hat. Das gilt bis hin zu den berühmten Großbooten, die bei der Cheopspyramide zum Vorschein kamen. Diese Fahrzeuge waren nämlich keine ›Sonnenboote‹, wie man lange Zeit fälschlicherweise angenommen hatte. Denn der Sonnenkult als Königs- und Staatsreligion setzte sich erst im Laufe der 4. Dynastie durch, um dann in der 5. Dynastie mit weitgehender Ausschließlichkeit zumindest am Königshof zu herrschen[18]. In der Frühzeit sollten die Boote vielmehr dem toten König erlauben, nicht nur zwischen seinen beiden Gräbern in Abydos und Saqqara zu verkehren, sondern an den festlichen Pilgerfahrten nach Sais und Buto in Unterägypten wie nach Hierakonpolis in Oberägypten teilzunehmen und damit seine Seele für die Erstürmung des Himmels zu stärken.

Auf vielen Gebieten sind unter Sachti Fortschritte zu beobachten. Bereits sein Grab in Abydos war, wie wir im Teil I gesehen hatten, moderner gebaut als die einfachen ziegelverkleideten Gruben seiner Vorgänger. Besonders deutlich werden die neuen Akzente der Baukunst aber bei seinem Grab in Saqqara, das Emery dort in der Reihe der großen Frühzeit-Mastabas fand. Wie bei anderen Königen auch, ist Sachtis Saqqara-Grab erheblich größer als das in Abydos. Es mißt über 40 m in der Länge und über 15 m in der Breite. Hinzu kommt seine besonders ausgeprägte Nischengliederung. Vor allem aber sind die Grabkammer und die sechs unterirdischen Vorratskammern tief in den gewachsenen Fels eingehauen[19]. Sie sind damit Vorgänger der völlig im Fels eingetieften und durch Treppen zugänglichen Mastaba-Grabräume, wie wir sie seit Mitte der ersten Dynastie bis hin zum Ende des Alten Reiches antreffen. Diese Treppe fehlt allerdings dem Sachtigrab in Saqqara noch. Der Oberbau ist sehr sorgfältig bearbeitet und übertrifft mit seinen 30 Magazinräumen, die er einschließt, die Saqqara-Mastaba seines Vaters Aha erheblich.

Eine weitere Neuheit, zumindest unter den bisher gefundenen Stücken, ist die Grabstele des Königs Sachti, die als älteste der großen Königsstelen der Frühzeit auf uns gekommen ist. Leider ist sie, wie viele andere Funde des Erstausgräbers von Abydos, Amélineau, mangelhaft veröffentlicht. Ihre Bruchstücke befinden sich, unzugänglich auch für Forscher, im Magazin des Ägyptischen Museums Kairo[20]. Die Höhe der Stele dürfte ursprünglich bei etwa zwei Metern gelegen haben. In einer oben halbrunden Fassung, die den Himmel versinnbildlicht, zeigt sie den Horusnamen des Königs in sehr monumental wirkendem Hochrelief. Auch in diesem Serech findet sich ein bedeutsamer künstlerischer Fortschritt, der zugleich eine Neuerung auf dem Gebiet des Königsdogmas ankündigt: Die Palastfassade unter dem Königsnamen besteht nun nicht mehr aus einigen mehr oder minder primitiven, krummen Strichen, sondern steht gerade aufrecht und zeigt eine sorgfältige Innenzeichnung. Diese läßt die hohen Portale, deren Verschluß durch Mattenrouleaus, den Schmuckgiebel darüber und die Nischenfassade der Palastmauer deutlich hervortreten.

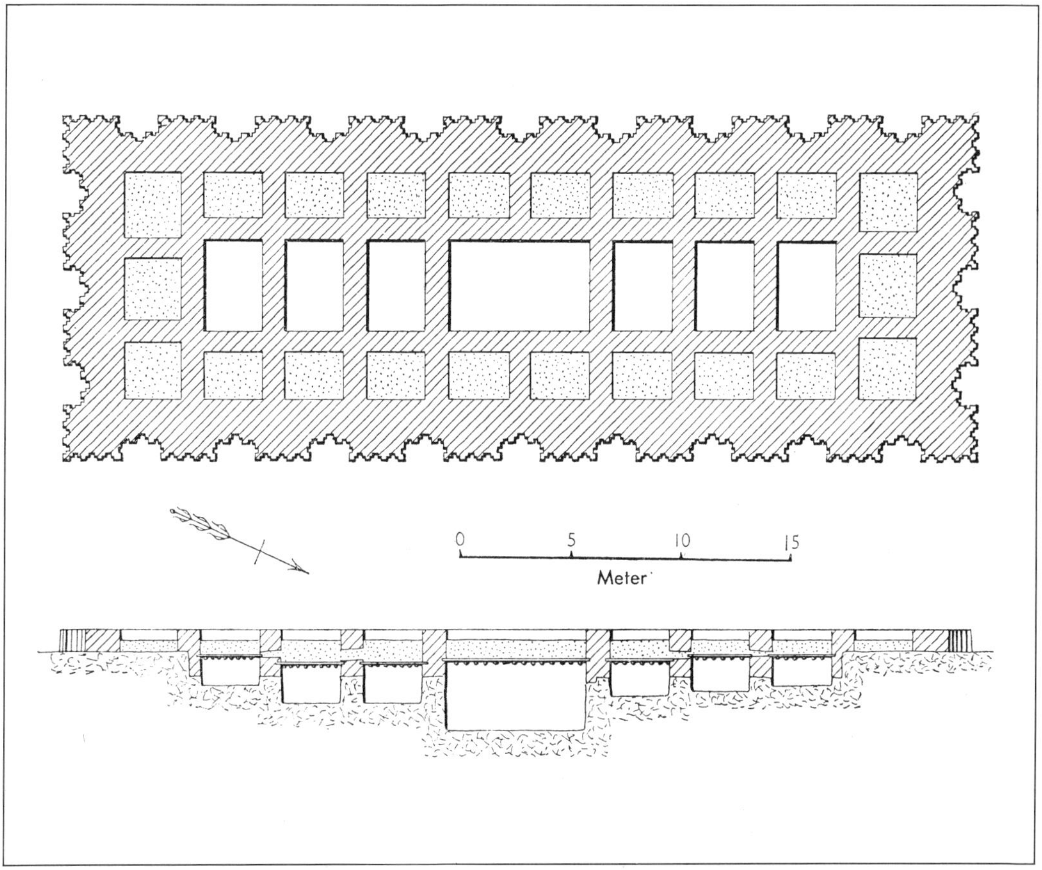

Plan des Sachti-Grabes aus Saqqara

Annalentäfelchen König Sachtis mit Kapellenreihe aus Sais und Boot

Grabstele König Sachtis aus Abydos

Die zaunartige Namenshieroglyphe steht über dem Palast in einem eigenen rechteckigen Raum, in den sie sorgfältig, auf raumfüllende und zugleich monumentale Wirkung hin bedacht, eingeschrieben wurde. Das Ganze krönt ein Horusfalke, der hier zum ersten Male in einem Serech aufrecht sitzt und damit eine viel majestätischere Wirkung auf den Betrachter ausübt als seine bisherige Wiedergabe in hockender Stellung[21]. Diese Wandlung im Serech Sachtis wird besonders deutlich von seinem Armband illustriert, das aus seinem Grab stammt und auf dem beide Haltungen des Falken abwechseln.

Die Hieroglyphe ›Sachti‹ bedeutet etwa: ›der (die Seele seines Vaters) eingefangen hat‹[22]. Sie bezieht sich also auf jenes bedeutungsvolle Ritual, bei dem der junge Thronfolger in der ›Nacht des Schlafens‹ die Seele seines toten Vaters Aha einfing und sich damit erst als neuer Pharao kultisch legitimierte.

Die Stele Sachtis ist ein hervorragendes Beispiel für den Zusammenhang zwischen der Vervollkommnung des Stils und einer kultischen Verfestigung. Wie uneinheitlich und wie wenig dogmatisch die kultischen Vorstellungen am Anfang der Frühzeit noch gewesen waren, das zeigen in stilistischer Hinsicht die tastenden Versuche unter den ersten Königen: In deren Serechs nämlich steht der Name einmal über, einmal unter dem Palast. Dieser selbst erscheint bisweilen gar kopfüber. Der Horusfalke hockt nicht nur oben auf dem Palast, sondern krallt sich manchmal auch an dessen Fassade ein; hin und wieder fehlt er sogar ganz – beispielsweise auf der Narmerpalette. Diese Unterschiedlichkeit in der Darstellung zeigt ja auch eine Unsicherheit hinsichtlich der Gedanken an, die durch die Zeichnung zum Ausdruck gebracht werden sollen: nämlich einer genauen Definition der Stellung des Königs zwischen dem Weltengott Horus und dem durch den Palast veranschaulichten irdischen Herrschaftsbereich. So mag man vielleicht in den ersten Königen noch unmittelbar den Gott erblickt und sie dieser Anschauung gemäß als ›Horus Narmer‹ oder ›Horus Skorpion‹ bezeichnet haben – zumindest bei kultischen Anlässen. Statt ›Horus des Palastes‹ dürfte die Formel ursprünglich auch ›Horus im Palast‹ gelautet haben. Somit war der König nicht als eine besondere Erscheinungsform des Gottes, sondern als dieser selbst angesprochen. Der Palast als Bild der irdischen Herrschaft wiederum wäre demgemäß zu jener Zeit buchstäblich ›in den Klauen des Horus‹ gewesen, diesem völlig unterstellt und an allen Seiten von ihm umgeben.

Von Sachti existieren nur Bruchstücke einer einzigen Stele. Aus anderen Funden aber wissen wir, daß jeder König deren zwei besaß. Schriftzeichen wie Blickrichtung des Falken sind immer einander zugewandt, so daß deren Aufstellung zu beiden Seiten eines gekennzeichneten Platzes sicher ist[23].

Dieser Platz war mit großer Wahrscheinlichkeit die Opferstelle außerhalb des Grabes, unmittelbar an der Grabwand oder an der Umfassungsmauer gelegen. Dort wurden ja die regelmäßigen Totenopfer für den hier beigesetzten König dargebracht. An der Ostseite der Pyramide von Medum sind die beiden Stelen zu seiten eines einfachen Altars noch genau an ihrer ursprünglichen Stelle zu sehen[24].

Es ist durchaus möglich, daß Sachtis Stele nicht nur durch den Zufall der Erhaltung die älteste der auf uns gekommenen Königsstelen ist. Sachti könnte vielmehr derjenige gewesen sein, der den Vollzug des Opfers an einer bestimmten Stelle

Stelenpaar vor der Pyramide von Medum

der Grabumfassung neu in das Begräbnisritual aufgenommen hat. Daß Sachti beim Totenkult Neuerungen veranlaßte, geht schon daraus hervor, daß von seinem Grab an die Abydos-Gräber nach einer anderen Himmelsrichtung geortet sind als unter seinen Vorgängern. Wir kennen die Bedeutung der Ausrichtung von Grab und Leichnam bereits aus den Kulturen der Vorgeschichte, so daß eine solche Änderung nur aufgrund veränderter religiöser Vorstellungen denkbar ist. Aber in deren Bereich können wir nur durch genaue Analyse jeder noch so äußerlich erscheinenden Änderung des archäologischen Befundes eindringen. Wenn wir die faszinierende Gedankenwelt jener frühen Menschen wenigstens in ihren Umrissen kennenlernen wollen, dürfen wir also nie aufhören, uns zu wundern und Fragen auch über zunächst ganz unwichtig erscheinende Dinge zu stellen.

Die Grabstelen waren in Ägypten nicht nur Erinnerungsmale oder Hinweise auf die Person des Grabinhabers. Darin unterscheiden sie sich wesentlich etwa von den griechischen – den ägyptischen ursprünglich nachgebildeten – Grabstelen[25] oder von unseren Grabsteinen. Die ägyptischen Grabstelen standen vielmehr für die beiden königlichen Seelenkräfte Ka und Ba zu einer Zeit, in der das Grab selbst von dem Aufstellungsort der Ka- und Ba-Statuen im Khontamenti-Tempel recht weit entfernt war. In dieser inneren Bestimmung der Stelen liegt auch die Erklärung dafür, warum Privatgräber sich nicht nur mit kleineren Maßen ihrer Steine, sondern vor allem mit nur einer Stele begnügen mußten. Solche Stelen von Privatleuten kamen übrigens in den Nebengräbern rund um das Sachtigrab in großer Anzahl zum Vorschein. Nur der König galt in jener Zeit als mit dem göttlichen Ka begabt, durch den er Teilhaber an der göttlichen Schöpferkraft war; nur er allein also bedurfte eines Doppelortes zum Empfang der Totenopfer. Der Privatmann hingegen konnte mit seiner durch eine einzige Stele verkörperten Ba-Seele an den Opferdarbringungen der eigenen Familie, vor allem aber auch an denen des zentralen Königsgrabes teilnehmen.

Auf eine weitere für das Königsdogma bedeutsame Neuerung unter Sachti weist ein Siegel hin, von dem 29 Abdrücke auf verschiedenen Verschlüssen im Grab gefunden wurden. Es ist ein sogenanntes ›Festsiegel‹ – ein Siegel also, welches das gekennzeichnete Gut auf ein Königsfest datiert. Das Serech von König Sachti befindet sich darauf in wechselnder Stellung zwischen einigen Schriftzeichen und zwei Standarten des Königsgeleites, die typisch sind für spätere Darstellungen des Sed-Festes[26]. Offenbar hat also Sachti dem uralten Brauchtum des Königsjubiläums oder Sed-Festes jene feste Form gegeben, wie sie sich dann wiederum all die Jahrtausende hindurch gehalten hat. Das Sed-Fest war eine Erneuerung der göttlichen, kultischen und magischen Kräfte des Königs und wurde meist zum ersten Mal nach dreißigjähriger Herrschaft, danach in kürzeren Abständen gefeiert[27]. Das Sedfestsiegel Sachtis ist also eine weitere Bestätigung für die lange Regierungszeit des Königs.

Zu den bedeutsamen Funden aus Sachtis Zeit gehört schließlich auch ein Feuersteinmesser mit goldverkleidetem Griff, das heute im Royal Ontario Museum in Toronto/Kanada liegt. Es wurde im Jahre 1914 bei einem Händler in Luxor gekauft[28], und man kann annehmen, daß es aus Sachtis Abydosgrab stammt. Nicht selten verschwand nämlich während der offiziellen Ausgrabungen eines Fundortes das eine oder andere Stück bei einem der Grabungsarbeiter, vor allem dann, wenn der Ausgräber zu geizig war, durch entsprechendes Bakschisch das Interesse an der Ablieferung aller Funde zu erhöhen. Auch heute soll so etwas noch vorkommen . . .

Dieses Messer Sachtis ist im Unterschied zum berühmten ›Djebel-el-Arak-Messer‹ S-förmig gekrümmt, breiter und mit 37 cm recht lang. Sein in einem Stück angearbeiteter Griff ist für die rechte Hand gemacht. Er wird von zwei Goldblättern eingehüllt, die sorgfältig zugeschnitten um den Griff gefaltet und daran festgeklebt worden waren[29]. Mit einem spitzen Werkzeug, das aber die dünne Goldschicht nicht durchtrennen durfte, wurde die Inschrift sorgsam an einer Stelle eingeritzt, an der sie bei Gebrauch des Messers nicht durch Daumen und Finger der Greifhand bedeckt war. Sie zeigt das volle Serech Sachtis mit aufrechtem Falken und daneben ein auf einer Tragstange sitzendes Falkenbild in der Hieroglyphe für ›Haus‹; die Bedeutung ist ›Gottespalast des Sachti, Horus des Palastes‹ und bezeichnet somit den Raum, in dem das Messer aufbewahrt wurde. Ein solcher Raum gehörte zu den kultischen Teilen jeder Palastanlage der Frühzeit[30]. Bei der Königsbeisetzung dürfte das Messer dem durch Sachti neu gestalteten Opferritual gedient haben[31].

Mit all diesen vielfältigen Funden tritt Sachti immer stärker aus dem archaischen Hintergrund seiner Zeit als deutlich greifbare Persönlichkeit hervor. Auch über einige andere Personen aus seiner Umgebung wissen wir Bescheid. Da ist zunächst einmal seine ›Große Königliche Gemahlin‹ Herneith, die vielleicht in seinem Grabe mitbestattet wurde, aber auch ein Zweitgrab in Saqqara als Zeichen ihres hohen Ranges besitzt[32]. Wir haben sie als ›Große Weihe‹ bei Sachtis Begräbnis kennengelernt.

Außer Herneith gibt es keinerlei Hinweise auf weitere Königinnen. Mit Sicherheit war Meritneith ihre und Sachtis Tochter und damit als ›Große Königstochter‹ Erbin und Überträgerin der Legitimität, des königlichen Blutes. Ob der Name ›Itu‹ oder ›Ituwi‹, der auf einigen Siegelabdrücken auftaucht[33], der Prinzenname des späteren Königs Wadschi ist, oder ob dieser einer Seitenlinie entspringt, ist bei den undeutlichen Befunden nicht genau zu sagen. Nach der griechischen Form, die Manetho seinem Namen mit ›Athotis‹ gibt[34], wäre es möglich, daß dieser Ituwi ein Sohn Sachtis von einer Nebenfrau und zugleich der spätere König ist.

Eine Anzahl von Sachtis Beamten haben Beigaben zu seinen Gräbern gesiegelt und sind uns dadurch bekannt. Da ist vor allem Was-Rachit, ›der Glückliche aus dem Rachit-Volk‹, der ein hohes Alter erreicht haben muß, denn er ist unter allen Königen von Aha bis zu Sachtis Enkel Dewen bezeugt[35]. Unter Sachti trug er den Titel ›Erzieher‹. In dieser Eigenschaft sind wir ihm auch beim Begräbnis Sachtis begegnet, wobei er die wichtige Rolle des Vorlesepriesters übernommen hatte. Dasselbe hohe Amt übte er auch bei der Krönung des Thronfolgers und bei den Riten des Sed-Festes aus[36].

Im Zusammenhang mit seinen Beamten ist noch eine wichtige Neuerung Sachtis zu erwähnen, diesmal auf dem Gebiete der Verwaltung. Zum ersten Mal tauchen unter ihm Siegel der königlichen Domänen auf[37], und damit wird für uns eine Trennung des Königsbesitzes vom übrigen, offenbar privaten Landbesitz greifbar. Eine solche Trennung mag durchaus bereits unter den vorangegangenen Königen bestanden haben, ihre organisatorische und verwaltungsmäßige Form jedoch fand sie erst unter Sachti. Von den Domänen wurden die Paläste des Königs mit Öl, Fetten, Wein, Fleisch und Getreide beliefert. Aber auch die Versorgung der Königsgräber mit Nahrungsmitteln für Beigaben und Opfer erfolgte von ihnen aus, nicht etwa aus den Steuererträgen des Landes[38].

Zahlreiche Verschlußsiegel aus den Sachtigräbern in Abydos und Saqqara, aber auch aus Privatgräbern, in die der König Gaben gestiftet hatte, geben uns von dieser wichtigen Entwicklung Kenntnis. Auf diesen Siegeln steht der Name der jeweiligen Domäne in einem Hochoval mit Mauervorsprüngen, das neben den Königsnamen tritt und anzeigt, daß diese Domänen aus einstigen königlichen Festungen hervorgegangen sind. Von Sachti sind uns die Namen zweier oberägyptischer Domänen bei Hierakonpolis und bei El Kab erhalten; gewiß hat er auch, wie seine Nachfolger, solche am Deltarand besessen, die vor allem den begehrten Wein lieferten[39]. Sachtis Domänenverwalter ist uns als erster einer stattlichen Reihe dieser hohen Beamten bekannt. Er hieß Amaka und trug den hohen Hofrang eines Khanti, eines ›Kellerbesitzers‹[40]. Das hieß ursprünglich, daß er für seine und seines Grabes Versorgung auf den königlichen Weinkeller zurückgreifen konnte. Dieser nur ganz wenigen höchsten Persönlichkeiten verliehene Titel war inzwischen jedoch bereits zu einem reinen Ehrenrang am Hofe geworden, wenn auch vielleicht die Naturalienlieferung aus des Königs Domänen in den eigenen Keller weiterhin damit verbunden war. Amaka diente auch noch Sachtis Nachfolger Wadschi im gleichen Amt[41].

Wie sah nun der Palast König Sachtis, seiner Vorgänger und Nachfolger aus? Wir hatten bereits gesehen, daß jeder König mehrere Paläste im Lande besaß, wenn sich auch ein gewisser Vorrang des Palastes ›an der weißen Mauer‹, das heißt in der Residenzstadt Memphis, herausgebildet hatte[42], da der König hier wohl die meiste Zeit verbrachte. Aber noch immer hatte der König selbst in zweijähriger Folge das Land zu bereisen, um die Steuerschätzungen zu prüfen, die Steuern einzuziehen und zugleich als oberster Richter schwierige Streitfälle zu entscheiden. Er hatte überdies als Mittler zwischen Göttern und Menschen die Heiligtümer der Ortsgötter zu besuchen und dort das rituelle Opfer zu vollziehen. In seiner Abwesenheit konnten die Priester nur in seinem Namen, als eine Art Kultstellvertreter des Königs, ein solches Opfer darbringen. Die Paläste waren wie die Domänen aufs engste mit der Person des Königs verbunden und tragen oft Namen, die seinen Namen enthalten. So ist es in dieser Frühzeit durchaus wahrscheinlich, daß jeder Thronfolger, mit dem ja die Schöpfung neu begann, als Zeichen dessen nicht nur Tempel, sondern auch Paläste neu errichtete[43]. Diese nun bestanden aus einer mit Bastionen bewehrten dicken Lehmziegelmauer, die ein erhebliches Areal einschloß. Denn viele Gebäude gehörten zum ›Großen Haus‹, wie der Palast hieß. Wenn der König selbst darin residierte, wurde er ›Königshaus‹ genannt[44]. Da waren zunächst die amtlichen Bauwerke: Thron- und Empfangssaal, der ›Gottespalast‹, in dem die Kronengöttinnen wohnten, und ein Verwaltungsgebäude für die Beamten. Zu den privaten Räumen des Palastes gehörten der ›Lebenshaus‹ genannte Speisesaal, das Frauenhaus, der Weinkeller und das ›Morgenhaus‹, in dem der König selbst wohnte. Dann gab es innerhalb der Umwallung noch allerlei Handwerksbetriebe, wie Schlachthof, Kühlhaus (das gab es also schon 5000 Jahre vor unserer Zeit!) und Bäckereien, und schließlich noch ein Gerichtsgebäude.

Aus dem Hofstaat der Könige hatte sich allmählich eine Verwaltung entwickelt, die wir später noch genauer kennenlernen werden. Einen solchen Hofstaat muß es schon in frühester vorgeschichtlicher Zeit gegeben haben; auch in der Völkerkunde begegnet er uns ja bereits bei sehr ›primitiven‹ Kulturen. Denn der geheiligten Person des Häuptlings oder Fürsten, in dessen Adern göttliches Blut floß oder der gar eine Verkörperung des höchsten Gottes war, durften sich nur Menschen nähern, die mit diesen Mächten umzugehen imstande waren, ursprünglich wohl nur Mitglieder seiner Familie[45]. Jeder Schritt dieses Garanten der Weltordnung mußte geschützt, seine geheiligte Person nach einem strengen Ritual gekleidet, gespeist und versorgt werden, damit seine Kraft nicht versiegte, aus der allein das Gedeihen Ägyptens, ja der ganzen Welt entsprang.

Jetzt, in der 1. Dynastie, waren schon längst nicht mehr nur Königsverwandte im Hofstaat, aber seine besondere Bedeutung nicht nur für den König, sondern für das ganze Land hatte er behalten. Dies kam auch darin zum Ausdruck, daß seine Mitglieder rund um das Grab ihres Herrschers bestattet wurden. Denn einzig und allein auf diese Weise konnten sie hoffen, mit in den Genuß der Rituale und Opfer für den verstorbenen König zu kommen und in dessen Begleitung weiterzuleben. Auf den Grabstelen der Angehörigen des Hofes findet man weder Ränge noch Titel verzeichnet, sondern lediglich ein jeweiliges Gruppendeutzeichen neben dem Namen. Damit sollte klargestellt werden, zu welcher Gruppe innerhalb der Hofgesellschaft der Steleninhaber gehörte: Mann, Frau, Zwerg oder – Hund! Frauen- wie Männergräber umfassen Beamte, Priester (es gab bereits in der Frühzeit Priesterinnen hohen Ranges!) und Handwerker. Einige der Beamten, deren

Titel wir den Siegeln in ihren Gräbern entnehmen können, vermitteln uns interessante Einblicke in das komplizierte Ranggefüge am Hofe. So gab es etwa einen ›Geheimrat jedes königlichen Frühstücks‹ oder den ›Leiter des Speisezeltes‹ oder den ›Leiter der Sitzordnung‹, also eine Art Protokollchef[46]. Andere wiederum lehren uns interessante technische Einrichtungen jener frühen Zeit kennen, wie etwa der ›Vorsteher der Schlächterei in den Kühlanlagen des Palastes‹. Manche schließlich geben Hinweise auf den hohen Rang der Frauen am Hofe, wie der ›Diener des Palastes der Königin-Mutter‹. Auch Ärzte gab es bei Hofe. Sie trugen den Titel ›Aufseher des Skorpions‹[47] und brachten damit die heilende wie die gefährliche Seite ihres Tuns und ihrer Schutzgöttin, der Skorpionengöttin Salket, zum Ausdruck. Auch Sänger und Friseure fehlen nicht in dieser bunten und schon erstaunlich differenziert organisierten Welt der frühzeitlichen Königspaläste.

Die Zwerge waren nicht etwa geduldete Krüppel oder mußten am Hofe den Narren spielen, wie im europäischen Mittelalter, sondern hatten höchst angesehene Stellungen; das geht auch aus der besonders sorgfältigen Ausführung ihrer Stelen hervor, von denen man zwei an den Nebengräbern des Sachtigrabes gefunden hat. Aus ihren Namen lernen wir die wichtigsten Tätigkeiten kennen, mit denen Zwerge am Königshof beschäftigt waren: Einer hieß ›der den Gott erfreut‹ und war also wohl ein Gottestänzer, der mit Tänzen und Sprüngen den Gott im Kult erfreute; der andere ist ›Anleger des Breitkragens‹, also entweder Kammerherr des Königs oder gar Hofjuwelier. Hofjuweliere waren zum Beispiel die Schöpfer jener berühmten Kragen aus zusammengeschweißten Ketten von Gold-, Halbedelstein- und Emailperlen, welche die Pharaonenbildnisse noch der spätesten Zeit schmükken. Übrigens gibt es in der Frühzeit auch Zwerginnen[48] mit dem gleichen Aufgabenbereich.

Von großer Zuneigung zu Hunden zeugen deren Gräber auf den Königsfriedhöfen. Stelen solcher Gräber sind uns allerdings erst seit Dewen bekannt – gewiß

Stelen aus Nebengräbern von Sachtis Grab in Abydos

nur ein Zufall der Erhaltung. Diese Hundestelen sind ebenso sorgfältig gearbeitet wie die des Hofstaates, so daß die Hunde des Königs nach ihrem Tod dieselben Chancen einer Beteiligung an Ritualen und Versorgung bekamen wie alle Menschen, die um den Herrscher waren. Die Hunde des Königs hießen etwa ›bei Fuß‹ oder ›der mit schönem Schwanz‹[49]. Hunde sind in der Frühzeit die einzigen Tiere, von denen wir förmliche Begräbnisse kennen. Jene in vorgeschichtlicher Zeit so häufig praktizierte Sitte der Tierbestattungen hat sich also erst in späteren ägyptischen Epochen fortgesetzt – eine interessante Parallele zu anderen Erscheinungen des Volksglaubens der Spätzeit, in welcher ja auch die Zauberei noch weit üppigere Blüten trieb, als offenbar selbst in der Frühzeit.

Über diese sehr interessanten religiösen Entwicklungen wird noch zu sprechen sein. Mit den Hunden eng verbunden waren die Jäger und die Führer der Jagdhunde, von deren einem wir ein besonders schönes Siegel kennen. Dieses Siegel ist ein Zeichen dafür, daß der ganze mit der Jagd verbundene Aufgabenbereich keineswegs zu den untergeordneten am Hofe gehörte.

Die erwähnten Beispiele sind nur ein kleiner Ausschnitt aus dem überaus reichen Material, das wir über Funktionen und Ränge am Pharaonenhof der Frühzeit besitzen. Dabei fällt ebenfalls wieder eine starke Veränderlichkeit unter den Titeln der Frühzeit auf. Auch auf diesem Gebiet ist eine erste Stufe der Verwaltungsorganisation unter König Sachti erreicht worden. Was in dieser Titelvielfalt auffälligerweise völlig fehlt, sind militärische Titel[50], obwohl Waffen, zum Beispiel Pfeil- und Lanzenspitzen, unter den Beigaben gar nicht selten sind. Erst aus dem frühen Alten Reich ist der Titel eines ›Vorstehers der beiden Waffenhäuser‹ am Hofe bekannt, der angesichts seiner altertümlichen Schreibung gewiß in die Frühzeit gehört[51]. Da die Frühzeitkönige aber Feldzüge führten, wie wir gesehen haben, muß auch ein Heer existiert haben. Eine solche Streitmacht war wohl mit Pfeil und Bogen, Lanzen, Keulen und Streitäxten ausgerüstet, vielleicht ähnlich der Ausrüstung, die auf der ›Jagd-Palette‹ dargestellt ist. Mehr aber wissen wir einfach bisher darüber nicht, sei es, daß der Zufall der Erhaltung hier gegen uns spielt, oder sei es, daß nur der König persönlich das ansonsten in ungeordneten Haufen ziehende, in jedem Einzelfall zur ›Horusfolge‹ zusammengerufene Heer anführte. Es ist auch nicht auszuschließen, daß man die Fragen der militärischen Organisation für technische hielt und daher, wie bei aller übrigen Technik auch, keinerlei Bedürfnis verspürte, in Wort oder Bild darüber zu berichten. In allen erhaltenen Darstellungen der Frühzeit ist es stets der König allein, der die Schlacht wie eine kultische Tätigkeit vollzieht und die Gegner tötet. Auch hierin erfassen wir wieder einen Zipfel des Denkens jener frühen Menschen: Wie der König in der Theorie die Ernte allein vollbrachte, um den Zorn des verletzten Garbengottes auf seine eigene, götterähnliche Person zu lenken, so war auch nur er es, der den Göttern gegenüber die Blutschuld auf sich nahm, die zur Bewahrung der Maat auf Erden in Kampf und Schlacht entstand. Daher wohl verbot es sich auch, kriegerische Tätigkeit in Titeln oder Namen zu zeigen, bis auf den König selbst. Ein Beispiel hierfür ist der Name von Sachtis Vorgänger Aha ›der Kämpfer‹, der sich denn auch mit Keule und Schild des Soldaten schrieb. So mögen sich militärische Führerränge oft unter ganz zivilen Titeln versteckt haben – wir wissen es nicht.

Rechte Seite: Tanzende Frauenfigur mit erhobenen Armen

Folgende Doppelseite: links: Armband

rechts: Spielscheibe aus Steatit.

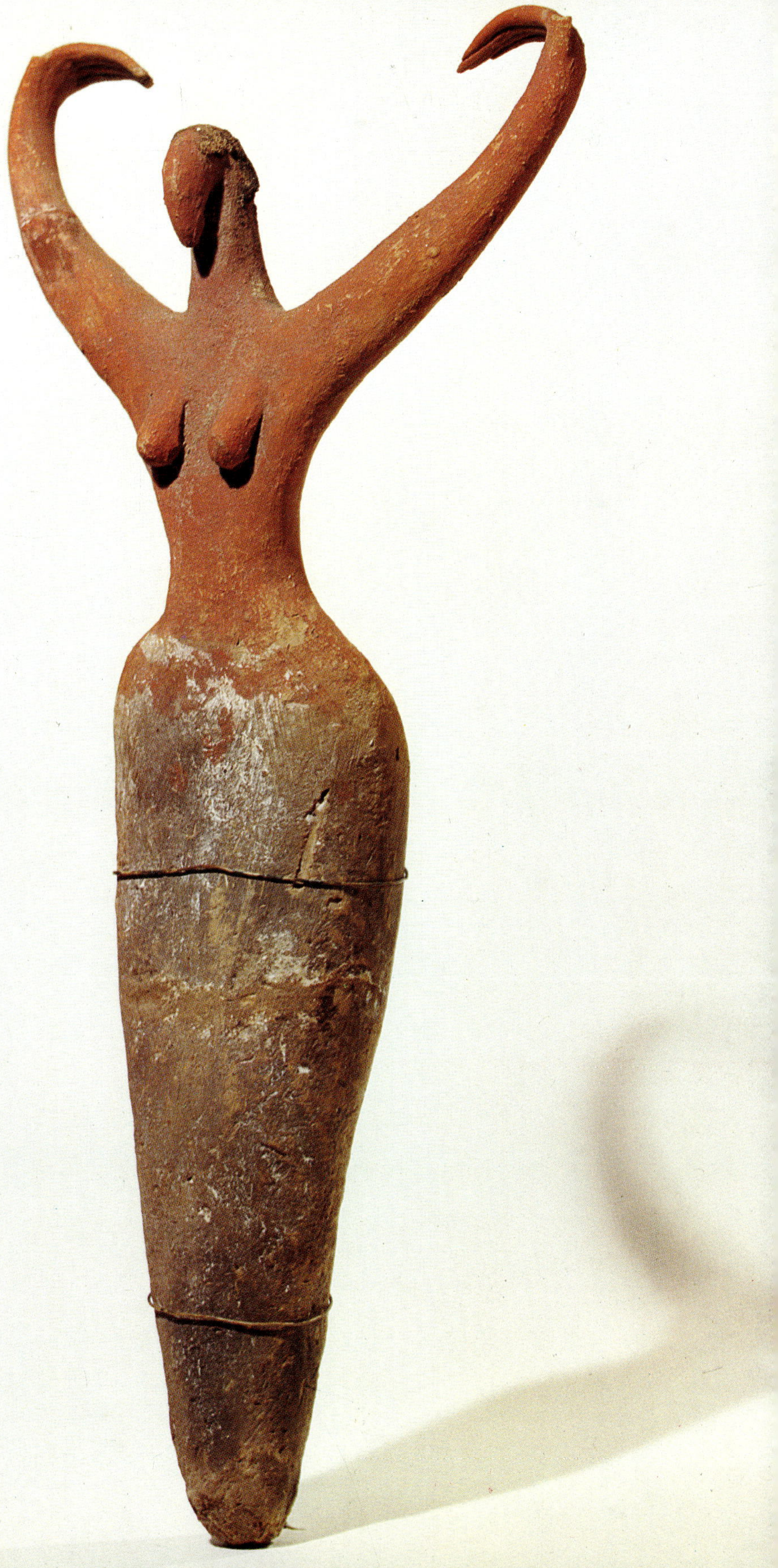

J. 70164

Wenn wir zurückschauen auf Sachti, so sehen wir einen Herrscher, der klug, zielstrebig und erfolgreich sein Volk über einen langen Zeitraum hinweg regierte – eine Epoche, die zu den fruchtbarsten der Frühzeit gehört. Sachti hat entscheidende Anstöße gegeben zur Bildung von festen Formen und Normen in Kunst und Verwaltung, in Religion und Kult, in Handel und Verkehr, und was er allein an Reformen eingeführt hat, würde heute für manche reformsüchtige Regierung ausreichen.

Irgendwohin in die Reihe der ersten Könige gehört die Königin Meritneith – sei es als Regentin oder, was wahrscheinlicher ist, als regierende Pharaonin. Wir wissen nicht genau, ob sie der dritte Souverän der 1. Dynastie war, wie Emery annimmt[52], oder ob sie erst die vierte in der Reihe war und somit erst nach Wadschi und nicht schon nach Sachti einzuordnen ist. Wir werden uns mit dieser Frage und mit dem Leben dieser interessanten Frau im nächsten Kapitel beschäftigen.

Von Wadschi, Sachtis Sohn, kennen wir aus seiner knapp 12-jährigen Regierungszeit[53] nur wenige historisch auswertbare Daten. Seine Jahresfelder auf dem Palermostein sind weitgehend zerstört, die Annalentäfelchen gering an Zahl und unergiebig. Eine Felsinschrift an einer Wadiwand im Gebirge östlich von Edfu ist Beweis für Handels- und Steinbruchexpeditionen und für verstärkte Ausbeutung der Rohstoffe dieser Gebiete unter seiner Regierung[54]. Und wenn wir dazu noch die bei Manetho erwähnte Nachricht von einer großen Hungersnot unter Wadschi nehmen[55], dann sind das schon alle eindeutigen Angaben über ihn. Und doch ist dieser Herrscher in der Nachwelt berühmt geworden und wird heute in Kunstgeschichten weit öfter genannt als seine Vorgänger und Nachfolger. Zwei Werke sind es, die ihn bekanntgemacht haben: seine Stele und sein Kamm.

Die Stele des Wadschi ist *das* Kunstwerk der Frühzeit schlechthin – von einer Monumentalität im Ganzen, einer Ausgewogenheit der Teile und einer Feinheit in der Ausarbeitung der Details, daß sie zu den großen Kunstwerken der Menschheit überhaupt zählt. Heute gehört sie zu den wertvollsten Stücken der ägyptischen Sammlung im Pariser Louvre. Sie besitzt die erstaunliche Höhe von zweieinhalb Metern, eine Breite von etwa 64 cm und ist aus einem einzigen Kalksteinblock gehauen: ein im wahrsten Sinne großes Beispiel für die hohe Kunst der Steinbearbeitung in der Frühzeit. Das untere Viertel des Steines ist glatt gemeißelt und zeigt nur die feine Körnung des Materials selbst. Um die oberen drei Viertel ist ein schmaler Rahmen gehauen, in den das Namensserech König Wadschis in erhabenem Relief eingefügt ist. Das doppelte Palasttor zwischen den drei Türmen zeigt alle Einzelheiten des Bauwerks und ist dennoch genügend stilisiert, um die Bedeutung des ›Großen Hauses‹ dem Betrachter vor Augen zu führen.

Im Namensfeld darüber befindet sich die Hieroglyphe einer Viper, deren Körper vom Aufbäumen des Halses bis zum eleganten Auslaufen des Schwanzes die meisterhafte Beherrschung des Tierbildes in jener Zeit dokumentiert. Übrigens ist die Lesung dieser Hieroglyphe, wie ja auch schon die Sachtis, nicht ganz geklärt. Ich schließe mich mit der Lesart ›Wadschi‹ den meisten modernen Werken an; früher las man ihn ›Djet‹, was mit Sicherheit falsch ist. Vielleicht kommt ›Adscho‹ oder ›Edscho‹ der Aussprache in der Frühzeit sogar am nächsten[56]; wir kennen ja insgesamt nicht die genaue Aussprache des Altägyptischen. Die bisweilen in Ge-

Linke Seite: Goldschmiede bei der Arbeit. Fresko aus einem Grab der 18. Dynastie

Stele von König
Wadschi

schichtswerken zu findende Übersetzung ›König Schlange‹ oder ›König Kobra‹ ist falsch: Die Hieroglyphen – auch die der Frühzeit – waren keine Bilderschrift, sondern hatten schon von ihrer Form abweichende Lautwerte und Bedeutungen, wenn auch bisweilen andere als in späteren Epochen. Narmer hieß nicht ›Meißelwels‹ und Aha nicht ›Schildkeule‹, und ebensowenig hieß Wadschi ›Schlange‹. Die wahre Bedeutung dieses Namens aber hat sich uns, wie bei vielen Hieroglyphen der Frühzeit, noch nicht erschlossen.

Auf dem Rechteck des Serech, über den Namensfeld der Stele, thront der Falke so majestätisch, daß sich seine göttliche Wesenheit sofort mitteilt. Ebenso wie die Schlange ist er natürlich nicht Bild, sondern Hieroglyphe für ›Har‹ = Horus, und dennoch sind beide Hieroglyphen auch als Bilder von einer Vollkommenheit, die kaum einer Steigerung mehr fähig ist. Das mächtige Auge läßt nicht nur an den scharfen Blick des Greifvogels denken, sondern auch an seine religiöse Bedeutung als Sonne und Mond. Der breite Schwanz fächert sich über die Oberkante des Serechs hinweg auf und vermeidet so eine zu massige Erstarrung der Vogelfigur, die deutlich das ganze Werk beherrscht. Ja, sogar einen uns modern dünkenden Trick wandte der Künstler des dritten vorchristlichen Jahrtausends in Ägypten an: Er rückte nämlich das Serech ein wenig aus der Mittellinie und stellte so ein ästhetisch besonders geglücktes Gleichgewicht zwischen den Massen her.

Zu diesem verblüffenden künstlerischen Höhepunkt muß man sich vor Augen halten, daß das Werk keineswegs für die Betrachtung durch viele Menschen bestimmt war. Der Königsfriedhof von Abydos war in der Frühzeit dem Volk verschlossen und, wie wir in Teil I gesehen haben, nur wenigen auserwählten Priestern und den nächsten Familienangehörigen zugänglich. Allein die Vorstellung, den Seelenkräften des Königs einen Weg zur steten Begegnung mit seinem Körper zu weisen und damit das für Ägypten unerläßliche Wirken des Toten aus dem Grab heraus zu sichern, hat dieses Kunstwerk hervorgebracht.

Vermittelt uns schon die Stele wertvolle Einblicke in Stellung und Bedeutung eines Königs der Frühzeit, so ist das noch stärker der Fall bei einem simplen Kamm des Königs Wadschi. Er wurde auf dem Königsfriedhof von Abydos gefunden und hat die in Vor- und Frühzeit übliche Hochrechteck-, nicht die bei uns allgemein gebräuchliche Längsform. Sorgfältig sind die Zähne dicht nebeneinander in das elfenbeinerne Werkstück geschnitzt, und nur ein einziger ist in den fast fünf Jahrtausenden herausgebrochen, die seit seiner Fertigung verstrichen sind. Der Kamm war zweifellos für den Gebrauch des Königs selbst bestimmt. Dafür sprechen der wertvolle Werkstoff, die besonders sorgsame Bearbeitung, vor allem aber die Zeichnung, die in den Griff über den Zähnen eingeritzt wurde. Im Mittelpunkt steht das Königsserech – ganz so, wie wir es von Wadschis Stele her bereits kennen: mit sorgfältig ausgeführter Innenzeichnung der Palasttore, der aufgerichteten Schlange der Namenshieroglyphe und dem beherrschend über dem Rahmen thronenden Horusfalken. Neben dem Serech steht das Hieroglyphenzeichen, das ›ankh‹ = ›Leben‹ bedeutet. Es nimmt in späteren Zeiten die Form des sogenannten Henkelkreuzes an, verrät hier aber noch deutlich seine Herkunft aus einer zur Schleife gebundenen Schnur – derselben Schnurschleife übrigens, aus der später auch die sogenannte Kartusche, der Ovalring um den Königsnamen, gebildet

Zeichnungen auf dem Kamm König Wadschis

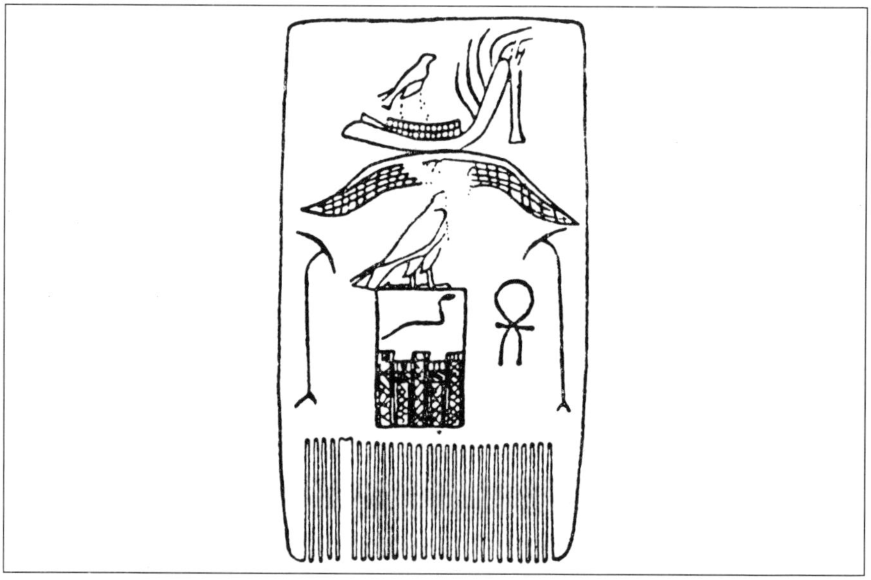

wird[57]. Beide Zeichen haben die Grundbedeutung der zyklischen, ewigen Zeitdauer.

Rechts und links vom Serech stehen die beiden unten gespaltenen Stäbe des Was-Szepters, die dauernde, glückliche Herrschaft bedeuten und uns bereits auf vorgeschichtlichen Darstellungen begegnen. Es ist nicht ganz deutlich, ob sie Serech und Lebenszeichen einrahmen oder das Flügelpaar stützen sollen, das sich über dem Ganzen wölbt. Unmittelbar auf diesen Schwingen schwebt ein Boot in der bekannten Form des Königsschiffes mit hochgezogenem Vordersteven. Bänder, die am Vordersteven befestigt sind, lassen darüber hinaus erkennen, daß es sich um ein Götterschiff handelt. Auf der Kabine hockt wiederum, wie auf dem Serech, ein Falke.

Man kann dieses Bild zunächst ganz unmittelbar beschreiben: Es ist ein Abbild der Welt, wie der Ägypter der Frühzeit sie sah. In ihrem Mittelpunkt steht der König. Seine Herrschaft stützt den Himmel, der als gewaltiges Flügelpaar des Himmelsfalken gesehen wird. Gleichzeitig jedoch ist mit dem Himmel die Vorstellung eines gewaltigen Stromes verbunden, über den Horus in seiner Eigenschaft als Allgott fährt. Nach diesem Bild stellen Sonne und Mond die Augen des Horus dar. Man kann auch die Hieroglyphen zusammen mit ihrer bildlichen Verknüpfung lesen, und der Text würde etwa lauten: »Der Horus des Palastes Wadschi, dem dauerndes Leben und ewige Herrschaft gegeben sind, stützt mit seiner Macht den Himmel und wird auf ewig geschützt durch Horus, der Sonne und Mond ihren Lauf bestimmt.«

So gewährt uns die einfache Ritzzeichnung auf einem Gebrauchsgegenstand überraschende Einblicke in die Vorstellungswelt der Menschen jener Frühzeit – insbesondere in deren Vorstellung vom Wesen des Königtums, das ganz buchstäblich ›die Welt im Innersten zusammenhält‹, ohne das die Sonne nicht aufgeht, der Mond nicht die Nacht erhellt, Götter und Menschen nicht leben können. Wir sehen: Zu den Geheimnissen von Gott und Welt eröffnen sich für den Ägypter höchst unterschiedliche Zugänge und Bilder. Diese jedoch schließen sich gegenseitig niemals aus, sondern gleichen eher dem Versuch, durch viele einander überschneidende Kreise eine undeutliche und in ihren Grenzen fließende Figur zu dekken.

Das Leben, das für den König mit dieser Darstellung auf seinem Kamm beschworen wird, ist zugleich aber auch des Königs Verpflichtung, seine Gabe an Land und Volk Ägyptens. Die Szepter sind gleichermaßen Zeichen seiner Macht über die Menschen wie seiner Kultpflichten gegenüber den Göttern. Und ebenso symbolisieren sie die stützende Funktion des Königs für das Bestehen des Kosmos.

Aber noch einen Schritt tiefer in die Königsvorstellungen der frühzeitlichen Ägypter führt uns die Darstellung auf König Wadschis Kamm. Oft haben sich die Ägyptologen und die Geschichtsschreiber gefragt, ob der Pharao ein Gott gewesen sei oder nur dessen Stellvertreter auf Erden. Stellte er Gottes Bild dar? Oder stand er in einem ganz anderen Verhältnis zum Göttlichen? Sehr schnell jedoch sollten sich diese Fragen als Scheinfragen erweisen. Denn es gab darauf nicht nur zu verschiedenen Epochen der langen ägyptischen Geschichte, sondern auch je nach den Umständen, unter denen der König jeweils auftrat, höchst unterschiedliche Antworten. In den meisten Werken aber wird angenommen, daß es zumindest für die Frühzeit eine eindeutige Antwort darauf gebe. Mußte nicht der König, der zur Pyramidenzeit als gottgleicher Alleinherrscher die gewaltigsten Totenmale der Menschheitsgeschichte auftürmen ließ, in der ältesten Frühzeit erst recht als ›Größter Gott‹, als der Himmelsgott in Person, vorgestellt worden sein[58]? Er sei, so nahm man an, nicht etwa erst vergöttlicht worden, sondern von Anbeginn ganz Gott gewesen; seine Thronbesteigung habe nicht seine Vergöttlichung, seine Apotheose dargestellt, sondern sei Gotteserscheinung, Epiphanie gewesen[59].

Unser Kamm enthält wie in einer Nußschale die Antwort, die durch zahllose andere Zeugnisse bestätigt wird und ein erheblich komplexeres Bild, auch und gerade für die Frühzeit, aufweist. Der König, so zeigt sich, ist eben *nicht* der Allgott selber; er ist nicht identisch mit ihm, sondern nur eine seiner vielen Erscheinungsformen – Formen, in denen der Gott vorübergehend Gestalt annehmen kann, so wie beispielsweise in einem Götterbild, das auch nie der Gott selber ist[60]. Der König war durch dieses Erscheinen des Gottes in ihm ausgezeichnet. Es begründete seine Vollmachten als oberster Richter und Gesetzgeber, wie auch seine Verpflichtung als alleiniger Vollzieher des Kultes[61].

Aber auch in der Frühzeit gab es keine Priester am Königshofe, die den Herrscher kultisch zu verehren gehabt hätten. Nur die Zeichen des Königtums, die mit göttlicher Macht geladenen Kronen und Szepter, Ornatteile und Throne, waren Kultgegenstände am Hofe[62]. Daher begnügte sich der Künstler, der den Wadschikamm mit seiner tief bedeutungsvollen Zeichnung schmückte, nicht mit dem Serech unter dem Himmel – er ließ vielmehr den Gott selbst, Horus den Weltenherren, hoch über dieser Welt und seinem Erscheinungsbild, dem Horus des Palastes Wadschi, schweben und thronen.

Erst nach ihrem Tode, wenn sie eingegangen waren in die Gräber in Abydos, stiegen die Pharaonen auf zu den Göttern und vereinigten sich mit ihnen. Erst jetzt besaßen sie wahrhaft göttliche, schöpferische Macht für Leben und Fruchtbarkeit. Zum Zeichen dessen hatten die Königsgräber als Überbau den ›Urhügel‹, von dem einst die Schöpfung ausgegangen war[63]. Nur deshalb auch bedurfte es der ungeheuer komplizierten Rituale beim Königsbegräbnis, die sich ja erübrigt hätten, wenn der König bereits zu Lebzeiten ein Gott gewesen wäre. Wie differenziert man sich das Gott-König-Verhältnis tatsächlich vorzustellen hat, zeigt ein weiteres Beispiel: Der tote König wird ja nicht etwa zu Horus selbst. Viele Bilder beschreiben zwar seine Vergöttlichung – sei es als Stern, als Schöpfergott, als in Göttinnen wiedergezeugter Gott, als Mond und als Sonne – aber niemals als Horus. Denn dieser fand bekanntlich seine neue Erscheinung auf Erden im Thronfolger, dem jungen König. Hierin liegt auch der Grund, weshalb auf den Königslisten des Alten Reiches und bei sonstiger Erwähnung verstorbener Könige diese nicht mit ihrem Horus-, sondern mit ihrem Geburtsnamen genannt werden – mit all den Problemen, die diese Schreibweisen für die Geschichtsschreibung mit sich gebracht haben. Erst der tote und vergöttlichte Herrscher erhielt seinen eigenen Kult[64], und dieser wurde oft jahrhunderte-, ja jahrtausendelang aufrechterhalten. Noch in der ägyptischen Spätzeit gibt es einen Kult für Menes-Aha, für Sachti, für Djoser und Cheops[65]!

Das Grab König Wadschis in Abydos ist dem seines Vaters Sachti sehr ähnlich. Einige Besonderheiten zeigt dagegen sein großes Grab in Saqqara, mit über 56 m Länge und mehr als 25 m Breite eines der größten und am besten erhaltenen auf diesem Königsfriedhof. Als erstes fällt heute noch die niedrige Bank auf, welche an den mit Nischen versehenen Außenwänden entlang läuft. Sie ist mit über 300 in Ton modellierten Stierköpfen bedeckt, die echte Hörner tragen[66]. Der Stierkult war schon während der Frühzeit sehr verbreitet; wir konnten ja bereits aus dem Namen von Sachtis Mutter Schlüsse auf eine Verehrung des Apis-Stieres ziehen. Ebenso gehörte beispielsweise zur Krönung der Frühzeit ein Lauf des Königs mit dem Apis-Stier, um Fruchtbarkeit und Leben zu gewinnen und auf das Land zu übertragen. Ähnlichen Vorstellungen verdanken wohl auch die Stierköpfe auf Wadschis Mastaba ihre Existenz.

Im Innern weist das Saqqara-Grab Wadschis bedeutende bauliche Neuerungen auf. Die Grabkammer und ihre Nebenräume liegen nun völlig unter dem Bodenniveau. Vor allem ist die Grabkammer rundum mit einer Holztäfelung verkleidet, in die Goldblechstreifen eingelassen sind[67] – ein deutlicher Hinweis auch darauf, daß diese Mastaba nur für den König und nicht für einen noch so hochrangigen Beamten bestimmt gewesen sein kann. Denn Gold als ›Fleisch der Götter‹ war dem königlichen Totenkult vorbehalten. Wadschis Grabmal bestätigt also den Eindruck, den schon Stele und Kamm von ihm gaben, daß er ein kunstsinniger Herrscher war, unter dem alle Künste bedeutende Fortschritte machten.

Der Herrschaftsübergang von Wadschi auf König Dewen ist wiederum nicht ganz genau bekannt. Ob dabei eine Frau, die Sachti-Tochter Meritneith, eine Rolle gespielt hat und – wenn ja – welche, das werden wir im nächsten Kapitel untersuchen. In Dewens wahrscheinlich über 50-jährige Regierungszeit fallen wichtige Neuerungen in Stil und Kunst, Schrift und vor allem Verwaltung.

Auf vielen Gebieten verlieren sich die archaischen Formen vom Beginn der

Saqqara-Grab Wadschis mit Stierköpfen vor der Nischenfassade

Frühzeit und finden nun jene Prägung, die zur hohen Zeit des Alten Reiches überleiten sollte, der ersten Hochblüte Ägyptens.

Schon die Titulatur des Herrschers weist eine Veränderung auf: Bei Dewen tritt nämlich zum ersten Male der sogenannte ›nesu-bit‹-Name, der durch Binse und Biene geschriebene Titel eines ›Königs von Ober- und Unterägypten‹[68], neben die traditionellen Titel und Namen.

Dewens nesu-bit-Name war Semti, woraus dann in späteren Königslisten Hesepti und bei Manetho gräzisiert Usaphaidos wurde. Der Horusname Dewen wurde früher auch als Udimu oder als Dên gelesen, so daß es eine Zeitlang ziemliche Verwirrung darüber gab, welcher Name nun welchem König zukam. Erst der Fund eines Steingefäßes in Djosers Grabmal mit der Aufzählung aller Könige der 1. Dynastie seit Dewen konnte ihre Namen und Reihenfolge sicherstellen[69].

Einen entscheidenden Fortschritt erzielte man auch beim Bau der Königsgräber unter Dewen. In seinem abydenischen Grab ist die Grabkammer von außen durch eine Treppe zu erreichen. Die Grabkammer selbst besitzt einen Granitboden und kündigt damit den Übergang zum Steinbau an. Dewens Mastaba in Saqqara hat in dem hier ebenfalls erstmaligen Treppenzugang gar drei Granitblöcke als Fallgatter, die nach dem Begräbnis herabgelassen worden waren. Irrtümlich wurde die

Mastaba nach ihrer Entdeckung aufgrund des am häufigsten darin vorkommenden Namens zunächst dem höchsten Beamten Dewens namens Hemaka zugeschrieben. Sie enthält allein im Oberbau 45 Vorratskammern, deren Inhalt man nahezu unberührt vorfand.

Diesem Fund verdanken wir den vollkommensten Beigabenschatz eines Frühzeitkönigs; wir können ihn heute im Ägyptischen Museum in Kairo bewundern, wo er allerdings noch unter dem Namen Hemakas ausgestellt ist.

Auch die Verwaltung erfuhr unter Dewen eine gründliche Umgestaltung. Die archaische, noch auf das Umherziehen des Hofes im Lande zurückgehende ›Verwaltung vom Zelt‹ hört auf[70], und der Titel des Khanti, des ›Kellerbesitzers‹, wird nicht mehr verliehen[71]. Dafür tauchen immer mehr Verwaltungsstellen und Ränge auf, die wir dann noch im Alten Reich lebendig finden. Erstmals ist unter Dewen auch eine Volkszählung für die Provinzen im Norden, Osten und Westen belegt[72]. Wir finden sie auf dem Palermostein nach einer Lücke von nicht genau auszumachender Länge für das vierte Jahr nach der Lücke aufgeführt.

Um etwas über die Tätigkeit eines Königs der Frühzeit zu erfahren und über das, was ihm selbst in Annalen festzuhalten bedeutsam erschien, muß man sich die Liste der auf dem Palermostein erhaltenen Jahresfelder Dewens betrachten: x+2 ist das ›Jahr des Sieges über Beduinen‹, offenbar ein Feldzug zur Sicherung des Zugangs zu den Kupfer-, Malachit- und Türkisminen des Sinai; x+3 heißt ›Auftritt des Königs von Oberägypten und Auftritt des Königs von Unterägypten‹, Königsfeste, die mit Inspektionsreisen verbunden waren, aber auch einen hohen religiösen Gehalt hatten. Für ›Auftreten‹ wird hier dasselbe Wort verwandt wie für den Aufgang eines Gestirns oder das Erscheinen eines Gottes. Im gleichen Jahr ist schließlich noch verzeichnet: ›Abhalten des Sedfestes‹, wovon auch ein Täfelchen aus dem Grab in Abydos und eine Anzahl Verschlußsiegel berichten. Bei x+4 folgt dann die Volkszählung; unter x+5 die ›erste Wiederkehr des Festes der Göttin Wadschet‹, der schlangengestaltigen Kronengöttin Unterägyptens – ein Götter- und zugleich Königsfest also. Unter x+6 und x+7 finden wir Planung bzw. Grundsteinlegung eines ›Götterpalastes‹ mit dem Namen ›Thron der Götter‹. Die Bedeutung dieses Ereignisses wird gleich mehrfach belegt: einmal durch dessen Erwähnung auf zwei Jahresfeldern, zum anderen durch die Aufzeichnung für das folgende Jahr, x+8: Einweihung eines unmittelbar an den Götterpalast anschließenden Sees. Die Zeremonie war verbunden mit der rituellen Tötung eines Nilpferdes durch den König. x+9 enthält den Bau einer ›Residenz am See des Gottes Harsaphes‹ (›der auf seinem See‹, ein uns nur unter diesem verschleiernden Namen bekannter kosmischer Gott in Widdergestalt[73]) in der Nähe von Herakleopolis. Bei x+10 ist die Rede von einem Kriegszug mit ›Zerstörung Werkas‹, dessen Lage wir nicht kennen. x+11 berichtet von der ›Geburt des Sed‹, das heißt der Anfertigung eines Kultbildes dieses Gottes, dem das gleichnamige Jubiläum geweiht war. x+12 nennt wiederum den ›Auftritt des Königs von Unterägypten‹ und einen ›allerersten Apislauf‹, der auch auf Siegeln des Königs erwähnt wird. x+13 bezeichnet die ›Geburt der Seschat‹, also die Herstellung eines Kultbildes dieser Göttin der Schreibkunst und des königlichen Archivs. Unter x+14 schließlich finden wir die ›Geburt der Mefdet‹, einer gepardengestaltigen Schutzgöttin des Königs, und das ›Auftreten des Königs von Oberägypten‹ verzeichnet – und dann folgt eine Lücke von unbestimmter Länge[74].

Die Große Königliche Gemahlin, die Hauptkönigin Dewens, trug den aparten Namen Seret-Hor, ›Mutterschaf des Horus‹[75]; zwei Nebenfrauen kennen wir mit Namen, aber wir wissen sonst nichts über die Familie, insbesondere nicht, ob Dewens Nachfolger Enedschib sein Sohn war.

Zwei eigenartige Nennungen aus viel späterer Zeit zeigen das hohe Ansehen, in dem König Dewen stand. In dem Medizinischen Papyrus Ebers aus dem 16. Jahrhundert v. Chr. ist ein Rezept als von ihm stammend bezeichnet, und auch das 64. Kapitel des seit dem Mittleren Reich zusammengestellten Totenbuches wird auf ihn zurückgeführt.

Dewen ist einer der bedeutendsten Pharaonen der Frühzeit, die reich an großen Herrschergestalten war. Er leitet so offensichtlich eine neue Phase der kulturellen und politischen Entwicklung ein, daß Werner Kaiser erst mit ihm die 1. Dynastie beginnen läßt und alle vorherigen Herrscher in der 0. zusammenfaßt[76]. Für uns aber, die wir ja keine Geschichte der Frühzeit schreiben, sondern gerade den Übergang zur Hochkultur in der archaischen Phase aufzeichnen wollen, schließt mit Dewen die Betrachtung der frühesten Könige Ägyptens. Seine Nachfolger gehören eher in die Frühgeschichte des Alten Reiches, und das ist ein Buch für sich wert . . .

Kapitel 2 Königinnen im Frühlicht der Geschichte

Wir hatten in einem früheren Kapitel den französischen Ägyptologen de Morgan begleitet, als er auf der Suche nach der Steinzeit das ›Große Grab von Negada‹ entdeckte. Schon zu Beginn von de Morgans Grabungen zeigte sich, daß er nicht der erste war, der an dieser Stelle den Spaten ansetzte. Ägyptische Sebachgräber hatten auf der Suche nach den als Dünger begehrten antiken Lehmziegeln, dem Sebach, schon vor ihm kreuz und quer Gräben über die Fundstelle gezogen. Ein gewaltiger Brand hatte zudem hier gewütet und nicht nur dicke Aschenschichten zurückgelassen, sondern einen Teil der Lehmziegel regelrecht gebrannt und rot gefärbt, so daß der Entdecker anfangs im Zweifel war, ob es sich nicht doch um einen Gebäuderest frühestens aus griechischer Zeit handle. Aber ein Blick auf die Bautechnik der Außenmauern, als diese einmal zum Teil freigelegt waren, bewies de Morgan schnell die Richtigkeit seiner ursprünglichen Vermutung. Er war nämlich tatsächlich auf ein frühägyptisches Monument gestoßen, ähnlich denen, die kurz zuvor sein Landsmann Amélineau in der Nähe von Abydos ausgegraben hatte und die sich als Königsfriedhof der 1. und 2. Dynastie erwiesen.

Aber die Außenmauern des Negadagrabes zeigten bei aller Verwandtschaft der Mauertechnik eine ganz andere Form als die glatten Lehmziegelverbände, wie sie in Abydos zutage getreten waren: sie wiesen nämlich ein kompliziertes Muster von Vor- und Rücksprüngen auf. De Morgan glaubte, eine Reihe von Kapellen vor sich zu sehen, die ihn an Stelen aus der Zeit des Alten Reiches erinnerten. Heute wissen wir, daß diese Bauform auch bei frühzeitlichen Gräbern auf den Friedhöfen der Residenzstadt Memphis anzutreffen ist, aber nie in Abydos. Damit wird das erste der Probleme sichtbar, vor die uns das Grab von Negada stellt: Warum liegt es hier, weit in Oberägypten und völlig isoliert von der sonst in diesem Landesteil für dieselbe Zeit anzutreffenden Bauform?

Bald gewann de Morgan einen Überblick über die Umrisse des Grabmals. Dessen annähernd in der Nord-Südrichtung verlaufende Längsseiten maßen 54 m, die Breite betrug 27 m[1]. Es übertrifft damit an Größe bei weitem die zeitgleichen Königsgräber in Abydos und Saqqara. Und hier ist das zweite Problem dieses Grabes: Warum liegt dieses riesige Monument nicht auf einem der Königsfriedhöfe, sondern in einem Gebiet, in dem wir bisher keine Residenzstadt der Frühzeit kennen?

Auch der Innenbau des Grabes stellt sich als sehr kunstreich heraus, wenn auch entsprechend der zeitgenössischen Bautechnik der ganze Bau auf die Oberfläche gesetzt ist und die Grabräume nicht in den Fels vertieft sind. In den außerordentlich dicken Mauern waren insgesamt 16 Räume ausgespart, aber schon von den Erbauern mit Sand und Geröll gefüllt worden[2]. Im Kern des Monumentes lagen,

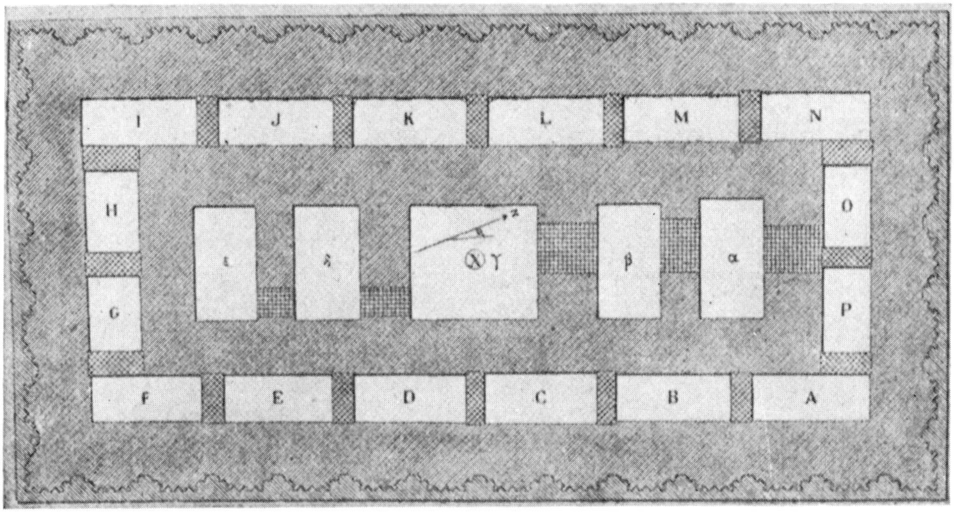

Plan des ›Großen Grabes‹ von Negada

mit Zungenmauern untereinander und mit der Umfassung verbunden, fünf Räume, von denen der etwas größere zentrale als Grabkammer gedient hat. Wände und Böden waren mit Nilschlamm glatt verstrichen, aber nicht – wie die späteren Gräber – geweißelt. Sie zeigten auch keinerlei Spuren von Bemalung oder Inschriften.

Inmitten des Grabraumes befand sich eine runde, flache Vertiefung, in der ein Skelett lag. Dieses war leider völlig verkalkt und in so schlechter Verfassung, daß de Morgan und seine Mitarbeiter mit den Mitteln ihrer Zeit nicht in der Lage waren, es zu erhalten oder auch nur zu bestimmen, ob es männlich oder weiblich war.

Von der Dachkonstruktion hatten das Feuer und all die Generationen fleißiger Sebachgräber nichts übriggelassen. Im Innern der Räume stieß de Morgan ebenfalls überall auf dicke Aschenlagen und halb oder ganz verbrannte Fundstücke. Nur die außerordentlich kompakten Ziegelmauern haben das Gebäude vor dem völligen Einsturz und eine noch immer erstaunlich große Zahl von Funden vor ihrer Vernichtung bewahrt.

Und das ist das dritte Problem des Großen Grabes von Negada: Wer hat das Feuer gelegt, wann und warum? De Morgan hatte beim Auftauchen der ersten Brandspuren an christlich-koptische Brandstifter gedacht, welche auch dieses Zeugnis des Heidentums, wie so viele andere in Ägypten, zerstören wollten. Aber bald fand Professor Wiedemann, ein deutscher Archäologe aus de Morgans Arbeitsteam, eine Anzahl von Nachbegräbnissen aus der Zeit des Neuen Reiches in den obersten Schichten des Monumentes. Die dabei zum Vorschein gekommenen Skelette wiesen ebensowenig Brandspuren auf wie die dazugehörigen bemalten Holzteile von Särgen. Also muß der Brand in sehr früher Zeit gelegt worden sein.

De Morgan gibt in seinem Bericht eine ausführliche Schilderung jedes einzelnen Fundstückes. Am wichtigsten sind dabei die mehr als 50 Tonkrüge, meist mit einem Tonverschluß und darüber einer Lehmkappe versehen. Über jede dieser

Lehmkappen verliefen – deutlich in den ursprünglich feuchten Lehm vertieft – Siegelabdrücke, die nur von Rollsiegeln stammen konnten. Der deutsche Ägyptologe von Schweinfurth hat den Inhalt, der in manchen der Krüge – wenn auch verkohlt oder gesintert – noch erkennbar war, als Traubenschalen, Weizen, Gerste und Mehl sowie als Öle und Fette analysieren können.

Eine ganze Ausstattung zur Weiterführung des Lebens enthielt dieses Grab, entsprechend den Beigaben der frühzeitlichen Königsgräber von Abydos und Saqqara. Neben den Lebensmitteln wurden auch zahlreiche Stoffballen gefunden sowie kunstvolle Steingefäße, viele Reste von Möbeln, Schminkpaletten, Halsketten aus Fayenceperlen, Armreifen und Fingerringe, kleine Flaschen aus Bergkristall und schließlich Spielsteine. Da gibt es kleine, nur etwa 5 cm lange, sehr lebensecht und kunstvoll geschnitzte liegende Hunde und Löwen aus Elfenbein – ja, ein solcher Löwe ist gar aus Bergkristall. Zahlreiche Feuersteinwerkzeuge, insbesondere die sehr fein bearbeiteten Feuersteinmesser, deuten auf eine erstaunlich hoch entwickelte Technik des Steinbohrens und -schleifens. Das gleiche gilt auch für die Steingefäße, die meist aus besonders harten Steinarten wie Porphyr, Diorit, Quarz und Obsidian mit ganz glatten, gleichmäßig dünnen Wandungen gefertigt sind.

Viele dieser Funde trugen Inschriften – entweder als Siegelabrollung, als Ritzzeichnung in Stein und Elfenbein oder als Gravierung auf Elfenbeintäfelchen. Solche Täfelchen waren an einer Ecke durchbohrt, und wir wissen heute, daß sie beispielsweise an Beuteln, Kästen oder Krügen befestigt waren, um den jeweiligen Inhalt zu kennzeichnen. Die Beschriftung selbst ist allerdings meist etwas plump angebracht: Form und Bedeutung der Schriftzeichen weichen bisweilen noch stark von den späteren Hieroglyphen ab, so daß de Morgan die meisten noch nicht lesen konnte.

Aber er deutete doch bereits ein sehr häufig auftauchendes Siegel ganz richtig als den Namen des Königs Aha. Bei den Königssiegeln Ahas zeigt die Abrollung

Rekonstruktion des ›Großen Grabes‹ von Negada

meist eine doppelte Reihe gegeneinander versetzter ›Horus des Palastes‹-Zeichen. Es fanden sich daneben jedoch auch Abdrücke, auf denen der Königsname mit anderen Zeichen abwechselt. Dabei handelt es sich um zwei bestimmte Gruppen von Hieroglyphen, die wir heute als die Namen Hat = ›der Bote‹ und Rachît = ›der vom Rachît-Volk‹ lesen. Von beiden Namensträgern wissen wir übrigens, daß sie königliche Prinzen gewesen sind.

Der Name des Prinzen Rachît kommt im Negada-Grab recht häufig vor; nicht weniger als 15 mal erscheint er auf Siegeln und Gefäßen. Wir kennen ihn allerdings auch nur aus diesem Grab. Prinz Hat dagegen scheint unter den Prinzen der Aha-Zeit eine Sonderstellung eingenommen zu haben, denn sein Name findet sich außer in Negada auch im Abydos-Friedhof und in Saqqara[3]. Ein weiterer Name, den de Morgan noch gar nicht als solchen erkennen konnte, findet sich kunstvoll eingeschnitten in einem mit fast 8 cm Höhe recht großen Siegelzylinder. Das Siegel zeigt ein langgestrecktes Gebäude, davor einen Löwen, der ein Krummholz auf seinem Rücken trägt. Die danebenstehenden Namenszeichen lassen erkennen, daß es sich um unseren alten Bekannten Peseschkaf, den ›Leiter der oberägyptischen Verwaltung vom Zelt‹ unter König Aha handelt.

Zweimal taucht im Negadagrab ein Meri-iti, ›der vom Herrscher Geliebte‹, auf Elfenbeintäfelchen auf. Beide Täfelchen waren offenbar an Halsketten angebracht, denn sie nennen mit ›185‹ beziehungsweise ›97‹ die Anzahl der Fayenceperlen bürokratisch genau. Dieser Meri-iti kommt an anderen Stellen nicht vor, so daß es sich wohl um einen untergeordneten Kontrollbeamten handelt. Schließlich begegnet uns auf insgesamt 11 Belegen ein Name, der aus zwei Zeichen besteht: einem schmalen liegenden Rechteck mit einer Art Öse und darüber oder daneben einer Stange, auf der zwei gekreuzte Pfeile befestigt sind. Das Rechteck ist das hieroglyphische Bild eines Opfertisches und liest sich ›hotep‹; die Stange bezeichnet die Tragstange für Götterbilder, und die gekreuzten Pfeile sind das Symbol der Göttin Neith, so daß der Name heute als Hotep-Neith, ›Neith ist gnädig‹, gelesen wird[4]. Mit diesem weiblichen Namen taucht hier ganz zu Beginn ägyptischer Geschichte eine Frauengestalt in hervorgehobener Stellung auf. Einen ungewöhnlich hohen Rang muß diese Hotep-Neith bekleidet haben. Denn neben den zahlreichen Namenssiegeln zur Bezeichnung ihres Eigentums an so wertvollen Dingen wie Halsketten, Elfenbeinkästchen und Gefäßen aus Bergkristall und Hartstein fand de Morgan einen Siegelzylinder von 76 mm Höhe und 24 mm Durchmesser[5]. Dessen Abdruck zeigt ein Bild, das die Ägyptologen lange ratlos ließ und das bezüglich seiner Deutung noch heute nicht unumstritten ist. Dreimal

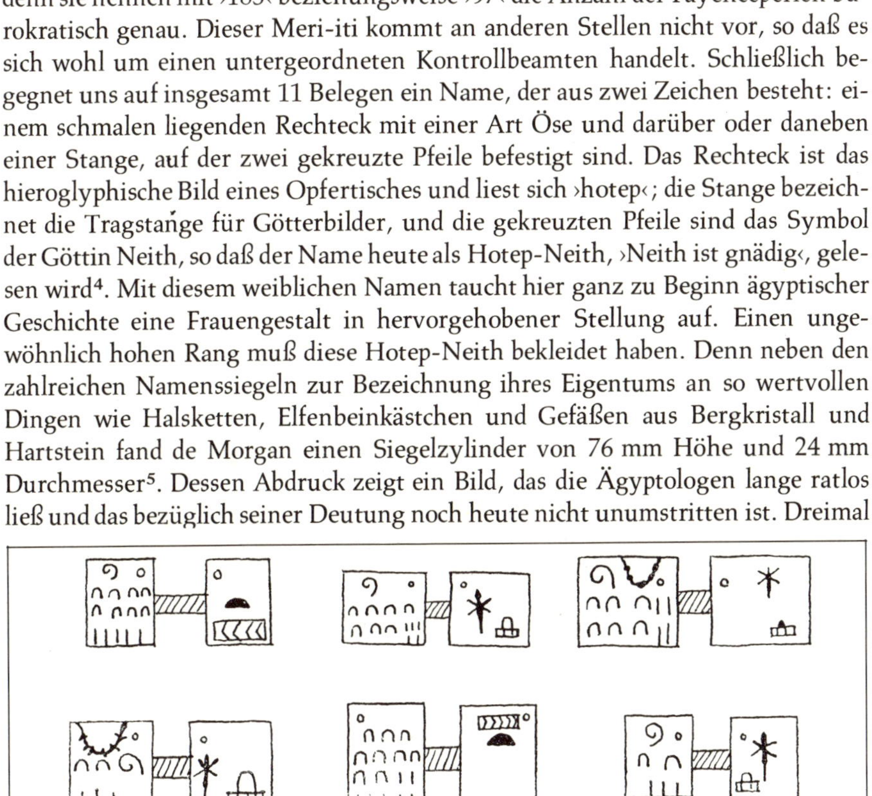

Elfenbeintäfelchen aus Hotep-Neiths Grab mit Namen und Anzahl der Perlen

folgen aufeinander sehr deutlich gegliederte Palastfassaden, die in allen Einzelheiten denen zeitgleicher Königsserechs entsprechen. Hochauf ragt über dem Palast das Neith-Emblem, wobei zu den gekreuzten Pfeilen noch ein besonders altertümlicher Schild tritt und somit den kriegerischen und herrscherlichen Charakter der Göttin unterstreicht. Im Oberfeld des Palastes, in dem beim Serech der Königsname steht, findet sich das Hotep-Zeichen neben einer Vogel-Hieroglyphe, die dem späteren Zeichen für ›w‹ ähnelt. Neben den Palastfassaden zeigt der Siegelabdruck schließlich noch drei stilisierte Blumen.

Sechs Namen also sind es, deren Belege de Morgan im Großen Grab von Negada fand: König Aha, die Prinzen Rachît und Hat, die Beamten Peseschkaf und Meri-iti, und schließlich die Dame Hotep-Neith. Und so lautet nun das vierte Problem dieses Grabes: Für wen wurde es gebaut, und wer war darin bestattet? Wenn sich die Wissenschaft auch über die richtige Antwort auf diese Fragen keineswegs einig ist, so wollen wir dennoch versuchen, einer solchen Antwort wenigstens näherzukommen, nachdem leider die Skeletteile ›ihr Geheimnis für immer wahren‹, wie de Morgan selbst bedauernd festgestellt hat.

Zunächst kann man als Grabbesitzer mit Sicherheit die beiden Beamten ausscheiden. Wie bedeutend auch immer der Rang von Peseschkaf gewesen sein mag – ein so riesiges Monument hätte er sich gewiß nicht errichten können bzw. dürfen. Das gilt erst recht für den subalternen Urkunde- und Kontrollbeamten Meri-iti. König Aha selbst kommt auch nicht in Frage, denn dessen Grab liegt in Abydos. Das Grab eines regierenden Königs, weitab von allen bekannten Residenzen und Palästen gelegen, wäre ohnehin kaum glaubhaft. Bleiben also die Prinzen Rachît und Hat und die Dame Hotep-Neith. Bei den Prinzen dürfte Hat ausscheiden, denn seine beiden Belege im Grab treten zahlenmäßig weit hinter die um das Mehrfache häufigeren des Prinzen Rachît zurück.

Rachît ist ausschließlich in diesem Grab bezeugt, und seine Belege darin sind etwas zahlreicher als die von Hotep-Neith. Hier gilt es allerdings vorsichtig zu sein: Angesichts des Zustandes, in dem de Morgan das Grab nach Beraubung und Brandlegung vorfand, spielt der Zufall der Erhaltung eine zu große Rolle, als daß wir aus dem Unterschied von 15 Rachît-Belegen zu 11 der Hotep-Neith einen statistischen Beweis begründen könnten. Von Hotep-Neith gibt es auch Fundstücke in Abydos und Saqqara, aber diese sind auf mehrere Stellen verstreut und mit keinem Grab so verbunden, daß wir ihr Begräbnis auf einem dieser Friedhöfe auch nur vermuten, geschweige denn nachweisen könnten.

Die Meinungen der Ägyptologen halten sich heute etwa die Waage hinsichtlich einer Zuordnung des Großen Negada-Grabes: Die eine Hälfte plädiert für Hotep-Neith[6], die andere für den Prinzen Rachît[7] als Besitzer. Ich selbst neige nach gründlichem Studium zu der Ansicht, Hotep-Neith sei die Grabinhaberin, wobei mir die Vermutung erwägenswert scheint, daß Prinz Rachît ein Sohn der Hotep-Neith gewesen und mit ihr gemeinsam hier bestattet worden sein könnte[8]. Doppelbelegungen sind in den Gräbern der Frühzeit gar nicht selten. Für einen weiblichen Hauptinhaber des Grabes sprechen vor allem die, trotz des Brandes, umfangreichen Funde an Stoffen und Möbeln, die typisch für Frauenbegräbnisse der Frühzeit sind.

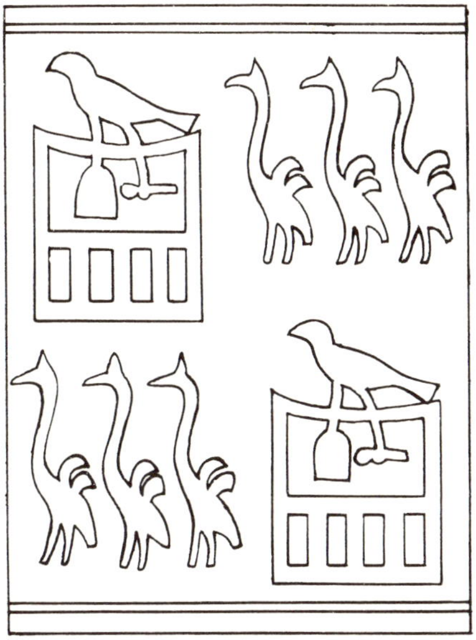

Prinzensiegel des Rachît, Sohn Ahas und der Hotep-Neith

Wenn diese Theorie richtig ist, dann muß aber Hotep-Neith die Gattin König Ahas, muß sie Königin gewesen sein. In der Bezeichnung Hotep-Neiths als Königin stimmen nun wieder die Ägyptologen überein, bei allerdings unterschiedlicher Deutung ihrer Verwandtschaftsverhältnisse. Um die Rolle der Frau in der ägyptischen Frühzeit kennenzulernen, lohnt sich eine nähere Beschäftigung mit der reizvollen Gestalt dieser Königin.

Auf den Inschriften des Negada-Grabes finden wir Hotep-Neith verknüpft mit König Aha. Das Bruchstück eines Elfenbeintäfelchens, das erst bei einer späteren Nachgrabung im Negada-Grab gefunden wurde, zeigt eine Palastfassade mit einem Wels darüber[9] – Teil eines Siegels von König Narmer, dem Vorgänger Ahas auf dem Thron, mit dem Hotep-Neith also auch in irgendeiner Beziehung gestanden haben muß.

Weit gestreut sind ihre Siegelabdrücke schließlich in Gräbern aus der Zeit König Sachtis zu finden. Unter drei aufeinanderfolgenden Königen hat also Hotep-Neith gelebt. Zudem zeigen die Funde für sie einen im Vergleich zu anderen Königinnen auffallend hohen Rang. Die in verschiedenen Gräbern des Sachti-Friedhofes von Abydos ausgegrabenen Gegenstände mit ihrem Namen lassen sich nämlich nur als Geschenke von Hotep-Neith an die dort Bestatteten erklären[10]. Dabei handelt es sich ausnahmslos um besonders wertvolle Gaben: Es finden sich Elfenbeinkästen und Elfenbeindeckel für Schminkpaletten, Elfenbeinstäbe und Gefäße aus Elfenbein und schließlich kostbare Alabastergefäße[11]. Alle sind hervorragend gearbeitet und Zeugnisse eines blühenden Kunsthandwerks. Künstler und Handwerker, die solche beeindruckenden Werke schaffen konnten, waren zur Zeit der Ersten Dynastie aber nur am Königshof zu finden.

Auch auf diesen Funden steht der Name Hotep-Neiths bisweilen in Verbindung mit dem einer anderen Person. Auf einem der Elfenbeindeckel und auf einem ovalen Elfenbeinstab erscheint neben Hotep-Neith der Name Sema-Nebauwi, ›die

Siegel Hotep-Neiths

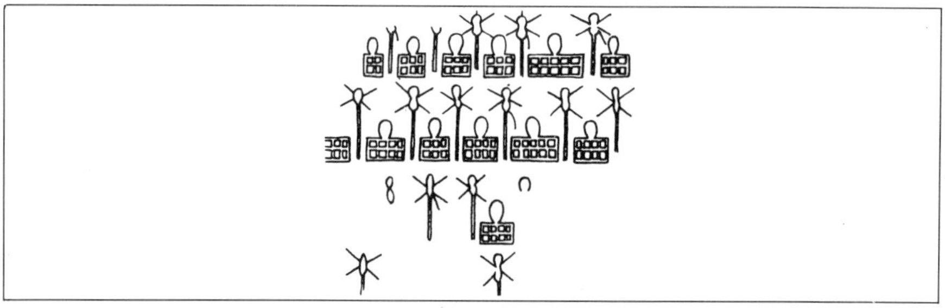

die Beiden Herren vereinigt‹[12]. Der Name bezieht sich auf Horus und Seth, die beiden frühzeitlichen Königsgötter, und ist ein Hinweis darauf, daß seine Trägerin eine sehr enge Verwandte des Königs, also eine Prinzessin oder gar eine Königin war. Sie ist noch aus vielen anderen Funden – sowohl in Abydos als auch in Saqqara – bekannt und trägt den hohen Hoftitel ›Khanti‹, also ›Besitzerin eines königlichen Weinkellers‹, wie wir ihn nur bei wenigen, besonders bedeutenden Königinnen und Prinzen der ersten Frühzeit finden[13]. Sema-Nebauwi hat mit Sicherheit unter den Königen Sachti und Wadschi, möglicherweise auch noch bis zu Dewen gelebt[14]. Sowohl dies als auch der ›Khanti‹-Titel, der erstmals unter Sachti verliehen wird und den Hotep-Neith noch nicht trägt, sind ein Beweis dafür, daß Sema-Nebauwi einer jüngeren Generation angehört als Hotep-Neith. Es ist sehr wahrscheinlich, daß sie Hotep-Neiths Tochter war, wie man aus dem gemeinsamen Siegel der beiden schlußfolgern kann.

Zu den Angaben der Elternschaft gehört mit großer Wahrscheinlichkeit auch ein Fund aus Abydos, der den Gelehrten viel Kopfzerbrechen gemacht hat. Das Bruchstück einer kostbaren Alabasterschale trägt in der Mitte deutlich eingeritzt den Namen Hotep-Neith; rechts davon ist der Horusname des Königs Aha, wenn auch leicht beschädigt, zu erkennen, links sind Reste des Namens Tati zu lesen.

Regentinnen- oder Palastsiegel Hotep-Neiths

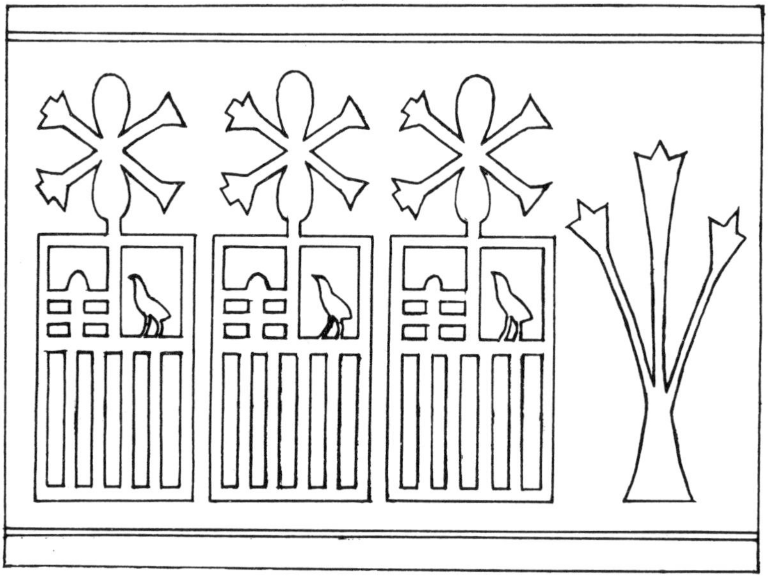

Diese Zusammenstellung wird so gedeutet, daß der – auch an anderen Stellen belegte – Prinz Tati hier ausdrücklich als ›Sohn der Hotep-Neith und des Königs Aha‹ bezeichnet werden soll[15]. Demnach wäre also Hotep-Neith die Gattin des Königs Aha und die Mutter seiner Kinder Sema-Nebauwi, Rachît und Tati gewesen.

Im Lichte dieser Kenntnisse über Hotep-Neiths verwandtschaftliche Stellung können wir eine Deutung des rätselhaften großen Siegels aus ihrem Grab versuchen. Mit viel Scharfsinn haben Generationen von Gelehrten sich um eine Deutung bemüht. Es gibt nur noch ein ähnliches Serech-Siegel von einer anderen Königin, und zwar von der Sachti-Tochter Meritneith, mit der gleichen Problematik hier wie dort. Heute spitzt sich die Frage auf drei Möglichkeiten zu: Ist es ein Königssiegel, dann hätte Hotep-Neith als Pharao auf dem Thron gesessen und aus eigenem Recht regiert. Wir kennen in der ägyptischen Geschichte mehrere regierende Königinnen, und ich habe der als Herrscherin wohl bedeutendsten unter ihnen ein Buch gewidmet[16]. Es wäre für diese frühe Zeit durchaus denkbar, daß die Königin ihr offizielles Siegel nicht mit dem als männlich vorgestellten Königsgott Horus krönte, sondern mit der Göttin Neith, die ebenfalls vielfältige Beziehungen zum Königtum und zur Krone hatte. So, wie die Könige ihren Horusnamen an der Spitze ihrer Titulatur führten und beispielsweise als ›Horus Narmer‹ oder ›Horus Aha‹ bekannt sind, so hätte die Königin sich als Entsprechung dazu einen Neith-Namen zugelegt. Nicht nur das durch besonders großes Format hervorgehobene Neith-Emblem spricht dafür, sondern auch die völlig mit den Königssiegeln identische Ausführung der Palastfassade in dem Viereck des Serech.

Allerdings ist hier zu fragen, warum das Siegel der Hotep-Neith von allen anderen Königssiegeln insoweit abweicht, als es nur einreihig ist, während alle anderen Königssiegel dieser Zeit zweireihig sind[17]. Es gibt auch sonst keinerlei Hinweise darauf, daß eine Königin Hotep-Neith je die Herrschaft über Ägypten ausgeübt hätte. Allerdings trägt dieser Hinweis nicht weit, denn wir wissen aus späterer Zeit, daß die Beweise für Herrschaften von Königinnen häufig von Nachfolgern ausgelöscht wurden, wie wir es besonders deutlich bei Hatschepsut beobachten können. Sollte hier etwa der Grund zu finden sein für das Inbrandstecken des Großen Negadagrabes? Diese Möglichkeit kann nicht ausgeschlossen werden. Auch an vielen Königsgräbern in Abydos und Saqqara hat man schwere Brandschäden aus der Frühzeit festgestellt. Wir müssen annehmen, daß diese Brände nicht etwa von Plünderern gelegt worden sind, sondern auf dynastische oder möglicherweise auch religiöse Auseinandersetzungen zurückgehen[18].

Auch das Grab der Hotep-Neith enthielt ja bei seiner Freilegung noch so viele Schätze, daß zumindest das Wirken gründlicher frühzeitlicher Plünderer, die weder den Zeitverlust noch die Erregung von Aufmerksamkeit durch eine umfangreiche Brandlegung scheuten, nicht sehr plausibel ist. Denn wenn auch die Dachkonstruktion wahrscheinlich aus Holzbalken bestand, so genügte es angesichts der gewaltigen kompakten Masse dieses Grabes gewiß nicht, an ein oder zwei Stellen kleine Feuer zu legen, um den wahren Feuersturm zu entfachen, dessen Wirkung allein den tief in die Mauern gedrungenen Ziegelbrand erklären kann.

Andere Ägyptologen schlagen als Deutungsmöglichkeit für das große Siegel der Hotep-Neith vor, daß es sich dabei um ein Palastsiegel handle[19]. Die frühen

Könige benutzten solche Siegel, um Lieferungen für ihre verschiedenen Paläste im Lande zu kennzeichnen. Vom Königssiegel unterscheiden sie sich dadurch, daß der Horus auf dem Palastviereck fehlt und dieses selbst nicht die Innenzeichnung der Palastfassade aufweist. Statt dessen tritt im Oberfeld zum Königsnamen noch der Palastname, so daß diese Siegel sich etwa lesen: ›Oberägyptischer Palast des Aha‹ oder ›Weißer Palast des Narmer‹[20]. Beim Siegel unserer Königin müßte dann die Vogelhieroglyphe den noch nicht entzifferten Palastnamen bedeuten und das Ganze als ›Palast x der Hotep-Neith‹ gelesen werden.

Gegen diese Deutung scheint mir mehr zu sprechen als gegen eine Deutung als Königssiegel: Zwar steht über dem Palastviereck kein Falke, aber dafür das Neith-Zeichen; außerdem gibt es kein Beispiel für ein Palastsiegel, bei dem ein Teil des Königsnamens nach oben gezogen wäre. Das Palastviereck ist genauso wie das Serech des Horus-Siegels behandelt, denn es enthält ja gerade, ebenso wie dieses, die volle Zeichnung der Palastfassade. Schließlich ist eben kein Königsname, sondern als ›Palastinhaber‹ Hotep-Neith genannt. Und Paläste von Königinnen, die nur Gemahlinnen von Königen waren, werden in der ganzen Frühzeit und, soweit ich sehe, auch im Alten Reich nirgends genannt.

Selbst wenn es sich also hier um ein Palastsiegel handeln sollte, dann steht Hotep-Neith damit einzig da, und es wäre ein erneuter Hinweis auf ihre Stellung, die eben bedeutender war als die einer Königs-Gemahlin.

Es gibt, wie wir sahen, keine Schriftzeugnisse über die geschichtliche Stellung Hotep-Neiths, sondern nur Hinweise auf ihre außergewöhnliche Bedeutung für die Dynastie – eine Bedeutung, die auch von jenen Ägyptologen nicht bestritten wird, die eine Herrscherrolle für Hotep-Neith nicht zulassen mögen. Sie war die Tochter König Narmers, Gattin Ahas und Mutter mehrerer seiner Söhne und Töchter. Allerdings war sie nicht die Mutter König Sachtis. Die Söhne aus ihrer Ehe mit Aha sind vermutlich sehr früh, jedenfalls noch vor Ahas Tod, gestorben – angesichts der hohen Sterblichkeit im pharaonischen Ägypten auch in der Königsfamilie gar kein so seltener Fall. Keinerlei Unterlagen gibt es darüber, ob Aha der Sohn Narmers gewesen ist. Hier mag die Erklärung für die dynastische Rolle Hotep-Neiths liegen. Als Erbtochter Narmers hat sie nach dem frühen Tod ihrer Brüder den Prinzen aus einer Seitenlinie geheiratet und ihm damit die Legitimation für den Thron gebracht, wie dies in der ganzen pharaonischen Geschichte recht häufig geschehen sollte. Aha mag bei dieser dynastischen Hochzeit aber noch zu jung für die Ausübung des Königsamtes gewesen sein, und so hat Hotep-Neith für ihn regiert – ob als Regentin, ob als Pharaonin, das wissen wir nicht. Keinerlei Funde bestätigen die Vermutung, sie sei eine unterägyptische Prinzessin gewesen.

Bisweilen wird gegen die Möglichkeit einer Herrschaft von Frauen in der 1. Dynastie eingewandt, daß erst ein König der 2. Dynastie, Nineter, Frauen die Erbfolge erlaubt habe[21]. Diese Nachricht stammt von Manetho, also aus der Zeit der Ptolemäer. Wenn es auch für Manethos Geschichtsdarstellungen gar nicht selten recht überraschende Bestätigungen gibt, so steht auch fest, daß seine Angaben gerade aus der Frühzeit oft genug nicht exakt sind. Es ist also durchaus möglich, daß ein solches Hausgesetz schon früher erlassen wurde. Aber auch wenn wir Manetho ganz wörtlich nehmen, so spricht seine Angabe nicht gegen frühere Fälle von

Herrschaft königlicher Frauen. Am Anfang des geschichtlichen ägyptischen Staates stand ja kein Grundgesetz oder eine Verfassung, und es ist sehr zweifelhaft, ob es so etwas überhaupt je während der ägyptischen Geschichte gegeben hat. Erhalten ist jedenfalls dergleichen nicht. Wir wissen vielmehr, daß aufgrund von Präzedenzfällen entschieden wurde, die dann vielleicht einmal – nach einer gewissen Zeit oder aus neuem Anlaß – kodifiziert worden sein mögen. Um eine solche Kodifizierung könnte es sich bei Manethos Nachricht durchaus handeln. Das allerdings spräche dann eher dafür, daß schon vor Nineters Zeit in Ägypten Königinnen an der Regierung gewesen sind.

Wenn wir nun die Ergebnisse unserer Überlegungen zusammenfassen, dann müssen wir feststellen, daß sich alle Funde, deren Deutung und der geschichtliche Hintergrund am zwanglosesten mit einer Herrschaft Hotep-Neiths vereinbaren lassen – ob als Pharaonin mit dem Titel ›Neith des Palastes‹ oder als Regentin für einen unmündigen König, das können wir nicht entscheiden, ja, es ist fraglich, ob die Frühzeit einen Unterschied zwischen König und Regent überhaupt kannte. Bevor wir von dieser eindrucksvollen Frauengestalt Abschied nehmen, wollen wir aber noch versuchen, jene vier Fragen zu beantworten, vor die uns ihr Grab gestellt hat. Dabei werden uns auch die inzwischen gewonnenen Erkenntnisse behilflich sein. Warum, so lauteten die Fragen, liegt dieses Grab weit in Oberägypten und nicht auf einem Königsfriedhof? Wer war sein Inhaber? Wer zündete es an und warum?

Als Inhaberin haben wir Hotep-Neith ausfindig gemacht, möglicherweise gemeinsam mit ihrem Sohn Rachît. Vielleicht läßt sich damit auch die erste Frage beantworten. Es gibt nämlich Vermutungen, daß Prinz Rachît Gouverneur in Oberägypten gewesen sei[22] und in dieser Eigenschaft für seinen Vater die Südgrenze des Reiches verteidigt habe, während Aha selbst im Norden gegen Libyer, unterägyptische Aufständische und Beduinen stritt. Es ist denkbar, daß Aha während dieser Kämpfe seine Gemahlin Hotep-Neith für eine gewisse Zeit zu seinem Sohn Rachît schickte. Dasselbe könnte auch unter Sachti geschehen sein. Die Gründe hierfür verweisen uns freilich auf reine Vermutungen: Ob die Kämpfe im Norden den König um die Sicherheit der Familie bangen ließen, ob Hotep-Neith durch ihre Autorität in schwieriger Zeit die des Rachît stärken sollte, oder ob es sich nur um einen gewöhnlichen Verwandtenbesuch handelte – all dies wäre denkbar.

Jedenfalls müßte Hotep-Neith während ihres Aufenthalts in Negada gestorben sein, vielleicht zu gleicher Zeit wie Rachît. An einer Seuche? Bei einem feindlichen Überfall? – Wir wissen es nicht. Da Mumifizierung noch unbekannt war, wären sie beide in dem ursprünglich wohl recht bescheidenen, für Rachît vorbereiteten Grab beigesetzt worden. Dieses hätte man dann in aller Eile mit einem mächtigen Umbau versehen, so wie es dem Rang Hotep-Neiths entsprach. Eine solche Deutung würde auch einige Eigentümlichkeiten des Baues, etwa die mit Geröll gefüllten Hohlräume zwischen einer inneren und einer äußeren Ziegelmauer, erklären. Die Bevorzugung einer ursprünglich unterägyptischen Bauform, nämlich der Mastaba, ließe sich mit einer besonderen Vorliebe der Königin für Unterägypten und seine Kulte, wie sie sich ja auch in ihrem Namen ausspricht, begründen.

Weibliche Figur
aus Abydos,
1. Dynastie

Für die Vernichtung des Grabes durch Brand sind wir noch mehr auf Mutmaßungen angewiesen. Allerdings wissen wir, daß diese Form von ›Bestrafung‹ früherer Könige in der Frühzeit nicht eben selten war. Vielleicht hat Sachti in späteren Regierungsjahren eine derartige Aktion veranlaßt. Denn Sachtis eigene Mutter war vermutlich von niederer Herkunft – ihr Name ›Musikantin des Apis‹ läßt zumindest darauf schließen – und könnte in seinen Augen zu sehr im Schatten Hotep-Neiths gestanden haben. Ob Sachti oder ein anderer König den Präzedenzfall einer wie immer regierenden Königin auslöschen wollte (auch unter den Pharaonen gab es Paschanaturen!), oder ob religiöse Neuerungen eine Rolle spielten – alle diese Motive, persönliche, staatliche, dynastische und religiöse, kämen für eine Auslöschung Hotep-Neiths in Frage und sind später in der ägyptischen Geschichte immer wieder nachzuweisen.

Nun war Hotep-Neith mit ihrem Rang und ihrer Bedeutung keineswegs eine Ausnahme in Ägypten, in der ganzen Geschichte nicht und nicht in der Frühzeit. Daß die alten Ägypter eine andere Vorstellung von der Rolle der Frau in Familie, Recht, Staat, Gesellschaft und Religion hatten als die zeitgleichen Hochkulturen Vorderasiens, dafür gibt es in der ganzen ägyptischen Geschichte zahllose Beweise, auch schon in der Frühzeit. Bevor wir uns diese aber anschauen, ist eine Warnung angebracht: Dem Patriarchat, der Männerherrschaft oder -vorherrschaft, steht in den menschlichen Möglichkeiten des Verhältnisses zwischen Mann und Frau keineswegs nur das polare Gegenstück, das Matriarchat als Frauenherrschaft oder -vorherrschaft, gegenüber. Im Verhältnis zwischen den Geschlechtern gibt es sehr viel mehr als nur zwei Verhaltensmuster[23].

So findet sich auch in Ägypten nicht etwa ein Matriarchat. Aber das Verhältnis zwischen Mann und Frau hebt sich doch sehr deutlich ab von dem gleichzeitig in den Kulturen Mesopotamiens und Syriens geltenden absoluten Herrschaftsanspruch des Mannes auf allen Gebieten. Das Geschlechterverhältnis während der langen Blütezeit Ägyptens im Alten, Mittleren und Neuen Reich bis zum Ende eigenständiger ägyptischer Kultur in der Spätzeit habe ich ausführlich in meinem Buch ›Herrin Beider Länder – Hatschepsut‹ geschildert. Wir finden hier in Ägypten eine hohe Wertung der Frau als voll rechtsfähiger Persönlichkeit. In der Familie hat sie eine Stellung inne, die man kaum besser als mit dem modernen Begriff der ›Gleichberechtigung‹ bezeichnen kann. Dem entspricht ebenso eine hohe weibliche Wertung in der Religion: In der Rangordnung der Gottheiten nehmen die weiblichen eben nicht nur einen Platz als Gattinnen herrschender männlicher Gottheiten ein; ebensowenig sind sie bloße Mütterlichkeits- und Fruchtbarkeitsidole. Und auch beim Kultus begegnen uns Frauen als Priesterinnen wie als Teilnehmerinnen – hier gibt es nicht die Parole: »Das Weib schweige in der Gemeinde« oder ähnliches.

Vor allem auch in der Königsfamilie ist die Frau als Trägerin der Legitimität bedeutsam. Insbesondere beim Wechsel von Dynastien kommt dies immer wieder deutlich zum Ausdruck. Denn nicht selten tritt hierbei die Frau als tüchtige Regentin für unmündige Söhne, hin und wieder sogar als gekrönte Pharaonin in Erscheinung. Es ist besonders bezeichnend für das ägyptische Bewußtsein, daß in den zeitgenössischen Quellen über solche Regentschaften von Frauen darin nichts

Außergewöhnliches, nichts gegen Religion, Herrschaftsverständnis oder Geschlechterrolle Verstoßendes gesehen wird. Läßt sich nun zu Beginn der ägyptischen Hochkultur, in der ›Frühzeit‹ genannten Epoche der beiden ersten Dynastien, schon eine gleiche Rolle der Frau nachweisen, oder war Hotep-Neith eine Ausnahme?

Wir waren von einem Grab ausgegangen. Und wiederum ist es ein fast fünftausend Jahre altes Grab, das als Parallele zu dem der Königin Hotep-Neith zeigt, wie wenig deren Rolle und Bedeutung eigentlich ein Einzelfall war. Das Grab, von dem die Rede sein soll, wurde erst vor wenigen Jahrzehnten auf dem Friedhof von Saq-

Regentinnen- oder Palastsiegel Meritneiths

Westseite des Grabes der Meritneith in Saqqara

qara freigelegt, nicht weit von der berühmten Stufenpyramide[24]. Mit einer Länge von 42,6 m bei einer Breite von 16 m gehört es zu den größten Anlagen der frühen 1. Dynastie, in die es nach Bauweise und Fundstücken eindeutig zu datieren ist. Das Grab gleicht mit seiner typischen Mastabaform im Äußeren verblüffend dem Negadagrab Hotep-Neiths. Eine große Ähnlichkeit besteht hinsichtlich der durch Vor- und Rücksprünge gegliederten Fassade und der dicken Mauern aus luftgetrockneten, sorgfältig geschichteten Ziegeln. Auch hier sind in den Bau zahlreiche Magazinräume eingelassen; aber im wesentlichen Unterschied zum Negadagrab sind die Sargkammer und deren vier Nebenräume in den Fels des Untergrundes eingetieft. Dies ist ein Zeichen dafür, daß das Grab zu einem späteren Zeitpunkt und mit einer fortschrittlicheren Technik erbaut wurde.

An der Nordseite der Mastaba ist ein Raum aus Ziegeln für ein Schiff aufgemauert, das etwa 17,70 m lang gewesen sein muß[25]. Um das Grab herum ist eine Anzahl kleiner Nebengräber angelegt, in denen Gefolgsleute des Grabinhabers bestattet worden waren. Neben der Größe des Grabbaues ist dies ein weiterer deutlicher Hinweis darauf, daß es sich bei dem hier beigesetzten Toten um eine sehr hochrangige Persönlichkeit gehandelt haben muß[26]. Auf den im Grab gemachten Funden tritt wiederholt der Name Meritneith auf. Es ist dieselbe Me-

Plan des Grabes der Meritneith in Abydos mit Nebengräbern

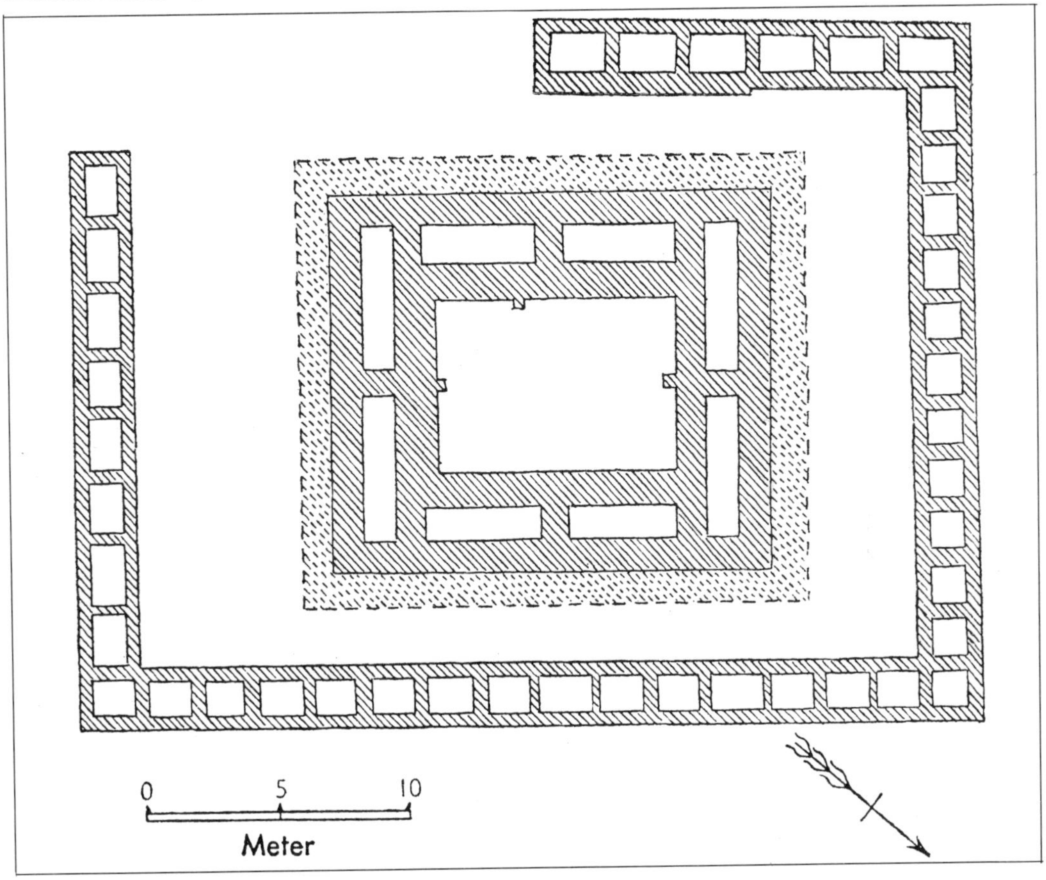

Rekonstruktion des Grabes der Meritneith in Saqqara mit Nebengräbern

ritneith, der wir als Erbtochter und ›kleiner Weihe‹ beim Begräbnis Sachtis begegnet sind. Wie der Name von Hotep-Neith, so ist auch ihr Name mit dem der Göttin zusammengesetzt und bedeutet etwa ›geliebt von Neith‹. Eines der hier gefundenen Siegel verstärkt noch weiter die Parallele zwischen den beiden Frauen: Es zeigt die rechteckige Palastfassade des Serechs mit deutlich eingezeichneten Palasttoren. Weit über die Fassade hinaus ragt das Neith-Emblem, und im Oberfeld steht zweimal das Zeichen für ›meri‹, ›geliebt‹. Mit Sicherheit war also Meritneith ein Mitglied der Königsfamilie, wobei wir die Frage nach der Art ihrer Teilhabe an der Regierung zunächst offenlassen müssen. Neben ihrem Siegel befindet sich das von König Sachti, und wir können daraus ersehen, daß Meritneith seine Tochter war[27].

Aber diese bedeutende Frau ist neben dem Saqqaragrab auch noch mit einem Grab auf dem Königsfriedhof von Abydos verknüpft. Wie alle Anlagen in Abydos ist auch die ihrige hier kleiner und einfacher als das Monument von Saqqara. Das Grab ist aber innerhalb seiner Gruppe – es liegt unmittelbar neben dem des Königs Wadschi – eines der größten. Eine fast quadratische Grube mit einer Seitenlänge von je etwa 15 m ist sorgfältig mit Lehmziegeln ausgekleidet, besitzt aber keinen seitlichen Zugang von außen. Dies entspricht etwa der Bautechnik des Sachtigra-

bes. Als Neuerung diesem gegenüber können wir aber eine zweite Ziegelmauer ansehen, die in etwa 1,50 m Abstand vor der Grubenausmauerung hochgezogen war. Durch Querwände ist der schmale Gang zwischen den beiden Mauern in acht längliche Magazinräume unterteilt[28]. Die innere Ziegelmauer stützte zudem mit kurzen Zungenmauern die Holzverkleidung der zentralen Grabkammer – ähnlich wiederum wie beim Sachtigrab. Eine Planke des Bodenbelages, die man bei der Ausgrabung an ihrem ursprünglichen Platz fand, läßt den Schluß zu, daß auch der Boden sorgfältig mit Holz verkleidet war. In dem holzarmen Ägypten stellt diese Vollverkleidung der Grabkammer einen beträchtlichen Luxus dar und ist wiederum ein Beweis für die herausragende Rolle Meritneiths.

Um ihr Grab in Abydos herum finden sich nicht weniger als 41 kleine, jeweils kaum mehr als 1,50 × 0,80 m messende Nebengräber, die sich in ununterbrochener Reihe um das Zentralgrab schließen und nur an der Südecke etwas Raum freilassen. In ihnen waren Handwerker, Dienerinnen und Hofleute Meritneiths begraben. Einige ihrer Gräber bewahrten noch die kleinen Stelen mit ihrem Namen. Als Beigaben finden sich etwa beim Maler der Stein zum Anreiben der Farben und die Farbbehälter; beim Bootsbauer wiederum sind es Schiffsmodelle und Kupferäxte. Im Grab des Künstlers schließlich, der die kostbaren Steingefäße und gewiß auch Statuen herstellte, begegnen uns die für seine Tätigkeit typischen Werkzeuge[29]. Kurz, der Hofstaat der Königin war, wie in Saqqara, auch hier um das Grab der Herrin versammelt.

Die Nebengräber sind nun ein recht verblüffender Fund. Meritneith ist die einzige Frau, deren beide Grabstätten solche Nebengräber besitzen. Diese finden wir sonst nämlich einzig und allein um die Gräber regierender Pharaonen herum angelegt, denn an deren Verklärung und Himmelsreise sollen ihre Inhaber teilhaben. Wenn wir uns hierzu noch das eigenartige Siegel, das wohl ›Neith des Palastes . . .‹ gelesen werden muß, vor Augen führen und das Schiffsgrab, das in der Frühzeit ebenfalls sonst den Gräbern regierender Herrscher vorbehalten war, müssen wir uns folgende Frage stellen: Ist Meritneith mit all diesen Funden tatsächlich eine Ausnahme, oder gehört sie nicht doch in die Reihe der Regierenden?

Ein weiterer Hinweis verstärkt unsere Vermutung, daß Meritneith zwei oder drei Generationen nach Hotep-Neith ebenfalls eine aus eigenem Recht regierende Herrscherin und nicht nur Königsgemahlin gewesen ist. Seit Sachti gibt es nämlich beim Königsfriedhof von Abydos außer den eigentlichen Gräbern noch für jeden König am Rande des Fruchtlandes gelegene Einfriedigungen aus Ziegelmauern um recht umfangreiche offene Plätze: die sogenannten ›Talbezirke‹. Ihre Rolle im königlichen Begräbnisritual haben wir bei der Schilderung von Sachtis Begräbnis kennengelernt.

Einer dieser Talbezirke nun wird aufgrund von Gefäßmarken Meritneith zugeschrieben[30], und dies wäre ein wirklich eindeutiger Beweis für die Herrscherrolle dieser Königin, wenn die Zuschreibung unumstritten und eindeutig wäre. Aber leider, wie bei so vielen Funddeutungen aus der Frühzeit, gibt es auch hier andere Theorien. Diese stützen sich vor allem auf die verhältnismäßig geringe Anzahl von Namenssiegeln der Meritneith und auf die hohe Zahl von 80 Nebengräbern hier – gegenüber den nur 41 um das Meritneith-Grab in Abydos. Indessen zählt man bei den übrigen Talbezirken, deren Zuschreibung an jeweils einen Pharao gesichert ist, grundsätzlich weniger Nebengräber als um das jeweilige Abydosgrab[31]. Mir scheint allerdings, daß die Zahl der bisher entdeckten Talbezirke und ihrer Nebengräber, noch dazu in einem später intensiv von Friedhöfen überlagerten Gebiet, zu gering ist, als daß sich damit eindeutige statistische Beweise führen ließen.

Für unseren Zusammenhang ist es aber gar nicht entscheidend, ob dieser Talbezirk nun wirklich mit wissenschaftlicher Endgültigkeit Meritneith zugeschrieben werden kann. Auch schon die Tatsache, daß hier ihr Namenszeichen gefunden wurde, während in den anderen Talbezirken keine Königsgemahlinnen durch Funde belegt sind, bezeugt wiederum die außergewöhnliche Bedeutung unserer Königin.

Meritneiths Name ist uns in den Friedhöfen von Saqqara und Abydos auf über 25 Gegenständen und auf mehr als 60 Siegeln überliefert. Am größten und bedeutendsten davon sind ihre beiden Grabstelen in Abydos. Sie sind etwas über eineinhalb Meter hoch und, wie üblich, oben mit einem halbrunden Abschluß als dem Bild des Himmels versehen. Das Gegenstück hierzu bildet unten eine gerade Linie als Abbild der Erde. Die Fläche der Stele selbst enthält jeweils die drei groß und sorgfältig gemeißelten Hieroglyphen für ›meri‹, ›Geliebt‹, die weibliche Wortendung ›t‹ und schließlich für ›Neith‹. Das Neith-Zeichen gleicht hier dem, wie wir es schon von Siegeln der Hotep-Neith her kennen: Es ist in seiner ausführlichen Form wiedergegeben, die sich nicht nur auf die gekreuzten Pfeile beschränkt, sondern auch den Standartenmast enthält. Dieser zeigt oben den Schild mit herabhängendem Schildband und darüber die beiden Pfeile als eindeutiges Göttersymbol[32].

Zwei Namensstelen also hatte das Grab der Meritneith, und auch das kennen wir in der Frühzeit nur von regierenden Pharaonen. Demgegenüber nämlich mußten sich Königsgemahlinnen, Prinzen und Prinzessinnen und die Angehörigen des Hofes mit nur einem einzigen solchen Mal begnügen. Die eine der beiden Stelen, heute im Ägyptischen Museum Kairo, wurde von Petrie in der Grabkammer des Abydosgrabes gefunden. Dort war sie an die Ostwand gelehnt[33]. Dies entsprach zweifellos nicht ihrem ursprünglichen Aufstellungsort, den man sich vielmehr an der Außenwand des Graboberbaus beiderseits einer Opferstelle zu denken hat. Die zweite Stele ist leider verlorengegangen, doch so genau vom Ausgräber beschrieben, daß wir ihrer einstigen Existenz völlig sicher sein können.

Aber nicht nur das Stelenpaar ist bei Meritneith von besonderer, über die Hinterlassenschaft anderer Königsgemahlinnen hinausgehender Beschaffenheit. Besonders wertvoll sind die kunstvoll gearbeiteten Gefäße aus verschiedenen Steinarten, die den Namen der Königin tragen. Die trotz der Härte des Materials geradezu unwahrscheinlich exakten Rundungen und gleichbleibenden Wandstärken legen Zeugnis ab von dem hohen Niveau, welches Technik und handwerkliche Fähigkeit in jener frühen Zeit bereits erreicht hatten. Aber fast noch mehr überrascht uns die nicht seltene Verwendung von Schiefer: bei der schilfrigen Struktur und Brüchigkeit dieses Materials eine besonders bewundernswerte handwerkliche Leistung!

Stele Meritneiths

Sehr eigenartig sind zwei mit Meritneiths Namen versehene Tongefäße von einwandfrei syrischer Form[34]. Zunächst einmal stellen sie – gleichgültig, ob Originalimporte aus dem syrischen Raum oder Nachahmungen durch ägyptische Handwerker – ganz wichtige Beweisstücke für die Existenz von Handelsverbindungen zwischen Ägypten und Syrien in der Frühzeit dar. Darüber hinaus unterstreicht dieser für jene Zeit ziemlich alleinstehende Fund wieder die Sonderstellung unserer Königin. Das gleiche gilt auch für die hohen Institutionen, die ihr nach den Inschriften unmittelbar zur Verfügung standen – was gewöhnlich nur bei regierenden Herrschern der Fall war: Das königliche Schatzhaus nämlich belieferte sie und ihr Grab direkt; das Stoffmagazin gehörte ebenfalls dazu und schließlich noch das königliche Speisezelt, also die Verwaltung für die Versorgung der Residenz mit Nahrungsmitteln[35].

Zu den herausragenden Stücken von Meritneiths Hinterlassenschaft gehört auch ein Klangholz aus Elfenbein, das mit Kreuzschraffuren dekoriert und mit ihrem Namen gezeichnet ist. Solche Klanghölzer wurden paarweise in der Art von Kastagnetten verwendet; so zeigt uns dieser Fund Meritneith auch als Musikantin und Tänzerin[36]. Mit zu den interessantesten Funden zählen überdies eine Axtklinge und ein Meißel aus Kupfer sowie ein Becher. Letzterer ist aus einem Elefantenzahn geschnitten und mit eingesetztem Elfenbeinboden versehen – das einzige Stück dieser Art, das überhaupt je gefunden wurde, und das wiederum den Namen Meritneith trägt[37]!

Ihre Siegel und Inschriften weisen durch Fundort oder Nennung auf Verbindungen Meritneiths zu zahlreichen Persönlichkeiten hin. In das Grab ihres Vaters Sachti hat sie als persönliche Gabe einen kostbaren Elfenbeinstab und ein Steingefäß gestiftet; das Grab von König Wadschi enthält ihre Siegelabdrücke, und ihr eigenes Grab solche von Wadschis Nachfolger Dewen. In Verbindung mit dem Prinzentitel taucht der Name ›Merech‹ in ihrem Grab auf, aber neben dem Königsnamen Dewens, so daß Merech wohl eher ihr Enkel als ihr Sohn war.

Ehe wir uns Meritneiths Beamten zuwenden, müssen wir uns mit einem für die Beurteilung von Meritneiths Stellung ganz entscheidenen Fund befassen, der bis Anfang der sechziger Jahre dieses Jahrhunderts überhaupt noch nicht bekannt war. Im Kunsthandel tauchte nämlich eine Pavianstatue aus Assuangranit auf. Auf einem Sockel von 16 × 12 cm bei 4 cm Höhe hockt ein Pavianmännchen von 19 cm Höhe in der für die Darstellungen dieser Tiere in der Frühzeit typischen Haltung: die Arme auf den Oberschenkeln ausgestreckt, die Pfoten auf den Knien. Er ist vorzüglich gearbeitet; auch Augen, Schnauze und Haarmantel sind deutlich zu erkennen. Das ganze Werk zeigt trotz seiner verhältnismäßig geringen Höhe einen deutlichen Zug von Monumentalität und läßt sich den bedeutendsten Kunstwerken der Frühzeit ebenbürtig zur Seite stellen. Ja, auch im Vergleich zu späteren Spitzenwerken ägyptischer Rundplastik behauptet es einen achtenswerten Rang. Die größte Überraschung aber bereitete seine Inschrift: In der – angesichts der Härte des Steins besonders schwierigen – Technik des Hochreliefs trägt der Pavian auf seiner Brust deutlich den Namen ›Meritneith‹, und zwar in der vollständigen Form wie auf der Grabstele, also mit Neithstandarte, Pfeilen, Schild und Schildband, und mit dem Feminin-›t‹ unter dem ›meri‹-Zeichen[38].

Alabaster-
Pavian König
Narmers, ›Der
Große Weiße‹

Pavian aus
Assuangranit
mit dem Namen
Meritneiths

Über die Bedeutung des Pavians kann es keinen Zweifel geben: er gehört – so wie die zwar etwas größere, aber in weicheren Stein geschnittene Pavianstatue König Narmers aus der Sammlung des Ägyptischen Museums in Ostberlin – zu den Darstellungen des ›Großen Weißen‹, der Ahnengottheit frühzeitlicher Könige. Seine Bedeutung für das Königtum war uns schon im Rahmen des Sachti-Begräbnisses bekannt geworden. Dieser überraschende Fund jedoch soll uns zum Anlaß für weitere Überlegungen dienen. Die Rolle eines Ahnengottes für den Pavian kann im Ägypten der Vorzeit aus ganz ähnlichen Gründen entstanden sein wie die eines Schutzgottes der Friedhöfe für den schakalgestaltigen Khontamenti, nämlich aus der Beobachtung der Tierwelt. Pavianhorden, so lehrt uns die Zoologie, schleppen ihre Toten mit sich und verbergen sie, so daß der Schritt zum Schutzgott für die Toten nicht groß ist. Von weißen Pavianen wird berichtet, daß die übrigen, auch die selbstherrlichen Pascha-Männchen, ihnen einen bevorzugten Platz in der Rangordnung der Horde einräumen. Es ist daher verständlich, warum der weiße Pavian von den die Natur genau beobachtenden Menschen der ägyptischen Vorzeit als Häuptling der Paviane, also auch der Totenschutzgötter angesehen und damit bald zum Inbild des verstorbenen Königs wurde[39].

War der ›Große Weiße‹ aber nun das Bild eines jeweils bestimmten Pharaos oder das der Gesamtheit aller verstorbenen Könige? Die Antwort ist umstritten, aber wichtig für uns. Ist er nämlich die Verkörperung des jeweiligen verstorbenen Königs, dann kann er bei Merit-Neith ebenso wie bei Narmer die durch Namensinschrift kenntlich gemachten Inhaber nur als zum Gott gewordene Könige bezeichnen, folglich als einst regierende Monarchen. Ist er aber der Beschützer *aller* toten Könige, so wäre denkbar, daß die Pavianfiguren von Narmer und Meritneith nur dem Gott *gewidmet* waren.

Mir scheinen die Argumente derjenigen Ägyptologen, die sich für eine Darstellung des genannten Pharaos als Gott einsetzen[40], die überzeugenderen zu sein. Nach ihrer Auffassung kann Meritneith nicht nur der Name einer Weihenden sein, weil dann der Name des Gottes auf der Statue fehlen würde – ein für ägyptisches religiöses Denken unmöglicher Zustand.

Verschiedentlich erscheint der ›Große Weiße‹ auch auf Täfelchen der Frühzeit, so bereits in der Regierungszeit Ahas. Dort erhalten im Hof des Königspalastes Affen ein Weinopfer des Königs, wohl eine Art Kommunion zwischen Pavian und König beim ›Fest des Großen Weißen‹[41]. Der ›Palast des Weißen‹ war den frühzeitlichen Palästen als Ahnenheiligtum angegliedert. Auf einem Siegel Dewens

Das Annalentäfelchen zeigt rechts König Dewen beim Kultlauf vor dem ›Großen Weißen‹

Pavianfigürchen aus Fayence, Weihegabe an den ›Großen Weißen‹, Abydos-Tempel

sitzt der ›Große Weiße‹ bei seinem Fest auf einem Thron und hält eine Schale mit Wein in den Pfoten, und auf einem neuerdings entdeckten Fragment des Palermosteines heißt das 10. Regierungsjahr von König Dewen ›Jahr des Festes des Weißen Pavians‹[42]. Meritneith habe, so meint der deutsche Ägyptologe Kaplony, ihre Affenstatue zu diesem von Dewen feierlich begangenen ›Fest des Weißen Pavians‹ gestiftet. Die beiden großen Pavianfiguren Narmers und Meritneiths gehören zu den ganz wenigen Götterbildern der Frühzeit, die eindeutig Kultstatuen in Tempeln waren. So bleibt Kaplony nichts anderes übrig, als anzunehmen, daß der Göttername hier zugunsten desjenigen der Stifterin unterdrückt worden wäre – eine Annahme, die er selbst als »eigentlich überraschend« bezeichnet[43].

Und noch ein Argument führt in die Irre: Meritneith als Frau habe sich unmöglich mit einem durch deutlich dargestellten Phallus als männlich ausgewiesenen Gott identifizieren können[44]. Dies scheint mir am altägyptischen Denken vorbeigedacht im Sinne der uns anerzogenen Logik des ausschließenden ›Entweder – Oder‹, die völlig unägyptisch ist. Wenn wir zu dieser Frage einmal eine ägyptische Regentin wie Hatschepsut betrachten, von der einwandfrei bewiesen ist, daß sie als ›König von Ober- und Unterägypten‹ mit allen kultischen und staatlichen Zeremonien gekrönt wurde[45], dann sehen wir, daß sie sich auf vielen Darstellungen wiederum durchaus weiblich abbilden läßt und etwa auch weibliche Formen für die ›Fünf Großen Namen‹ als Pharaonin wählte. Aber dort, wo der Kult es erforderte, ließ sie sich auch in männlicher Tracht oder mit dem Zeremonialbart der Könige darstellen, und bei Meritneith dürfte dies nicht anders gewesen sein. Auch die Identifikation einer Frau mit männlichen Göttern war durchaus möglich, wenn wir nur an die Darstellungen Hatschepsuts als Osiris oder an ihre Erklärung denken: »Ich bin auch der Aton, der alle Lebewesen hervorgebracht hat, der der Erde Grenzen gab und ihre Gestalt festigte«[46].

Nein, alle Versuche, Meritneith die Herrschaft abzusprechen, sind wohl eher aus der eingefahrenen Geschlechterrolle mancher Forscher zu erklären als aus den Befunden. Freilich bedarf es wiederum des Hinweises, daß die Form, in der Meritneith ihre Herrschaft ausübte, nicht wissenschaftlich einwandfrei nachzuweisen ist, obwohl mir viele Argumente für eine effektive Thronbesteigung zu sprechen scheinen. Emery zögert denn auch nicht, sie als »einen Souverän der 1. Dynastie« zu bezeichnen[47], und auch Weigall zählt sie als vierten Pharao der 1. Dynastie[48].

Fassen wir zusammen, was wir über Meritneith wissen: Auf dem Palermostein wird sie ausdrücklich als Mutter von König Dewen genannt[49]; als Erbtochter Sachtis verdankt ihr Wadschi den Thron. Leitet sich schon hieraus eine hervorragende Stellung Meritneiths als Königstochter, Königsgemahlin und Königsmutter ab, so dürfte sie nach dem Tod ihres Gatten anstelle des noch sehr jungen Dewen die Regierung übernommen und den Thron bestiegen haben[50]. Vielleicht tat sie dies auch gemeinsam mit dem Sohn – derartige Doppelregentschaften sind in der ägyptischen Geschichte nämlich nicht selten. Dewen jedenfalls bereitet ihr ein ihrem Königsrang angemessenes Begräbnis mit Gräbern in Saqqara und Abydos, Nebengräbern, Talbezirk und Bootsgrab, und zwar um sein 10. Regierungsjahr herum. Diesen Zeitpunkt können wir deshalb so genau angeben, weil die Bautechnik ihrer beiden Gräber kaum einen späteren Ansatz dafür zuläßt. Ist schon bei Hatschepsut die Behauptung, ihr Stiefsohn Thutmosis III. habe nach ihrem Tode ihr Andenken ausgelöscht und ihre Statuen zerstört, ins Reich der Geschichtslegende zu verweisen, so trifft das mit größter Sicherheit auch auf Dewen zu. Von der so romantischen Vorstellung des Generationenkampfes zwischen Mutter und Sohn lassen die Quellen nichts übrig. Wir wissen jedoch, daß ein späterer König der 1. Dynastie, Semerkhet, die Grabmale seines Vorgängers, des Königs Adschib – auch Enedschib geschrieben – zerstören ließ, und ebenso die der Meritneith. Die Gründe hierfür sind uns nicht bekannt[51].

In diesem Zusammenhang müssen wir uns auch die hervorragende Rolle näher betrachten, welche Königin und Erbtochter beim Königsbegräbnis der Frühzeit als ›Weihen‹ spielten. Für eine Identität der beiden Weihen mit Königin und Erbtochter gibt es mehrere Beweise, die wiederum bezeichnend sind für Stellung und Ansehen der königlichen Frauen. So hat etwa eine der beiden Weihen das ›Binden des Kopftuches‹ genannte Ritual an der Leiche vorzunehmen. Diese Handlung kann jedoch nur von der Königin selbst vollzogen worden sein, denn nur sie – und nicht irgendein ›Klageweib‹ – konnte der gefährlichen Macht des toten Königs so nahe kommen, wie es dabei erforderlich war.

Erst recht gilt dies von jenem anderen Ritual, in dem eine als ›Große Königsmacherin‹ bezeichnete Handelnde ›Vogelschreie‹ ausstößt. Dies konnte sich in der Frühzeit nur auf die Erbtochter beziehen, in der ja die Legitimität der Erbfolge verkörpert war.

Sämtliche Epochen der ägyptischen Geschichte hindurch bleiben die Figuren der beiden Weihen auf Bestattungsdarstellungen erhalten. Freilich war schon sehr bald ihre ursprüngliche Bedeutung als Königsgemahlin und -tochter in Vergessenheit geraten, so daß späte ägyptische Texte – und übrigens lange Zeit auch die Ägyptologie – geglaubt haben, es seien nur Klageweiber unter dieser Bezeichnung zu verstehen. Immerhin erregte Aufmerksamkeit, daß es im Mythos des sterbenden Gottes Osiris zwei Göttinnen sind, nämlich Isis und Nephtys, welche die Rollen der Weihen übernehmen. Zu jener Zeit aber, in der das Begräbnis Sachtis stattfand, war der ganze Götterkreis um Osiris noch unbedeutend für den Königs- und Totenkult Gesamtägyptens. Die Bezeichnung als ›Weihen‹, als Milane also, deutet jedoch unmißverständlich auf engste Beziehungen der Trägerinnen dieser Rolle zum Königtum der Frühzeit. Der König selbst war eine Erscheinungsform des falkengestaltigen Allgottes Horus; die Herrin der oberägyptischen Krone ist Nechbet, die Geiergöttin. Die Weihe aber ist der dritte der in Oberägypten heimischen Greifvögel, und so ist es sicher, daß auch diese Vogelgottheit in enger Beziehung zu den geheiligten Zeichen des Königtums stehen mußte. Aus der gewiß ebenfalls weit in die Vorzeit zurückreichenden Raubvogelvorstellung leitet sich die Rolle von Königin und Erbtochter beim frühen Begräbnisritual der Pharaonen her. Sie hatten Opfer darzubringen und diese – den Vögeln gleich, deren Rolle sie spielten – zum Himmel zu tragen, um damit Götter und Mächte für das Werk der Verwandlung des toten Königs zu stärken[52].

Aus der Frühzeit sind uns noch mehrere Namen von Königinnen und Prinzessinnen überliefert. Wenn diese auch – nach den uns erhaltenen Monumenten und Funden zu schließen – kaum die überragende Bedeutung der Königinnen Hotep-Neith und Meritneith erreicht haben, so weicht ihre Rolle doch immer noch deutlich von der uns aus anderen Kulturen dieser Zeit bekannten ab und zeigt ein hohes Maß an Wertschätzung und Selbständigkeit.

Alle diese Frauen und Mädchen der Königsfamilie, ob sie nun den Titel ›Mût‹, ›Mutter‹, oder als Königsgemahlin den Titel ›die den Horus und Seth schaut‹ tragen oder ob sie schließlich ›Königstochter‹ sind – sie alle geben uns ein kaum erwartetes Bild vom Verhältnis der Geschlechter am Königshof der ersten ägyptischen Dynastien.

Viele Funde aus Gräbern von Handwerkern, Künstlern, Dienern und Beamten zeigen uns zudem, daß diese hohe Wertung der Frauen nicht nur am Königshof galt oder etwa nur im Dienste einer Reinerhaltung des königlichen Blutes gestanden hätte. – Manchmal sind ein paar Zahlen ganz wertvoll, um ein Licht auf die bestehenden Verhältnisse zu werfen. So sind unter den 687 uns überlieferten Namen der Frühzeit, die der Ägyptologe Kaplony in seinen ›Inschriften der ägyptischen Frühzeit‹ aus allen Funden zusammengestellt, übersetzt und gedeutet hat, allein 153 diejenigen von Frauen. Nicht wenige von ihnen erscheinen auf eigenen Grabstelen und sind mit eigenen Titeln verbunden – so etwa die ›Große des Hauses‹, die ›Vorsteherin der Weberinnen‹ und ›die den Horus schmückt‹ (ein hoher Beamtentitel für die Aufseherin der königlichen Juwelen[53]). Schließlich begegnen uns auch Priesterinnentitel. Sie zeigen nicht nur für weibliche Gottheiten wie Hathor oder Neith das Bestehen einer weiblichen Priesterschaft, sondern auch für so eng mit der religiösen Rolle des Königtums verbundene Götter wie den stiergestaltigen Apis: ›Wärterin des Apis‹ hieß dieser Titel[54].

Überhaupt dürfen wir uns von dem Frauenhaus des ägyptischen Palastes und entsprechenden Abteilungen auch in Bürgerhäusern keine falschen Vorstellungen machen, nur weil die Ägyptologen den entsprechenden ägyptischen Ausdruck mit ›Harem‹ übersetzen. Da gab es keine von Eunuchen bewachten Odalisken, sondern es war einfach jener Palastteil, der mit seinen Bewohnerinnen – Beamtinnen, Priesterinnen und Handwerkerinnen – der Königin unterstand. Ähnlich, wenn auch in kleinerem Maßstab, waren die weiblichen Mitglieder eines jeden ägyptischen Haushalts der ›Herrin des Hauses‹ unterstellt. Wir kennen aus vielen Quellen das Frauenhaus des Königspalastes in Memphis als bedeutsame Institution eigenen Rechtes. Seine Bewohnerinnen hatten am Hof eine hohe, angesehene Stellung, und ihr Palastteil besaß eigene Versorgungseinrichtungen; so trug einer der höchsten Königsbeamten der Frühzeit mit Stolz den Titel eines ›Vorstehers des Kellers der Häuser der Weberinnen in Memphis‹[55].

Unter den Titeln für Frauen taucht gar nicht selten der einer Totenpriesterin, ›Sachen-ach‹, auf[56]. Dieser sehr altertümliche Titel bedeutet wörtlich übersetzt: ›Einfänger(in) der Seele‹. Er besitzt also für männliche wie für weibliche Träger gleichermaßen jene Bedeutung, die wir bei der ›Nacht des Schlafens‹ im Begräbnisritual des Königs in Teil I kennengelernt hatten. Wie nun das Erscheinen dieser Titel auch auf Frauenstelen beweist, gilt die damit bezeichnete und im Begräbniskult so außerordentlich wichtige Rolle nicht nur für den Sohn, sondern in gleicher Weise auch für die Tochter. Ja, diese kann sogar gegebenenfalls die volle Verantwortung für die Ausstattung der Gräber ihrer Eltern, die Begräbnisriten und die dauernde Versorgung der Verstorbenen mit allem für das Leben im Jenseits Notwendigen übernehmen.

Diese Verantwortung als Totenpriesterin der Eltern bedingte aber, daß die Tochter in diesen Fällen auch voll erbberechtigt war, denn nur dann verfügte sie ja über die materiellen Möglichkeiten, Grab und Totenopfer auszurichten. Demnach trifft also auch schon für die Frühzeit das zu, worüber wir erst aus viel späteren Epochen der ägyptischen Geschichte schriftliche Belege haben, daß nämlich Töchter und Frauen erbberechtigt waren. Diese uns heute ganz selbstverständlich vorkommende Bestimmung ist deshalb so bedeutsam, weil sonst im gesamten Altertum, sogar im klassischen Griechenland oder in Rom, ein eigenes Erbrecht der weiblichen Familienmitglieder überhaupt nicht bestand[57].

Die Geschichte wird entdeckt

Kapitel 3

Eine der gewaltigsten geistigen Leistungen der Menschheit ist die Erfindung der Schrift. Sie bedeutete nicht weniger als das Abrücken vom Bild und seiner Bedeutung zugunsten einer Hinwendung zum Laut und der Zusammensetzung von Lauten zu Wörtern, die bildlich nicht darstellbar waren. Es war die Entdeckung des Abstrakten. Die strengen Forderungen der Schrift nach Genauigkeit führten ihrerseits wieder zu einer Schärfung des Verstandes, förderten so den Prozeß einer begrifflichen Ordnung der Umwelt und wirkten ein auf die Genauigkeit des sprachlichen Ausdrucks.

In Ägypten ist es der Geist der beginnenden Geschichte, der zum Schreiben zwingt und zur Erfindung der Schrift führt[1]. Die unerhörten, gewaltigen Ereignisse der Reichseinigungszeit sollten unverwechselbar in ihrem Bezug auf Raum, Zeit und Namen dargestellt werden. Noch breiteten sich die vorgeschichtlichen Darstellungen in wirrer Fülle und ohne Ordnung auf Wänden und Gefäßen aus. Auch noch das Wandgemälde im Grab von Hierakonpolis gibt dem Fürsten, dem es gehörte, keinen Namen und hebt ihn kaum heraus aus der Fülle der übrigen Figuren. Seine Darstellung reduziert sich auf das Motiv: ›Fürst erschlägt Feind‹ – und zwar ›Feind‹ ganz allgemein, nicht einen bestimmten bei einer besonderen Gelegenheit.

Ganz anders die Paletten der frühen Könige, die doch nur wenige Generationen danach geschaffen wurden. Die Ordnung der Bilder ist nicht mehr Zufall; sie gehorcht einem neuen Denken und wird damit zum Stil. Dieses Denken aber ist geschichtlich. Mit Hilfe der Schrift bindet es die auf den Paletten dargestellten Ereignisse in Raum und Zeit[2]. Jetzt ist plötzlich der König, der den Sieg errang, hervorgehoben vor dem Volk, für das er handelt. Für künftige Geschlechter, die sich seiner Gesichtszüge nicht mehr entsinnen können, ist er unverwechselbar mit seinem Namen gekennzeichnet, der in der gerade erst erfundenen Schrift über ihm steht. Ebenso verhält es sich mit dem Land, das der König besiegt: Wir erkennen, daß hier ein ganz bestimmtes, eben ein geschichtliches Ereignis festgehalten wird.

Drang nach Geschichtlichkeit als auslösendes Moment der Schrifterfindung erscheint uns nach dem ägyptischen Beispiel so einleuchtend, daß wir geneigt sein könnten, es für sämtliche Kulturen verbindlich zu halten. Daß es ganz andere Beweggründe geben kann, zeigt uns die zweite große Schrifterfindung des orientalischen Raumes, die sumerische nämlich. Schon etwas früher als in Ägypten, in der sogenannten Uruk-Periode um 3500 v. Chr., tauchen hier die ersten mit Schriftzeichen in Bildform versehenen Tontafeln auf[3]. Sie verdanken jedoch ihr Entstehen einer Situation und einer Denkweise, die beide total verschieden sind von der

Ägyptens. Jede frühsumerische Stadt führte ihr Eigenleben; die Schar kleiner Stadtstaaten, ähnlich etwa der frühgriechischen Entwicklung, wurde erst später durch fremde Herrscher westsemitischer Abkunft zusammengezwungen. Jede dieser Städte war ganz auf den jeweiligen Ortsgott hin orientiert, dem alles Land, alle Herden und alles sonst Wertvolle in Stadt und Umland gehörten. Dieses Goteseigentum mußte an die Bewohner nach einem bestimmten Schlüssel weitergegeben werden, und dieser wirtschaftlich-verwaltungsmäßigen Notwendigkeit verdankt Sumer die Schrifterfindung. Demgemäß sind die ersten Schriftdenkmäler hier auch nicht historische Darstellungen, sondern Listen von Produkten und Erzeugnissen aus Landwirtschaft und Handwerk.

In welch hohem Maße der Geist, das jedem Volk eigentümliche Denken, all sein Tun bestimmt, läßt sich bei einer so stark und unmittelbar dem Denken verhafteten Erscheinung wie der Schrift nicht nur aus dem ablesen, was zu deren Erfindung geführt hat.

In Sumer blieb die Schrift ein simples Handwerkszeug für Beamte zur Erleichterung der Verwaltung – auch in späteren Zeiten, als sie gewiß bisweilen ebenso der Festlegung geschichtlicher Ereignisse diente. Sie entwickelte sich daher rasch weg vom ursprünglichen Bildcharakter, den die sumerische Schrift in den ersten Generationen nach ihrer Erfindung durchaus besaß, und setzte an dessen Stelle in Winkel und Keile aufgelöste Symbole, die ihre Herkunft aus dem Bild sehr bald überhaupt nicht mehr erkennen ließen. Die Keilschrift war so geboren und wurde in ihrer Struktur durch Jahrtausende von den verschiedensten Völkern Vorderasiens mit ganz unterschiedlichen Sprachen übernommen. Erst im 7. Jahrhundert v. Chr. sollte sie von der aufkommenden semitischen Buchstabenschrift zögernd abgelöst werden.

Einen ganz anderen Weg ging die ägyptische Schrift. Zwar kam es auch hier sehr bald, schon seit Anfang der 1. Dynastie, zu einer Kursivwiedergabe der Schriftbilder auf Ton, Holz und Papyrus, die sich jedoch im großen und ganzen auf Verwaltungsvorgänge beschränkte. Die Bilder der ursprünglichen Schrift hingegen blieben für sämtliche dem Ägypter wesentlich erscheinenden Zwecke, religiöse und geschichtliche vor allem, erhalten in dem Schriftsystem, das wir Hieroglyphen nennen. Diese sollten länger als drei Jahrtausende in Gebrauch bleiben, nämlich bis zum 3. Jahrhundert n. Chr., als die Ägypter allmählich griechische Buchstaben für ihre Sprache zu benutzen begannen, wie sie die ägyptischen Christen in leichter Abwandlung als ›koptisch‹ bis heute zur Schreibung ihrer heiligen Bücher verwenden. Für die Ägypter war ein geschichtliches Ereignis nicht, wie für die Sumerer, ein listenfüllendes Geschehen, so daß man Siege oder Götterfeste aufschreiben konnte wie Lieferungen von Weizen, Widdern oder Kupfer. Geschichte war ihnen vielmehr die sich stets aufs neue wiederholende Schöpfung – d. h.: das immerwährende Bemühen, die göttliche Weltordnung, die Maat, so aufrechtzuerhalten, wie die Götter der Urzeit sie gesetzt hatten. Wenn Pharao in solchem Auftrag, als Erscheinung des Gottes handelnd, Geschichte ›zelebrierte‹, dann mußte auch deren Aufzeichnung in einer Form erfolgen, die ihrem Thema angemessen war. In diesem Verhältnis des Ägypters zur Geschichte liegt der tiefste Grund dafür, weshalb die Hieroglyphen nie ihre bildhafte Form verloren, vielmehr in Klarheit und wesenhafter Knappheit der bildlichen Darstellung auch zu den großen künstlerischen Hervorbringungen der Menschheit gehören. Dies gilt bis hin zu den aus der römischen Kaiserzeit stammenden Schriftzeilen auf den Tempelwänden von Philae, Edfu und Kom Ombo.

Jenseits ihrer praktischen Funktion als Lautzeichen blieb für den Ägypter jede Hieroglyphe zugleich immer auch das geschaffene Bild eines Teiles der Schöpfung. Und wie alle Bilder und Statuen hatte sie magische Bedeutung und Macht. So sehen wir etwa in der Pyramide des Unas in Saqqara, wie die wunderschönen Hieroglyphen, in denen die berühmten ›Pyramidensprüche‹ auf die Wände der Innenräume geschrieben sind, hier und da beschädigt erscheinen. Bei genauerer Beobachtung können wir erkennen, daß es immer Bilder sind, die dem hier Begrabenen schädlich werden könnten. So verliert beispielsweise die Biene ihren Stachel, und die Viper ist von Messern zerstückelt[4].

Schon diese ganz grundsätzlichen, auf verschiedenem Denken beruhenden Unterschiede machen eine Ableitung der Hieroglyphen aus der Keilschrift im Sinne einer Nachahmung der sumerischen Schrift durch die Ägypter unwahrscheinlich. Die ältere Ägyptologie geht von einer solchen Abhängigkeit als ganz selbstverständlich aus, vor allem aufgrund der Tatsache, daß die Schrifterfindung in Ägypten erst wenige Generationen vor König Sachen, also kurz vor 3100 v. Chr., erfolgt sein kann und damit wohl zeitlich *nach* der in Sumer liegt. Es kommen aber neben den bereits geschilderten noch so viele strukturelle Unterschiede zwischen den beiden Schriftsystemen hinzu, daß heute die Ägyptologen übereinstimmend von einer unabhängigen Schrifterfindung in Ägypten sprechen. Beispielsweise berücksichtigt das Sumerische die Vokale und kommt so zur Schreibung von Silben. Das Ägyptische hingegen kennt nur die Konsonanten als Lautträger, so daß seine zwei- oder dreikonsonantigen Lautzeichen ohne Rücksicht auf Silbentrennung gelesen werden.

Freilich bleibt als bedenkenswerte Überlegung die Möglichkeit, daß die Ägypter in eben jener Zeit, als sie den Drang zur geschichtlichen Festlegung verspürten, durch Händler von der Idee erfahren haben könnten, Laute durch Bilder auszudrücken[5]. Wir wissen ja, daß gerade in dem Zeitraum kurz vor und während der Reichseinigung ein offenbar sehr lebhafter, wenn auch indirekter Handel zwischen Mesopotamien und Ägypten geführt worden ist. Dann hätte sich hier etwas ähnliches ereignet wie das, was wir mehr als zwei Jahrtausende danach beobachten können. Zu diesem Zeitpunkt nämlich nahmen die semitischen Völker des syrisch-palästinensischen Raumes von den Ägyptern die Anregung auf, das Wort in seine konsonantischen Laute zu zerlegen[6]. Davon ausgehend kamen sie schließlich zu der großartigen Erfindung der Buchstabenschrift, ohne jedoch die ägyptischen Schriftzeichen oder das System der Hieroglyphenschrift zu übernehmen.

Daß die eventuelle sumerische Anregung aber gewiß nicht über eine ganz allgemeine Ideenvermittlung hinausgegangen sein kann, dafür spricht noch etwas ganz anderes: In den Bildern der Hieroglyphen sind eindeutig rein ägyptische Gegenstände wiedergegeben[7]! Gerade die abgebildeten Gegenstände erlauben noch etwas anderes, nämlich eine ungefähre Eingrenzung der Zeit, in der die Hieroglyphenschrift entstanden ist.

Einzelkonsonanten

Zeichen				
Gegenstand	*Wachtelküken*	*Brotlaib*	*Bolzen*	*gedrehter Flachs*
Annähernder Laut	*w*	*t*	*s*	*h*

Zweikonsonanten

Zeichen				
Gegenstand	*Gesicht*	*Milchkrug (in einem Netz)*	*Gans*	*Schwalbe*
Annähernder Laut	*hr*	*me*	*sa*	*wr*

Wenn wir heute eine Schrift aus Bildzeichen zu entwickeln hätten, so würden wir etwa für ›Auto‹ (und gemäß dem ägyptischen System, zugleich für alle Wortteile, die sich ›Aut‹ oder ›Ot‹, ›It‹, ›Et‹, ›Ta‹ und so weiter läsen) ein modernes Kraftfahrzeug zeichnen und nicht einen der Ur-Oldtimer. Ähnlich würden wir bei ›Radio‹ verfahren, für ›Schiff‹ keine Kogge und für ›Flugzeug‹ keine Rumplertaube wählen. Ebenso haben es die alten Ägypter gehalten. Wir können also bei den ältesten Hieroglyphen die dargestellten Geräte und Gefäße mit den Originalen vergleichen, die wir aus Ausgrabungen kennen, und kommen so auf die ungefähre Entstehungszeit, soweit wir die Vergleichsfunde datieren können[8].

Da werden etwa für alle mit ›Haus‹ und ›Mauer‹ zusammenhängenden Ausdrücke viereckige Ziegelgebäude und -mauern abgebildet, die, wie wir wissen, erst im Laufe der Negada-II-Zeit entstanden sind. Als ›Keule‹ wird die Birnenkeule der gleichen Zeit dargestellt, nicht die ältere, tellerförmige. Dem Symbol für ›Feuerstein‹ diente ein Messer des Typs zur Vorlage, den wir aus dem Ende der Vorgeschichte bis hin etwa zum Anfang der 1. Dynastie kennen. Die seit Mitte der Negadazeit gebrauchte Hacke mit Querseil wird ebenso von König Skorpion auf seiner Prunkkeule verwendet, wie sie als Schriftzeichen für ›meri‹, ›geliebt‹, auf Meritneiths Grabstelen oder ihrem Pavian erscheint. Derlei Beispiele ließen sich beliebig fortsetzen; wir wollen jedoch hier nur noch das wegen seiner Apartheit besonders eindrucksvolle Spielbrett mit Figuren aufführen, das für die Lautverbindung ›men‹, ›dauern‹, benutzt wird. Genau solche Figuren sind nämlich zahlreich in Gräbern der späten Vorgeschichte und frühesten 1. Dynastie gefunden worden. Alle Untersuchungen führen zu dem gleichen Ergebnis, welches besagt, daß die Schrifterfindung nicht früher als in der Zeit kurz vor der Reichseinigung und nicht später als unter dem ersten mit Namen überlieferten Pharao, nämlich Sachen, erfolgt sein kann. Das aber ist ein Zeitraum von höchstens ganz wenigen Generationen.

Bei diesem Befund müssen wir uns ernstlich die Frage stellen, ob die Hieroglyphenschrift eine Entwicklung war, die gemächlich vom Bild über das Bilderrätsel (das Hof›tor‹ für den tumben ›Tor‹) bis hin schließlich zur Lautschrift verlief. Abgesehen davon, daß die aus dem archäologischen Befund sich ergebende kurze Zeitspanne hierzu kaum ausgereicht hätte, liegen auch nicht die geringsten Hinweise auf das Bestehen einer reinen Bilderschrift in dem Fundmaterial vor[9]. Der Weg ›vom Bild zum Buchstaben‹ erscheint so logisch, daß wir uns kaum etwas anderes vorstellen können, und so haben die älteren Ägyptologen eine solche Vorform als selbstverständlich und nur durch Zufall noch nicht gefunden vorausgesetzt. Heute aber können wir etwa bei den Prunkpaletten eine Reihenfolge der Entwicklung feststellen, innerhalb derer ganz plötzlich die Hieroglyphenschrift fertig entwickelt als Lautschrift auftritt. Auch die frühesten Pharaonennamen wurden eben nicht symbolisch nach dem Bild gedeutet, sondern wollen lautlich gelesen werden[10].

Nach diesem ganz eindeutigen Befund bleibt kaum etwas anderes übrig, als mit einem historischen Akt der Schrifterfindung und folglich mit einem Erfinder zu rechnen[11]. Man sage nicht, das sei nicht möglich. Vor wenigen Jahren erst ist gleiches bei einem Eskimostamm geschehen, wo ein einzelner Mann im Verlauf mehrerer Jahre ein komplettes Schriftsystem aus Bildern schuf, unabhängig von äußeren Einflüssen.

So wird es aller Wahrscheinlichkeit nach auch im Ägypten des Übergangs von der Vorgeschichte zur dynastischen Zeit, in der Epoche der Reichseinigung also, ein bestimmter Mann (oder eine kleine Gruppe von Leuten) gewesen sein, der die Hieroglyphenschrift schuf[12]. An deren weiterer Vervollkommnung dürften sich dann viele kluge Menschen beteiligt haben. Gerade in der Frühzeit verläuft ja die Entwicklung außerordentlich stürmisch. Beinahe in jeder Inschrift können wir von Generation zu Generation weitere Verbesserungen feststellen, die aus dieser Schrift der Frühe schließlich jenes vollkommene und zur Wiedergabe feinster sprachlicher Einzelheiten geeignete Schriftsystem gemacht haben, wie es dann in Form der Hieroglypheninschriften des Alten Reiches vor uns steht.

Die Erfindung der Schrift steht in Ägypten eng im Zusammenhang mit der Einführung eines entwickelten Kalenders. Auch dieser ist in Ägypten Ausdruck des geschichtlichen Denkens[13], nicht etwa das Ergebnis einer genauen astronomischen Beobachtung. Der beste Beweis hierfür sind wiederum Sumer und die ihm folgenden babylonischen Reiche. Dort nämlich wurde der ursprüngliche, primitive Mondkalender mit seiner viel zu kurzen Tageszahl im Vergleich zum Sonnenjahr nie aufgegeben, obwohl die Babylonier bekanntlich schon aus religiösen Gründen sehr emsige Sternbeobachter waren und ihre astronomischen Ergebnisse sich durchaus sehen lassen können[14]. Ja, jede sumerische Stadt hatte sogar ihren eigenen Mondkalender[15], woran das Fehlen jeglichen Zusammenhangs des Kalenders mit geschichtlichem Denken am deutlichsten zu erkennen ist.

Anders in Ägypten. Auch hier dürfte es schon weit in vorgeschichtlicher Zeit einen Mondkalender gegeben haben, denn die sich ändernden Phasen des Nachtgestirns waren ohne astronomische Beobachtung für jeden Bauern und Hirten sichtbar und gaben Zeichen für wiederkehrende Handlungen, in erster Linie für Götterfeste. Für genau diesen Zweck wurde der Mondkalender auch weiterhin all die Jahrtausende der ägyptischen Geschichte hindurch beibehalten[16]. Der Dienst an den Tempeln durch sich abwechselnde, ›Phylen‹ genannte Priestergruppen wurde ebenso nach dem Mondkalender festgelegt[17] wie Beginn und Dauer der Festtage für die Götter. Ganz ähnlich verhält es sich ja auch im Christentum mit dem Osterfest, dessen Termin noch immer nach einem Monddatum bestimmt wird.

Der Mondkalender hatte für die Bewohner des Niltales einen schweren Nachteil: Er erlaubte in seiner ursprünglichen einfachen Form nicht, das wichtigste Ereignis des Jahres für die Landwirtschaft, nämlich die Nilschwelle, auch nur einigermaßen zutreffend vorauszusagen. Aus der Beobachtung des Eintretens der Nilschwelle ließ sich aber schon nach der relativ kurzen Beobachtungszeit von zehn Jahren ein ziemlich genauer Durchschnitt für die wahre Dauer eines Sonnenjahres berechnen und daraus wiederum der nächste Termin für die Nilschwelle ableiten[18]. Es ist daher anzunehmen, daß in der Epoche der Reichseinigung, d. h. also während der späten Negada-II-Zeit, zusammen mit der überregionalen Organisation der Be- und Entwässerungsarbeiten auch eine neue Zeitrechnung – eben in Form des Nilkalenders – eingeführt wurde.

Logischerweise ließ man das neue Jahr auch mit dem Eintreten der Nilschwelle beginnen. Die landwirtschaftliche Herkunft des Kalenders läßt sich überdies an der Jahreseinteilung in drei Jahreszeiten erkennen, die dem Arbeitsjahr des Bauern entsprachen: Überschwemmung, Saat (Winter) und Dürre (Sommer). Jede Jahreszeit wurde in vier Monate unterteilt, die nach den alten Mondmonaten eine Länge von je 30 Tagen erhielten. So umfaßte also dieses Niljahr insgesamt 360 Tage. Seine Abweichung vom Sonnenjahr war damit schon wesentlich geringer als die des Mondjahres und konnte für ein kurzes ägyptisches Bauernleben zunächst vernachlässigt werden.

Schon bald aber erwachte mit der Reichseinigung das sehr ausgeprägte geschichtliche Bewußtsein der Ägypter, denen nun die Annäherung des Niljahres an das Sonnenjahr nicht mehr ausreichte. Wir dürfen wiederum, wie bei der Erfindung der Schrift, annehmen, daß es ein kluger Mann war, gewiß ein Beamter oder Priester am Königshof, der den entscheidenden Schritt tat. Er fügte den 360 Tagen des Niljahres noch fünf weitere Tage hinzu, die an jedem Jahresende den 12 Monaten folgten und festlich begangen wurden. Dies war eine schöpferische Tat, deren Bedeutung wir heute, da wir es besser wissen, kaum angemessen zu würdigen verstehen. Denn die fünf Ergänzungstage waren ja nicht unmittelbar der Natur zu entnehmen und paßten auch nicht in die an sich so praktische und einfache Systematik des Nilkalenders. Für die Festlegung der Jahresdauer auf 365 Tage waren zwar keine komplizierten astronomischen Messungen, wohl aber sehr genaue Beobachtungen und Aufzeichnungen nötig. So kann man davon ausgehen, daß die Einführung dieses neuen Kalenders der Erfindung der Schrift folgte, wenngleich sich die Aufzeichnungen im wesentlichen auch mit Hilfe einer Art Strichliste vornehmen ließen.

Mit diesem Kalender von 365 Tagen zu 12 Monaten von gleichmäßig je 30 Tagen und den fünf Zusatztagen haben die Ägypter der Frühzeit eine Zeitrechnung geschaffen, die sie auf dem Gebiet des Kalenders an die Spitze der Völker der Alten Welt stellt. Die primitiven Mondkalender Mesopotamiens hatten wir oben schon erwähnt. Aber wer ist sich darüber im klaren, daß auch die Griechen und die Römer der republikanischen Zeit nur geradezu chaotisch-primitive Mondkalender benutzten[19]?

So ist es kein Wunder, daß sich die hellenistischen Gelehrten des Ptolemäerhofes von Alexandria für ihre wissenschaftlichen Zwecke auf diesen altägyptischen Kalender stützten. Der berühmteste Astronom der Antike, Ptolemäus, benutzte für die Sterntafeln in seinem ›Almagest‹ das ägyptische Jahr[20]. Auch Cäsar beauftragte Astronomen aus Alexandrien mit seiner Kalenderreform von 46 v. Chr., so daß der Julianische Kalender, der über 15 Jahrhunderte für das Abendland verbindlich war, auf der Grundlage des altägyptischen Kalenders entstand – allerdings unter Hinzufügung des vierjährlichen Schalttages. Die gregorianische Kalenderreform von 1582 brauchte nur noch geringe Änderungen an diesem System anzubringen, um es den neuesten astronomischen Messungen bezüglich der exakten Länge des Sonnenjahres anzupassen. Wer weiß heute noch, daß wir mit dem täglichen Blick auf den Wandkalender ganz unmittelbar von einem Erbe der ägyptischen Frühzeit zehren, das über eine Spanne von fast fünf Jahrtausenden auf uns gekommen ist?

Die Korrekturen der julianischen wie gregorianischen Reformen waren notwendig geworden, weil der ägyptische Kalender eine Ungenauigkeit aufwies, die sich im Laufe der Zeit immer störender bemerkbar machte: Ein Kalenderjahr nach dem ägyptischen System war nämlich sechs Stunden kürzer als das tatsächliche astronomische Sonnenjahr. Das hatte zur Folge, daß ein Jahrhundert nach der Einführung des Kalenders in Ägypten Jahresbeginn und Eintreten der Nilschwelle bereits um 25 Tage voneinander abwichen.

Es zeigt den historischen Sinn der Ägypter, daß sie diesen für eine einzelne Generation noch gar nicht sehr schlimmen Unterschied durchaus erkannten. Andererseits jedoch beweist es auch ihre Zähigkeit bei der Bewahrung von Formen des einmal Überkommenen, daß sie zur Behebung keine Kalenderreform unternahmen und keine Schalttage einführten.

Ähnlich wie bei der Schrift, deren kompliziertes System die zusätzlichen Deutzeichen erforderte und nicht geändert wurde, obgleich Zeichen für die Einzellaute des Alphabets durchaus bekannt waren, wurde auch für den Kalender ein zusätzliches System erfunden. Schon früh war nämlich der helle Stern, den wir Sirius nennen und der bei den Ägyptern die Sothis hieß, aufgefallen, wie er unmittelbar vor Einsetzen der Nilflut nach einer Zeit der Unsichtbarkeit am Morgenhimmel kurz vor der Sonne aufgeht. Diese auffällige Erscheinung diente nun zur genauen Festlegung des Kalenders, indem besonders wichtige Daten neben dem Kalendertag noch Hinweise auf den Frühaufgang der Sothis erhielten[21]. Der Neujahrstag und damit das Datum der Nilschwelle wanderten innerhalb von 1460 Jahren durch ein Sothisjahr. Wo wir also neben dem Kalendertag für ein Ereignis auch den Frühaufgang der Sothis verzeichnet finden, können wir diesen Tag nach unserem Kalender genauestens festlegen.

So bestünden also die besten Voraussetzungen für eine exakte Chronologie, wenn uns nur mehr dieser Sothisdaten bekannt wären. Hier hat nämlich der Zufall der Erhaltung leider bisher gegen uns gearbeitet. Die auf dem Stein der Tempelmauern angegebenen Daten, die sich erhalten haben, sind meist entweder religiöse Feste und daher dem Mondkalender entnommen, oder sie bringen Regierungsjahre der Könige, die jedoch nie mit Sothisaufgängen verbunden wurden. Von den ursprünglich gewiß zahlreichen Erwähnungen des Sothisaufganges auf Papyrus und anderen leicht vergänglichen Materialien sind aber nur sehr wenige erhalten – aus der Frühzeit und dem Alten Reich überhaupt keine. So können wir eben leider nicht sagen, unser König Sachti habe vom Jahre x bis zum Jahre y regiert, sondern müssen uns mit der ganz allgemeinen Angabe ›um das Jahr 3000 v. Chr. herum‹ begnügen. Die Radiokarbonmethode erbringt für die ägyptische Frühzeit auch nur recht weit gestreute Zahlen[22]. Eine solche Untersuchung an einem Holzbalken aus dem Saqqaragrab König Dewens ergab zum Beispiel eine Datierung zwischen 3112 v. Chr. und 2592 v. Chr. und ist damit nur wenig hilfreich.

Das früheste Sothisdatum, das wir bisher kennen, stammt aus der 12. Dynastie des Mittleren Reiches. Es ist für die genauere Datierung dieser Epoche von höchster Bedeutung, doch hilft es gar nichts für die Frühzeit. Angesichts dieses verhältnismäßig späten Datums neigen heute die Ägyptologen eher dazu, die Einführung des Sothisjahres überhaupt erst für einen ziemlich späten Termin anzusetzen. Ebenso möchten sie auch die Einführung des verbesserten Nilkalenders mit seinen 365 Tagen erst etwa für die Zeit König Djosers aus der 3. Dynastie annehmen[23]. Dagegen hatte noch der berühmte Ägyptologe Kurt Sethe im Jahre 1930 in der ersten Begeisterung über das neuentdeckte Sothisjahr die Sothisperioden gar bis ins 5. Jahrtausend v. Chr. zurückgerechnet und damit das Jahr 4240 v. Chr. zum ›ältesten bekannten Datum der Menschheitsgeschichte‹ erklärt[24].

Daß dieses Datum bei weitem zu hoch gegriffen ist, darüber besteht heute allgemeine Übereinstimmung. Ich glaube aber, daß die in einer Gegenreaktion von der heutigen Ägyptologie genannten Daten für die Kalendereinführung wiederum zu spät angesetzt werden. Leider haben die Ägypter der Frühzeit ihre annalistischen Zusammenstellungen, die es ja nach dem Palermostein gegeben haben muß, auf Papyrus oder andere verderbliche Stoffe geschrieben. Aus der Frühzeit ist ein – leider unbeschriebener – Papyrus in einem Beamtengrab König Dewens gefunden worden, und zu den frühesten Bildern aus dem Zeichenvorrat der Hieroglyphen gehörten die Papyrusrolle und der Binsenbehälter des Schreibgerätes[25]. Wir können also sicher sein, daß man damals bereits auf Papyrus geschrieben hat. Alle diese wohl auch Kalenderdaten enthaltenden Inschriften sind ausnahmslos verlorengegangen. Es gibt aber doch Hinweise, die uns die Zeit der Kalendererfindung genauer einkreisen lassen. Die Jahreshieroglyphe, mit der das 365-Tage-Jahr bezeichnet wird, erscheint regelmäßig auf den Annalentäfelchen seit König Dewen[26]. Dann ist es aber nur logisch, anzunehmen, daß dieses Jahr auch schon den Angaben auf früheren solcher Täfelchen zugrunde liegt, wie wir sie zum ersten Male bei König Aha kennengelernt hatten. Dies ist der Grund, weshalb ich oben Aha als denjenigen König genannt habe, unter dem das 365-Tage-Jahr erfunden bzw. eingeführt worden sein muß. Die Ägypter selbst führten später die Kalendererfindung auf Menes zurück, den wir ja ebenfalls weitgehend mit Aha identifizieren konnten.

Für eine ungefähr gleichzeitige Entdeckung der Sothis-Periode spricht das bereits in Teil I unserer Darstellung erwähnte Experiment, bei dem man in einem Zeiss-Planetarium jene berühmte Gestirnskonstellation rekonstruierte, wie sie in einem frühzeitlichen Begräbnisritual vorausgesetzt wird. Bekanntlich zeigte sich dabei, daß die beschriebene Gestirnsstellung in dieser Form nur um das Jahr 3000 v. Chr. herum auch tatsächlich am Himmel sichtbar war. Wichtigster Bestandteil der Konstellation aber war die Sothis gewesen, deren überragende Bedeutung im frühzeitlichen Begräbnisritual wir ja bereits kennenlernten. Diese besondere Rolle kommt der Sothis aber gerade deswegen zu, weil ihr Frühaufgang die Nilschwelle ankündigt. Nach dem Denken der Frühzeit besagt dies nicht weniger, als daß Sothis die Nilschwelle, eben die Grundlage allen Wachstums und Lebens in Ägypten, aus sich hervorgehen läßt. Aus einer solchen Auffassung jedoch ergibt sich, daß die Menschen der Frühzeit schon recht gut über den Zusammenhang zwischen Sothis-Frühaufgang und Nilschwelle Bescheid wußten und daß sie dieses Gestirn sehr aufmerksam beobachteten, um die Nilschwelle genau vorhersagen zu können. Dabei muß ihnen schon früh die Ungenauigkeit des 365-Tage-Jahres aufgefallen sein. Aber wie so viele andere Einrichtungen der Frühzeit galt dieses inzwischen als durch die Tradition geheiligt, und so beschritt man nicht den einfacheren Weg des Schalttages, sondern den religiös bedeutsameren einer gesonderten Sothis-Periode. Es bedurfte sicher einiger Generationen, bis der 365-Tage-Kalender als so ehrwürdig galt, daß sein System als unantastbar angesehen wurde. Auch die Beobachtungen, die zur Entdeckung der Sothis-Periode notwendig waren, mußten sich über geraume Zeit hinweg erstreckt haben. Ich halte es für möglich, daß auch dieser bedeutungsvolle Schritt zur Sothis-Periode unter Dewen erfolgte, jenem König der Frühzeit, unter dem ja bekanntlich eine ganze Reihe von Einrichtungen neu geschaffen wurden oder ihre feste Form erhielten, in der sie dann Jahrtausende überdauerten.

Immer wieder war bei unserer Betrachtung der Entstehung von Schrift und Kalender die enge Bindung an die für Ägypten so bezeichnende Eigenschaft des geschichtlichen Denkens deutlich geworden. Nicht weniger deutlich aber wurde auch die Bindung der Geschichte an die Religion. Deren Entwicklung während der Frühzeit soll darum das nächste Kapitel gewidmet sein.

Kapitel 4 Mythen, Mächte und Magie

Zu den bewundernswerten geistigen Leistungen, welche die Ägypter in der Epochenwende von der Vorgeschichte zur Frühzeit innerhalb ganz weniger Generationen vollbrachten, gehört vor allem die Schöpfung eines neuen religiösen Systems. Es ging dabei nicht um die Ersetzung eines im Vordergrund kultischer Verehrung stehenden Gottes durch einen anderen – solche theologisch-dogmatischen Veränderungen erleben wir im Verlauf der ägyptischen Geschichte nicht selten. Vielmehr bestand die geistesgeschichtliche Tat der Ägypter jener Zeit in einer völligen Umstrukturierung, ja Neugestaltung ihres geistig-religiösen Denkgebäudes, indem sie die Mächte der Vorzeit, die dämonischen Wesen und Fetische, umformten zu einer Gesellschaft menschengestaltiger Götter[1].

Dieser Prozeß der Vermenschlichung der Götter bedeutete einen radikalen Bruch mit den magisch-animistischen Vorstellungen der Vorzeit[2] – wenn diese auch, wie das in allen Religionen und besonders in Ägypten stets der Fall ist, noch durch die neuen Anschauungen hindurchschimmern. Es war dies auf religiösem Gebiet die Parallelerscheinung zu jener Entwicklung, wie sie gleichzeitig auf politischem vor sich ging: der Übergang vom vorzeitlichen Chaos – hier der magischen Mächte, dort der Stadt- und Stammesgemeinschaften – zur höheren Ordnung – hier der Gesellschaft persönlicher Götter, dort des Einheitsreiches[3].

Dieses alle Gebiete des Handelns und Denkens umfassende Ordnen der Welt, das in der Schrifterfindung ebenso zum Ausdruck kommt wie im Kalender, in der Ausbildung eines künstlerischen Stils ebenso wie in der Staatsgründung, führte den Ägypter der ausgehenden Vorgeschichte dazu, sich in immer stärkerem Maße als Gestalter der Natur zu sehen. Nicht länger betrachtete er sich als bloßes Objekt geheimnisvoller Mächte, die – unberechenbar in ihrer Wirkung – nur durch ausgeklügelten Zauber zu beschwichtigen waren. Der Mensch trat heraus aus dem großen einheitlichen Zusammenhang von Geistern, Naturerscheinungen und allen Lebewesen, in dem der Stein, an den sein Fuß stieß, ebenso eine schädliche oder wohlwollende Macht verkörperte wie der Löwe am Wadiausgang, der Landepflock seines Bootes oder die Fruchtbarkeitsmacht des Herdenstieres.

Dieses Denken nennen wir das magische. In ihm sind die Mächte zeitlich und örtlich begrenzt[4]: Die Katze von links ist eine andere Macht, hat andere Wirkungen und muß anders beschworen werden als die Katze von rechts; die Morgensonne ist etwas anderes als die Sonne am Mittags- oder am Abendhimmel. Die als einheitliches Machtfeld erfahrene Welt erlaubte aber auch den Glauben, daß bestimmte Handlungen oder Bewegungen entsprechende Handlungen und Bewegungen an anderen Orten hervorrufen würden[5].

Damit wurden Ritus und Kult, Magie und Zauber geboren und blieben Jahrtausende hindurch beherrschend für das menschliche Denken. Jetzt aber, in dieser Zeit des geistigen Aufbruchs, stand der Mensch immer mehr den ihn umgebenden Erscheinungen gegenüber; er fühlte das ›Ich‹, das Anderssein des Menschen, ja seine Überlegenheit. So wird in der Frühzeit die Menschengestalt zum mächtigsten Wesen, und damit war der menschengestaltige Gott geboren.

Als dieses Stadium des religiösen Weltbildes erst einmal erreicht war, führte es rasch zu immer neuen Entwicklungen. Das Bemühen, die dem Menschen gegenüberstehende Welt zu begreifen, brachte den Ägypter dazu, in gewaltigen Bil-

Mantelstatuette
eines Ortsgottes,
aus Abydos,
1. Dynastie

dern, die für ihn volle Wirklichkeit besaßen, Schöpfung und Bestand der Welt zu deuten: Die Geburt des Mythos hatte stattgefunden. In Mythen wurden Ursprung und Ordnung des Kosmos dargestellt und erklärt, ebenso die wesentlichen Ereignisse und Höhepunkte des Daseins, wie Geburt, Tod und Krankheit, vor allem aber die Gemeinschaft, die sich in der Person des Königs manifestierte. Der Mythos knüpft gewissermaßen die verlorengegangene Einheit des Alls neu, allerdings auf einer höheren geistigen Ebene. Er geht dabei immer von konkreten Handlungen aus, vor allem von jenen, die mit dem Kult des lebenden und des verstorbenen Königs zusammenhängen. Zugleich verbindet er sich mit dem Schicksal der Götterfamilien, die aus den chaotischen Mächtebündeln der Vorzeit entstanden waren[6]. Denn die Götter, die menschliche Gestalt angenommen hatten, konnten jetzt auch eine eigene Geschichte haben, miteinander in Beziehung treten und so Eingang halten in den Mythos, worin sie sich mit den Erklärungen der Welt, der Geschichte und des Kultes verbanden.

Diese Verbindung der Götter mit dem Mythos ist in Ägypten eigentümlich lose[7]; es gibt für denselben Gott verschiedene mythische Geschichten und dieselbe Geschichte für verschiedene Götter. Ja, strenggenommen haben wir keinen ägyptischen Mythos als Göttergeschichte aus altägyptischer Zeit voll erhalten – in der Art etwa, wie wir die Göttersagen der Griechen kennen. Nicht zufällig stammt die vollständigste Erzählung der Mythe von Isis und Osiris denn auch vom Griechen Plutarch aus dem ersten nachchristlichen Jahrhundert. Gerade aus altägyptischer Zeit haben wir zwar eine Vielzahl von mythischen Anspielungen in den Kulthandlungen und in religiösen Inschriften und Papyri, aber keine zusammenhängenden Göttergeschichten.

Dies mag einmal damit zusammenhängen, daß die Ägypter eine Scheu hatten, von den heiligen Dingen zu sprechen. Entscheidend ist aber auch hier wieder eine Eigentümlichkeit des ägyptischen Denkens. Denn danach haben sämtliche religiösen Welterklärungen nicht den Charakter dogmatischer Festlegungen. Sie stellen vielmehr verschiedene mögliche Wege einer Annäherung an die als ungeheuer vielgestaltig erlebte höhere Wirklichkeit[8] dar. Nehmen wir als Beispiel den Himmel: Auf dem Kamm Wadschis wird er als mächtiges Schwingenpaar des Allgottes Horus dargestellt, der seinerseits gleichzeitig darunter als König ›Horus des Palastes‹ auftritt und oberhalb als Weltherrscher in einem Boot fährt. So werden schon in dieser einen Szene zwei völlig verschiedene Bilder für die Darstellung des Himmels verwendet: einmal das des Gewässers, und zum anderen das der Vogelschwingen. Der Himmel aber erhob sich ja auch über das chaotische Urgewässer Nun, und wer heute im Nilland die gewaltigen Büffel aus dem Wasser eines Kanals oder Tümpels auftauchen sieht, wird das Bild des Himmels als einer Kuh verstehen, an deren Bauch die Gestirne in Booten entlangfahren.

Die Vermenschlichung der Mächte hatte dann zum Bild des Himmels – in Ägypten weiblichen Geschlechts – als der Göttin Nut geführt, die nach der Schöpfung von ihrem Gatten, dem Erdgott Geb, durch den Luftgott Schu getrennt und emporgehoben wurde. Sonne und Gestirne, die in anderen Bildern Augen des Weltfalken oder Seelen der Verstorbenen sind, werden innerhalb des Bildes von der Himmelsgöttin Nut zu deren Kindern, die sie bei ihrem Aufgang gebiert und beim Untergang wieder mit dem Mund aufnimmt. Diese Nut kann auch durch andere Göttinnen als Himmelsherrin vertreten werden; wir hatten das etwa für die in der Frühzeit besonders beliebte Göttin Neith schon im Begräbnisritual erschlossen. Und schließlich führt die Vorstellung der Gestirne als verschlungener Kinder zum Bild des Himmels als einer Muttersau, die ihre Kinder verzehrt[9].

Unserem Denken stellt sich dies als ein chaotisches Durcheinander dar, ja als unerträglich und nur schwer mit religiösem Denken überhaupt vereinbar. Aber der Ägypter sah in jedem dieser Bilder eine Annäherung an jeweils diejenige Seite des unendlich vielfältigen Göttlichen, die ihm gerade zugewandt war. Er wiederum hätte religiösen Anschauungen wie der christlichen, die nur *eine* Antwort weiß auf das Unendliche, völlig verständnislos gegenübergestanden.

Nicht nur die gewisse Unbestimmbarkeit des Verhältnisses zwischen Göttern und Mythen beruht auf dieser Besonderheit ägyptischen Denkens, sondern auch die nur lose Bindung ägyptischer Götter an bestimmte Eigenschaften oder ›Zuständigkeiten‹. Daß bestimmte Gottheiten nur für jeweils ganz bestimmte Bereiche zuständig sind, erscheint uns beim griechischen oder römischen Götterhimmel selbstverständlich. Genauso trifft es auch auf die mesopotamische Götterwelt zu[10]. Ganz anders in Ägypten: Dort kann ein und dieselbe Gottheit in der jeweiligen kultischen Wirklichkeit nicht nur verschiedene, sondern völlig gegensätzliche Charaktere zeigen. Seth etwa ist auf der einen Seite Königsgott, und zwar der wichtigste neben Horus, weshalb ja auch der Titel, den die Königin in der Frühzeit führt, lautet: ›Die, welche Horus und Seth sieht‹. Die Rolle des Königsgottes spielt Seth in sämtlichen Bereichen des Königskults, also sowohl bei der Thronbesteigung als auch beim Sed-Fest und genauso im Begräbnisritual. In anderen kultischen Zusammenhängen jedoch ist er der Götter- und Menschenfeind, der seinen Bruder Osiris ermordet hat und Horus das Reich streitig macht[11].

Gerade dieses Beispiel läßt uns tiefen Einblick in die Logik des ägyptischen Denkens nehmen: Weil nämlich der König eine so gewaltige religiöse Macht darstellt, weil er der Garant der Weltordnung ist, muß er als Teil der Schöpfung zwei in einem Spannungsverhältnis zueinander stehende Mächte in sich bergen. Denn für den Ägypter bedeutete Schöpfung stets eine Auseinanderfaltung der ursprünglichen, noch chaotischen Einheit in die Zweiheit. Es ist bemerkenswert, daß wir auf diesen tief im ägyptischen Wesen verwurzelten Denkstil der Zweiheit immer wieder stoßen – im Staatsbegriff wie in der Religion, in der Logik wie in der Weltanschauung der alten Ägypter. Es ist dies einer der schlagendsten Beweise für jenes Phänomen, das die Rassenseelenkunde als den Gestaltenstil bezeichnet[12].

Von den Griechen und Römern konnte die spezifisch ägyptische Art des Denkens in Zweiheiten gar nicht verstanden werden, weil es eben ihrem rassenseelischen Stil nicht entsprach. So haben sie denn auch geschwankt zwischen Hochachtung – »die Ägypter sind die frömmsten aller Menschen«, sagte Herodot – und Verachtung der »hundsköpfigen Götter«, zwischen Empörung und ebenso falsch verstandener ›Mystik‹. Rom überzog beispielsweise in seiner Spätzeit die ganze alte Welt mit einem Osiriskult, der mit der ägyptischen kultischen Wirklichkeit nichts gemein hatte. Denn Mystik als Vereinigung des lebenden Menschen mit Gott gab es im alten Ägypten nicht[13]. ›Eingeweihte‹ etwa beim Osiriskult in seiner ägyptischen Form waren diejenigen, welche ›ihren Spruch kannten‹, wie es in Totenbuchtexten heißt; darunter waren also lediglich Teilnehmer zu verstehen, die – ganz einfach gesagt – gut aufgepaßt und gelernt hatten. Dies freilich hatte wiederum tiefere Bedeutung als bei uns. Denn aus der Vorzeit waren durchaus magische Vorstellungen erhalten geblieben, und diese besagten beispielsweise, daß nur der richtige Spruch in Verbindung mit der richtigen rituellen Handlung zur Hilfe vor Dämonen und zur Legitimierung vor dem Gott dienen konnte. In einem etwas veräußerlichten Sinn hat sich solches Denken bis in die Liturgie unserer Kirchen gehalten, wo ja eine strikte Einhaltung des Wortlautes von Litaneien und Anrufungen ebenso geboten ist.

Die gewaltige geistige Entwicklung von der Magie zum Mythos, die wir hier dargestellt haben, ist innerhalb ganz weniger Generationen begründet worden; zu ihrer Vervollkommnung brauchte sie freilich längere Zeit. Wir können daraus unseren Vorteil ziehen, denn nur so war es uns möglich, aus den Pyramidentexten der 5. Dynastie diejenigen Sprüche, die noch nicht mythisch verfremdet waren und daher aus der Frühzeit stammen mußten, herauszusuchen. Zu unserem Glück haben wir die Entwicklung sogar vor Augen, und zwar wiederum auf den Prunkpaletten von Hierakonpolis, die uns schon über so viele andere wichtige Errungen-

Auf der ›Stierpalette‹ führen Standartenmächte mit Händen Gefangene ab

Königsmächte zerstören feindliche Festungen. Reichseinigungszeit

schaften aus der Zeit des Epochenwandels von der Vor- zur Frühgeschichte unterrichtet haben.

Die frühesten dieser Paletten lassen noch keinerlei Anhaltspunkte für menschengestaltige Götter erkennen. Nur Mächte tauchen auf – etwa in Gestalt von die ›Welt‹ umkreisenden Hunden oder von auf Stangen getragenen Fetischen. Dann aber beginnen diese Mächte zu handeln, und zwar stets im Zusammenhang mit dem Königtum. Auf der Städtepalette beispielsweise sind es jene ursprünglich anonymen Mächte, die nun selbst tätig werden und mit Hacken die Mauern feindlicher Städte zerstören. In ihrer Gestalt sind sie noch ganz Tier, handeln jedoch bereits als Menschen.

Als nächstes erwachsen ihnen Arme für ihr menschliches Tun. Auf der Schlachtfeldpalette führen die Mächte des Königsgeleits dem König die Gefangenen am Strick vor, ebenso auf der Stierpalette. Auf Skorpions Keule und Narmers Palette ist es bereits ganz die menschliche Gestalt des Königs, die alles Geschehen überragt, wobei freilich die alten Bilder noch im Hintergrund lebendig sind: Der Falke der Hieroglyphe ›Horus‹ führt dem König das besiegte Feindesland – nunmehr bereits als Schriftzeichen gesehen und damit eindeutig gemacht – zur Unterwerfung vor. Der König selbst tritt ein weiteres Mal auf – diesmal allerdings in Gestalt des Stieres, der hier eine Erscheinung des Seth ist[14] und den Feind zertrampelt.

Noch eine weitere Stufe des Übergangs können wir von der Narmerpalette ablesen: Die Himmelsgöttin als Kuh – später wird sie bekanntlich Hathor heißen – hebt den Namen des Königs zu sich empor und beschützt ihn. Sie hat aber bereits ein menschliches Gesicht – lediglich Kuhohren und -gehörn sind ihr als Überreste ihrer einstigen Kuh-Natur geblieben.

Es gibt zahlreiche Beispiele für die verschiedenen Stufen des Übergangs von der Handlung mit Nennung der tatsächlich handelnden Personen über die Handlung mit in Mächte verkleideten Personen bis hin zur mythischen Umformung von Handlung und Personen im Totenritual der frühzeitlichen Könige. Wir wollen nur auf einige wenige besonders aufmerksam machen – bei nochmaliger Lektüre wird jeder Leser nunmehr selbst diese Entwicklungen an vielen Stellen nachvollziehen können.

Zur ersten Stufe gehören jene Stellen des Begräbnisrituals, in denen der ›Sohn‹ seinen Vater »o mein Vater!« anspricht. Es sind stets ganz realistische Schilderungen von Begräbnisszenen für jedermann, es muß nicht einmal der König sein. Dann aber haben wir etwa die Szene, in der Königin und Königstochter als Königsmächte, in der Rolle der beiden Weihen, die ganz konkrete Handlung einer Befestigung des Königsbootes am Landepflock zum Opfer an diesen Gegenstand benutzen und aus ihm damit eine ›Macht‹ mit dämonischen Kräften machen.

Diese kleine Szene kann uns in ihrer nochmaligen Verwandlung im Osiriskult seit dem Alten Reiche eine weitere Stufe dessen erschließen, was hier vor sich geht. Die beiden Weihen werden nämlich im Mythos zu jenen Göttinnen, die den toten Osiris beklagen, also zu Isis und Nephtys. Und da Osiris = der König seinen Halt an Isis = dem Landepflock findet, wird im Mythos der Landepflock ebenfalls zu Isis. Das Königsboot aber wird ja festgebunden, und so tritt Seth in dessen Rolle ein, so daß die gesamte Szene nun im Mythos heißt: »Isis aber fesselte den Seth und befreite Osiris«. Hier jedoch, im Begräbnisritual der frühzeitlichen Könige, sind wir noch auf der vorherigen Stufe. Die Mächte vermenschlichen sich im König und seiner Umgebung; ihre Handlungen lassen die Magie zum Mythos werden, oder aber der Mythos spielt sich noch im König selbst ab[15]. Der Kampf zwischen Horus und Seth nämlich, mit den gegenseitigen Verletzungen der beiden Königsmächte Falke und Stier, wobei der eine sein Auge, der andere seinen Hoden verliert, wird zum Königslos. Der König stirbt im beginnenden Mythos nicht mehr an dieser oder jener Krankheit, sondern an den Verwundungen des Horus und Seth, und die Heilung von dieser ›Schwäche‹, um die er die Götter bittet, soll die Befreiung vom Tode sein.

Überall ist das Ritual, wie wir es in Teil I geschildert haben, voll von Mächten, die aus der Vorzeit herüberreichen, hier aber nun vermenschlicht und allmählich in den beginnenden Mythos einbezogen werden. Das gilt für die Muwu-Tänzer als alte Dämonen der Totenstadt wie für die Handwerker im Mundöffnungsritual, für ihr Fischschwanzmesser ebenso wie für die Harpune von der königlichen Nilpferdjagd[16]. Denn Mächte sind eben auch Gegenstände, die darum im Ritual benutzt, im Kult verehrt und schließlich zu Göttern werden können. Wir hatten den Verlauf einer solchen Entwicklung am Beispiel des Landepflocks aufzuzeigen versucht.

Im ältesten Teil des mächtigen ›Kannibalenhymnus‹ ist noch ganz der Geist vorzeitlicher Magie lebendig. Die Götter sind Mächte, deren Zauberkraft der Mensch buchstäblich durch Verspeisen aufnehmen kann. Genauso verhält es sich mit machterfüllten Gegenständen, wie beispielsweise der Krone, die der König aus diesem Grunde hinunterwürgt. Und – so die Stufe zur Zeit König Sachtis – das Aussprechen dieses Vorgangs in gehöriger Form zur genau bestimmten Zeit innerhalb des Rituals, begleitet von vorgeschriebenen Handlungen des Vorlesepriesters und der anderen am Ritual Beteiligten, ließ den toten König im allerrealsten Sinne dieser Zauberkräfte teilhaftig werden.

Immer wieder ist es der Königskult, in dem sich die Mächte zuerst vermenschlichen[17]. Auch im Kannibalenhymnus sind die Mächte bereits als menschengestaltige Götter angesprochen, wodurch der Gesang ja erst seine schaurigen Aspekte für uns erhält. Nur ein einziges Beispiel aus einem anderen Bereich mag hier wiederum für viele stehen: Wenn der König einen Tempel gründete, dann gehörten zwei heilige Handlungen dazu, die er im Prinzip persönlich vorzunehmen hatte. Daß dieses Prinzip zumindest während der Frühzeit auch tatsächlich befolgt wurde, dafür spricht die häufige Erwähnung der ›Geburt eines Tempels‹ in den Königsannalen. Die Handlungen, um die es dabei ging, waren einmal das Abstecken des Bauplatzes durch das sogenannte ›Spannen des Strickes‹ und zum anderen die Vorbereitung der Nivellierung beziehungsweise die Abgrenzung vom profanen Umland durch das ›Graben des Kanals‹. Alle beide waren seit dem Alten Reich voller mythischer Bezüge, und das ›Spannen des Strickes‹ geschah nach dem Mythos durch die Göttin der Schrift- und Baukunst Seschat. Wie genau sich der Mythos dabei oft an die tatsächlichen Handlungen hielt, zeigt uns ein unscheinbares Kalksteinfragment aus der Frühzeit, auf dem eine weibliche Figur dem König beim ›Strick-Ausspannen‹ hilft. Doch hier ist es noch nicht die Göttin, sondern die Königin oder die Erbtochter. Sie trägt nämlich über sich den Titel ›Dauernd an Ka‹. Der Ka aber steht in jener Zeit in engster Verbindung zum König, so daß wir also hier – ähnlich wie in der Landepflockszene – eine der königlichen Frauen diejenige Rolle verkörpern sehen, welche später die einer Göttin sein wird[18].

Oft haben sich die alten, vormythischen und noch nicht vermenschlichten Gestalten in Hieroglyphen erhalten, und wir können annehmen, daß der endgültige Schritt zum menschengestaltigen Gott erst nach der Schrifterfindung getan wurde. Der Gott Horus, auf allen späteren Darstellungen menschengestaltig und allenfalls mit einem Falkenkopf abgebildet, besitzt in der Hieroglyphe noch ganz die Gestalt des Falken; auch Seth ist noch völlig jenes eigenartige Tier mit spitzer Schnauze und gepfeiltem Schwanz, das wir bis heute nicht identifizieren können. Vor allem aber ist es das Schriftzeichen für ›Gott‹, das uns in die Vorzeit der Mächte und Fetische führt.

Dieses Hieroglyphenzeichen gibt einen umwickelten Stab wieder, von dem ein Tuchfetzen herabhängt, und wurde ›nátschir‹ gelesen[19]. Das, was einen Stab zum Träger göttlicher Substanz machte und ihn von anderen Stäben unterschied, war also die Umwicklung. Beispiele aus demselben Vorstellungsbereich treffen wir

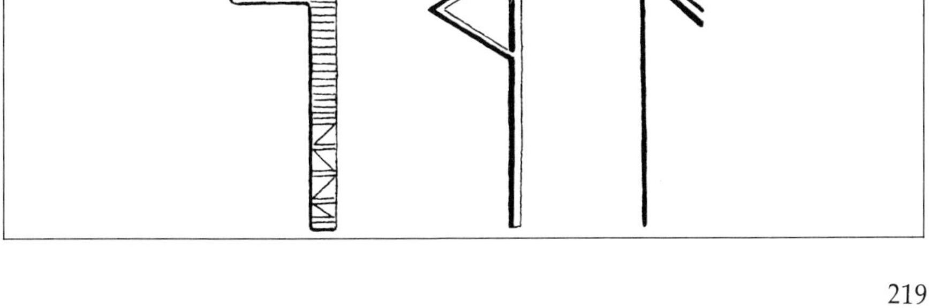

Umwickelter Stab als Gotteszeichen

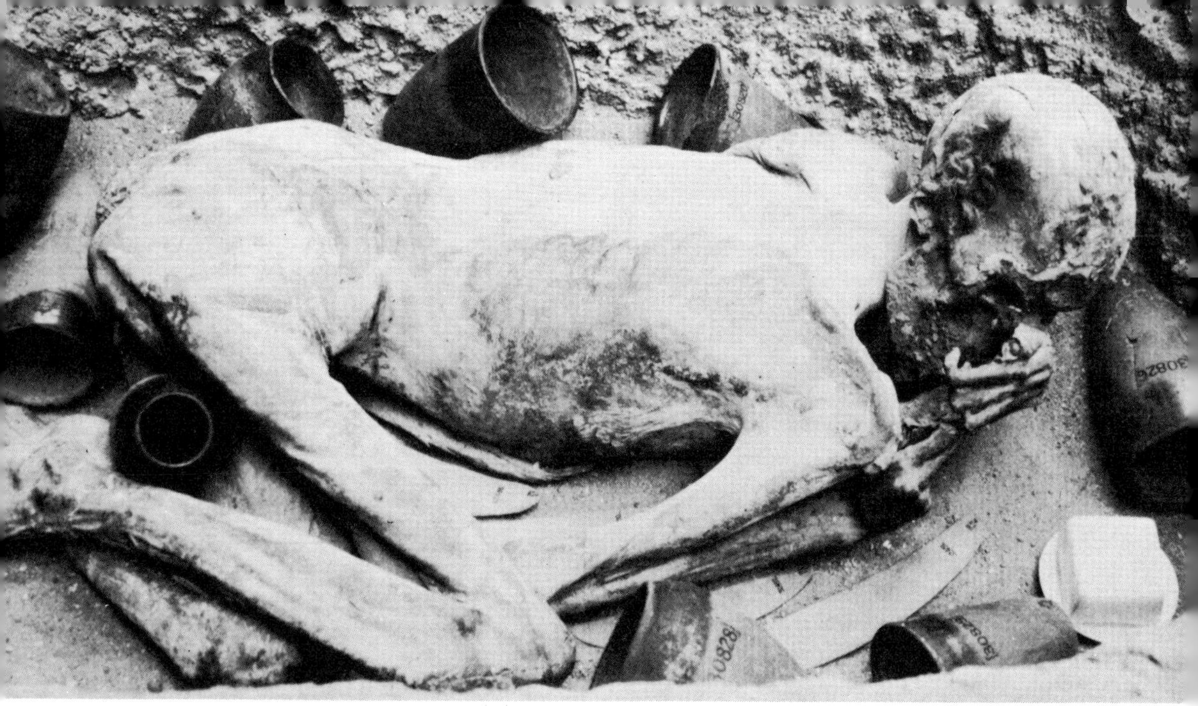

Naturmumie, durch den trockenen Wüstensand konserviert, aus einem Grab der Negada-II-Zeit

noch heute zahlreich bei nahezu sämtlichen Völkern und Stämmen an; hierzu gehört auch die ›heilige‹ Fahne, ja selbst noch deren säkularisierte Form: die Staatsflagge. Die ägyptische Idee von der Göttlichkeit der Umwicklung hat nun ebenso zum Entstehen einer Erscheinung beigetragen, die wir als besonders typisch altägyptisch ansprechen: zur Mumifizierung nämlich!

Über den genauen Beginn der Mumifizierung in Ägypten gehen die Meinungen etwas auseinander, einfach deshalb, weil zu wenige Funde von königlichen Toten aus den frühen Jahrhunderten vorliegen und die vorhandenen Funde immerhin dazu ausreichen festzustellen, daß zu Beginn dieses Brauchs allein die Könige dessen teilhaftig werden konnten. Jedenfalls hatte man den Arm, der in einem der frühen Königsgräber von Abydos – eben im Grabe unseres Königs Sachti – gefunden wurde, ganz eindeutig noch keinen mumifizierenden Praktiken unterzogen. Leichenteile in der Stufenpyramide zu Saqqara, bei denen mit guten Gründen anzunehmen ist, daß sie von König Djoser selbst stammen, weisen aber bereits deutliche Spuren einer Mumifizierung auf[20] und belegen damit deren Beginn spätestens in der 3. Dynastie. Die Beisetzung der Mutter von Cheops, Hetepheres, zeigt aufgrund gesonderter Gefäße für die Eingeweide[21], daß zu Beginn der 4. Dynastie die Mumifizierung mindestens bei den Königen und ihren nächsten Verwandten in der Form vorgenommen wurde, wie wir sie durch die ganze ägyptische Geschichte hindurch – mit leichten Abwandlungen in der Behandlungsmethode – verfolgen können.

Wie aber ist es überhaupt zur Mumifizierung gekommen? Wie so häufig in Ägypten ist es ein Zusammentreffen von praktischen Erwägungen, religiösen Überzeugungen und magischen Erfordernissen, das allmählich zu dieser Behandlung der Toten führte.

In dem Jahrtausend vor den ersten Dynastien, also in den beiden Negada-Perioden der ausklingenden Steinzeit, kannte man noch keinerlei Mumifizierung.

Der heiße Wüstensand trocknete die Leichname in ihren flachen Gruben schnell aus, so daß auch die Weichteile oft erstaunlich gut erhalten sind und lederartig wirken[22]. Auf diese Weise wurde also eine Art Naturmumie geschaffen. Als mit fortschreitender Kultur in der vordynastischen Zeit immer tiefere Gräber und Holz- und Tonsärge weitere Verbreitung fanden, machten die Ägypter die Erfahrung, daß die früher so gut erhaltenen Leichname nun zerfielen. Solche Erfahrungen waren häufig: Häuptlings-, Königs- und Adligengräber waren oft das Ziel von Bestrafungsaktionen gegenüber unerwünschten Vorgängern durch Zerstören ihrer Gräber, und das Grabräuberhandwerk gehört zu den altehrwürdigsten in Ägypten. Bei den meisten bisher entdeckten großen Gräbern der Vor- und Frühzeit läßt sich nachweisen, daß sie aus dem einen oder anderen Grunde schon in der Frühzeit geöffnet worden sind[23], und dabei war die Zersetzung der Leichname unübersehbar.

Bereits für die Zeit der 1. Dynastie ist der Glaube an Seelenkräfte im Menschen nachweisbar, zumindest was den König anbetraf. In ihren Formen als Ba und Ka kam diesen Seelenkräften die wesentlichste Bedeutung für das Weiterleben des Toten zu. Aber nur dann konnten sie wirken, wenn sie den eigenen Körper wiedererkannten. So mußte man nach Mitteln und Wegen suchen, den Leichnam zu erhalten – auch wenn die Gründe dafür nun andere waren als die vorzeitliche Vorstellung vom unmittelbaren körperlichen Weiterleben des Toten im Grabe.

Auf Umwegen kam diesem Ziel nun eine religiöse Überlegung zugute, die aus der gleichen Zeit jener spätvordynastischen Epoche stammen muß, in der sich so viele grundlegende Anschauungen der ägyptischen Religion gebildet haben: Gemeint ist das oben geschilderte Bild von Gott als einem umwickelten Stab. Zu Göttern aber sollten die toten Könige ja werden – was lag näher, als mit einer Umwicklung des Königsleichnams diesen selbst zum Bild eines Gottes umzugestalten.

So wie die vorgeschichtlichen Fetische oder die ersten menschengestaltigen Götter der Frühzeit – Min und Ptah beispielsweise –, wurde der tote König mit Leinenstreifen umwickelt und dergestalt zu einem Gott, einem ›nátschir‹. Noch in der Spätzeit werden die Mumienbinden ›nitschari‹ genannt. Ein Papyrus, der als eine Art Wörterbuch bestimmte Hieroglyphen erklärt, übersetzt das ›nátschir‹-Zeichen des umwickelten Stabes mit ›es ist bestattet‹[24] und liefert damit einen weiteren Beweis für die Herkunft der Mumienwickel aus dieser Art der Vergöttlichung.

Diese sorgfältige Wickelung des Toten, die also ursprünglich nicht dem Zweck besserer Erhaltung der Leichname diente, hat denn auch deren Zerfall eher gefördert, wie die aufmerksamen Ägypter bald feststellen mußten. Aber ihr praktischer Sinn ließ sie recht schnell erkennen, daß diese Methode der Vergöttlichung auch einen Weg zur Wiedererkennung des Toten durch Ba und Ka bot. Spätestens seit Beginn der 2. Dynastie nämlich wurden die Bandagen als erstes in einen Klebstoff getaucht, anschließend so kunstfertig um die Toten herumgewickelt und dabei geformt, daß diese ›Mumien‹ ein »fast unheimlich lebendiges Aussehen haben« – so jedenfalls lautet die Feststellung des englischen Archäologen Walter B. Emery, der die meisten dieser Mumien auf den frühzeitlichen Friedhöfen der Umgebung von Memphis ausgegraben hat[25]. Nicht nur die Gesichter sind lebensecht nachge-

Ptah ist einer der frühesten menschengestaltigen Götter und daher in engem Wickelgewand dargestellt

formt, sondern auch jedes einzelne Glied der Finger, ja sogar die Geschlechtsteile und bei Frauen Brüste und Brustwarzen. Übrigens waren auch diese gewickelten Leichname noch in Hockerstellung mit angezogenen Beinen beigesetzt.

Bevor aber dieses Scheinbild des Toten durch die geformten Binden erreicht war, also in der Zeit vom Ende der Vorgeschichte bis etwa zum Beginn der 2. Dynastie, hatte man andere Möglichkeiten gefunden, um für die Seelenkräfte des Königs ein Erkennungszeichen und zugleich eine Behausung zu schaffen; denn beides konnte ja schließlich der sich zersetzende Leichnam schlecht darstellen. So bildete man eine Statue, die dem Aussehen des Toten in den als wesentlich empfundenen Zügen möglichst ähnlich sein sollte. Diese Figur wurde durch ein sehr kompliziertes Ritual lebendig gemacht, um magisch die Stelle des Toten einnehmen zu können. Die ursprünglich für ein Weiterleben im Jenseits unabdingbare Ersetzung des Leichnams durch eine Statue blieb auch dann noch in Kraft, als immer raffiniertere Techniken der Mumifizierung sie eigentlich überflüssig gemacht hätten. Ihr verdanken wir somit bis zum Ende der ägyptischen Kultur hin die zahllosen Statuen von Königen und – nachdem die königlichen Begräbnisriten auf immer breitere Kreise der Bevölkerung ausgedehnt worden waren – schließlich sogar die von Ägyptern aller Stände.

Über die Entstehung der Mumifizierung im engeren Sinne, also über die Austrocknung der Leichname durch Natronsalz, ist merkwürdig wenig bekannt, während wir uns doch über die Entstehung der Umwicklung schon ein recht klares Bild machen können. Die Ägypter selbst haben sich darüber ausgeschwiegen. Die Ägyptologen besitzen zwar nach genauen Untersuchungen an einer Vielzahl von Mumien seit der 4. Dynastie recht deutliche Kenntnisse von den verschiedenen Mumifizierungstechniken, aber wie und wodurch diese Techniken entstanden sind, ist bisher noch kaum untersucht worden. So wollen wir hier unsere eigenen Schlüsse aus dem spärlichen Material ziehen.

Das Natron spielt in Ägypten mindestens seit der Frühzeit eine wichtige Rolle bei kultischen Handlungen. In den Opferlisten auf Grabplatten der Frühzeit wird es wiederholt genannt[26] und bereits mit derselben Hieroglyphe geschrieben wie später. Diese Hieroglyphe nun enthält wiederum das Gotteszeichen. Dementsprechend wird sie von den Ägyptologen ›netscheri‹ gelesen; sie enthält also dieselbe Wortwurzel wie ›Gott‹[27]. Aus diesem altägyptischen Wort ›netscheri‹ ist übrigens auf dem Weg über das griechische ›nitron‹ unser Wort Natron entstanden.

Seitdem Rituale in ägyptischen Texten ausführlicher geschildert werden, wird Natron immer wieder als Opfer genannt, meist im Zusammenhang mit Räucherungen. Es scheint danach, als ob es an die Stelle von Weihrauch treten konnte. Vielleicht ist Natron in frühester Zeit, als die Handelsbeziehungen noch nicht bis zu den Weihrauchproduzenten in Südarabien und Ostafrika reichten, überhaupt als einziges Mittel für Weihung und Reinigung verwendet worden, denn dies ist ja der Sinn des Räucheropfers. Freilich kann man mit Natron nicht ›räuchern‹. In späteren Darstellungen wird das kultische Darbringen von Natron denn auch nur durch ein Erheben von ›Kugeln oberägyptischen Natrons‹ vollzogen[28]. Aber noch das an die Wand der Unas-Pyramide geschriebene Bestattungsritual leitet Opferhandlungen mit dem Vermerk ein: ›Wasserausgießung über zwei Natronkugeln‹[29]. Wir wissen leider nicht genau, ob dieses nun mit Natron getränkte Wasser anschließend über den Leichnam gegossen wurde. Wenn wir uns allerdings die Reinigungszeremonien der Frühzeit genau betrachten, so scheint vieles dafür zu sprechen. In diesem Fall läge auch die Vermutung nahe, daß die Ägypter bei den Reinigungsriten die austrocknende Wirkung des Natrons kennenlernten und allmählich bewußt in den Dienst der Mumifizierung stellten.

Die im Rahmen einer vollständigen Mumifizierung unerläßliche Entnahme sämtlicher Eingeweide und des Gehirns ist in ihrer Herkunft nur schwer zu ergründen, da keinerlei Quellen hierüber Auskunft geben. Gemäß altägyptischem Denken dürfte das Wahrscheinlichste eine Verschmelzung von zweierlei Motiven sein: einmal die praktischen Erwägungen im Zusammenhang mit der Erhaltung der Mumie; zum anderen der aus der Vorzeit überkommene bzw. wieder aufgegriffene Brauch einer magischen Zerstückelung des Leichnams[30].

So öffnet uns die Frage nach der Entstehung der Mumifizierung tiefe Einblicke in die religiösen Zusammenhänge der Frühzeit. Eine Sitte allerdings, die ausschließlich während der Frühzeit zu beobachten ist, wirft dabei noch schwierigere Fragen auf: Wir hatten gesehen, daß um die Königsgräber in Abydos ebenso wie um die königlichen Scheingräber in Saqqara als auch schließlich um die Talbezirke herum sorgfältig angelegte Reihen von Nebengräbern gefunden wurden. Bisweilen sind es Hunderte. Noch zur Zeit der großen Pyramidenbauer durften verdiente Hofleute ihre Mastabas aufgrund gnädiger Stiftungen ihrer Herrscher rund um die Pyramide anlegen; sie fallen noch heute dem Besucher der Pyramiden von Giseh mit ihren endlosen, gleichförmigen Reihen auf. War nun in der Frühzeit schon die gleiche Sitte verbreitet, oder waren es hier noch andere Gründe, die zur Anlage der Nebengräber führten?

Doch zunächst einmal müssen wir uns die Frage stellen, wer denn eigentlich in diesen Nebengräbern bestattet ist. Hier helfen uns zum Glück die Angaben auf den Grabstelen. Angesichts jahrtausendelanger Ausplünderung ist es erstaunlich, daß jene roh zubehauenen Steinstelen doch hier und da noch auf den Nebengräbern zu finden waren, ja oftmals sogar noch Namen und Bezeichnung ihrer jeweiligen Besitzer erkennen lassen. Allein rund um das Sachtigrab kamen 97 solcher Privatstelen zum Vorschein. Das Material, harter Muschelkalk, läßt die roh eingehauenen Hieroglyphen meist nur undeutlich hervortreten. Dennoch konnte festgestellt werden, daß es sich um 76 Frauen-, 11 Männer- und zwei Zwergenbegräbnisse handelt[31]. Zwei der Frauenstelen tragen den Titel ›die den Horus schaut‹, den wir nur bei Königinnen finden. Demzufolge sind hier wahrscheinlich Nebenfrauen König Sachtis beigesetzt worden.

Denn nicht nur die Stelen, sondern sogar einige wenige Skelettfunde zeigen uns, daß die Gruben auch tatsächlich als Gräber Verwendung gefunden hatten. Dies trifft jedoch nicht auf alle zu, denn die Gruben im Nordabschnitt des Sachtigrabes sind zum größten Teil nie belegt worden, und einige im Südabschnitt waren bis zum Rand mit Kisten gefüllt, können also auf keinen Fall als Gräber gedient haben. Mehrere der von Amélineau, dem ersten Ausgräber, gefundenen Skelette waren übrigens in Tücher gehüllt, die man mit Natron getränkt hatte. Damit besitzen wir einen weiteren Hinweis auf die Verwendung von Natron bei den Reinigungsritualen der Toten, lange vor seiner Anwendung zur Mumifizierung[32].

Die erste Frage nach den Grabinhabern ist also verhältnismäßig leicht zu beantworten – nach den Titeln auf den Stelen waren es ausschließlich Personen aus dem königlichen Hofstaat. Andere wären auch kaum der Ehre gewürdigt worden, in der königlichen, also göttlichen Nähe zu ruhen.

Aus diesen Befunden aber ergibt sich die nächste Frage, die noch sehr unterschiedlich beantwortet wird: Sind alle diese Menschen, die in der Zeit von König Sachti bis zum Ende der 1. Dynastie um die Gräber und Talbezirke herum ihre letzte Ruhestätte fanden, beim Tode des Königs geopfert und mit ihm gemeinsam, vielleicht gar lebendig, begraben worden? Und wenn ja, warum?

Wir wollen versuchen, zunächst die wenigen Tatsachen hinzuzufügen, die unstreitig sind und vielleicht doch ein vorsichtiges Urteil möglich machen könnten. Solche Nebengräber finden sich, wie wir gesehen hatten, auf allen Königsfriedhöfen der 1. Dynastie – ganz gleich, ob es sich dabei um echte oder um Scheingräber von Königen handelt. Dies ist ein erneuter Hinweis darauf, daß die Scheingräber magisch und kultisch den echten Bestattungsplätzen der Könige gleichgestellt waren.

Die Skelettfunde in den Nebengräbern wurden von Amélineau nur sehr flüchtig beschrieben und sind seither für die Wissenschaft verloren. Aufgrund der mangelhaften Grabungsaufzeichnungen ist heute nicht mehr festzustellen, ob diese Skelette schwere Verletzungen oder andere Spuren aufwiesen, die Schlüsse auf eine gewaltsame Tötung beziehungsweise auf ein Begrabenwerden bei lebendigem Leibe zulassen könnten[33].

Die Oberbauten der Nebengräber sind natürlich ebenso wie die der zugehörigen Königsgräber fast völlig verschwunden und nur in seltenen Glücksfällen wenigstens hinsichtlich ihrer Ausdehnung zu rekonstruieren. Wo dies allerdings möglich ist, wie gerade bei einigen um das Sachtigrab herum angelegten Nebengräbern, weisen sie vom Königsgrab unabhängige Oberbauten auf[34]. Ausnahmen hierzu stellen nur die Nebengräber der Könige Qaa und Semerkhet dar, die jedoch bereits ganz am Ende dieser Entwicklung liegen und wobei die Zahl der Nebengräber schon drastisch reduziert ist.

Hinsichtlich der Schlüsse, die aus den Befunden zu ziehen seien, gehen die Meinungen der Wissenschaftler – auch der modernen – weit auseinander. Während einige Ägyptologen ganz eindeutig von Menschenopfern sprechen[35], sind andere wiederum unentschieden[36]. Kaplony etwa führt gute Gründe dafür an, daß es sich bei den Begrabenen *nicht* um Geopferte gehandelt haben könne, sondern um unabhängig vom Tode ihres Königs vor oder nach ihm Bestattete[37]. Sauneron spricht sich überhaupt gegen das Bestehen von Menschenopfern in der geschichtlichen Zeit Ägyptens aus[38]. Dagegen stützen sich diejenigen, die den Brauch des Menschenopfers als gegeben annehmen, bei ihren Überlegungen zum einen auf die Haltung der von Amélineau gefundenen Skelette – ein ziemlich fragwürdiges Argument, denn wie wir gesehen hatten, liegen uns gar keine klaren Berichte darüber vor. Zum anderen beruft man sich jedoch vor allem auf das sumerische Beispiel, wonach ein Königsgrab aus Ur, etwa aus derselben Zeit wie die ägyptische 1. Dynastie stammend, eindeutig gewaltsam geopferte Menschen und Tiere ent-

Heiligtum der Neith, Darstellung aus der Frühzeit. Mattenverkleidetes Holzgebäude, Kultzeichen der Göttin, Gotteszeichen der umwickelten Stäbe

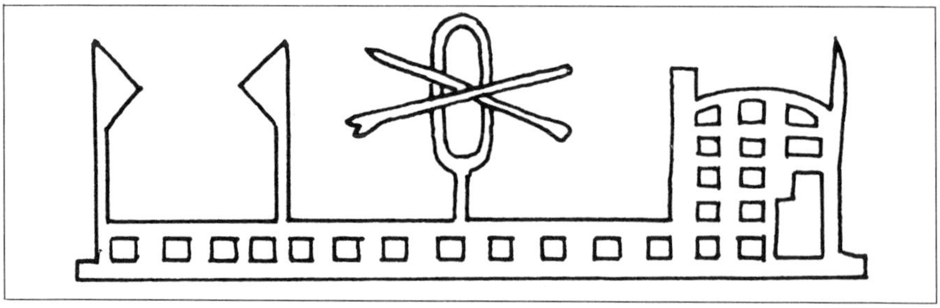

Annalentäfelchen König Sachtis. Stellt es ein Menschenopfer dar?

hielt[39]. Dazu kommt noch ein in Saqqara gefundenes Täfelchen von König Sachti, auf dem neben religiösen Zeremonien angeblich auch ein Menschenopfer dargestellt sei[40].

Die Gegenargumente weisen insbesondere darauf hin, daß keinerlei schriftliche oder bildliche Zeugnisse für Menschenopfer in Ägypten sprechen – nicht einmal in frühester Zeit. Die erwähnte Darstellung auf dem Sachtitäfelchen wird hier ganz anders gedeutet[41]. Außerdem lasse – so argumentiert man – der vom Oberbau des Königsgrabes getrennte Oberbau der Nebengräber eher auf eine Beisetzung der Höflinge unabhängig von ihrem König schließen[42].

Wir haben tatsächlich aus allen ägyptischen Epochen gerade Zeugnisse für eine den Ägypter auszeichnende Humanität. So gibt es eine Volkserzählung vom Hofe des Königs Cheops: Als der Pharao sich eines Tages langweilte, wurde ein berühmter Zauberer namens Djedi, der im Rufe stand, er könne einen abgeschnittenen Kopf wieder anwachsen lassen, an den Königshof gerufen. Eifrig befahl der Pharao, einige Gefangene herbeizuholen, an denen Djedi seine Kunst beweisen könne. Der aber antwortete: »Kein menschliches Wesen, o König, mein Herr; denn es ist verboten, so gegen das heilige Vieh Gottes zu handeln!« Und König Cheops, der bei der Nachwelt durchaus nicht im Rufe großer Leutseligkeit stand, akzeptierte diese Rüge des Weisen[43].

Mir scheinen die Argumente derer, die nicht an einen gewaltsamen Tod der in den Nebengräbern Beigesetzten glauben, einleuchtender zu sein als die ihrer wissenschaftlichen Gegner. Den deutlichsten Hinweis aber sehe ich in den recht häufigen Namen hoher und mittlerer Hofbeamter, die unter mehreren Königen gedient haben. Es gibt viele Beispiele von Siegeln solcher Beamter, die unter mehreren Königen vertreten sind. Zitieren wir hier nur eines von vielen, weil es gerade aus der Zeit unseres Königs Sachti stammt: Auf vielen Abdrücken, die in seinem Königsgrab und um dieses herum zum Vorschein kamen, fanden sich Name und Titel eines ›Obersten Domänenverwalters, Verwalters der Festung Nechen und Totenpriesters‹ namens Emaka, der mit denselben Titeln auch unter Sachtis Nachfolger Wadschi siegelt[44].

Welche Motive aber mögen dann zum Bau dieser Nebengräber rund um Königsgrab und Talbezirk geführt haben? Die ganz rationalistischen Begründungen, daß eben der König seine ›Sklaven‹ zu solchem Nebenbegräbnis gezwungen habe, damit sie ihn im Jenseits bedienten, führt sicher nicht weiter. Gewiß, die Vorstellung, daß das Gefolge sich auch nach dem Tod um seinen König schare und dieselbe soziale Stellung einnehme wie zu Lebzeiten am Hofe, war in Ägypten durchaus verbreitet[45]; aber sie war nur Folge eines viel tieferen religiösen Weltbildes, das sich in der Königstheologie der Frühzeit deutlich ausdrückt[46].

Wir hatten die Bedeutung des Königs als Erscheinungsform des Allgottes Horus für das ganze Land, ja für den Kosmos kennengelernt und auch die Folgerung daraus, daß mit seinem Tod die Schöpfung solange aufhört, bis der neue König den Thron bestiegen hat. Die Gleichung von Herrschafts- und Weltende wurde von den Menschen der Frühzeit in tiefem Ernst geglaubt[47], und dieser Glaube war natürlich besonders bedeutsam für diejenigen, die in der Nähe des ›lebenden Horus‹ und mit der Sorge um ihn ihr Leben verbracht hatten. Der verstorbene König aber wurde ja zum Gott in der vollen Bedeutung des Wortes oder, gemäß dem ägyptischen Denken: Er ging völlig in den Gott ein. Nur er allein war es, zumindest in dieser Frühzeit der 1. Dynastie, der durch die Verklärungen der Begräbnisrituale die Krise des Todes überwand und weiterlebte. Der tote König wurde eins mit *allen* verstorbenen Königen, ja, wurde Bestandteil jener Einheit, die er zugleich selbst repräsentierte. Er war Ägyptens kostbarster Besitz, denn ohne seinen Beistand konnten Weltordnung und Leben ebensowenig bestehen wie ohne die tägliche Kultausübung des lebenden Pharaos.

Aus diesem tiefen Glauben an die segenspendende Macht des toten Königs erwuchsen die mächtigen Grabmäler bis hin zu den Pyramiden des Alten und den großartigen Grabtempeln und Felsgräbern des Neuen Reiches. Aus demselben geistigen Hintergrund ist aber auch die Sitte der Nebengräber zu erklären. Die hier Beigesetzten hatten ja teil an den verklärenden, vergöttlichenden Ritualen des Königsbegräbnisses und an der stärkenden Wirkung der Opfergaben. Die engste Nähe des eigenen Grabes zu dem des Herrschers mochte es auch den einfachen Menschen erleichtern, die Krise des Todes zu überstehen und, wenn auch gewiß nicht als Stern oder gar als Gott, so zumindest doch eine Chance zu haben, im jenseitigen Königsgefolge überleben zu können. In späteren Zeiten sind die Jenseitsvorstellungen zunehmend demokratisiert worden, bis seit dem Ende des Alten Reiches jeder Tote zu Osiris, zum Totengott wurde. So verloren die Nebengräber ihren inneren Sinn und verschwanden seit Ende der 1. Dynastie. Noch lange aber erhielt sich die Sitte, daß die Angehörigen des Hofes vom König Plätze für Gräber in der Nähe des Königsgrabes oder – wie im Neuen Reich – des Totentempels verliehen bekamen.

Horus in Falkengestalt überträgt den Ka auf König Chephren

So ist es auch sehr wahrscheinlich, daß die Frühzeitkönige eine Bestattung in der Reihe der Nebengräber als besondere Gunst verliehen. Die Nebengräber – gerade diejenigen um die Talbezirke herum – sind ein deutlicher Hinweis darauf, daß der Gedanke eines Gnadenerweises für Teilnahme an Kult und Opfer im Vordergrund dieser Sitte stand und nicht die Beschaffung von Dienstpersonal für das Jenseits. Viele und wichtige Verklärungsrituale wurden ja dort vorgenommen; die Entfernung bis zum toten König in seinem Grab wäre aber für Dienstleistungen doch etwas zu groß gewesen. Wir haben uns also vorzustellen, daß der König seinen verdienten Gefolgsleuten bereits zu deren Lebzeiten ein Grab zuwies, worin sie dann nach ihrem Ableben beigesetzt wurden.

Bei Betrachtung der frühzeitlichen religiösen Vorstellungen, insbesondere der Jenseitsvorstellungen, stoßen wir immer wieder auf verschiedene Bezeichnungen für Seelenkräfte: ›Ach‹, ›Ka‹ und ›Ba‹. Wir hatten miterlebt, wie der Thronfolger die Seele seines toten Vaters in der ›Nacht des Schlafes‹ einfing, und wir hatten den danach formulierten Titel eines Totenpriesters der Frühzeit als ›Sachen-Ach‹, ›Einfänger der Seele‹, kennengelernt[48]. ›Ach‹-Seele ist die in der Frühzeit am weitesten verbreitete Bezeichnung für das Unvergängliche eines Verstorbenen. Sie hat sich durch die ganze Zeit ägyptischer Geschichte hindurch gehalten für einen richtig ›nach Art der Vorfahren‹ mit allen Riten bestatteten und daher mit Geisterkraft begabten Toten, einen ›Verklärten‹, wie der ägyptische Ausdruck dafür lautete[49].

Auch die Bezeichnungen ›Ka‹ und ›Ba‹ treffen wir für Seelenkräfte immer wieder an. Um zu einem besseren Verständnis der damaligen Jenseitsanschauungen zu gelangen, müssen wir auch bei diesen beiden Begriffen versuchen, uns deren volle Bedeutung für die ägyptische Frühzeit zu erschließen.

Bei ›Ka‹ ist die ursprüngliche Bedeutung noch am ehesten aus der Hieroglyphe zu entnehmen, mit der dieser Begriff geschrieben wird: zwei Arme, die nur scheinbar nach oben (in manchen frühzeitlichen Inschriften auch nach unten) zeigen, in Wirklichkeit jedoch eine nach vorne gerichtete, umfangende Gebärde zum

Ausdruck bringen sollen. Der Ka war eine göttliche Wesenheit, eine Kraft, die der Gott auf den von ihm begnadeten Menschen – in der Frühzeit gewiß nur auf den König selbst – übertrug, indem er ihn von hinten umfaßte und ihm damit die Fülle göttlicher Macht und Kraft vermittelte. Sehr schön und augenfällig ist dies in der Statue des Königs Chephren, des zweiten der großen Pyramidenbauer aus der 4. Dynastie, dargestellt: Hinter dem Kopf des sitzenden Pharaos hockt Horus, der Weltengott selber, in seiner Erscheinungsform als Falke. Er umfaßt den Nacken des Herrschers mit seinen ausgebreiteten Flügeln und überträgt so die göttliche Macht auf den Pharao.

Das Ka-Zeichen

Bei genauer Betrachtung fällt auf, daß die Haltung des Falken fast wie eine Begattung wirkt. Und in der Tat ist die ursprüngliche Bedeutung des Wortes Ka im Ägyptischen die der Zeugung. Ka heißt auch der Stier – ist er gemeint, so wird der Armhieroglyphe als Deutzeichen ein Phallus hinzugefügt. Die weibliche Form Kât bezeichnet das weibliche Geschlechtsteil[50]. Zur Zeit der 1. Dynastie aber hat sich der Ka-Begriff bereits vergeistigt und meint von nun an bis zum Ende der altägyptischen Geschichte die göttliche Schöpfungskraft, die wirkende und gestaltende Gottesmacht[51]. Daß diese Macht in der Frühzeit besonders dem Weltgott Horus und damit dem König zukommt, der sie wiederum auf Ägypten überträgt[52], überrascht nicht. Ebensowenig erstaunt die besondere Rolle, die der Ka bei der Wiedergeburt des Königs spielt, und zwar nicht erst bei den Bestattungsriten, sondern bei dem täglichen Wiedergeburtsritus, den der König während seiner ganzen Regierungszeit zu vollziehen hatte[53]. Die alte, vorzeitliche Bedeutung der sexuellen Zeugung bleibt aber in Tiefenschichten des ägyptischen Bewußtseins auch später bestehen und erhält sich schon durch die Schreibweise lebendig.

Die Ka-Statue des Königs sollte diese göttliche, dem König immanente Kraft erhalten, sie immer wieder aus dem göttlichen Bereich auf sich ziehen und weitergeben an seine Nachfahren und an ganz Ägypten. Als besonders schönes Beispiel für eine königliche Ka-Statue aus späterer Zeit dient uns die fast lebensgroße Holzfigur des Königs Hor aus der 13. Dynastie (um 1780 v. Chr.), mit erhobenen Ka-Armen auf dem Kopf.

Noch schwieriger für unser Verständnis ist der altägyptische Begriff des ›Ba‹. In späteren Zeiten entspricht er weitgehend unserem Begriff der ›Seele‹ im Sinne der individuellen Geisteskräfte eines Menschen, wenn er sich auch nicht völlig damit deckt. Er wurde in Gestalt eines Vogels mit menschlichem Kopf dargestellt, der das Grab immer wieder besucht, um den Toten zu beleben. In der Frühzeit wird das Wort nicht sehr häufig gebraucht. Meist kommt es im Plural vor und wird für die Götter oder Geister einer bestimmten Region oder Stadt verwendet[54]. Die Ba'u, die Geister von Nechen, der vorgeschichtlichen Hauptstadt Ägyptens, zum Beispiel haben unmittelbaren Bezug zu dem dort besonders verehrten Gott Horus. Bisweilen werden auch die Zirkumpolarsterne so genannt, deren enge Beziehung zur Wiederbelebung des Königs wir ja schon kennengelernt haben. Beides spricht dafür, daß bereits in jener frühen Zeit der Ba als Seelen- und Geisteskraft zumindest mit der Person des Königs verbunden war.

Die Ba-Statue sollte dem Seelenvogel das Wiedererkennen ›seines‹ Körpers ermöglichen, auch wenn dieser zerfallen oder zerstört war. Daher mußte sie in bestimmten, dem Ägypter wesentlich erscheinenden Zügen dem Verstorbenen ähnlich sein[55]. Gerade aus diesem Grunde dürfen wir mit großer Wahrscheinlichkeit annehmen, daß die Ba-Statue für den König schon in der Frühzeit menschenähnlich geformt war und wesentliche Züge des Herrschers trug.

In einer Betrachtung über die Religion der Frühzeit dürfen nicht die Götter fehlen, die in jener Periode eine besondere Rolle gespielt haben. In der Tat ergeben sich hier recht beträchtliche Unterschiede zur kultischen Situation späterer Zeiten der ägyptischen Geschichte. Ganz deutlich zeigt sich wiederum, daß die Frühzeit nicht nur ein Übergang von der Vorgeschichte zur Hochkultur, sondern eine ei-

Ba-Seelenvogel belebt ›seine‹ Mumie

genständige Epoche voller größter schöpferischer Leistungen war, in der vieles von dem vorbereitet wurde, was wir an späteren Zeiten der ägyptischen Kultur so sehr bewundern.

Freilich scheint die Quellenlage zunächst recht unergiebig zu sein. Gewiß, auf Annalentäfelchen und Prunkpaletten, in den Annalen des Palermosteines und in mancher Kurzinschrift wird der eine oder andere Gott erwähnt. Aber es gibt noch keine zusammenhängenden religiösen Texte, aus denen wir etwas über die Glaubensvorstellungen jener Menschen erfahren könnten.

Einen ergiebigen Einstieg dazu eröffnet uns aber die Vielzahl der Namen, in denen Götter als Namensteil erscheinen, ähnlich wie auch bei uns viele Namensbestandteile auf ›Christ-‹ oder ›Gott-‹ lauten beziehungsweise deren griechische (Theo-) oder hebräische (El-) Entsprechung enthalten. Aus den vielen Hunderten von Namen, die Kaplony in seinen ›Inschriften der ägyptischen Frühzeit‹ gesammelt hat, lassen sich mit einiger statistischer Genauigkeit die Götter herauslesen, die in jener Zeit am beliebtesten waren. Diejenigen Gottheiten jedoch, die in einem solchen Zusammenhang nicht oder kaum vorkommen, dürften auch im Kultus eine geringe Rolle gespielt haben.

Eine Ausnahme allerdings ist hierbei zu berücksichtigen: die Königsgötter selbst, nämlich Horus und Seth. Eben ihrer Bindung an die geheiligte Person des Königs wegen treten sie in Personennamen nichtköniglicher Menschen kaum auf, erst in den Endzeiten der 2. Dynastie. So erscheint denn auch Seth nur dreimal, Horus nur siebzehnmal als Namensbestandteil, ohne daß dies etwas über ihre Beliebtheit oder gar ihre kultische Verehrung aussagte. Im Gegenteil: Es existierte kaum eine Stadt, die nicht einem ihrer Lokalgötter Falkengestalt gegeben und ihn damit dem Allgott angeglichen hätte. Bei Seth kommt noch die Doppelnatur seines Wesens hinzu. Aber über die kultische Verehrung dieser beiden Götter wissen wir ja aus anderen Quellen genügend Bescheid. Für alle übrigen Götter hingegen gibt

Göttergestalten der Frühzeit

dieser statistische Versuch recht gute Einblicke in die kultische Wirklichkeit jener fast fünf Jahrtausende zurückliegenden Zeit. Das überraschendste Ergebnis ist vielleicht, daß Neith mit 112 Namensverbindungen weit an der Spitze der götterhaltigen Namen steht. Wir sehen auch hier wiederum, daß die Behauptung von der Reichseinigung als gewaltsamer Eroberung eines unterägyptischen Reiches durch Oberägypten in der religiösen Wirklichkeit keine Stütze findet. Denn es ist kaum denkbar, daß eine so eng mit dem unterägyptischen Königtum verbundene Gottheit wie Neith sich in den unmittelbar auf die Reichseinigung folgenden Generationen solch allgemeiner Beliebtheit erfreut hätte, wenn der Landesteil, für den sie steht, gerade erst in einem erbitterten Krieg erobert worden wäre, – und das noch dazu in Oberägypten, woher ja unser gesamtes Namensmaterial wegen der Fundleere des Deltas stammt.

Neiths Standartenzeichen der gekreuzten Pfeile und des Schildes waren wir ja bereits begegnet. Auch diese Göttin hat die für ägyptische Gottheiten überhaupt so typische schillernde Vielfalt von Bedeutungen. Gewiß ist sie bei der Vermenschlichung der vorzeitlichen Mächte aus einem Waffenfetisch hervorgegangen, und so überrascht es nicht, daß sie eine kriegerische, schreckenerregende Seite hat. Oft wird sie ›die Rote‹ genannt als Göttin der (roten) unterägyptischen Krone[56]. In dieser Eigenschaft gehört sie zu den Schutzmächten des Pharaos. Gerade während der Frühzeit aber stellt sie insbesondere eine Schutzmacht für Königinnen dar und tritt nicht nur in deren Namen, sondern als eine Art ›Hoheitszeichen‹ auch in deren Siegeln auf, vor allem bei regierenden Königinnen. In dieser engen Bindung an das Königtum liegt auch Neiths Beziehung zum Königsgott Horus begründet, wie sie etwa aus dem Namen Herneith, ›Neith ist Horus‹, hervorgeht. Außerdem wird Neith auch als Schöpfergöttin verehrt, so daß sie, wie alle Schöpfergötter, oft als androgyn, als doppelgeschlechtlich vorgestellt wird.

Damit begegnet uns hier zum ersten Male die in der Geschichte der ägyptischen Religion sehr häufige Erscheinung, daß Götter einander angeglichen werden. Jeder, der sich ein wenig mit Altägypten befaßt hat, kennt solche Gleichungen, deren bekannteste wohl der ›Götterkönig‹ Amun-Rê des Neuen Reiches ist. Diese Formeln besagen nicht etwa, daß für den Ägypter die miteinander zu *einer* Gestalt verschmolzenen Götter identisch gewesen wären. Auch in der Frühzeit ist das Verhältnis des anbetenden Menschen zu den Göttern erheblich komplizierter. Im Augenblick der Anbetung können ähnliche oder aufeinander verweisende Wesenselemente von Göttern so zusammentreten, daß diese für den Anbetenden oder Opfernden vorübergehend eins werden[57]. In anderen Zusammenhängen wiederum treten dieselben Gottheiten durchaus als zwei voneinander verschiedene Wesenheiten auf.

Aus ihrer Angleichung an Horus, den Welt- und Königsgott, mag auch Neiths Verehrung als Himmelsgöttin hervorgegangen sein – so wie wir sie uns im Begräbnisritual erschlossen hatten. Gerade ihre Beliebtheit führte auch in Personennamen häufig zu solchen Gleichungen mit anderen Göttern. So gibt es eine ›Anubis-Neith‹, einen ›Neith-Ptah‹ und die ›Chnum-Neith‹[58]. Auch hier können wir keine Scheidung in unter- und oberägyptisch erkennen: Der Widdergott Chnum beispielsweise hat seine Hauptverehrungsstätte in Oberägypten, ebenso Anubis;

Ptah dagegen besitzt seine in Memphis, das zu den unterägyptischen Gauen zählt. Wie umfassend Neiths Bedeutung für ihre Verehrer war, geht auch aus dem Namen ›die Maat (Weltordnung) ist im Angesicht der Neith‹ hervor. Hierbei nämlich wird Neith als Richtergöttin, ja als Weltenrichterin angesprochen[59].

Schließlich zeigt uns der sehr frühe Name ›Hügel der Neith‹ ihre Gleichsetzung mit dem Urhügel, der dem Schöpfungsmythos zufolge als erstes Festland aus den Urfluten des Chaos aufgetaucht war. In diesem Zusammenhang wird Neith als Ur- und Schöpfergöttin gesehen und zugleich als sicherer Zufluchtsort[60].

Sie ist zudem eng mit verschiedenen Berufen verbunden. So unterstehen ihr beispielsweise die Weberinnen des Palastes. Dies ergibt sich aufgrund ihrer Eigenschaft als Göttin der Königinnen, denn das sogenannte ›Haus der Weberinnen‹ wurde ja unmittelbar von den Königinnen geleitet. Aber hiermit ist auch zugleich eine weitere und sehr wesentliche Verbindung Neiths zum Königsbegräbnis hergestellt: Als Göttin der Weberinnen nämlich leitet und beaufsichtigt sie die Fertigung der Mumienbinden.

Und endlich gibt es noch den Bedeutungsaspekt der Neith als Arztgöttin: Ipi, der ›Erste der unterägyptischen Ärzte‹, nennt stolz als seinen Haupttitel den eines ›Propheten (Priesters) der Roten‹[61]. Und nur für unsere Logik erscheint es widersprüchlich, daß eine Göttin, deren Name wahrscheinlich ›die Schreckliche‹ bedeutet[62] und die mit ihren Waffen Wunden schlägt, zugleich diese heilt. Der Ägypter jedoch wußte sehr genau und fein zu differenzieren und war sich aus einer tiefen Sicht des Göttlichen heraus bewußt, daß in dessen Wesen Schöpferisches und Zerstörerisches, Verwundendes und Heilendes zusammenfallen.

Wir haben bei Neith viel über die Art ägyptischer Gotteserkenntnis und -verehrung gelernt und können uns daher bei den anderen Göttern kurz fassen. Denn es kann ohnehin nicht unsere Aufgabe sein, die außerordentlich große Anzahl von Göttern, die wir allein aus der Frühzeit kennen, auch nur in annähernder Vollständigkeit aufzuzählen. Aber immerhin ist es interessant für die kultische Situation der Frühzeit, noch die wichtigsten derjenigen Götter kennenzulernen, die in der Beliebtheit der Namenszusammensetzung auf Neith folgen.

Da ist zunächst der Widdergott Chnum mit 41 Nennungen. Offenbar galt er schon in jener Zeit als Verursacher der Nilschwelle und somit der Fruchtbarkeit des Landes. Seit dem Alten Reich finden wir ihn in dieser Eigenschaft ohnehin gut bezeugt. Dicht beieinander liegen dann der mit erigiertem Phallus dargestellte Fruchtbarkeits- und Königsgott Min[63] mit 25 und der Hüter der Toten, Anubis, mit 20 Namensteilen. Zu den seltener genannten, aber mit über 10 Nennungen immerhin statistisch bedeutsamen Gottheiten zählen dann noch der Ptah von Memphis, Maat als ›Weltordnung‹ und ›Wahrheit‹, die Himmelsgöttin Hathor und schließlich Sobek, der krokodilgestaltige Fruchtbarkeitsgott der Gewässer.

Recht eigenartig ist, daß einige der in späteren Epochen sehr mächtigen Götter, die für uns oft die ägyptische Götterwelt schlechthin repräsentieren, während der Frühzeit weder in Namen noch in anderen Quellen irgendeine Rolle spielen. So tritt Rê, der Sonnengott, der Staats- und Königsgott des hohen Alten Reiches, in der 1. Dynastie ebensowenig auf wie Amun, der Götterherr des Mittleren und Neuen Reiches, oder Osiris und Isis. Gewiß hat es ihre Verehrung auch damals schon gegeben, aber ihre Bedeutung erstreckte sich noch kaum über ihren Kultort hinaus. Bei diesen Gottheiten kann man also in der Tat eine stufenweise Entwicklung vom Lokalgott bis hin schließlich zur allgemeinen Verehrung in Gesamtägypten feststellen; in sämtlichen anderen erwähnten Fällen jedoch treten uns die Frühzeitgötter von Anfang an als universale, nicht als lokale Gottheiten entgegen[64].

Alle Götter hatten in ihren Kultorten Priester, die den täglichen Dienst an den Kultbildern versahen. Diese heilige Aufgabe war ganz nach der Art des Dienstes am König gestaltet: Reinigung, Bekleidung und das Anlegen von Schmuck gehörten ebenso dazu wie die Speisung mit Opfern. Daher ist ›Opferer‹ einer der frühesten Priestertitel[65], und ganz gewiß hat sich dieses Amt aus einem noch vorgeschichtlichen Priestertum zur Versorgung der Ortsmächte entwickelt. Jetzt, in der Frühzeit, ist jedoch – streng genommen – nur der König selbst Priester im Sinne eines Mittlers zwischen dem Göttlichen und den Menschen. Die übrigen Priester handelten nur in seinem Auftrag, da er ja nicht überall in Ägypten gleichzeitig den Kult vollziehen konnte. Noch im Neuen Reich sprach daher jeder Priester beim Öffnen des Schreins mit dem Götterbild: »Der König ist es, der mich sendet, den Gott zu schauen«[66].

Wahrscheinlich gab es in der Frühzeit noch gar keine deutliche Trennung zwischen Königsbeamten und Priestern[67]. Die höheren Beamten nämlich mußten aus magischen Gründen zugleich Priester des ihren Verwaltungszweig schützenden Gottes sein, so daß wir bei ihnen häufig neben den Beamten- auch Priestertitel antreffen. Es ist anzunehmen, daß die Priester der Tempel im Lande zu dieser Zeit überhaupt aus den Ortsnotabeln bestanden, die sich im Dienst am Gott abwechselten – so wie es bei den einfachen Priestern bis weit in die Spätzeit hinein geblieben ist: In zehntägigem Turnus löste eine solche örtliche Gruppe von Freiwilligen-Priestern, eine ›Phyle‹, wie sie griechisch genannt wurde, die andere ab. Ein ausschließlich als Priester tätiger Stand entwickelte sich zunächst aus Beamten am Königshof. Dort hatten Angehörige dieser Beamtenschaft die kultische Versorgung an den göttlichen Zeichen des Königtums – also an Kronen und Ornat, an Szepter und Geleitstandarten – vorzunehmen. Des weiteren waren sie zuständig für den Versammlungsort der Landesgötter, den ›Gottespalast‹ genannten Palastteil[68].

Aus diesen priesterlichen Amtsträgern am Königshofe und den Beamten, die Priestertitel trugen, entwickelte sich dann ganz allmählich ein Priesterstand, der aber in der Hochblüte des ägyptischen Staates bis hin zum Neuen Reich nie ein in sich abgeschlossenes Korps darstellte. Als Königsbeamte und Kultstellvertreter war ihre Macht eindeutig von der des Königs abgeleitet, so daß es erst in den Verfallszeiten nach Ende des Neuen Reiches zu Priesterherrschaften kam.

Die Entstehung der Priestertitel aus denen der Beamten läßt sich an zwei Beispielen gut aufzeigen. In der Frühzeit gab es einen Hofbeamten, der einen Titel trug, den man am besten mit ›Geheimrat des Morgenzimmers‹ übersetzen könnte[69]. Er hatte dem König die geheiligten Ornatteile, Kronen und Schmuckstücke anzulegen, die ihn erst zum Vollzug seines hohen Amtes vor den Göttern fähig machten und ihn zugleich schützten ›vor der Schlange und jedem Feind‹, wie einer der Sprüche dabei lautete. Über das Bekleiden der Königsgötter im ›Götterpalast‹ gewann der Träger dieses Titels immer stärker rein priesterliche Funktionen. Da nun zu seinen ganz wesentlichen Aufgaben auch das Bekleiden des toten Pharaos vor der Grablegung gehörte, wuchs er allmählich in die Rolle des königlichen Totenpriesters. Seit der Zeit König Djosers aus der 3. Dynastie blieb er dann ganz auf diese Funktion beschränkt, behielt aber den alten, nun weitgehend sinnentleerten Titel des ›Geheimrates‹ weiterhin bei.

Eine ähnliche Entwicklung nahmen auch bestimmte Handwerkertitel. Die geschickten Kunsthandwerker spielten am Hofe durchaus eine angesehene Rolle. Ihre Tätigkeit und ihre Produkte hatten oft eine religiöse Seite, ob es nun Kupferschmiede waren, Hersteller der mit magischen Kräften geladenen Ketten und Halskragen, oder gar die Bildhauer, die das ›Ba‹-Abbild des Königs verfertigten. Im Königsfriedhof von Saqqara ist einer der drei namentlich bekannten Oberbildhauer der Frühzeit begraben worden[70]. Handwerker waren es übrigens, die den Kultdienst bei dem Ptah von Memphis verrichteten, der als Schutzgott der Handwerker zu den Schöpfungsgöttern gehörte. Und so war es nur ein kleiner Schritt, daß der Oberpriester des Ptahtempels den Titel eines ›Obersten Leiters der Handwerker‹ erhielt, den er dann auch bis zum Ende der altägyptischen Kultur trug. Der erste von diesen Oberpriestern, den wir aus der Frühzeit kennen, hieß ›Schön-ist-es-daß-Ptah-dauert‹[71].

Daß auch Frauen Priester sein konnten und daß es gerade aus der Frühzeit zahlreiche Belege dafür gibt, konnten wir ja bereits im Kapitel über die Frauen erfahren.

So bietet uns die Frühzeit ein Bild ausdruckstarken religiösen Lebens. Die überwältigende Furcht vor den Mächten der Vorzeit ist einem festgegründeten Vertrauen in das Walten der Götter gewichen, wie es sich in zahllosen Eigennamen widerspiegelt. Die Religion ist der Lebensgrund, aus dem diese Menschen Kraft und Inhalt ihres Daseins beziehen. Ja, es ist kaum möglich, bei einzelnen Erscheinungen und Tätigkeiten zwischen der religiösen und der säkularen Seite zu unterscheiden. Viele kluge Menschen – nicht etwa nur die Priester – arbeiteten an einer Erklärung der Welt und dachten nach über das Verhältnis zwischen Gott und Mensch. So wurde der Ritus entwickelt, und so fanden die ersten Göttermythen ihre Form. Auch hier haben die Menschen der Frühzeit den festen Boden gelegt, auf dem spätere Geschlechter weiterbauten und der sich für Jahrtausende als tragfähig erwies.

Man lebte nicht schlecht in der Frühzeit

Kapitel 5

Inschriften, Abbildungen auf Grabstelen, vor allem jedoch die zahlreichen Funde in Gräbern und frühzeitlichen Siedlungen vermitteln uns ein Bild rasch wachsenden Wohlstandes und verfeinerter Lebenshaltung – ein Bild, das wir zunächst für jene Zeiten gar nicht erwarten würden. Nur eine Tatsache wollen wir in diesem Zusammenhang stellvertretend für viele nennen: Aus keiner anderen ägyptischen Periode sind uns so viele Bezeichnungen für Öle und Salben überliefert wie gerade aus der Frühzeit[1]!

Aber ehe wir uns den Einzelheiten der frühägyptischen Zivilisation zuwenden, wollen wir uns das Volk selbst ansehen, das diese erstaunliche Kulturhöhe erreicht hatte. Wie noch heute im Niltal trotz der wuchernden Großstädte Kairo und Alexandria die fleißigen Fellachen den weitaus größten Teil der Bevölkerung stellen, so ist dies erst recht in Altägypten der Fall. Die Ufer des Nils und der Bewässerungskanäle sowie das fruchtbare Schwemmland des Deltas müssen wir uns mit zahllosen Dörfern besetzt vorstellen – eingebettet zwischen ständig bearbeiteten Feldern. Das Bewässerungsproblem löste man in gemeinschaftlichen Anstrengungen jeweils mehrerer Dörfer. Ja, die größeren Kanäle und Dammbauten erforderten Gemeinschaftsarbeit weit über den örtlichen Rahmen hinaus, und auch die großen Königsgräber dürften wohl höchstwahrscheinlich im Rahmen einer Art Arbeitsverpflichtung der ländlichen Bevölkerung gebaut worden sein, auch wenn diese Projekte bei weitem noch nicht die Arbeitermassen erforderten wie später die Pyramiden.

Über Art und Ausmaß dieses ›Königsdienstes‹ berichten uns aus der Frühzeit keinerlei Quellen. Aber es ist anzunehmen, daß – ähnlich wie im Alten Reich – die Dorfgemeinschaften während der Überschwemmungszeiten des Nils, wenn die Schlammfluten auf den Feldern ohnehin jede Feldarbeit unmöglich machten, eine Anzahl ihrer Mitglieder zu diesen Gemeinschaftsarbeiten abstellten.

Ganz falsch aber wäre die Vorstellung, hier seien Sklavenheere von grausamen Aufsehern mit Peitschen zum Frondienst getrieben worden, und auch für die bisweilen geäußerte Meinung, die Bauern der Frühzeit seien Leibeigene eines Feudalsystems gewesen[2], finden sich weder in den archäologischen Befunden noch in den Inschriften irgendwelche Anhaltspunkte. Es ist kaum vorstellbar, daß die gewaltigen geistigen Leistungen, welche die Frühzeit innerhalb weniger Generationen zustande brachte, lediglich von einer dünnen Oberschicht über einer geknechteten, dumpf dahinvegetierenden Bevölkerungsmasse hätten vollführt werden können.

Wir können vielmehr von einer weitgehend durchlässigen Gesellschaft ausgehen. Die hervorragenden Kunstwerke der Juweliere am Königshof konnten sich ebenso auf eine breite Schicht von Talenten in der Bauernschaft stützen wie die Kunstfertigkeit der Möbeltischler, der Bildhauer oder der Steingefäßhersteller. Und auch die ständig wachsende Zahl der Schreiber, der einfachen wie der hohen Beamten, ergänzte sich aus dem Reservoir der begabten Bauernsöhne. Vielleicht stellte der Tempel des jeweiligen Ortsgottes zugleich eine Art Schul- und Auswahlstation dar. Denn dort als Priester tätig zu sein war ja eine Aufgabe, die abwechselnd von jedem Angehörigen der erwachsenen Bevölkerung eines jeden Ortes wahrgenommen wurde. Jedenfalls finden sich in den Abstammungsangaben, die recht häufig auf Siegeln und Inschriften der Frühzeit vermerkt sind, nur selten die gleichen Ränge und Titel des Siegelinhabers auch schon für die Eltern. Übrigens kann auch keine Rede davon sein, daß die höheren Beamtenränge den Prinzen vorbehalten gewesen seien – im Gegenteil: Wir kennen zwar viele Prinzensiegel der Frühzeit, aber auf nur ganz wenigen ist eine Funktion – wie etwa beim Sohn Ahas namens Rachît als ›Gouverneur von Nechen‹ – verzeichnet. Es sieht demnach ganz so aus, als sei die strenge Scheidung von Hof und Volk erst im beginnenden Alten Reich, ein eigentliches Feudalsystem überhaupt erst in der Spätzeit des Alten Reiches entstanden.

Natürlich haben wir über die Bauern sehr viel weniger Material als über die Angehörigen der anderen Stände, aber ihre Gräber sind überall in Ägypten zu finden. Sie zeigen deutlich Spuren sorgfältiger Beisetzung in einer zwar nicht sehr tiefen, aber mit Ziegeln verkleideten Grube; oft war diese sogar mit Brettern verschalt und mit einem aus großen Steinen errichteten Hügel geschützt. Die Beigaben sind einfach, aber nie fehlen Gefäße für die Versorgung der Toten mit Speise und Trank und das eine oder andere Gerät oder Schmuckstück[3].

Handwerkergräber kennen wir vor allem aus den Nebengräberreihen um die großen Königsgräber herum. Häufig enthalten sie außer den Beigaben für Trank und Speise noch die Gerätschaften für das Handwerk ihrer Besitzer. Wir kennen danach Maler, Schreiner, Bildhauer, Steingefäßbohrer, Kupfer- und Goldschmiede, Lederarbeiter und Weber[4]. Es gab also ein sehr differenziertes Handwerk, das am Königshof höchste Achtung genoß. Die hohe Kunstfertigkeit der altägyptischen Handwerker, ihren ausgebildeten Geschmack und ihren Sinn für Material und Form aber beweisen die vielfältigen Funde, die von ihren Werken trotz jahrtausendelanger Grabräuberei noch auf uns gekommen sind.

Das schönste Zeugnis vom hohen Stand der Goldschmiedekunst legen vier Armbänder ab, die an einem bandagierten, jedoch noch nicht mumifizierten Arm im Grab des Königs Sachti gefunden wurden. Das wertvollste dieser Armbänder besteht aus rechteckigen, mit ihren Längsseiten aneinandergefügten Plättchen, abwechselnd aus Gold und aus Türkis. Die Plättchen sind mit der gleichen Darstellung des Palasttores verziert wie sie auch der Serech, das königliche Namensschild, zeigt. Darüber erhebt sich freistehend jeweils eine kleine Falkenfigur, und zwar abwechselnd in der natürlichen, hockenden Haltung und in der majestätisch aufgerichteten, wie sie der Horusfalke seit Sachti über dem Serech aufweist.

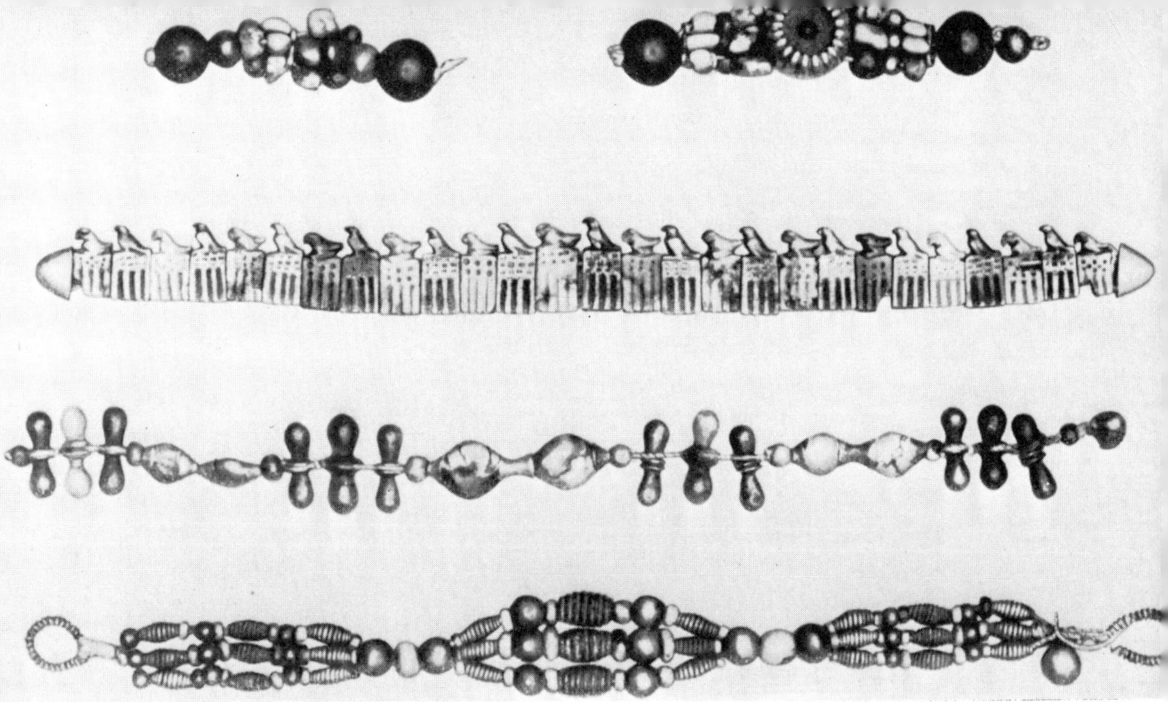

Armbänder aus dem Sachti-Grab

Die anderen drei Armbänder bestehen aus Perlen von Gold, Amethyst, Lapislazuli und Türkis, bisweilen zu drei Ketten nebeneinandergelegt; eines besitzt zudem eine größere Mittelrosette aus Gold. Das Armband mit den Serech-Motiven ist schon ein klarer Beweis dafür, daß die damit geschmückte Person nur der König selbst oder allenfalls ein Angehöriger des engsten Kreises der Königsfamilie gewesen sein kann. Die Kostbarkeit der hierbei verarbeiteten Werkstoffe sowie die Tatsache, daß mindestens einer davon, nämlich der Lapislazuli, während der Frühzeit im ägyptischen Machtbereich gar nicht vorkam, sondern von weither eingeführt werden mußte, verstärkt noch die Vermutung, daß der König selbst der Schmuckträger war.

Es ist selbstverständlich, daß Schmuckstücken jeweils das Hauptinteresse der Grabräuber galt, so daß die Erhaltung der königlichen Armbänder aus dem Sachti-Grab eine erstaunliche Ausnahme darstellt. Ansonsten ist aus eben diesem Grunde nur eine äußerst geringe Menge komplett erhaltenen Schmucks auf uns gekommen – meist sind es nur einzelne Perlen, welche die Grabräuber bei ihrem eiligen Handwerk verloren oder übersehen haben mögen. Solche Reste geben uns immerhin eine Ahnung von der ungeheuren Vielfalt der Stoffe, aus denen die in der Frühzeit besonders beliebten Perlen für Arm- und Halsbänder und für die dekorativen Breitkragen bestanden. Einige dieser Stoffe waren uns schon bei den Sachti-Armbändern begegnet; darüber hinaus kommen Perlen aus Onyx und Achat, aus Karneol und Chalzedon, aus Felsspat, Granat, Hämatit, Jaspis und Bergkristall vor – kurzum, es gab kaum ein glänzendes oder glitzerndes Mineral, das nicht Verwendung gefunden hätte[5].

Wir wissen leider nur wenig über die Bearbeitungsweise, vor allem darüber, wie die doch zum Teil extrem harten Ausgangsminerale geschliffen und gebohrt wurden. Denn oft sind die Bohrungen sehr fein und ganz glatt. Eine raffinierte Art von Bohrer ist uns allerdings bekannt: Er diente zur Bearbeitung der Steinge-

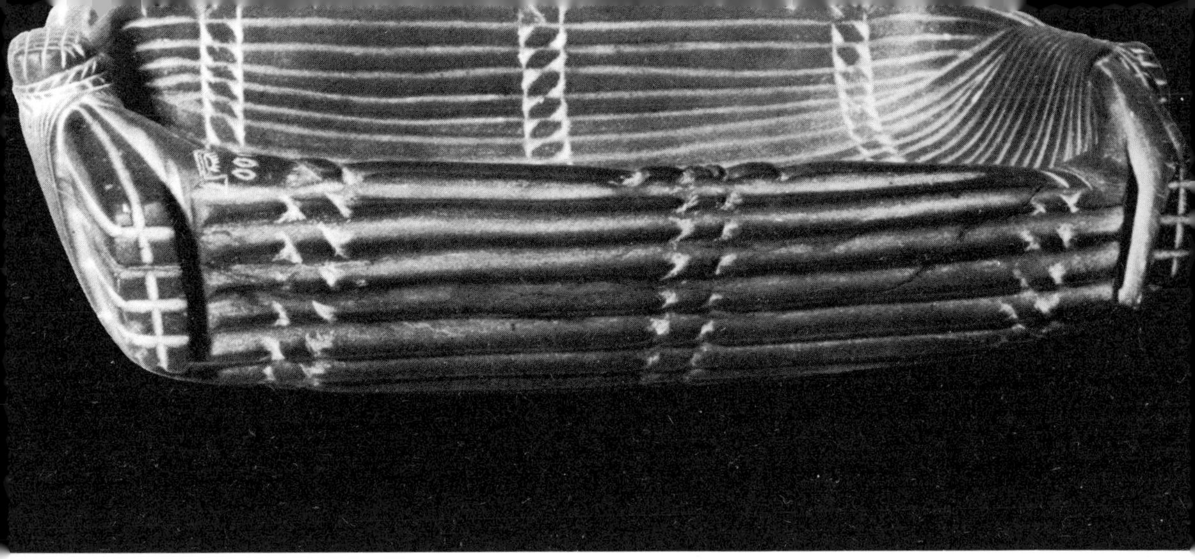

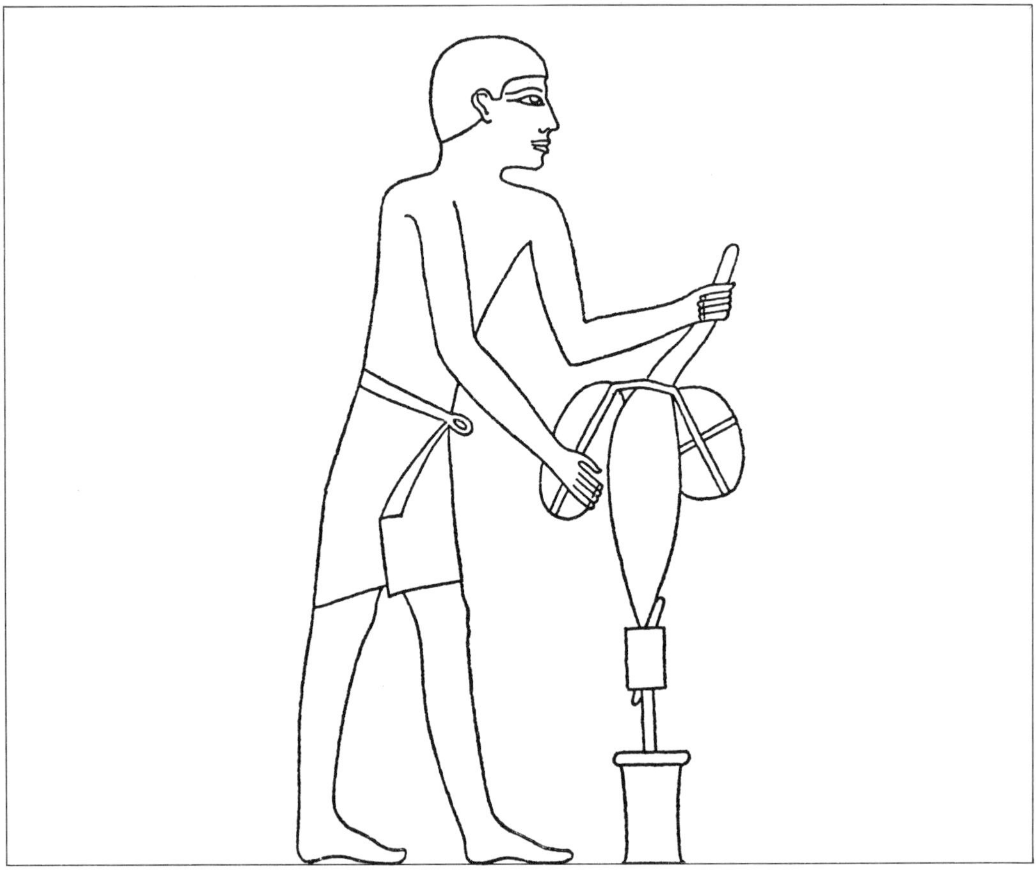

fäße. Oben war er mit einer Kurbel versehen; zwei Steine in Lederschlaufen garantierten eine gleichmäßige Umdrehung, und in das Bohrfutter konnten nach Art und Größe verschiedene Bohrer eingesetzt werden. Damit ließen sich die hervorragenden Gefäße aus Hartgestein bohren und auch innen glattschleifen, aber für die feinen Perlenbohrungen war dieses Instrument natürlich zu ungefüge. Vielleicht gab es auch ein kleineres derartiges Werkzeug mit einer Bohrspitze aus gehärtetem Kupfer.

Mit großer Meisterschaft werden in der Frühzeit pflanzliche Vorbilder in Stein übertragen: Binsenkörbchen aus Schiefer als Schmuckschale

Denn die Kupferbearbeitung erreichte auch schon in der Frühzeit beachtliche Höhen. Wir müssen uns immer wieder daran erinnern, daß wir zu Beginn der ägyptischen Hochkultur eben erst am Anfang der Kupferzeit stehen und der Feuerstein als Werkstoff noch unentbehrlich war. Die Verwendung von Bronze ist erst mehrere Jahrhunderte später bezeugt. Zur Zeit Sachtis ist wahrscheinlich Kupfer nur gehämmert, noch nicht gegossen worden. Jedenfalls sind die kunstvollen Kupfergefäße aus Sachtis Scheingrab in Saqqara ausschließlich aus gehämmertem Kupfer hergestellt; Teile wie Krugtüllen oder Henkel wurden angenietet. Die Formen sind weitgehend denen der beliebten Steingefäße nachgebildet[6]. Am meisten überraschen vielleicht die Waschkanne und die zugehörige Waschschüssel. Da derartiges Waschgeschirr auch in anderen, nichtköniglichen Gräbern gefunden wurde, ist seine weite Verbreitung sicher und dokumentiert erneut die Höhe, welche die Zivilisation schon in der ägyptischen Frühzeit erreicht hatte.

Kupferwerkzeuge gehören zu den häufigen Funden – in manchen Gräbern waren es buchstäblich Hunderte, die zum Vorschein kamen: Nadeln, Ahlen und Pfrieme, Messer und Sägen mit Holzgriffen. Das Kupfer mußte weither aus der Ostwüste und dem Sinai geholt werden und wurde kalt oder heiß gehämmert. Erstaunlich ist die Härte von Messer- und Sägeschneiden, und wiederum wissen wir nicht genau, womit man die Sägezähne und die Nadelöhre gestanzt hat. Immerhin reichte die Härte der Kupferwerkzeuge aus, um Kalkstein, Schiefer und andere Hartsteine zu bearbeiten[7]. Selbst Granit wurde mit Kupfersägen unter Verwendung von Quarzsand als Schmirgelmittel in Platten geschnitten[8] – für uns ein Grund, größte Hochachtung vor den Fähigkeiten und Kenntnissen jener frühzeitlichen ägyptischen Kupferschmiede zu haben.

Immer wieder können wir nur staunend vor der Kunst ägyptischer Steingefäßbohrer stehen. Kein Stein war ihnen zu hart, kein Mineral zu schwierig zu handhaben, um nicht wahre Wunderwerke an Schalen und Tellern, Töpfen und Krügen, Schüsseln und Kannen daraus herzustellen. Weder der harte Diorit noch der spröde Schiefer, weder Bergkristall oder Amethyst noch Achat fehlen auf der Liste, und ihre bestechend eleganten und geschmackvollen Formen zeigen eine lange Beschäftigung mit diesem Material – eine Beschäftigung, die ja weit in die Vorgeschichte zurückreicht.

Jetzt aber werden die Wände der Gefäße so gleichmäßig und zugleich so dünn hergestellt – es gibt röhrenförmige Gefäße aus Bergkristall mit einer Wandstärke von nicht mehr als einem Millimeter[9]! –, daß der uns bekannte Gefäßbohrer allein kaum dazu ausgereicht haben dürfte. Ob es aber irgendeine Art von Drehbank gegeben hat, eine Vorrichtung also, bei der das Werkstück um das Werkzeug rotieren konnte, ist uns völlig unbekannt.

Steingefäßherstellung mit dem Steinbohrer

Kupfergefäße aus dem Sachti-Grab

Brettspielgarnituren aus dem Wadschi-Grab

Steingefäße aus der Frühzeit, gefunden in der Stufenpyramide des Djoser, Saqqara

Es gehört leider zu den für uns unbefriedigenden Eigenheiten der Ägypter, daß ihnen rein technische Vorgänge zu unbedeutend erschienen, um sie ihrer Nachwelt zu überliefern. Eine große Rolle dürfte dabei auch die magische Furcht gespielt haben, die es verbot, unvollendete Produkte in Gräbern und Tempeln, aus deren Wandbildern ja unsere Kenntnisse über das ägyptische Handwerk fast ausschließlich stammen, zu verewigen. So sind die Statuen der abgebildeten Bildhauerwerkstätten immer bereits fertig, die Steingefäße vollkommen geschliffen und poliert, die Juwelen bereit zum Tragen. Wir kennen daher ebensowenig die technischen Tricks der Frühzeit-Handwerker, wie wir über Einzelheiten des Pyramidenbaus Bescheid wissen. Ähnlich ergeht es uns bei der Frage, wie die über hundert Tonnen schweren, aus einem einzigen Stück Granit bestehenden Obelisken so aufgerichtet wurden, daß sie millimetergenau auf ihren Unterlagen aufsetzten.

Die Steingefäße waren angesichts ihrer mühsamen Herstellung natürlich höchst wertvoll. Und dennoch – oder gerade deshalb – nahmen Könige und Prinzen, Priester, Beamte und Handwerker sie mit in ihr Grab zur Verwendung im Jenseits. Ja, es scheint, als seien bestimmte Steingefäße dieser Art überhaupt nur für das Jenseits angefertigt worden. Als äußerst kostbarer Besitz waren sie meist mit dem Namen des Grabinhabers gekennzeichnet, so daß wir diesen oft nach dem im Grab am häufigsten vertretenen Eigentumsvermerk bestimmen können.

Oft wurden aber auch Steingefäße von Angehörigen oder Freunden in das Grab gestiftet, und Könige übernahmen nicht selten Steingefäße ihrer Vorgänger in ihren eigenen Grabschatz. Auch dieser Brauch deutet neben der Kostbarkeit dieser Gefäße auf eine magisch-religiöse Bedeutung hin, die sich für uns noch nicht erschlossen hat. Jedenfalls sind die mehr als 40000 (!) Vasen, Schüsseln und Krüge aus Stein, die Jean-Philippe Lauer in monatelanger Arbeit aus den tiefsten unterirdischen Gängen der Stufenpyramide des Königs Djoser in Saqqara barg[10], gewiß nicht aus Pietät dort begraben worden. Nach ihren Inschriften zu schließen, stammen die meisten nämlich aus der 1. und 2. Dynastie, während kein Stück den Namen Djosers trug.

Solch kostbarer Besitz wurde im Falle einer Beschädigung sorgfältig repariert. Wie die gar nicht so seltenen Funde wieder instandgesetzter Stücke zeigen, hat man beschädigte Exemplare beispielsweise mit dünnen Lederbändern geflickt oder mit einer Art Pflaster geklebt[11].

Was Weber und Weberinnen leisteten, zeigen uns neben einigen Resten von Leinenstoffen vor allem die ausführlichen Kleiderlisten auf Opferstelen und -tafeln. Sich die Ägypter der Frühzeit als halbnackte oder doch zumindest recht primitiv bekleidete Halbwilde vorzustellen, wäre völlig falsch. Gerade beim Sachtigrab sind in den als Zusatz-Magazine dienenden Nebengräbern große Kisten mit Stoffen gefunden worden. In den fast fünftausend Jahren, die uns von jener Zeit trennen, haben sich selbst im trockenen ägyptischen Klima diese Stoffe bis auf ganz geringe Reste nicht bewahrt. Aber die genau kontrollierende, für Ägyptens Geschichte überhaupt so bezeichnende Bürokratie hat auch damals schon an jede dieser Holzkisten Holz- oder Elfenbeinetiketts mit genauen Inhaltsverzeichnissen geheftet, aus denen wir viel Interessantes erfahren können.

Danach wurden schon in der Frühzeit die aus Leinen gewebten Produkte nach neun verschiedenen Qualitätsstufen unterschieden. Diese benannte man nach der jeweiligen Anzahl der Fransen – entsprechend etwa unserem ›Den‹ bei Perlonstrümpfen[12]. Andere Kisten hatten bereits fertige Gewänder enthalten: verschiedene Mantelformen, teils rund, teils eckig geschnitten, Umhänge in vielen Farben und Mustern bis zu nachgeahmten Panther-, Wolfs- und Löwenfellen, Hemden und Schurze, Phallustaschen und Kopftücher[13]. 31 Stoff- und Kleidernamen zählen die Listen auf[14].

Auch die Holzbearbeitung hatte mit der Erfindung von Kupferwerkzeugen einen erheblichen Aufschwung genommen und schnell, besonders bei der Möbelfertigung, eine beachtliche Höhe erreicht. Stühle und Truhen, Sänften und Betten werden nicht nur auf den Beigabelisten erwähnt, sondern die meist kunstvoll als Tierfüße in Elfenbein oder Hartholz geschnitzten Beine solcher Möbel haben erstaunlich oft die fünf Jahrtausende in den Gräbern überstanden[15]. Aufs sorgfältigste waren die Teile der Möbel miteinander verbunden, wobei alle heute in der Schreinerei bekannten Methoden auch damals schon zur Anwendung kamen – so beispielsweise der durchgehende Zapfen, der Falz, Überlappung und Zinke[16].

Ein besonderes handwerkliches Produkt, an dem Schreiner wie Steinschneider beteiligt waren, ist hier noch zu nennen: die Spiele. Mit Sicherheit können wir zwei verschiedene Spielarten unterscheiden: einmal ein Brettspiel, bei dem die Spielsteine oft aus kostbarem Material, beispielsweise Bergkristall, gearbeitet waren und die Form von Löwen, Hunden und Kegeln hatten. Solche Figuren bewahrte man in kunstvollen Holzkästchen auf. Ein anderes Spiel wurde mit Wurfstäbchen auf Feldern einer schlangenförmig geringelten Zeichnung gespielt. Schließlich scheinen auch die Garnituren durchlochter Scheiben, die man in einem Grab in Saqqara fand, zu einem uns ansonsten unbekannten Spiel zu gehören. Alle diese Spiele dienten mit Sicherheit nicht nur der Unterhaltung, sondern hatten als eine Art ›Schicksalsspiele‹ rituelle und magische Bedeutung. Kugeln aus Elfen-

Zimmerleute bei der Arbeit und Marktszene

bein und Marmor mit den Namen der Könige Narmer, Aha, Sachti und deren Nachfolgern dürften ebenfalls zu solchen Spielen gehört haben[17].

Auf welch hoher Stufe das Handwerk der Frühzeit stand, beweisen auch zwei Erfindungen, die ägyptische Handwerker in dieser Epoche machten: einmal die Fayence, und zweitens Papyrus als Schreibmaterial. Die Fayence war wohl – nach ihrem ägyptischen Namen zu schließen – im Delta nahe der libyschen Grenze entwickelt worden und erfreute sich für Schmuck, Amulette und Kleinplastik mit ihrem glänzend blauen oder grünen Überzug größter Beliebtheit. Auch die komplizierte Zurichtung des Papyrus zum Schreibmaterial hatte man bereits zu Beginn der 1. Dynastie erfunden.

Sehr hohes Ansehen bei den Ägyptern besaßen auch schon in der Frühzeit die Ärzte. Wir waren bereits auf mehrere Pharaonen gestoßen, denen die Nachwelt die Autorenschaft an grundlegenden medizinischen Werken zuschrieb. Offenbar gab es schon im ganzen Land Ärzte, denn man hat solche mit ober- wie mit unterägyptischen Titeln feststellen können, und ein Titel wie ›Großer der unterägyptischen Ärzte‹[18] deutet sogar auf einen hierarchischen Aufbau innerhalb des Arztberufes hin. Der Pharao hatte natürlich seinen Leibarzt – ›Aufseher der Skorpiongöttin‹ nannte sich der Arzt des Palastes in Memphis[19].

Einen Berufszweig allerdings, der doch in anderen Hochkulturen, wie etwa der mesopotamischen von Sumer und Babylon, eine so große Rolle spielte, suchen wir im Inschriftenmaterial der ägyptischen Frühzeit vergebens: den Kaufmann. Es scheint sogar, als habe es für diesen Begriff gar kein eigenständiges Wort im frühzeitlichen Ägyptisch gegeben, und das galt noch für lange Zeit, denn erst im späten Neuen Reich seit etwa 1000 v. Chr. bildet sich allmählich ein Händlerstand heraus. Bis dahin wurde der Innen- und Außenhandel offenbar durch die verschiedenen Verwaltungszweige – königliche Domänen, Schatzhäuser, Steuerverwaltung und dergleichen – gehandhabt, und so dürfte es auch in der Frühzeit gewesen sein. Denn lebhaften Handel – auch mit dem Ausland – hat man ganz sicher getrieben; wir sind ja schon in den vorigen Kapiteln immer wieder darauf gestoßen. Viele Rohstoffe gab es in Ägypten gar nicht, obwohl wir sie doch in den Grabbeigaben reich belegt finden – so zum Beispiel das Zedernholz des Libanon, das ›libysche Öl‹ aus der Cyrenaika, den Obsidian aus Äthiopien, das Gold aus Nubien, den Lapislazuli aus Vorderasien und Türkis und Kupfer aus dem Sinai.

Diese Materialien und Produkte dürften jeweils gegen Erzeugnisse des ägyptischen Kunsthandwerks getauscht worden sein. Ob und in welchem Umfang Ägypten bereits damals mit Gold bezahlte, wie wir dies vom Neuen Reich her kennen, ist uns für die Frühzeit nicht überliefert. Daß es daneben einen lebhaften Binnenhandel gab, bei dem auf lokalen Märkten Überschüsse der Landwirtschaft gegen Handwerkserzeugnisse getauscht wurden[19], ist dagegen ganz sicher.

Das Fehlen einer Kaufmannschaft ist von manchen Ägyptologen dahingehend gedeutet worden, daß es in der Frühzeit überhaupt keinen Privatbesitz gegeben habe, sondern daß alles Land, all dessen Produkte und alle Erzeugnisse von Handwerk und Gewerbe Eigentum des Königs gewesen seien. Diese Auffassung orientiert sich an der Zeit des hohen Alten Reiches, der Epoche der großen Pyramidenbauer, in der es »nur wechselnde Grade der Unfreiheit« gab[20]. In der Frühzeit jedoch sah das noch vollkommen anders aus: Immer wieder nämlich beobachten wir hier gerade den Stolz auf eigenen Besitz. Alle wertvollen Grabbeigaben, wie beispielsweise Kästen und Spiele, Salbbüchsen und Schmuck, ja Kupferwerkzeuge und Kämme, werden vom König wie von Beamten, von Handwerkern wie von Priestern und von Frauen wie von Männern stets mit dem eigenen Namen versehen[21]. Auch die königlichen Domänen als Lieferzentren für die Paläste und Gräber des Königs sind Beweise dafür, daß königliches Eigentum von privatem unterschieden wurde.

Und schließlich haben wir noch einen Beweis, der unleugbar für Privateigentum spricht und zugleich zeigt, daß manche der menschlichen Sorgen sich seit 5000 Jahren kaum gewandelt haben: Es mußten Steuern vom Privateigentum bezahlt werden! ›Gezahlt‹ ist eigentlich nicht das richtige Wort für ein Land und eine Zeit, in der es keinerlei Geld oder geldähnliche Einrichtungen gab. Woraus bestanden dann aber die Steuern?

Hier stoßen wir auf einen erstaunlichen Sachverhalt: Die Steuern waren nämlich in der Frühzeit weitgehend – unter den ersten Königen von Skorpion bis Dewen sogar ausschließlich – nicht etwa in den üblichen Landesprodukten wie Getreide und Vieh zu entrichten, sondern in Öl[22]! Öl war sehr wertvoll, ließ sich leicht transportieren und hielt sich bei geeigneter Lagerung lange Zeit – denken wir dabei an die ›Kühlhäuser‹ im Palast! Aber diese Methode machte ein kompliziertes Verrechnungssystem erforderlich. Die Steuern mußten nämlich jeweils von den Landesprodukten in Öl umgerechnet werden; das Umgekehrte geschah beim Rücktausch. Beide Vorgänge setzten also eine geschulte Verwaltung und einen funktionierenden Binnenhandel voraus, und beides hat es demnach offenbar in der Frühzeit bereits gegeben.

Ein Problem ist dabei allerdings nur schwer zu lösen: Woher kam das Öl eigentlich? Denn nach allem, was wir bisher wissen, wurden im Ägypten der pharaonischen Zeit keine Olivenbäume angebaut. Wo kamen also die doch recht großen Ölmengen für die Steuer her? Immerhin wurden im alten Ägypten andere Ölsaaten angebaut und ölhaltige Früchte zu Öl gepreßt. Rhizinus, Kardamon, Koloquinte, Leinsaat und Rettich waren die Hauptlieferanten[23], die allerdings kaum sehr gute Qualitäten erbrachten – ausgenommen der Lein, dessen Öl aber fast ausschließlich zu Beleuchtungszwecken Verwendung fand[24].

So bleibt nur die Lösung, daß bereits in der Frühzeit Olivenöl zu den Hauptimporten Ägyptens aus Vorderasien und Libyen gehört haben muß[25]. Diese Schlußfolgerung findet eine zusätzliche Stütze darin, daß schon seit der Negada-II-Zeit Tongefäße syrisch-palästinensischer Herkunft nicht selten vorkommen, ja zum Prototyp des beliebten ›Wellenhenkel‹-Kruges wurden. Auch in der Zeit der 1. Dynastie finden wir solche Gefäße vorderasiatischer Herkunft recht häufig; gewiß waren sie samt Inhalt eingeführt worden.

Die komplizierte Art der Steuererhebung konnte nicht ohne einheitliches Maßsystem auskommen. Ein solches war denn auch bereits ganz am Anfang der Frühzeit geschaffen worden[26], beispielsweise die Elle von etwa 52,3 cm Länge als einheitliches Längenmaß. Hohlmaße wurden durch Umrechnung in Hundertern bzw. Tausendern angegeben[27]. Welchem heutigen Maß dies entspricht, wissen wir nicht genau; interessant ist aber hieran, daß Ägypten ein reines Dezimalsystem besaß, wie wir es auch aus der Schreibweise der Zahlen – jeweils nach Zehnerpotenzen – entnehmen können.

Die Steuern wurden im ganzen Land nach einheitlichen Sätzen, während der ersten Zeit jedoch in Ober- und Unterägypten getrennt erhoben[28]. Erst Sachti hat offenbar die Steuererhebung zusammengefaßt und sie in zweijährigem Turnus unter der Bezeichnung ›Horusdienst‹ stattfinden lassen[29]. Sie unterstand dem Kanzler des Königs[30] und wurde zunächst lokal vorgenommen. Die eingesammelten Abgaben wanderten dann zur Zwischenlagerung in die Königsdomänen, bis sie schließlich in der Residenz in einem ›Ölmühle‹ genannten Palastteil gespeichert wurden[31]. Es ist möglich, daß die in der Frühzeit häufige Annalenangabe ›Erscheinen des Königs in Oberägypten‹ bzw. ›Erscheinen des Königs in Unterägypten‹ jeweils der Erhebung der zentralen Steuereinnahme in den Zentren Achmim und Buto diente[32].

Bei der Bedeutung des Öls ist es kein Wunder, daß es auch zu den beliebtesten Grabbeigaben gehört; denn es war ja nicht nur neben dem Brot das Hauptnahrungsmittel, sondern diente auch der Körperpflege und Kosmetik. Die ältesten Beigabenlisten beginnen immer mit ›Öl‹, und dann folgt eine erstaunliche Vielfalt von Art- und Qualitätsbezeichnungen. Von diesen kennen wir nicht weniger als 42 allein aus der Frühzeit! Darunter sind Namen wie ›Antilopenöl‹ oder ›Zedernöl‹ (das also auch aus dem Libanon importiert werden mußte) oder ›Horus-Duft‹ – ein Öl, das offenbar als Parfum Verwendung fand. Weiter wurden die Öle nach ihrer Konsistenz unterschieden, wie flüssig, salbenförmig, fettartig, und schließlich nach Qualitäten. Dabei hieß das beste jeweils ›Erstes von . . .‹ und meinte wohl, ähnlich wie das italienische Olio Verde, das ohne Erhitzung und Pressung abtropfende Öl[33].

Nicht nur die Öllisten der Grabbeigaben vermitteln uns das Bild eines hohen, ja raffinierten Lebensstandards – alle anderen Lebensmittel weisen die gleiche große Auswahl in Art und Qualität auf. Die Brotliste zum Beispiel ergibt fünf verschiedene Formen, 21 Brot- und Kuchensorten mit 31 verschiedenen Namen. Als Getränke treten Weine verschiedenster Sorten aus den Weingärten des Deltarandes und vor allem das Bier hervor. Dieses wird übrigens in der Frühzeit noch nicht, wie seit dem Alten Reich üblich, aus Brot, sondern aus Datteln bereitet[34] – wie süffig wohl so ein Dattelbier war?

Die Kornliste zählt nicht nur verschiedene Getreidesorten wie Emmer, Einkorn, Gerste usw. auf, sondern unter den 19 Sorten finden sich auch ›Geröstetes Korn‹, ›Frühstück an Korn‹ und getrocknete Früchte wie Datteln und Feigen[35].

Angesichts solcher Vielfalt wundert es uns nicht, daß die Fleischliste ebenso reichhaltig ist. Wenn auch das Schwein in der Frühzeit noch nicht erscheint, so sind doch die delikatesten Bratenstücke von Rind und Gans aufgezählt oder abgebildet; aber auch Enten fehlen nicht, und so ›exotische‹ Braten wie die vom Kranich oder von der Antilope waren recht beliebt. Auch auf dem Gebiet der Haustierzucht zu Nahrungszwecken war also die Frühzeit eine Epoche der Experimente. Aus Darstellungen wissen wir, daß neben den bereits aufgezählten Tieren auch Reiher, ja sogar Hyänen gehalten und regelrecht genudelt wurden.

Solche Beigabenlisten wurden ungefähr seit der zweiten Hälfte der 1. Dynastie auf die Grabstelen geschrieben – und zwar neben das Bild des Hausherrn, der am Speisetisch sitzend dargestellt ist. Sie kamen nicht etwa nur in königlichen Gräbern oder in denen der höchsten Beamten zum Vorschein. Der ägyptische Forscher Zaki Y. Saad hat seit 1941 in Heluan bei Kairo, also am Ostufer des Nils ziemlich genau gegenüber von Saqqara, einen riesigen Friedhof mit Gräbern der kleinen und mittleren Beamten aus der Zeit der 1. und 2. Dynastie ausgegraben[36]. In beinahe jedem dieser Gräber war die Grabstele erhalten. Sie steckte aber nicht, wie in den Königsfriedhöfen, auf dem Grab oder stand davor an der Opferstelle, sondern sie war im Grabschacht so eingemauert, daß ihre beschriftete Seite nach unten zeigte und auf diese Weise vom Toten betrachtet und magisch ›genossen‹ werden konnte[37].

Auch diese Stelen enthalten die Vielfalt der oben aufgeführten Lebensmittel in individuell verschiedener Auswahl.

Gleichzeitig ist dieses Gräberfeld wieder ein Beweis für das Bestehen verhältnismäßig großer, dichtbesiedelter Städte in der Frühzeit. Denn die Zahl der Toten – der man ja außerdem noch die ganze Reihe der in Saqqara und Abydos Bestatteten hinzufügen muß – ergibt, wenn man noch die Scharen von Dienern und Arbeitern dazurechnet, bereits recht beachtliche Einwohnerzahlen für Memphis. Wir wissen aus anderen Ausgrabungen neuesten Datums, daß Städte nicht erst eine Errungenschaft des Alten Reiches waren.

Überhaupt ist es noch nicht länger als ein paar Jahrzehnte her, daß unsere Kenntnisse von ägyptischen Städten und besonders denen der ersten Dynastien über die ganz vagen Vermutungen der früheren Ägyptologen hinauskamen. Es ist begreiflich, daß das erste Jahrhundert der jungen Wissenschaft vom alten Ägypten zunächst die reiche Ernte aus Tempeln und Gräbern einbrachte. Siedlungsreste sind in Ägypten meist nur in mühseliger Arbeit und mit modernsten Ausgrabungsmethoden zu erschließen. Denn die Gebäude, auch die Paläste der Könige, waren fast durchweg aus Lehmziegeln errichtet und sind durch all die Jahrtausende hindurch über denselben Stellen neu gebaut worden – bis hin zu den griechischen und römischen, ja den arabischen und modernen Siedlungen.

Aber schon die Ausgrabungen in Hierakonpolis konnten uns zeigen, daß hier bereits in der Negada-Zeit eine recht große Stadt bestanden hatte. Genaueren Aufschluß über eine Stadt der Frühzeit erbrachten dann die Ausgrabungen des Deutschen Archäologischen Instituts Kairo auf Elefantine. Dort wurde in mehrjährigen sorgfältigen Grabungskampagnen Schicht für Schicht der alten Siedlung aufgedeckt und ausgegraben[38], bis man schließlich auf die Umfassungsmauer der ältesten Stadt aus der Zeit der ersten Dynastien stieß. Ein Stadttor, dessen Torwangen die beiden Ziegelmauerzüge umfaßten, ist aus verschieden großen, unregelmäßig behauenen Blöcken errichtet[39]. Auch diese Bauart weist in eine sehr frühe Zeit, als das Verbauen von Steinen noch selten war; ebenso eine Inschrift auf einem der Blöcke, die sehr archaisch wirkt.

Das Alter dieser Stadt konnte noch genauer datiert werden: Unter den mächtigen Fundamentblöcken des großen Satet-Tempels inmitten der Stadt aus der Zeit des Neuen Reiches stießen die Ausgräber auf eine natürliche Felsnische von etwa

3,50 m Breite und 3,00 m Tiefe[40]. Von hier aus führte ein Schacht hinauf bis in den Hauptkultraum jenes Tempels, den Königin Hatschepsut erbaut und mit wunderschönen Reliefs geschmückt hatte[41]. In besagter Felsnische wurden nun mehrere Gegenstände gefunden, die nur Weihegeschenke sein können: Gefäße, Fayencefiguren und eigenartig geformte Steine. Sie beweisen, daß sich in dieser Nische das Frühzeitheiligtum der Göttin Satet befand[42]. Nach all diesen Befunden zu schließen, war die Stadt Elefantine schon in der Frühzeit um ein möglicherweise auf vorgeschichtliche Zeiten zurückgehendes Felsheiligtum errichtet, mit Mauern versehen und eng bebaut gewesen[43]. Übrigens sind diese ältesten Stadtmauern nicht sehr stark, und auch das Tor macht nicht den Eindruck, als gehöre es zu einer Festung. Dies wiederum zeigt, daß das Reichsgebiet Ägyptens schon in der frühesten Zeit Elefantine einschloß und daß bereits die ersten Herrscher die Befestigungsanlagen zur Sicherung der Reichsgrenze nach Süden vorgeschoben hatten[44].

Auch eine andere Stadt, die man lange Zeit erst für eine Gründung des späten Alten Reiches gehalten hatte – gemeint ist Theben – reicht mit ihren Wurzeln wesentlich tiefer in die Vergangenheit zurück. Dies konnte Dieter Arnold bei seinen Ausgrabungen auf der Westseite nachweisen. Er stieß nämlich auf recht umfangreiche Siedlungsreste aus spätvorgeschichtlicher bis frühdynastischer Zeit[45]. Memphis' früheste Spuren führen mindestens bis Narmer zurück, von dem ein Siegel seinen ›Weißen Palast‹ erwähnt[46]. Da die Stadt in der 1. Dynastie ›Weiße Mauer‹ genannt wird[47], dürfte sich dieser Palast mit dem auffälligen Namen ebendort befunden haben. Auf einen Fund mit dem Namenszeichen des König Sachen auf dem Friedhof von Heluan als Beweis für eine städtische Siedlung in diesem Gebiet schon zu Beginn der dynastischen Zeit hatten wir bereits hingewiesen.

Von einer ganzen Anzahl anderer Städte besitzen wir aus der Frühzeit sichere Kenntnis, sei es durch Ausgrabungen oder aufgrund von Siegeln und anderen Inschriften. So kommt Krokodilopolis auf einem Palastsiegel Narmers vor; König Sachti hatte Domänen bei Nechen, dem späteren Hierakonpolis, und bei Necheb, dem heutigen El Kab. Die Stadt Heliopolis ist durch den Personennamen ›Heliopolitaner‹ belegt, und den unterägyptischen Städten wie Sais und Buto sind wir bereits bei der Schilderung der Begräbnisrituale begegnet. Gewiß hat es darüber hinaus noch eine wesentlich größere Anzahl von Städten in der Frühzeit gegeben, für deren exakten Nachweis wir allerdings auf künftige Funde hoffen müssen.

Denn die städtische Siedlung war eine der wesentlichen Voraussetzungen für die Entstehung der Hochkultur. Nur hier war der Zwang zur Spezialisierung der Tätigkeiten so stark ausgeprägt, daß eine Handwerkerschaft mit so eindrucksvollen schöpferischen Fähigkeiten wie die ägyptische entstehen konnte. Städte waren als Verwaltungszentren und Stapelplätze für den in- und ausländischen Handel unentbehrlich. In ihnen erst konnte denn auch die Menge der Begabungen jene ›kritische Masse‹ erreichen, die zu so revolutionären schöpferischen Taten wie der Erfindung der Schrift, der Einführung des Kalenders, dem Aufbau einer Mythologie menschengestaltiger Götter und schließlich zu den Grundlagen der Wissenschaften wie Mathematik, Astronomie, Medizin und Architektur notwendig war.

Wie sah nun so eine frühzeitliche ägyptische Stadt aus? Es scheint von Anfang an, wohl auf vorgeschichtlichen Traditionen basierend, zwei Strukturmodelle gegeben zu haben. Das eine war die von rund-ovalen Mauern umgebene Siedlung mit rechtwinklig sich kreuzenden Straßen[48], wie sie sich auch in dem Hieroglyphenzeichen für das ägyptische Wort ›Stadt‹ widerspiegelt. Das andere scheint eher für ausgesprochene Festungsstädte gegolten und rechteckige Umrisse gehabt zu haben. Die gewaltigen Befestigungsanlagen solcher Städte mit ihren vorspringenden Bastionen können wir auf der Narmerpalette erkennen, auf welcher der König in Gestalt eines Stieres eine feindliche Festungsstadt zerstört. Beide Stadtmodelle stimmten darin überein, daß der kostbare Boden, der ja vom bestellbaren Fruchtland abging, mit eng aneinandergebauten Häusern und Häuserblocks bedeckt war. Sämtliche Stadtgrundrisse, die wir bisher kennen, belegen dieses Grundprinzip einer sehr engen Bebauung.

Hier, in diesen Städten der Frühzeit, natürlich vor allem in der Residenzstadt selbst, blühte die Hochkultur rasch auf. Alle Neuerungen wurden begierig aufgegriffen und setzten sich erstaunlich schnell vom Königshof aus bis in breitere Bevölkerungskreise durch. So können wir es etwa bei Schmuck und Kleidung, aber auch bei Begräbnissitten und Grabbauformen und -techniken deutlich beobachten. Auf diese Weise erreichte die ägyptische Zivilisation innerhalb ganz weniger Generationen ein so hohes Maß an Wohlstand und Verfeinerung, daß man die Frühzeit als eine der lebenswertesten Epochen der altägyptischen Kultur überhaupt ansehen muß.

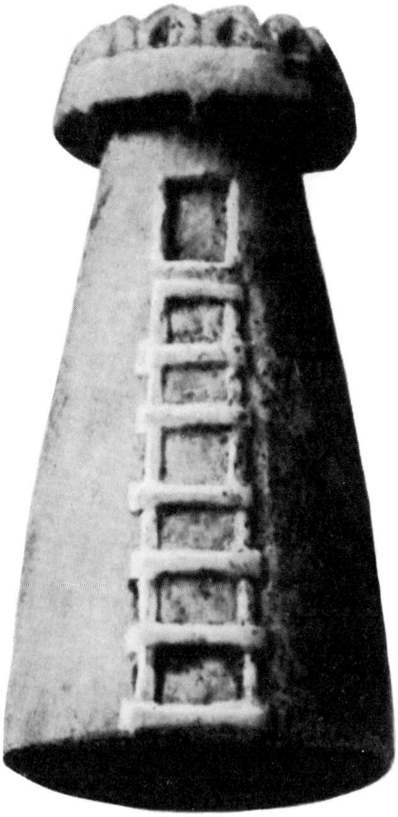

Befestigungsturm der 1. Dynastie, Tonmodell aus Abydos

Literaturverzeichnis

1. Abkürzungen von Zeitschr. und Sammelwerken nach Hornung, Einführung in die Ägyptologie:
ADIK – Abhandlungen des Deutschen Archäologischen Instituts, Kairo
ASA – Annales du Service des Antiquités en Égypte
CAH – The Cambridge Ancient History, 3rd Edition, Vol I Part 2, Cambridge, 1971
JEA – Journal of Egyptian Archeology, London
JNES – Journal of Near Eastern Studies, Chikago
MDIK – Mitteilungen des Deutschen Archäologischen Instituts Abt. Kairo, Wiesbaden
ZÄS – Zeitschrift für ägyptische Sprache und Altertumskunde, Berlin-Leipzig
ZDMG – Zeitschrift der Deutschen Morgenländischen Gesellschaft, Wiesbaden

2. Verzeichnis. Die in den Quellenhinweisen verwendeten Kurztitel sind im folgenden *kursiv* gesetzt:

Abubakr, Abdelmonem Joussef: Untersuchungen über die ägyptischen *Kronen*. Glückstadt, 1937
Abubakr, Abdelmonem Joussef: Die ägyptische *Kunst*. MDIK 24, 1969
Ägyptisches *Museum Kairo* – Berühmte Museen. Wiesbaden 1976
Aldred, Cyril: *Ägypten*. Köln, 1962
Aldred, Cyril: *Egypt* to the end of the Old Kingdom. London, 1965
Altenmüller, Hartwig: Die abydenische *Version* des Kultbildrituals. MDIK 24, 1969
Altenmüller, Hartwig: Bemerkungen zur frühen und späteren Bauphase des *Djoserbezirks* in Saqqara. MDIK 28, 1, 1972,
Altenmüller, Hartwig: Zwei neue Exemplare des *Opfertextes* der 5. Dynastie. MDIK 23, 1968
Altenmüller, Hartwig: Die Texte zum Begräbnisritual in den *Pyramiden* des Alten Reiches. Ägyptologische Abhandlungen 24, Wiesbaden 1972
Anthes, Rudolf: Die *Sonnenboote* in den Pyramidentexten. ZÄS 82, 1957
Anthes, Rudolf: *Harachti* und Rê in den Pyramidentexten. ZÄS 100, 1974
Anthes, Rudolf: *Orion*, Fuß und Zehe. In Festschrift Schott, Wiesbaden 1968
Anthes, Rudolf: Das *Problem* des Allgottes im vorgeschichtlichen Ägypten. MDIK 15, 1959
Anthes, Rudolf: Horus als *Sirius* in den Pyramidentexten. ZÄS 102, 1975
Arnold, Dieter: Bericht über die in *El-Tarif* durchgeführten Arbeiten 1–4. 1=MDIK 28, 1972; 2 = MDIK 29, 2, 1973; 3 = MDIK 30,2, 1974; 4 = MDIK 31,1, 1975
Assmann, Jan: Die *Inschriften* auf dem äußeren Sarkophagdeckel des Merenptah. MDIK 28, 1, 1972
Assmann, Jan: *Neith* spricht als Mutter und Sarg. MDIK 28,2, 1972
Badawi, Alexander: Orthogonal and Axial *Town* Planning in Egypt. ZÄS 85, 1960
Bakir, Abdel Mohsen: *Slavery* in Pharaonic Egypt. ASA Supplement 18, 1952
Bakry, H. S. K.: On the *Mending* of Pottery and Stone Vessels. MDIK 24, 1969
Barta, Winfried: Zum altägyptischen Namen des Königs *Achês*. MDIK 29,1, 1973
Barta, Winfried: »*Falke* des Palastes« als ältester Königstitel. MDIK 14, 1969
Barta, Winfried: Zum *Goldnamen* der ägyptischen Könige im Alten Reich. ZÄS 95, 1969
Barta, Winfried: Der *Königsring* als Symbol zyklischer Wiederkehr. ZÄS 98, 1970
Barta, Winfried: Der königliche *Totenopfertempel* und seine Entstehung. MDIK 22, 1967
von Beckerath, Jürgen: Die ägyptischen Königslisten des *Manetho*. Orientalistische Literaturzeitung, Berlin 1959
von Beckerath, Jürgen: Smsj – Hrw in der ägyptischen Vor- und *Frühzeit*. MDIK 14, 1956
Behrens, Hermann: Neolithisch-frühmetallzeitliche *Tierskelett*funde aus dem Nilgebiet und ihre religionsgeschichtliche Bedeutung. ZÄS 88, 1963 |1956
Bleeker, Claas Jouco: Die *Geburt* eines Gottes – Eine Studie über den Gott Min und sein Fest. Leiden,
Breasted, James Henry: *Development* of Religion and Thought in Ancient Egypt. London, 1912
Breasted, James Henry: Die Geburt des *Gewissens*. Zürich, 1950
Brunner, Hellmut: Grundzüge einer Geschichte der ägyptischen *Literatur*. Darmstadt, 1966
Brunner, Hellmut: Eine Dankstele an *Upuaut*. MDIK 16, 1958
Brunner, Hellmut: Die Zeit des *Cheops*. Orientalistische Literaturzeitung, Berlin, 1958 |1966
Brunner-Traut, Emma und Hell, Vera: *Ägypten* – Studienreiseführer mit Landeskunde. Stuttgart,
Brunner-Traut, Emma: Der *Tanz* im Alten Ägypten. Ägyptologische Forschungen 6, Glückstadt 1938
Brunner-Traut, Emma: Altägyptische *Tiergeschichte* und Fabel. Darmstadt, 1970
Caminos, Ricardo A.: *Surveying* Gebel es-Silsilah. JEA 41, 1955

Casson, Lionel: *Ägypten* – die Pharaonenreiche. Reinbek, 1971
Caton-Thompson und Gardner: The Desert *Fayum*. 2 Bd., London, 1934
Černý, Jaroslav: A Note on the Recently Discovered *Boat* of Cheops. JEA 41, 1955
Clauss, Ludwig Ferdinand: Rasse und *Seele*, 14. Aufl., München, 1940
Coulborn, Rushton: Der *Ursprung* der Hochkulturen. Stuttgart, 1962
Darby, William J.: *Food*, the Gift of Osiris. London, 1977
Derricourt, Robin M.: *Radiocarbon* Chronology for Egypt and North Africa. JNES 30, 1970
Derry, D. E.: Preliminary Note on the human remains from the Royal excavations at *Helwan*. ASA, Suppl. 147
Derry, D. E.: The Dynastic *Race* in Egypt. JEA 42, 1956
Desroches-Noblecourt, Christiane: Leben und Tod eines Pharao – *Tut-ench-Amun*. Frankfurt, 1971
Drioton, Etienne und Vandier, Jacques: L'*Égypte*. Paris, 1952
Edwards, I. E. S.: The *early* dynastic period in Egypt. CAH
Edwards, I. E. S.: Die ägyptischen *Pyramiden*. Wiesbaden, 1967
Eggebrecht, Arne: Frühe *Keramik* aus El-Tarif. MDIK 30,2, 1974
Emery, Walter B.: *Ägypten* – Geschichte und Kultur der Frühzeit. München, 1964
Emery, Walter B.: Egypt in *Nubia*. London, 1965
Frankfort, Henri: The last predynastic period in *Babylonia*. CAH
Frankfort, Henri: Ancient Egyptian *Religion*. New York, 1949
Frankfort, Henri und Wilson, John A.: *Frühlicht* des Geistes – Wandlungen des Weltbildes im Alten Orient. Stuttgart, 1954
Frankfort, Henri: *Kingship* and the Gods. Chikago, 1948
Freyer, Hans: *Schwelle* der Zeiten – Beiträge zur Soziologie der Kultur. Stuttgart, 1965
Gadd, C. J.: The *cities* of Babylonia. CAH
Garnot, Jean Sainte Fare: Sur le nom de l' »Horus *Kobra*«, MDIK 16, 1960
Goedicke, Hans: Die Stellung des *Königs* im Alten Reich. Ägyptologische Abhandlungen Bd. 2, Wiesbaden, 1960
Goyon, Jean-Claude: *Rituels* Funéraires de l'ancienne Égypte. Paris, 1972
Harris, James E. und Weeks, Kent R.: *X-Raying* the Pharaos. London, 1973
Hayes, William C.: Most Ancient *Egypt*. JNES 23, 1964
Hayes, William C.: The *Scepter* of Egypt, Part I – from the earliest times to the end of the Middle Kingdom. Cambridge/Mass. 1959
Helck, Wolfgang: Zu den »*Talbezirken*« in Abydos. MDIK 28, 1, 1972
Helck, Wolfgang: Bemerkungen zum *Annalenstein*. MDIK 30, 1, 1974
Helck, Wolfgang: Untersuchungen zu den *Beamtentiteln* des ägyptischen Alten Reiches. Ägyptolog. Forschungen 18, Glückstadt 1954
Helck, Wolfgang: Die *Beziehungen* Ägyptens zu Vorderasien im 3. und 2. Jahrtausend v. Chr. Wiesbaden, 1962
Helck, Wolfgang: Zur Vorstellung von der *Grenze* in der ägyptischen Frühgeschichte. Hildesheim, 1951
Helck, Wolfgang: Herkunft und Deutung einiger Züge des frühägyptischen *Königsbildes*. Anthropos Bd. 49, 1954
Helck, Wolfgang: Untersuchungen zu *Manetho* und den ägyptischen Königslisten. Berlin, 1956
Helck, Wolfgang: Einige Bemerkungen zum *Mundöffnungsritual*. NDIK 22, 1967
Helck, Wolfgang: Drei Stücke aus einer *Privatsammlung*. ZÄS 83, 1958
Helck, Wolfgang: Zwei Einzelprobleme der thinitischen *Chronologie*. MDIK 26, 1970
Helck, Wolfgang und Otto, Eberhard: Kleines *Wörterbuch* der Ägyptologie. Wiesbaden, 1970
Helck, Wolfgang und Otto, Eberhard: *Lexikon* der Ägyptologie, Lieferungen 1–22. Wiesbaden, 1977
Hermann, Alfred: *Zergliedern* und Zusammenfügen – Religionsgeschichtliches zur Mumifizierung. Numen Bd. III, Teil 1, 1956
Hölscher, Wilhelm: *Libyer* und Ägypter. Ägyptol. Forschungen Bd. 4, Glückstadt 1937
Hoffman, Michael A.: Egypt *Before* the Pharaos. New York, 1979
Hornung, Erik: Chaotische *Bereiche* in der geordneten Welt. ZÄS 81, 1956
Hornung, Erik: *Einführung* in die Ägyptologie. Darmstadt 1967
Hornung, Erik: Der *Eine* und die Vielen. Ägyptische Gottesvorstellungen. Darmstadt, 1971
Hornung, Erik: Geschichte als *Fest*. Darmstadt, 1966 [1964
Hornung, Erik: Untersuchungen zur Chronologie und *Geschichte* des Neuen Reiches. Wiesbaden,
Hornung, Erik: Zur geschichtlichen Rolle des *Königs* in der 18. Dynastie. MDIK 15, 1957
Hunke, Sigrid: Am *Anfang* waren Mann und Frau. Hamm 1955
Hunke, Sigrid: Das *Ende* des Zwiespalts – zur Diagnose und Therapie einer kranken Gesellschaft. Berg. Gladbach, 1971
Hunke, Sigrid: *Kamele* auf dem Kaisermantel – deutsch-arabische Begegnungen seit Karl d. Großen. Stuttgart, 1976
Hunke, Sigrid: Europas andere *Religion*. Düsseldorf, 1969

Hunke, Sigrid: Allahs *Sonne* über dem Abendland – unser arabisches Erbe, Stuttgart, 1960
Jacobsohn, Helmuth: Die dogmatische Stellung des *Königs* in der Theologie der alten Ägypter. Ägyptol. Forschungen, Bd. 8, Glückstadt, 1939
Jaritz, Kurt: *Babylon* und seine Welt. Bern, 1964
Junker, Hermann: *Merimde* I–VI. Anzeigen d. Akademie d. Wissenschaften, Wien, 1929–1940
Junker, Hermann: *Pyramidenzeit*. Einsiedeln, 1949
Kadish, Gerald E.: Old Kingdom egyptian activity in *Nubia*. JEA, 1966
Kaiser, Werner: *Bericht* über eine archäologisch-geologische Felduntersuchung in Ober- und Mittelägypten. MDIK 17, 1961
Kaiser, Werner: Stadt und Tempel von *Elefantine* 1–5. 1=MDIK 26, 1970; 2=MDIK 27,1 1971; 3=MDIK 28,2, 1972; 4=MDIK 30,1, 1974; 5=MDIK 31,1, 1975
Kaiser, Werner: Einige Bemerkungen zur ägyptischen *Frühzeit* 1–3. 1=ZÄS 84, 1959; 2=ZÄS 85, 1960; 3=ZÄS 86, 1961
Kaiser, Werner: Zur vorgeschichtlichen Bedeutung von *Hierakonpolis*. MDIK 16, 1960
Kaiser, Werner: Zu den königlichen *Talbezirken* der 1. und 2. Dynastie in Abydos und zur Baugeschichte des Djoser-Grabmals. MDIK 25, 1969
Kaiser, Werner: Stand und *Probleme* der ägyptischen Vorgeschichtsforschung. ZÄS 81, 1956
Kaiser, Werner: Umm el Qaab; Nachuntersuchg. im frühzeitl. Königsfriedhof (1. Vorber.) MDJK 35, 1979
Kákosi, László: Das *Krokodil* als Symbol der Ewigkeit und der Zeit. MDIK 20, 1965
Kantor, Helene J.: The final phase of *Predynastic* culture – Gerzean or Semainean? JNES 111, 1944
Kaplony, Peter: *Gottespalast* und Götterfestungen in der ägyptischen Frühzeit. ZÄS 88, 1963
Kaplony, Peter: Die *Inschriften* der ägyptischen Frühzeit. Bd. 1–3 Wiesbaden 1963, Supplement Wiesbaden 1964
Kaplony, Peter: Kleine *Beiträge* zu den Inschriften der ägyptischen Frühzeit. Wiesbaden, 1966
Kaplony, Peter: Sechs *Königsnamen* der 1. Dynastie in neuer Deutung. Orientalia Suecana, VII, 1958
Kaplony, Peter: Bemerkungen zu einigen *Steingefäßen* mit archaischen Königsnamen. MDIK 20, 1965
Kees, Hermann: Das alte *Ägypten* – kleine Landeskunde. Berlin, 1958
Kees, Hermann: Archaisches Tschet – »*Erzieher*«? ZÄS 82, 1957
Kees, Hermann: Der *Götterglaube* im alten Ägypten. Leipzig, 1941
Kees, Hermann: Zur Problematik des archaischen Friedhofes in *Sakkara*. Orientalistische Literaturzeitung, Berlin, 1957
Kees, Hermann: *Neues* vom archaischen Friedhof von Sakkara. Orientalistische Literaturzeitung, Berlin, 1959
Kees, Hermann: Nachlese zum *Opfertanz* des ägyptischen Königs. ZÄS 52, 1914
Kees, Hermann: *Totenglaube* und Jenseitsvorstellungen der alten Ägypter. Berlin, 1977
Kemp, Barry J.: *Abydos* and the Royal Tombs of the First Dynasty. JEA 52, 1966
Kemp, Barry J.: The *Osiris* Temple at Abydos. MDIK 23, 1968
Kramer, Samuel Noah: *Mesopotamien* – Frühe Staaten an Euphrat und Tigris. Reinbek, 1971
Landström, Björn: Die *Schiffe* der Pharaonen. Gütersloh, 1970
Lange, Kurt und Hirmer, Max: *Ägypten*. Architektur Plastik Malerei in drei Jahrtausenden. München, 1967
Larsen, Hjalmar: Verzierte *Tonscherben* aus Merimde-Benisalame. Orientalia Suecana, VII, 1958
Lauer, Jean-Philippe: A propos des vestiges des murs à redans encadrés par les »tombs of the courtiers« et des »forts« d'*Abydos*. MDIK 25, 1969
Lauer, Jean-Philippe: *Evolution* de la tombe royale égyptienne jusqu'à la Pyramide à degrès. MDIK 15, 1960
Lauer, Jean-Philippe: *Saqqara* – Die Königsgräber von Memphis. Bergisch Gladbach, 1977
Lexikon der *Frau*. Zürich, 1953
Lurker, Manfred: *Götter* und Symbole der alten Ägypter. Bern, 1974
Meltzer, Edmund S.: Archaic *Sovereign* as Primeval God. ZÄS 98, 1970
Mendelssohn, Kurt: Das Rätsel der *Pyramiden*. Berg. Gladbach 1974
Morenz, Siegfried: Traditionen um *Menes*. ZÄS 99, 1972
Morenz, Siegfried: Ägyptische *Religion*. Stuttgart, 1960
Morenz, Siegfried: Ein neues Dokument der *Tierbestattung*. ZÄS 88, 1962
de Morgan, Jacques Jean Marie: *Memphis* et la vallée du Nil. »La Vie Contemporaine«, Paris, 1895
de Morgan, Jacques Jean Marie: Recherches sur les origines de lÉgypte – ethnographie préhistorique et tombeau royal de *Négadah*. Paris, 1897
Müller, Hans Wolfgang: Ein neues Fragment einer reliefgeschmückten *Schminkpalette*. ZÄS 84, 1959
Müller, Hugo: Die formale Entwicklung der *Titulatur* der ägyptischen Könige. Ägyptologische Forschungen 7, Glückstadt, 1938
Murray, M. A.: *Burial* Customs and Beliefs in the Hereafter in Predynastic Egypt. JEA 42, 1956
Needler, W.: A Flint *Knife* of King Djer. JEA 41, 1955
Neugebauer, O.: The origin of the Egyptian *calendar*. JNES I, 1942
Osing, Jürgen: *Isis* und Osiris. MDIK 30, 1, 1974
Otto, Eberhard: *Ägypten* – der Weg des Pharaonenreiches. Stuttgart, 1966

Otto, Eberhard: Osiris und Amun; *Abydos* in frühgeschichtlicher Zeit. München, 1966
Otto, Eberhard: Zwei *Bemerkungen* zum Königskult der Spätzeit. MDIK 16, 1960
Otto, Eberhard: An Ancient Egyptian *Hunting* Ritual. JNES IX, 1951
Otto, Eberhard: Das ägyptische *Mundöffnungs*ritual. Ägyptolog. Abhandlungen Bd. 3, Wiesbaden, 1960
Otto, Eberhard: Das Verhältnis von Rite und *Mythus* im Ägyptischen. Sitzungsber. d. Heidelberger Akademie d. Wissensch., phil.-hist. Klasse, 1958
Otto, Eberhard: *Wesen* und Wandel der ägyptischen Kultur. Berlin-Heidelberg, 1969
Parker, Richard A.: The Beginning of the *Lunar* Month in Ancient Egypt. JNES 29, 1970
Payne, Joan Crowfoot: An Early Amethyst *Vase*. JEA, 60, 1974
Petrie, W. M. Flinders: *Abydos*. London, Part 1 1902, Part 2 1903
Pörtner, Rudolf: Alte *Kulturen* ans Licht gebracht – neue Erkenntnisse der Archäologie. Düsseldorf, 1975
Posener, Georges, Sauneron, Serge und Yoyotte, Jean: *Lexikon* der ägyptischen Kultur. München-Zürich, 1960
Propyläen-Kunstgeschichte: Das alte Ägypten. Bd. 15, Berlin, 1975
Quibell, J. E. und Green, F. W.: *Hierakonpolis* I & II. London, 1900–1902
Saad, Zaky Y.: Preliminary Report. Royal Excavations at Saqqara and *Helwan* 1941–1945. ASA Supplement 1947
Saad, Zaky Y.: Ceiling *Stelae* in Second Dynastie Tombs –From the evacuations at Helwan. ASA, Supplement 21, 1957
Seele, Keith C.: *Excavations* between Abu Simbel and the Sudan border. JNES 33, 1974
Sethe, Kurt: Zur Geschichte der *Einbalsamierung* bei den Ägyptern und einigen damit verbundenen Bräuchen. Sitzungsber. d. Preussischen Akademie d. Wiss., Berlin, 1934
Sethe, Kurt: Zur Erklärung einiger *Denkmäler* aus der Frühzeit der ägyptischen Kultur. ZÄS 52, 1914
Sethe, Kurt: Zwei bisher übersehene Nachrichten über Kunstwerke aus *Kupfer* aus der ältesten Zeit d. ägyptischen Geschichte. ZÄS 53, 1915
Sethe, Kurt: *Urgeschichte* und älteste Religion der Ägypter. Abhandlungen f.d. Kunde des Morgenlandes, Leipzig, 1930
Settgast, Jürgen: Untersuchungen zu altägyptischen *Bestattungs*darstellungen ADIK 3, 1963
Simpson, W. K.: A Statuette of King *Nyneter*. JEA 42, 1956
Spiegel, Joachim: Das Auferstehungsritual der *Unas*-Pyramide. Ägyptol. Abhandlungen, Wiesbaden, 1971
Spiegel, Joachim: Das *Werden* der altägyptischen Hochkultur. Heidelberg, 1953
Spiegelberg, W.: Die Auffassung des *Tempels* als Himmel. ZÄS 53, 1915
Schäfer, Heinrich: Einiges über *Entstehung* und Art der ägyptischen Kunst. ZÄS 52, 1915
Scharff, Alexander: Archäologische Beiträge zur Frage der Entstehung der *Hieroglyphen*schrift. Sitzungsber. d. Bayerischen Akademie d. Wissensch., Heft 3, 1942
Schenkel, Wolfgang: Zur *Struktur* der Hieroglyphenschrift. MDIK 21, 1, 1971
Schott, Siegfried: *Hieroglyphen* – Untersuchungen zum Ursprung der Schrift. Abhandlungen d. Akademie d. Wissensch., Mainz, Bd. 24, 1950
Schott, Siegfried: *Mythe* und Mythenbildung im Alten Ägypten. Leipzig, 1945
Schott, Siegfried: Die Vertreibung der Libyer und der Ursprung der ägyptischen Kultur. Paideuma Bd. 4, Bamberg, 1950
Schott, Siegfried: Kulturprobleme der *Frühzeit* Ägyptens. Mitteilungen d. deutschen Orient-Ges., 84, 1952
Thausing, Gertrud: Zur Problematik der *Hochkulturen*, aufgezeigt am Alten Ägypten. MDIK 25, 1969
Uphill, Eric: The Egyptian *Sed*-Festival Rites. JNES XXIV, 1965
Vandier, Jacques: *Manuel* d'Archéologie Égyptienne. Tome I Les Epoques de Formation. Paris, 1952 (Zwei Teile)
Wenig, Steffen: Die *Frau* im Alten Ägypten. Wien, 1969
Westendorf, Wolfhart: Das Alte *Ägypten*. Baden-Baden, 1968
Wiesner, Joseph: Ägyptische *Kunst*. Frankfurt, 1963
Wildung, Dietrich: Zur Frühgeschichte des Amun-Tempels von *Karnak*. MDIK 25, 1969
Winkler: *Rock-Drawings* of Southern Upper Egypt. London, 1938
Winkler: *Völker* und Völkerbewegungen im vorgeschichtlichen Oberägypten im Licht neuer Felsbilderfunde. Stuttgart, 1937
Woldering, Irmgard: *Götter* und Pharaonen – die Kultur Ägyptens im Wandel der Geschichte. Herrsching, 1975
Wolf, Walther: Das alte *Ägypten*. München 1971
Wolf, Walther: *Funde* in Ägypten – Geschichte ihrer Entdeckungen. Göttingen, 1966
Wolf, Walther: *Kultur*geschichte des Alten Ägypten. Stuttgart, 1962
Wolf, Walther: Die *Kunst* Ägyptens – Gestalt und Geschichte. Stuttgart, 1957
Zandee, J.: Le *Roi-Dieu* et le Dieu-Roi dans l'Égypte ancienne. Numen III, Leyden, 1956

Quellenhinweise

TEIL I Kapitel 1

1. Edwards, Early 24
2. Emery, Ägypten 28ff
3. Kalony, Inschr. 435
4. Kees, Erzieher
5. Kaplony, Inschr. 938
6. Kaplony, Inschr. 494f
7. Edwards, Early 36
8. Settgast, Bestattung 83
9. Settgast, Bestattung 8
10. Spiegel, Unas 75
11. Otto, Hunting 168
12. Settgast, Bestattung 106
13. Settgast, Bestattung 107
14. Settgast, Bestattung 108
15. Spiegel, Unas 141
16. Settgast, Bestattung 23
17. Kaplony, Beiträge 48
18. Kaplony, Beiträge 48
19. Kemp, Osiris 151ff
20. Spiegel, Unas 145
21. Spiegel, Unas 143

Kapitel 2

1. Settgast, Bestattung 30
2. Settgast, Bestattung 30
3. Settgast, Bestattung 10
4. Settgast, Bestattung 45
5. Settgast, Best. 15, Anm. 2
6. Settgast, Bestattung 12
7. Eggebrecht, Keramik 179
8. Sethe, Einbalsam. 240
9. Otto, Mundöffnung 26
10. Spiegel, Werden 97
11. Schulze, Hatschepsut 76f
12. Hornung, Einführung 181
13. Assmann, Neith 118
14. Spiegel, Unas 211
15. Schulze, Hatschepsut 77
16. Junker, Pyramidenzeit 131
17. Kaplony, Inschr. Suppl. 20
18. Anthes, Sirius 5f, Assmann, Neith 49ff
19. Schulze, Hatschepsut 163f
20. Desroches, Tut-ench-Amun 179

Kapitel 3

1. Schulze, Hatschepsut 204
2. Assmann, Neith 63
3. Assmann, Neith 53
4. Otto, Mundöffnung 53
5. Otto, Mundöffnung 53
6. Settgast, Bestattung 89
7. Helck, Mundöffn. 36ff
8. Otto, Mundöffnung 53f
   Helck, Mundöffnung 29
9. Otto, Mundöffnung 55f
   Helck, Mundöffnung 30
10. Helck, Mundöffnung 30
11. Otto, Mundöffnung 57
    Hornung, Eine 119ff
12. Helck, Königsbild 978
13. Helck, Mundöffnung 38
14. Kaplony, Beiträge 118f
15. Vandier, Manuel 957
16. Kaplony, Beiträge 91
17. Helck, Mundöffnung 31
18. Helck, Mundöffnung 33
19. Otto, Mundöffnung 66
20. Helck, Mundöffnung 39
21. Helck, Mundöffnung 37
22. Spiegel, Unas 145
23. Settgast, Bestatt. 61ff
24. Settgast, Bestattung 61
25. Otto, Mundöffnung 147
26. Otto, Mythus 12
27. Settgast, Bestattung 62
28. Spiegel, Unas 136
29. Spiegel, Unas 137 Anm. 6
30. Kaplony, Inschr. 227ff
31. Otto, Mundöffnung 157
32. Spiegel, Unas 153 Anm. 4

Kapitel 4

1. Settgast, Bestattung 64
2. Settgast, Bestattung 65
3. Settgast, Bestattung 68
4. Settgast, Bestattung 69
5. Wolf, Kultur 70f
6. Spiegel, Unas 129 Anm. 12
7. Emery, Ägypten 56
8. Otto, Abydos 15
9. Kaplony, Inschr. 75ff
10. Kaplony, Inschr. 214
11. Spiegel, Unas 138f
12. Spiegel, Unas 141f
13. Settgast, Bestattung 23
14. Settgast, Bestattung 13
15. Spiegel, Unas 157
16. Spiegel, Unas 158
17. Spiegel, Unas 134f
18. Spiegel, Unas 162
19. Spiegel, Unas 144f
20. Spiegel, Unas 166, Anm. 10
21. Spiegel, Unas 164ff
22. Spiegel, Unas 206ff
23. Spiegel, Unas 192
24. Schulze, Hatschepsut 162
25. Spiegel, Unas 328
26. Otto, Abydos 15

Kapitel 5

1. Spiegel, Unas 245
2. Spiegel, Unas 223ff
3. Spiegel, Unas 232
4. Spiegel, Unas 241
5. Spiegel, Unas 429ff
6. Spiegel, Unas 249f
7. Spiegel, Unas
8. Spiegel, Unas 253
9. Spiegel, Unas 257
10. Spiegel, Unas 313ff
11. Spiegel, Unas 289
12. Spiegel, Unas 339ff

TEIL II Kapitel 1

1. Kemp, Abydos 20f
2. Kemp, Abydos 19
3. Kaplony, Inschr. 204f
4. Emery, Ägypten 92
5. Kemp, Abydos 19
6. Edwards, Pyramiden 19ff
7. Petrie, Abydos 1ff
8. Kemp, Osiris 151, Anm. 3
9. Otto, Abydos 18
10. Petrie, Abydos 2, 30
11. Petrie, Abydos 2, 23
12. Kemp, Osiris 152
13. Kaiser, Talbezirke 4ff
14. Kaiser, Talbezirke 15
15. Settgast, Bestattung 48
16. Kaplony, Inschr. XXXI
17. Wolf, Kulturgesch. 453
18. Wolf, Kulturgesch. 164f
19. Spiegel, Unas 4
20. Spiegel, Unas 3
21. Otto, Mythus 9
22. Settgast, Bestattung 114
23. Settgast, Bestattung 114
24. Assmann, Neith 116f
25. Anthes, Sirius 5f, Assmann, Neith 49ff
26. Wolf, Kulturgesch. 208f
27. Settgast, Bestattung 82ff, 113

Kapitel 2

1. de Morgan, Memphis
2. Wolf, Funde 22
3. Wolf, Funde 22
4. de Morgan, Négadah V
5. de Morgan, Négadah I
6. Wolf, Funde 23
7. Vandier, Manuel 27
8. Vandier, Manuel 53
9. Wolf, Funde 23
   Vandier, Manuel 62
10. Wolf, Kulturgesch. 16
11. Kaiser, Probleme 90
12. Caton-Thompson, Fayum
13. Junker, Merimde
14. Vandier, Manuel 154, Anm. 1
15. Vandier, Manuel 167f
16. Vandier, Manuel 73
17. Vandier, Manuel 83
18. Vandier, Manuel 119ff
19. Vandier, Manuel 121f
20. Vandier, Manuel 112
21. Vandier, Manuel 111
22. Vandier, Manuel 117f
23. Vandier, Manuel 155
24. Vandier, Manuel 179f
25. Vandier, Manuel 90
26. Winkler, Rock-Drawings
27. Vandier, Manuel 73
28. Vandier, Manuel 135
29. Vandier, Manuel 164
30. Vandier, Manuel 179
31. Pörtner, Kulturen 62
32. Vandier, Manuel 102
33. Schulze, Hatschepsut 163
34. Vandier, Manuel 161
35. Vandier, Manuel 168

Kapitel 3

1. Hayes, Scepter 16
   Wolf, Funde 25
2. Vandier, Manuel 191
3. Wolf, Funde 24
   Aldred, Ägypten 57
4. Murray, Burial 89
5. Murray, Burial 87
6. Vandier, Manuel 192
7. Vandier, Manuel 197
8. Vandier, Manuel 197
9. Hayes, Scepter 16f
10. Vandier, Manuel 213
11. Vandier, Manuel 212
12. Hayes, Scepter 16
13. Vandier, Manuel 216
14. Vandier, Manuel 218
15. Vandier, Manuel 223
16. Hayes, Scepter 16
17. Aldred, Ägypten 55
18. Derricourt, Radiocarbon 271
19. Aldred, Ägypten 60
    Wolf, Funde 287
20. Vandier, Manuel 231
21. Hayes, Scepter 16
22. Kaiser, Probleme 90
23. Kaiser, Probleme 103
24. Wolf, Funde 25
25. Kaiser, Hierakonpolis 186f
26. Vandier, Manuel 500
27. Vandier, Manuel 504ff
28. Vandier, Manuel 261
29. Kákosi, Krokodil 116f
30. Landström, Schiffe 20f
31. Landström, Schiffe 12
32. Landström, Schiffe 18f
33. Vandier, Manuel 340
34. Hayes, Scepter 17
35. Vandier, Manuel 417f
36. Brunner-Traut, Tanz 11
37. Murray, Burial 92, 94
38. Aldred, Ägypten 58f

39. Hayes, Scepter 121 f
40. Vandier, Manuel 236 ff
41. Vandier, Manuel 258 f
42. Murray, Burial 94
43. Murray, Burial 90
44. Murray, Burial 93
Vandier, Manuel 248 f
45. Sethe, Einbalsamierung
46. Vandier, Manuel 260

Kapitel 4

1. Kaiser, Hierakonp. 188
2. Kantor, Predynastic 111, 114, Anm. 26
3. Quibell, Hierakonp. II
4. Kantor, Predynastic 114
5. Landström, Schiffe 14
6. Vandier, Manuel 564
7. Kantor, Predynastic 117
8. Kantor, Predynastic 114
9. Kantor, Predynastic 126
10. Kantor, Predynastic 113
11. Kantor, Predynastic 114
12. Kaiser, Hierakonp. 188
13. Kaiser, Hierakonp. 189
14. Kantor, Predynastic 111
15. Kaiser, Hierakonp. 190 f
16. Kaiser, Hierakonp. 190
17. Kaiser, Hierakonp. 186
18. Edwards, Early 39
19. Vandier, Manuel 522
20. Hoffman, Before 109 f
21. Kaiser, Hierakonp. 190 f
22. Drioton, Égypte 170
23. Kaiser, Probleme 104
24. Kaiser, Hierakonp. 190 f
25. Vandier, Manuel 533
26. Kantor, Predyn. 120 ff
27. Kantor, Predyn. 121
28. Kantor, Predyn. 119, 122
29. Vandier, Manuel 534
30. Vandier, Manuel 535
31. Edwards, Early 41
32. Hayes, Scepter 21
33. Schott, Frühzeit 4
34. Frankfort, Kingship 16 f
35. Die Welt v. 28. 6. 76.
36. Frankfort, Babylonia 90
37. Helck, Beziehungen 6
38. Wolf, Kunst 101 f
39. Edwards, Early 45
40. Hayes, Scepter 25
41. Aldred, Ägypten 137
42. Schott, Frühzeit 4
43. Kaiser, Probleme 90
44. Wolf, Kulturgesch. 51
45. Vandier, Manuel 579
46. Vandier, Manuel 581
47. Brunner-Traut, Tiergeschichte 9 ff
48. Kantor, Predynastic 134
49. Vandier, Manuel 573
50. Vandier, Manuel 577 f
51. Kaiser, Hierakonp. 190 f
52. Schott, Hieroglyphen
53. Wolf, Kulturgesch. 83
54. Sethe, Urgeschichte
55. Sethe, Urgesch. 171 ff
56. Beckerath, Frühzeit 1
57. Wolf, Kulturgeschichte 34
58. Kaiser, Probleme 105
59. Hayes, Egypt 290
60. Wolf, Kulturgesch. 54
61. Wolf, Kulturgesch. 54
62. Helck, Grenze 926

Kapitel 5

1. Müller, Titulatur 18
2. Kaplony, Inschr. XXXII
3. Edward, Early 6 f
4. Kaiser, Frühzeit 2, 137
5. Kaiser, Probleme 123
6. Schott, Libyer 147
7. Wolf, Ägypten 27 f
8. Kaplony, Inschriften 207
9. Kaplony, Inschr. Anm. 1597
10. Emery, Ägypten 39
11. Otto, Ägypten 47
12. Barta, Falke 52
13. Edwards, Early 3 ff
14. Schott, Libyer 144
15. Schulze, Hatschepsut 145
16. Schott, Libyer 145 f
17. Kaplony, Inschr. 292
18. Kaplony, Inschr. 294
19. Müller, Titulatur 15 f
20. Kaplony, Inschr. 294
21. Müller, Titulatur 17
22. Saad, Helwan 43, 11
23. Lauer, Saqqara 135 f
24. Kaplony, Inschr. 207

Kapitel 6

1. Morenz, Menes XII
2. Wolf, Ägypten 221
3. Helck, Chronologie 83
4. Barta, Falke 55
5. Helck, Manetho 9 ff
6. Emery, Ägypten 45
7. Emery, Ägypten 32 f
Kaplony, Inschr. 486
Edwards, Early 11 f
8. Kaplony, Inschr. Abb. 77
9. Edwards, Early 14
10. Wolf, Ägypten 24
11. Edwards, Early 11
12. Morenz, Menes XIV
13. Morenz, Menes XV
14. Hornung, König 120
15. Kaplony, Inschr. 284 f
16. Schott, Frühzeit 6
17. Helck, Manetho 1
18. Helck, Manetho 2
19. Hornung, Geschichte 21
20. Wolf, Funde 31
21. Lauer, Saqqara 88
22. Lauer, Saqqara 88
23. Lauer, Saqqara 133
24. Lauer, Abydos 83
25. Kaplony, Inschr. 204 f
Helck, Talbezirke 95
Kaiser, Talbez. 2, Anm. 1
26. Edwards, Early 57
27. Emery, Ägypten 53
28. Emery, Ägypten 48
29. Kaplony, Inschr. Anm. 1591
30. Barta, Achês 2
31. Kaiser, Elefantine 5; 43, 51
32. Schott, Frühzeit 29
33. Drioton, Égypte 137 f
34. Edwards, Early 22
35. Otto, Hunting
36. Morenz, Manetho XIII
37. Edwards, Early 22
38. Kaiser, Frühzeit 3; 48
39. Kaplony, Inschr., Anm. 1597
40. Kaplony, Inschr. 591
41. Kaplony, Inschr. 605
42. Emery, Ägypten 48
43. Kaplony, Inschr. 418
44. Kaplony, Inschriften 73
45. Kaplony, Inschr. 68, 73
46. Kaplony, Inschr. 71
47. Kaplony, Inschr. 71
48. Kaplony, Inschr. XXXIII
49. Kaplony, Inschr. 14
50. Kaplony, Inschr. 68
51. Kaplony, Inschr. 68
52. Kaplony, Inschr. 119
53. Kaplony, Inschr. 70 f

TEIL III Kapitel 1

1. Kaiser, Frühzeit 41
2. Hornung, Fest 19
3. Kaplony, Inschr. 566
4. Kaiser, Frühzeit 3; 45
5. Kaplony, Inschr. 605
6. Edwards, Early 23
7. Edwards, Early 23
8. Aldred, Ägypten 62
9. Otto, Ägypten 47
10. Emery, Ägypten 55
11. Hölscher, Libyer 20
12. Kaplony, Inschr. Anm. 671
13. Hölscher, Libyer 15 f
14. Hölscher, Libyer 15 f
15. Hayes, Scepter 20
16. Schott, Libyer 144
17. Drioton, Égypte 137
18. Spiegel, Werden 291 ff
19. Emery, Ägypten 57
20. Vandier, Manuel 727
21. Müller, Titulatur 21 f
22. Kaplony, Königsnamen 63
23. Vandier, Manuel 727
24. Edwards, Pyramiden 56
25. Schulze, Hatschepsut 32
26. Kaplony, Inschr. 78
27. Schulze, Hatschepsut 192
28. Needler, Knife 41
29. Needler, Knife 46
30. Kaplony, Gottespalast
31. Needler, Knife
32. Edwards, Early 24
33. Kaplony, Inschr. 435
34. Edwards, Early 24
35. Kaplony, Inschr. 460
36. Kaplony, Inschr. 78
37. Kaplony, Inschr. 77
38. Kaplony, Inschr. 779
39. Kaplony, Inschr. 120, 106
40. Kaplony, Inschr. 442
41. Kaplony, Inschr. 77
42. Kaplony, Inschr.
43. Drioton, Égypte 146
44. Kaplony, Inschr. 364
45. Helck, Beziehungen 12
46. Kaplony, Inschr. 366
47. Kaplony, Inschr. 1067
48. Kaplony, Inschr. 374 f
49. Kaplony, Inschr. 375
50. Kaplony, Inschr. 376
51. Kaplony, Inschr. 565
52. Emery, Ägypten 58
53. Kaiser, Frühzeit 3; 48
54. Drioton, Égypte 137 f
55. Emery, Ägypten 83
56. Garnot, Kobra 145
57. Barta, Königsring 6
58. Anthes, Problem 1 f
59. Hornung, König 130
60. Barta, Falke 56 f
61. Junker, Pyramidenzeit 46
62. Otto, Bemerkungen 198
63. Meltzer, Sovereign 84
64. Junker, Pyramidenz. 48
65. Otto, Bemerkungen 198
66. Emery, Ägypten 83
67. Emery, Ägypten 81
68. Kaplony, Inschr. 683
69. Emery, Ägypten 83
70. Kaplony, Inschr. 14
71. Kaplony, Inschr. 442
72. Emery, Ägypten 84 f
73. Helck, Wörterbuch 181
74. Emery, Ägypten 84 ff
75. Kaplony, Inschr. 220
76. Kaiser, Frühzeit 3; 60

Kapitel 2

1. de Morgan, Négadah 147 ff
2. Vandier, Manuel 634
3. Kaplony, Inschr. 560
4. Kaplony, Inschr. 590
5. de Morgan, Négadah 169
6. Wolf, Funde 28
Emery, Ägypten 45
7. Kaplony, Inschr. 68
Helck, Beziehungen 87
8. Kaplony, Inschr. 730
9. Kaplony, Inschr. 1000
10. Kaplony, Inschr. 592
11. Kaplony, Inschr. 589
12. Kaplony, Inschr. 612
13. Kaplony, Inschr. 613
14. Kaplony, Inschr. 613
15. Kaplony, Inschr. 591
16. Schulze, Hatschepsut
17. Kaplony, Inschr. 8
18. Emery, Ägypten 107
19. Kaplony, Inschr. 8
20. Kaplony, Inschr. 8
21. Emery, Ägypten 104
22. Kaplony, Inschr. 739
23. Hunke, Anfang
24. Vandier, Manuel 989
25. Emery, Ägypten 62
26. Emery, Ägypten 60
Kaplony, Inschr. 494 f
28. Vandier, Manuel 625
29. Emery, Ägypten 233
30. Vandier, Manuel 645
Emery, Ägypten 63
31. Kaiser, Talbezirke
32. Kaplony, Inschr. Anm. 1159
33. Vandier, Manuel 626
34. Kaplony, Inschr. 496

35. Kaplony, Inschr. Anm. 1787
36. Kaplony, Beiträge 89
37. Kaplony, Beiträge 98
38. Kaplony, Beiträge 91
39. Kaplony, Beiträge 91
40. Helck, Talbezirke 96f
41. Kaplony, Beiträge 93
42. Kaplony, Beiträge 98
43. Kaplony, Beitr. Anm. 433
44. Kaplony, Beiträge 96
45. Schulze, Hatschepsut 86ff
46. Schulze, Hatschepsut 137
47. Emery, Ägypten 58
48. Emery, Ägypten 28
49. Kaplony, Inschr. 495
50. Edwards, Early 25f
51. Vandier, Manuel 855f
52. Kaplony, Beiträge 48
53. Kaplony, Inschr. 223
54. Kaplony, Inschr. 373
55. Kaplony, Inschr. 400f
56. Kaplony, Inschr. 369
57. Lexikon d. Frau 174f

Kapitel 3

1. Schott, Hierogl. 136
2. Wolf, Kulturgesch. 85
3. Scharff, Hierogl. 70f
4. Wolf, Kulturgesch. 89
5. Scharff, Hierogl. 70f
6. Wolf, Kulturgesch. 87f
7. Wolf, Kunst 102
8. Scharff, Hierogl. 11ff
9. Schott, Hieroglyphen 9
10. Schott, Hieroglyphen 130
11. Schott, Hieroglyphen 10
12. Schott, Hieroglyphen 47
13. Wolf, Kulturgesch. 97
14. Casson, Ägypten 159
15. Neugebauer, Calendar 402
16. Neugebauer, Calendar 399
17. Parker, Lunar 218
18. Wolf, Kulturgesch. 93f
19. Casson, Ägypten 159f
20. Neugebauer, Calendar 396
21. Wolf, Kulturgesch. 94
22. Derricourt, Radiocarbon 271
23. Neugebauer, Cal. 401, Anm. 17
24. Sethe, Urgeschichte 92
25. Wolf, Kulturgesch. 90
26. Drioton, Égypte 139
27. Anthes, Orion 3f

Kapitel 4

1. Wolf, Kulturgesch. 67
2. Wolf, Kulturgesch. 65
3. Wolf, Kulturgesch. 74
4. Helck, Beziehungen 14
5. Otto, Mythus 27
6. Schott, Mythe 111
7. Otto, Mythus 24
8. Otto, Mythus 7
9. Wolf, Kulturgesch. 68
10. Frankfort, Religion 26
11. Schott, Mythe 66
12. Clauss, Seele 33
13. Otto, Mythus 17, Anm. 30
14. Schott, Mythe 70
15. Schott, Mythe 67
16. Otto, Mythus 9, Anm. 9
17. Otto, Mythus 10
18. Kaplony, Inschr. 487f
19. Hornung, Eine 22
20. Lauer, Saqqara 98
21. Mendelssohn, Pyramiden 78
22. Harris, X-Raying 75
23. Emery, Ägypten 83
24. Hornung, Eine 22
25. Emery, Ägypten 171
26. Kaplony, Inschr. 340
27. Sethe, Einbalsam. 212
28. Otto, Mundöffnung 44
29. Spiegel, Unas 145
30. Hermann, Zergliedern 95
31. Kaplony, Inschr. 214f
32. Kaplony, Inschr. 217
33. Otto, Abydos 16
34. Kaplony, Inschr. Anm. 1763
35. Emery, Ägypten 57
Otto, Abydos 15
36. Edwards, Early 58
37. Kaplony, Inschr. Anm. 1762/3
38. Posener, Lexikon 164f
39. Gadd, Cities 137f
40. Emery, Ägypten 54
41. Kaplony, Inschr. 362f
42. Kaplony, Inschr. Anm. 1763
43. Posener, Lexikon 143
44. Kaplony, Inschr. 77
45. Wolf, Kulturgesch. 157
46. Otto, Abydos 15f
47. Lauer, Abydos 82
48. Kaplony, Inschr. 368f
49. Kees, Totenglaube 37
50. Spiegel, Werden 112
Jacobsohn, König 58, Anm. 5
51. Spiegel, Werden 111
52. Jacobsohn, König 56
53. Jacobsohn, König 56
54. Kees, Totenglaube 38ff
55. Spiegel, Unas 23
56. Kaplony, Inschr. 445
57. Hornung, Eine 239
58. Kaplony, Inschr. 579
59. Kaplony, Inschr. 483
60. Kaplony, Inschr. 470
61. Kaplony, Inschr. 519f
62. Hornung, Eine 276
63. Bleeker, Geburt 28f
64. Hornung, Eine 221
65. Kaplony, Inschr. 368
66. Hornung, Fest 22
67. Hornung, Einführung 84
68. Kaplony, Inschr. 527
69. Kaplony, Inschr. 368
70. Kaplony, Inschr. 367f
71. Kaplony, Inschr. 550

Kapitel 5

1. Kaplony, Inschr. XXXII
2. Emery, Ägypten 121
3. Emery, Ägypten 155
4. Kaplony, Inschr. 367f
5. Emery, Ägypten 251
6. Emery, Ägypten 248f
7. Emery, Ägypten 246f
8. Aldred, Ägypten 64
9. Emery, Ägypten 236
10. Lauer, Saqqara 135
11. Bakry, Mending 44
12. Kaplony, Inschr. 320
14. Kaplony, Inschr. 322ff
15. Kaplony, Inschr. Anm. 1283
16. Emery, Ägypten 240f
17. Kaplony, Inschr. Suppl. 29
18. Kaplony, Inschr. 518
19. Hornung, Einführung 99
20. Hornung, Einführung 91
21. Kaplony, Inschr. XXXIII
22. Kaplony, Inschr. 285, Anm. 1601
23. Darby, Food 778
24. Darby, Food 783
25. Kaplony, Inschr. Anm. 1601
26. Aldred, Egypt 54
27. Kaplony, Inschr. 292
28. Kaplony, Inschr. Anm. 1562
29. Kaplony, Inschr. 292ff
30. Edwards, Early 37f
31. Kaplony, Inschr. 298
32. Kaplony, Inschr. 301
33. Kaplony, Inschr. 304
34. Kaplony, Inschr. 253ff
35. Kaplony, Inschr. 263f
36. Saad, Stelae XII
38. Kaiser, Elefantine 1–5
39. Kaiser, Elefantine 3, 184
40. Kaiser, Elefantine 4, 87
41. Schulze, Hatschepsut 116
42. Kaiser, Elefantine 5, 57
43. Kaiser, Elefantine 3, 184
44. Kaiser, Elefantine 4, 87
45. Arnold, El-Tarif 3, 162
46. Kaplony, Inschr. Anm. 1770
47. Kaplony, Inschr. 249
48. Badawi, Town 1

Bildnachweis

Autor und Verlag danken folgenden Urhebern und Rechtseigentümern für die freundlich gewährte Abdrucksgenehmigung:

A.C.L. Brüssel S. 231; Ashmolean Museum, Oxford S. 115; Augustin Verlag, Glückstadt S. 12, 17, 40, 129; Bildarchiv Foto Marburg, Marburg S. 197 oben; The Brooklyn Museum, New York S. 163; Emma Brunner-Traut, Tübingen S. 17, 114; Photographie Giraudon, Paris S. 82, 110; O. Harrassowitz Verlag, Wiesbaden S. 129, 133, 140, 149, 184, 197 unten, 198; Hans Hinz (Office du Livre, Fribourg) S. 25, 85, 116, 199; Hirmer Fotoarchiv, München S. 34, 124, 125, 165, 217, 228; Holle Bildarchiv, Baden-Baden S. 213, 216; Erik Hornung, Oberwil S. 219, 232; W. Kaiser, Kairo S. 100; Kerle Verlag, Heidelberg S. 172; H. W. Müller, Starnberg S. 77, 80, 102, 131, 164, 245; Verlag Musterschmidt, Göttingen S. 180; Office du Livre, Fribourg S. 170; Pelizäus-Museum, Hildesheim S. 96, 97; Penguin Books Ltd, London S. 65, 126, 138, 143, 145, 157, 167, 181, 183, 190, 191, 195, 226 unten, 240 unten, 242; Scherz Verlag, München (f. M. Lurker, Abb. 36) S. 226 oben; Staatl. Sammlung Ägyptischer Kunst, Berlin S. 188; Thames & Hudson Ltd, London S. 90; Ullstein Verlag, Berlin S. 105, 239, 251; J. Vandier S. 90, 179; R. Viollet S. 222.

Zeittafel

Die exakte Chronologie der ägyptischen Vor- und Frühgeschichte ist noch weitgehend umstritten; auch in den modernsten Werken weichen die Daten für die Vorgeschichte um bis zu ± 300 Jahre, für die Frühgeschichte um bis zu ± 150 Jahre voneinander ab. Ich habe mich für die Vorgeschichte an die neuesten Ergebnisse der Thermolumineszenz-Untersuchungen des Amerikaners Hoffman von 1979 gehalten; von der 3. Dynastie an stütze ich mich vornehmlich auf Hornung u. a. Ph = im Buch erwähnte regierende Pharaonen; Phn = Pharaoninnen oder Regentinnen; Kgn = Königsgemahlinnen.

vor 12000 v. Chr.	**Altsteinzeit** (Paläolithikum)
um 8000 v. Chr.	**Mittlere Steinzeit** (Mesolithikum)
ab etwa 6000 v. Chr. um 5000	**Jungsteinzeit** (Neolithikum) Unteräg. Oberäg. Fayum A Badari Merimde-Beni Salame
ab etwa 4000	**Kupfersteinzeit** (Chalkolithikum)
ab etwa 4000 ab etwa 3500	Omari Negada I (Amratien) Negada II (Gerzéen)
ab etwa 3300	Vordynastische Zeit: Fürstentum Hierakonpolis; Beginn der Vereinigung
ab etwa 3200 etwa 3200 um 3100–2850	**Frühzeit** o. Dynastie: Sachen Ph, Skorpion Ph, Narmer Ph, 1. Dynastie: Aha/Menes Ph; Hotep-Neith Phn; Sachti Ph; Herneith Kgn; Wadschi Ph; Meritneith Phn; Dewen Ph; Enedschib Ph; Semerkhet Ph; Qaâ Ph.
2850–2628	2. Dynastie: u. a. Nineter Ph; Khasekhemui Ph.
2628–2134 2628–2575	**Altes Reich** 3. Dynastie: u. a. Djoser Ph.
2575–2465	4. Dynastie: u. a. Cheops Ph; Hetepheres Kgn; Chephren Ph; Mykerinos Ph.
2465–2325	5. Dynastie: u. a. Unas Ph.
2325–2134	6. Dynastie
2134–2040	**Erste Zwischenzeit**
2040–1785	**Mittleres Reich**
1785–1551	**Zweite Zwischenzeit** (Hyksoszeit)
1551–1070	**Neues Reich**
1070–715	**Dritte Zwischenzeit**
715–332	**Spätzeit**
332–30	**Griechische Zeit**
30 v. Chr.–395 n. Chr.	**Römische Zeit**

Register

Arabische und ägyptische Namen und Ausdrücke sind so umschrieben, wie sie sich in Deutschland eingebürgert haben oder am ehesten dem Nicht-Fachmann eine ungefähr richtige Aussprache ermöglichen. Auf eine der wissenschaftlichen Umschriften wurde daher verzichtet. Kh = ch wie in »Bach«.

Ständig vorkommende Begriffe wie »Ägypten«, »König« oder »Frühzeit«, wurden nicht aufgenommen.

Abkürzungen: König = Ph, regierende Königin = Phn, Königsgemahlin = Kgn, Prinz = Ks, Prinzessin = Kt, Gott = G, Göttin = Gn.

L

M

N

O